Buscando a Dios en el universo

Buscando a Dios en el universo

Una cosmovisión sobre el sentido de la vida

Ramón Tamames

ERASMUS

ERASMUS EDICIONES

Editorial Almuzara
www.editorialalmuzara.com
Parque Logístico de Córdoba. Ctra. Palma del Río, km 4
C/8, Nave 12, nº 3. 14005 - Córdoba

Diseño de cubierta Estudio da Vinci
Composición JesMart
Impresión y encuadernación Romanyà-Valls
Director editorial Raúl López López

1.ª edición: septiembre 2018
2.ª edición: noviembre 2018
3.ª edición: diciembre 2018
4.ª edición: enero 2019
5.ª edición: marzo 2019
6.ª edición ampliada: junio 2019
7.ª edición ampliada: noviembre 2019
8.ª edición: marzo 2024

I.S.B.N: 978-84-10199-97-2
Depósito Legal: CO-133-2024

Hecho e impreso en España - Made and printed in Spain

Sumario

Índice de imágenes

Capítulo I

Capítulo II

Capítulo III

Capítulo IV

Capítulo V

Capítulo VI

Capítulo VII

Capítulo IX

Capítulo X

Capítulo XI

A modo de prólogo

Este libro que hoy presento, *Buscando a Dios en el universo*, es resultado de una larga elaboración, nutrida de lecturas e ideas de mucho tiempo atrás, y de otras que provienen de aportaciones muy recientes, además de toda una serie de conversaciones y debates a los que he podido asistir sobre las muy diversas cuestiones que aquí se tratan, con la alentadora idea personal de que, en edad ya provecta, se mantiene vivo el deseo de encontrar respuestas a inquietudes largamente sentidas.

Las preguntas a las que pretende responder esta obra se pueden resumir de forma muy expresiva: «¿De dónde venimos? ¿Qué somos? ¿A dónde vamos?». Ya he comentado más de una vez que fue durante mi segunda vuelta al mundo, en 1994, cuando al llegar al aeropuerto de Papeete, en Tahití, mi esposa (Carmen Prieto-Castro) y yo vimos una enorme ampliación allí expuesta del cuadro de Paul Gauguin conocido precisamente con estas siete palabras interrogativas.

Ahora, veintitrés años después, mantengo las preguntas de Gauguin, como tema principal del libro, buscando el sentido de la vida en un universo antrópico. Sea o no antrópico el cosmos que nos da cobijo, lo cierto es que somos, que se sepa, los únicos que estamos observándolo, al tiempo que lo hemos cambiado en tantos aspectos.

* * *

Ya lo hemos dicho: con un título genérico perviven las preguntas que nos hicimos inicialmente, ante las cuales el escéptico de turno podría decir que el autor se adentra en un área que no es la suya propia, comentario inevitable que me recuerda la vieja y a mi juicio zafia sentencia, que no aforismo, de «zapatero, a tus zapatos», según la cual cada uno debe resignarse a verse aherrojado en su propio *cubículo* de oficio, sin beneficio, por mucho que la actual *sociedad de conocimiento* no tenga ni fronteras ni compartimentos.

Quienes frecuentan frases tan obsoletas como la citada olvidan -*servata distantia*- lo que sucedió en la Grecia del siglo de Pericles, cuando formidables filósofos, astrónomos, matemáticos, geómetras, rapsodas y artistas de los más diversos géneros se preguntaban sobre cuestiones del más alto interés, que todavía hoy siguen vigentes en el ágora de la discusión.

Algo que sucedió, asimismo, en el Renacimiento, al superarse las sapiencias limitativas y compartimentadoras del Medioevo, a lo cual ha de agregarse el recuerdo de la Ilustración, que dio vida a los primeros planteamientos ya claramente holísticos, con sistemas coherentes de ciencia, filosofía y política. Pues, como dijo Kant en *¿Qué es la Ilustración?*[1], «aquella fue la época en que la humanidad salió de su minoría de edad y asumió la libertad para preguntarse sobre cualquier cuestión».

Como también debemos poner de relieve el hecho de que las tres preguntas aquí planteadas tienen características aporéticas, es decir, hacen referencia a cuestiones en que surgen dificultades de respuesta, aparentemente imposibles de resolver.

Y es cierto que esas tres interrogaciones que nos hacemos son aporéticas, pero no es menos verdad que muchas aporías que se presentaron inicialmente como tales luego han sido resueltas, merced a avances cognitivos o a cambios del paradigma de cosmovisión. Y eso es lo que podrá pasar con los tres cuestionamientos, al ponerse cerco a lo aporético, mediante la ciencia, para un día llegar al fondo de la cuestión; cuándo sucederá eso es otra cuestión que no cabe contestar hoy[2].

Y ya entrando en la recta final de este prólogo, diré que no me considero físico teórico por formación (sí me intereso por ese

---

[1] Immanuel Kant, *¿Qué es ilustración?*, Terramar, Buenos Aires, 2004. Antonio Cantó, *La pizarra de Yuri*, Silente académica, 2011.

[2] La referencia a la cuestión aporética se la debo a Carmelo Lisón Tolosana, con ocasión de presentarse esta ponencia en la Real Academia de Ciencias Morales y Políticas (RACMP) el 5 de abril de 2016. El profesor Lisón se extendió en este tema con gran erudición, pero no podemos incluir aquí, por razones de espacio, todo lo que expuso, cosa que sucede también con los otros cuatro intervinientes en la plenaria del 5 de abril.

área, en razón a muy antiguas inquietudes), ni antropólogo experimentado (por mucha vocación que tenga de ello). Y aunque algo he estudiado y producido en cuestiones políticas, ecológicas y, más aún, económicas, lo que en este libro se expresa cubre un amplio espectro interdisciplinario, lo cual hoy resulta más factible que antes, pues disponemos de redes de conocimiento, potentes y próximas, y cada día más manejables.

Y además de contar con ese formidable acervo, será importante subrayar que este libro, en su fase de preedición, fue sometido a la precrítica de una serie de colegas: astrónomos (Sebastián Sánchez), físicos (Massimo Galimberti y Francisco Guzmán), cosmólogos (Carlos Rodríguez Jiménez y Jaime González-Torres), ecólogos (Francisco Díaz Pineda), internacionalistas (Mario Aguirre y Vicente Garrido), predictores del Club de Roma (Ricardo Díez-Hochleitner y Jesús Moneo), biólogos (Santiago Grisolía y Francisco J. Ayala), economistas (Christian Careaga, Félix López Palomero, Guillermo Chapman, *et alia*). Todos ellos, atendiendo los ruegos del autor, me dispensaron su tiempo para leer estas páginas, dándome nuevas orientaciones, ofreciendo complementos y sugiriendo supresiones y ajustes. A todos ellos, desde aquí, les rindo mi más profunda gratitud y amistad.

En fase última de elaborar esta tal vez *opera postrera* mía, recibí nuevas ayudas muy considerables, especialmente de Juan Arana Cañedo-Argüelles, catedrático de Filosofía de la Universidad de Sevilla y compañero en la Real Academia de Ciencias Morales y Políticas, quien me dio nuevas ideas, me resolvió no pocas dudas y me ilustró con la lectura de alguna de sus obras y de otras que me recomendó; siempre desde su gran conocimiento de la vasta bibliografía que hay en torno a las cuestiones que se suscitan en estas páginas.

Solo me resta, en el capítulo de agradecimientos, expresar la máxima gratitud a mi secretaria, Begoña González Huerta, que durante años trabajó de manera incansable en procesar estas páginas, infografiar, suprimir, agregar y formatear las sucesivas versiones del texto. En definitiva, en un *hacer y deshacer* que llevó mis pensamientos a ese esperanzador punto en que uno los considera ya en condiciones de ser dados a la luz. Con la evocación, siempre, de Jorge Luis Borges: «publico para dejar de corregir».

No olvidaré, desde luego, a mis correctores habituales de textos, en algunas fases de este trabajo: mi mujer, Carmen Prieto-Castro; mi nieto, Lope Gallego Tamames, siempre con una perspicacia que admiro; y Tomás Prieto-Castro Rosen, que generosamente colaboró en varios momentos de mi emprendimiento que ahora finaliza.

Y nada más, queridos lectores, el libro ya está en vuestras manos y simplemente os digo que si tenéis opiniones, objeciones, aclaraciones o cualquier otra clase de indicaciones que queráis dirigirme, podéis hacérmelas llegar, en la seguridad de que serán acogidas con reconocimiento, en castecien@bitmailer.net. Amén.

Madrid, 15 de mayo de 2017

Nota del autor a la sexta edición

Cuatro meses antes de cumplirse un año de la aparición del libro, el editor me propuso una sexta edición, y me pareció que sería bueno incluir en ella algunos materiales nuevos de indudable interés.

Me refiero, ante todo, a lo que será el nuevo capítulo X, «Síntesis final de *Buscando a Dios en el universo*. Un decálogo». Un texto que es el resultado de una serie de conferencias y debates realizados con ocasión de presentar el libro en diversas instituciones en las que, en vez de seguir el esquema principal de la obra *-de dónde venimos, qué somos, adónde vamos-*, polemicé a propósito del título definitivo de *Buscando a Dios en el universo*. Para lo cual extraje una serie de fundamentos del propio trabajo de base, para formar un decálogo. Se entiende que con proposiciones todas discutibles, en manera alguna dogmáticas.

En otras palabras, en ese capítulo X se configuran los principales argumentos para apoyar la idea intuitiva de la existencia de una inteligencia superior, que ha venido tomando decisiones definitivas, antes y desde el *Big Bang*, en determinados momentos cruciales de la creación evolutiva. Actuando en esos instantes decisivos para crear las grandes realidades que ha ido conociendo el intelecto humano. Todo ello, desde luego, basándome en la triple evolución: del universo como conjunto, de la materia en su realidad cambiante y del perfeccionamiento biológico de las especies. Un triple movimiento cohesionado que ha venido a configurar todo lo que hoy conocemos y en lo que vivimos.

El otro nuevo capítulo, el XI, se refiere al posicionamiento de un selecto número de personas, de los siglos XX y XXI, sobre la cuestión crucial que nos preocupa: ¿hay posibilidad de que exista una inteligencia superior, un buen Dios? En ese sentido, ocho grandes científicos, todos ellos premios Nobel de Física, sostienen que sí, incluyendo un trío formidable como el padre de la mecánica cuántica, Max Planck; Albert Einstein, promotor de la teoría de la relatividad, y Werner Heisenberg, propiciador del principio de indeterminación.

Con el título definitivamente adoptado para el libro, era indispensable incluir el elenco de esos ocho sabios que se han manifestado con algo por encima de las intuiciones. Se trata de testimonios que intentan explicar la construcción y el desarrollo del universo que vamos conociendo cada vez más y mejor, y del que cuanto más conocimiento tenemos más increíble llega a parecer. Desde diferentes enfoques, esos ocho premios Nobel llegaron a la conclusión de que la ciencia no contesta a todas sus interrogaciones, y que es plausible entender que hay un misterio sobre cómo se produjeron ciertos cambios.

Para terminar recordaré que, a mi juicio, un libro tiene su propia vida. Y este, *Buscando a Dios en el universo,* por lo que ya llevo expuesto, está teniéndola muy amplia y no puedo ocultar que me congratulo de ello, pues sería necio no reconocer que al autor le complace recibir comentarios a sus propias ideas.

Además, desde este prólogo estimo que, en torno a las ideas expuestas en el libro, podría configurarse una plataforma de pensantes de hoy, que reconfirmen la inquietud de los tres grandes clásicos de Grecia (Sócrates, Platón y Aristóteles), que ya pensaban que era posible. Hasta llegar a lo que dicen los ocho sabios mencionados en el capítulo XI, en pro del devenir del propio sentido de nuestras vidas.

Los interesados en participar en esa plataforma pueden escribir a castecien@bitmailer.net, planteando su incorporación.

Finalmente, muchas gracias a los lectores, a los presentadores del libro, a las instituciones invitantes y a tanta gente que se me aproximó, diciéndome algunos que no esperaban una obra así de mi persona, y menos en lo que puede ser el último tercio de mi vida. Yo, siempre tan optimista, diré aquí, casi en secreto, que tengo un certificado médico, premonitorio, de que viviré hasta los 103 años, o séase, hasta 2036. Se admiten apuestas.

Ramón TAMAMES, 20 de abril de 2019

Primera parte

¿De dónde venimos?

Capítulo I
Universo, materia y energía

1. Origen y evolución del universo

En medio del fragor de las inquietudes cotidianas, con el trasfondo de los problemas políticos, económicos y sociales permanentes, y de las crispaciones políticas habituales en cada momento, a pesar de todos esos pesares, no es infrecuente que surja el tema de siempre, que ya comentamos en la nota preliminar, lo que el gran pintor francés Gauguin, en su retiro polinésico, formuló con una triple pregunta: «¿De dónde venimos? ¿Qué somos? ¿A dónde vamos?», en su célebre lienzo, lo que en este primer capítulo comenzaremos a responder, abordando el *de dónde venimos*.

Galileo: *el libro del universo*

En nuestra búsqueda de respuestas, nos ocuparemos primeramente del origen y la ulterior evolución del universo, que hoy conocemos en sus inmensas, si no infinitas, dimensiones. Fue Galileo Galilei (1564-1642) quien primero se planteó encontrar sus claves más significativas. No porque propusiera el sistema heliocéntrico en sustitución del modelo geocéntrico ptolemaico, un tema con el que no hizo sino difundir las ideas de Copérnico, sin olvidar que, 1.800 años antes, el griego Aristarco de Samos (310-230 a.C.) ya había postulado esa hipótesis. Lo realmente nuevo que Galileo planteó respecto al origen del todo y su evolución fue la apertura de una *gran ventana de futuro*[3]:

---

[3] Citado por James Gardner en el *El universo inteligente*, versión española, Ediciones Robinbook, Barcelona, 2008.

> La filosofía se escribe en este gran libro -me refiero al universo-, que está continuamente abierto a nuestra mirada. Pero el libro no podrá entenderse, a menos que primero aprendamos su lenguaje, empezando por las letras en que está escrito.

Incluso cabe apreciar en esas palabras la intuición de que había todo un código secreto, cuya escritura estaba por descubrir y que hoy cabría identificar con las ecuaciones del campo unificado, aún inalcanzadas en la física; y con los cuatro caracteres básicos del ADN en biología. Por otra parte, Galileo percibió que el gran libro del universo no solo contenía la historia del pasado, de su formación, sino que al tiempo llevaba ínsita todo su desarrollo futuro. Más claro aún: descifrando cuidadosamente el código universal, podría conocerse lo pretérito, y sería posible predecir el devenir cósmico. Grandes intuiciones que luego han ido confirmándose.

Ganímedes fue el satélite de Júpiter que Galileo descubrió en una oscura noche de enero de 1610, con un telescopio que no era más que un tubo de madera dotado de lentes de poco diámetro, pero suficiente como para ampliar la luz de los astros más cercanos. Y fue con ese útil -originario de Holanda y perfeccionado por él mismo- como, al orientar su mirada hacia Júpiter, detectó el brillo de cuatro cuerpos desconocidos: otras tantas lunas que giraban alrededor del gigantesco planeta. A la mayor de las cuatro dio el nombre de Ganímedes, en recuerdo del copero de los dioses del Olimpo, el más bello y rubio pastor de Frigia, del que se enamoró obsesivamente un Zeus propenso a raptar a los héroes que deseaba[4]. Los movimientos de Júpiter llevaron a Galileo a la conclusión de que el modelo heliocéntrico copernicano era el verdadero, frente a la inconsistencia del geocéntrico.

En más de un sentido, y aunque pertenece por derecho propio a las obras inmortales de la historia de la ciencia, dice Sánchez

---

[4] La confección del primer mapa geológico de la corteza de Ganímedes, tan detallado como los que ya teníamos de la Luna o de Marte, se hizo por la NASA a partir de las imágenes que se tomaron por las sondas Voyager, 1 y 2 en los años 70 del siglo XX; y por la Misión Galileo más recientemente. El mapa, hecho público por el US Geological Survey, ilustra la extraordinaria variedad de elementos geológicos del satélite, advirtiéndose un cierto orden en el caos aparente que parecía ser su corteza. Con esa información, los científicos podrán entender mejor el origen y evolución de un mundo rocoso y helado que pasa por ser la mayor luna del sistema solar, y el que más posibilidades tiene de permitir alguna forma de vida.

Ron, el *Diálogo* -de Galileo- *sobre los dos máximos sistemas del mundo, ptolemaico y copernicano* (1632) cabe presentarlo como una obra de divulgación científica, de gran transparencia expositiva y calidad literaria, lo cual explica su éxito[5]. Pero su interés radica, sobre todo, en los tres personajes que Galileo creó para protagonizar el coloquio: Salviati, Sagredo y Simplicio, que pasaron a formar parte de la cultura universal, de manera análoga a lo que sucedió en otras inolvidables figuras de ficción, como Alonso Quijano y Sancho en *El Quijote*, o Naphta y Settembrini en *La montaña mágica* de Thomas Mann.

Izquierda: Galileo Galilei: iniciador de la cosmología. **Derecha:** Giordano Bruno: el precursor muerto en la pira por heliocentrista.

La Inquisición contra la ciencia

Con pensamientos tan novedosos como provocativos frente a la sacrosanta doctrina de la Iglesia, no es casual, en manera alguna, que Galileo *topara con la Iglesia* en su órgano más virulento, la Inquisición. Y para evocar las consecuencias de ese choque, nos fijaremos en los previos proceso y condena de Giordano Bruno (1548-1601), en 1600.

Bruno[6] fue todo un genio de su tiempo: a la edad de 17 años, ingresó en la orden de los dominicos para dedicarse al estudio

[5] José Manuel Sánchez Ron, «Las ciencias más claras», *Babelia, El Mundo*, 10.VII.2010.

[6] Dorothea Waley Singer, *Giordano Bruno, su vida y pensamiento*, Schuman, Nueva York, 1950; Antoinette Mann Paterson, *Los mundos infinitos de Giordano Bruno*, Thomas, Londres, 1970.

de la filosofía aristotélica y la teología según el sistema de Tomás de Aquino (el tomismo), expresando en ese trance una serie de ideas contrarias a las oficiales en la Iglesia y, sobre todo, su idea de que había una pluralidad de mundos y sistemas solares. Con toda nitidez, Bruno se pronunció por el heliocentrismo y por la infinitud del universo, lo que provocó su persecución por los inquisidores, que le llevaron a prisión (1593), donde permaneció por ocho años acusado de blasfemia, falta a la ortodoxia e inmoralidad, para finalmente ser condenado por «herético impenitente, pertinaz y obstinado», a la hoguera, en la que murió quemado vivo el 17 de febrero de 1600, en el Campo dei Fiori de Roma.

A propósito de tan penoso episodio, Isaac Asimov –maestro máximo de la literatura científica y de ciencia ficción en la segunda mitad del siglo XX– sostuvo que la muerte de Giordano Bruno tuvo un brutal *efecto freno*[7]. No obstante lo cual, sus observaciones influyeron en otros pensadores, dentro de la ya creciente estirpe de la revolución científica iniciada por Francis Bacon (1561-1626)[8] y que se ensancharía con Galileo.

El segundo gran choque ciencia-Iglesia empezó a barruntarse en agosto de 1623, cuando Maffeo Barberini fue elegido Papa, adoptando entonces el nombre de Urbano VIII, lo que llevó a Galileo, viejo amigo suyo, a dedicar a la nueva santidad su obra *Il Saggiatore*, en la que intentó convencerle de que era necesario revisar el geocentrismo oficial[9], para lo cual había indicios positivos de que su tesis sería aceptada.

En efecto, inicialmente, Urbano VIII dispensó a Galileo su receptividad más afable: le concedió seis visitas privadas y le otorgó dos medallas, colmándole de regalos. Pero ese entendimiento se quebró cuando Galileo publicó su siguiente obra, el ya mencionado *Diálogo*. En él puso en solfa los puntos de vista geocén-

---

[7] Frances A. Yates, *Giordano Bruno y la tradición hermética*, versión española, Ariel, Barcelona, 1983.

[8] De Francis Bacon dijo Carlyle que «podía conversar con el universo», y que junto con Galileo Galilei fue uno de los creadores de la ciencia moderna, además de haber sido el autor de una de las *utopías* más conocidas de la época, la *Nova Atlantis*. En cualquier caso, lo esencial de Bacon es que rompió con la tradición escolástica y aristotélica, para sentar las bases del método inductivo, poniendo el centro del análisis científico en la observación de los hechos, esto es, enfatizando el empirismo. Algo que supuso un cambio radical en un mundo que hasta entonces seguía ateniéndose a dogmas y criterios de autoridad. Francisco Cabrillo, «Bacon, científico, filósofo... corrupto y prevaricador», *Expansión*, 6.VII.2011.

[9] James Wilsdon, «Master of the universe», *Financial Times*, 16.X.2010.

tricos de Urbano VIII, en voz de uno de los miembros del trío dialogante: *Simplicio*, el menos inteligente. Y fue esa personificación tan desfavorable la que enfureció al pontífice, quien no dudó en hacer incautar el libro por la Inquisición, convocándose a Galileo ante el Santo Oficio, con las consecuencias ya conocidas y el *Eppur si muove* final.

Johannes Kepler, el gran visionario de los planetas.

La Iglesia católica no permitió la enseñanza del heliocentrismo de Copérnico-Galileo hasta 1820, y *el Diálogo* solo dejó de estar en el índice de libros prohibidos en 1834. Pero nada de eso disminuyó la influencia de Galileo como pionero de la nueva astronomía; empezando por el hecho de que transformó el telescopio y el microscopio de meros juguetes en útiles formidables para descubrir el universo en toda su grandeza y composición. Como dice David Wootton, Galileo fue el primer científico moderno. Su «ambición se cifró en convertirse en un nuevo Arquímedes, para aprender de la naturaleza el método experimental, dando entrada a la *cinemática* en el estudio del movimiento de los cuerpos celestes»[10].

Los soñadores andantes

Las dos mentadas confrontaciones ciencia-religión (Bruno-Galileo) no pararon el subsiguiente progreso científico y, sobre todo, hicieron que hasta bien entrado el siglo XIX, muchos creyeran que la humanidad estaba acercándose a una verdad absoluta e indiscutible de la naturaleza, en la revelación de los grandes y viejos misterios. De esa manera, la ciencia fue ganando la batalla, convirtiéndose en la depositaria de la idea de que una serie de formas concretas de conocimiento podrían devenir verdades absolutas, o al menos acercarse a ellas, creencia en el saber cien-

[10] David Wootton, *Galileo: Watcher of the Skies*, Yale University Press, 2010. También John Heilbron, *Galileo*, Oxford University Press, 2010.

tífico que a muchos dio una gran sensación de seguridad, casi comparable a los sentimientos experimentados por quienes antes tenían fe absoluta en las presuntas revelaciones[11].

Como dijo Arthur Koestler, esa nueva actitud fue el triunfo de *los sonámbulos* (*sleepwalkers*, también traducible como *soñadores andantes*)[12], las cuatro grandes figuras de la cosmología: Copérnico, Kepler, Galileo y Newton[13]. Todos ellos tuvieron una especie de certeza interior que les impulsaba a proseguir en la senda de la investigación hacia la meta de la verdad.

De esos cuatro soñadores andantes, Copérnico y Galileo ya han sido nombrados, y de Newton nos ocuparemos después. Nos queda, pues, referirnos, aunque sea brevemente, al alemán Johannes Kepler (1571-1630), figura clave en la revolución científica: astrónomo y matemático, conocido sobre todo por sus leyes sobre el movimiento de los planetas en su órbita alrededor del Sol -por su obra *Astronomia Nova*, 1609-, de quien Koestler hizo la siguiente síntesis:

> De profundas creencias religiosas, Kepler llegó a la conclusión de que la Tierra era un planeta imperfecto, asolado por las guerras. Y «si los planetas son lugares imperfectos, ¿por qué no debían de serlo sus órbitas elípticas?, según la figura ya descrita por Apolonio de Pérgamo, lo cual le permitió formular sus tres leyes.
>
> - Los planetas tienen movimientos elípticos alrededor del Sol, estando este situado en uno de los dos focos que contiene la elipse.
> - Las áreas barridas por los radios de los planetas son proporcionales al tiempo empleado por estos en recorrer el perímetro de dichas áreas.
>
> Las dos primeras leyes fueron un logro espectacular, pero faltaba relacionar las trayectorias de los planetas entre sí. Tras varios

[11] David Bohm y David Peat, *Ciencia, orden y creatividad*, versión española, Kairós, Barcelona, 1997.

[12] Arthur Koestler, *The sleepwalkers. A history of man's changing vision of the Universe*, Hutchinson, Londres, 1959.

[13] Charles Frankel, «The road to great discovery is itself a thing of wonder», *The New York Times*, 24.V.1959.

años, descubrió la tercera e importantísima ley del movimiento planetario:

- El cuadrado de los periodos de la órbita de los planetas es proporcional al cubo de la distancia promedio al Sol.

Esta ley, llamada también ley armónica, junto con las otras dos permitían ya unificar, predecir y comprender todos los movimientos de los astros del sistema solar[14].

En definitiva, Copérnico, Galileo, Kepler y Newton fueron los cuatro *soñadores andantes* que abrieron al mundo a una nueva visión del universo. Y a ese respecto, Copérnico -todavía prácticamente en secreto para no entrar en litigio con Roma-, rompió el sistema geocéntrico de Ptolomeo, para unirse al nuevo modelo heliocéntrico que asumió Galileo, para luego llegar Kepler advirtiendo de la mecánica orbital de los planetas, en clave elíptica. Finalmente, Newton explicaría la fuerza impulsora de todo el proceso: la gravitación con sus leyes inexorables.

Posteriormente a los cuatro *ensoñadores*, Einstein daría su nueva concepción del universo como espacio-tiempo, y Lemaître, Hubble, Gamow, etc. explicarían el comienzo de ese espacio-tiempo con el *Big Bang*. Y la combinación de gravitación y relatividad con el enfoque cuántico, es lo que ya nos provee, ahora, de un modelo de ordenador cuántico que podría explicar el universo. En ese sentido, Stephen Hawking, al cumplir 70 años (2012) continuaba en la vieja idea de entender el cosmos del modo más profundo:

> Nuestra imagen del universo ha cambiado mucho en los últimos 40 años, y me siento feliz de haber aportado mi grano de arena para constatar que nosotros, los humanos, somos conjuntos de partículas fundamentales de la naturaleza; capaces de acercarnos a la comprensión de las leyes que nos gobiernan a nosotros mismos y a nuestro universo. Quiero compartir mi emoción y entusiasmo por esa búsqueda: así que acuérdense de mirar a las estrellas y no a sus pies. Intenten encontrarle sentido a lo que

[14] A. Koestler, *Kepler*, versión española de Salvat Editores, Barcelona, 1988.

> ven, y pregúntense por qué existe el universo. Sean curiosos. Y por muy difícil que pueda parecerles, en la vida siempre hay algo por hacer en lo que se puede tener éxito. Lo importante es que no se rindan. Gracias por escucharme[15].

Sintetizando los soñadores de la ciencia moderna, cabe hacer la siguiente lista, claro que incompleta, puesta cronológicamente, por fecha de nacimiento:

- Teofrasto Paracelso (1493-1521). Principios de la medicina moderna.
- Galileo Galilei (1564-1642). Perfeccionamiento del telescopio, lunas de Júpiter, teoría copernicana.
- Johannes Kepler (1571-1630). Áreas de órbitas planetarias alrededor del Sol.
- Francesco Redi (1626-1697). Negación de la generación espontánea.
- Roberty Boyle (1627-1691). Elementos de la materia.
- Anton van Leeuwenhoek (1632-1723). Perfeccionamiento del microscopio.
- Robert Hooke (1635-1703). Primer microscopio: el mundo que no se ve.
- Isaac Newton (1643-1727). Teoría de la fuerza de la gravedad, gravitación universal.
- Joseph Priestley (1732-1804). Principios de la electricidad.
- John Dalton (1766-1844). Nuevo sistema de la química.
- Charles Darwin (1809-1882) y Russel Wallace (1823-1913). Teoría de la evolución.
- James Clerk Maxwell (1831-1879). Electromagnetismo.
- Dmitri Ivánovich Mendeléyev (1834-1907). Tabla periódica de los elementos.
- Santiago Ramón y Cajal (1852-1934). Estudio del cerebro: neuronas, axones, sinapsis, etc.
- Max Planck (1858-1947). Primeras formulaciones de la física cuántica.
- *Albert Einstein (1879-1955). Teoría de la relatividad.

[15] Stephen Hawking, «No creo que sobrevivamos mil años sin dejar el planeta», *El País*, 15.I.2012.

- *Niels Bohr (1885-1962). Física cuántica.
- *Erwin Schrödinger (1887-1961).
- *Werner Karl Heisenberg (1901-1976). Principio de indeterminación.
- *Paul Dirac (1902-1984). Primera referencia a la antimateria.
- Richard Feynman (1918-1988). Teoría de cuerdas.

Quinto Congreso Solvay sobre mecánica cuántica, 1927. Un conjunto de sabios como nunca ha vuelto a verse... casi todos hablando alemán, el idioma de la ciencia básica al llegar Hitler al poder.

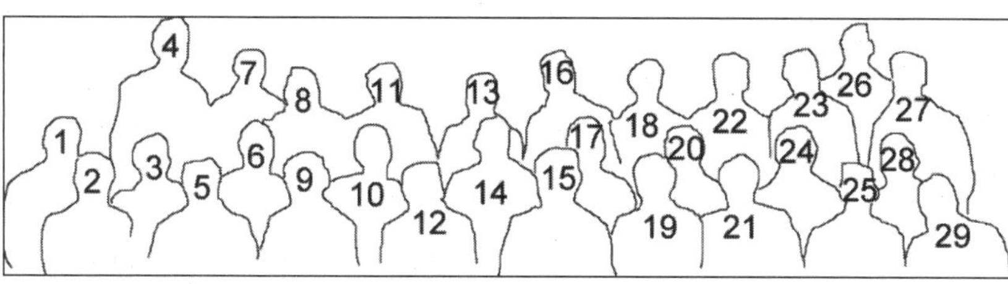

1. Peter Debye. **2.** Irving Langmuir. **3.** Martin Knudsen. **4.** Auguste Piccard. **5.** Max Planck. **6.** William Lawrence Bragg. **7.** Emile Henriot. **8.** Paul Ehrenfest. **9.** Maria Sklodowska-Curie. **10.** Hendrik Kramers. **11.** Eadouard Herzen. **12.** Hendrik Lorentz. **13.** Théophile de Donder. **14.** Paul Dirac. **15.** Albert Einstein. **16.** Erwin Schrodinger. **17.** Arthur Compton. **18.** Jules Verschaffelt. **19.** Paul Langevin. **20.** Prince Louis de Broglie. **21.** Charles-Eugéne Guye. **22.** Wolfgang Pauli. **23.** Werner Heisenberg. **24.** Max Born. **25.** Charles Wilson. **26.** Ralph Fowler. **27.** Léon Brillouin. **28.** Niels Bohr. **29.** Owen Richardson.

Todos los científicos marcados con asterisco figuran en la fotografía del Quinto Congreso Solvay sobre mecánica cuántica.

Nuestro hogar, el sistema solar

La distancia media de los diversos planetas respecto al Sol puede verse en el gráfico de la página siguiente, y la Tierra figura a una distancia media del Sol de 150 millones de kilómetros, una Unidad Astronómica (UA). Dentro del sistema solar se encuentra el nuevo planeta enano V77410, descubierto en 2015, a tres veces la distancia de Plutón al Sol. Es decir, 39,5 UA, o sea 3 × 39,5 = 118,5 UA = 17.775 millones de kilómetros... bastante alejado, pues.

Por lo demás, todo parece indicar que estamos más cerca que nunca de descubrir el noveno planeta del sistema solar. Y no se trata esta vez de pequeños mundos helados más allá de la órbita de Plutón, como el que anunció la Institución Carnegie en noviembre de 2015, ni tampoco de un simple objeto transneptuniano, sino de un auténtico gigante de tamaño comparable a Neptuno. Y que, de confirmarse definitivamente su existencia, entraría por la puerta grande en el selecto club planetario del que la Tierra forma parte y del que, en 2006, fue expulsado el propio Plutón, por su reducido tamaño. En otras palabras, podría tratarse del famoso y escurridizo «Planeta X», ese que los astrónomos persiguen desde hace más de un siglo y que la cultura popular ha terminado por convertir en leyenda[16].

Así, se trataría de un planeta glacial, con una masa diez veces superior a la de la Tierra y un diámetro cuatro veces mayor, y que tardaría entre 10.000 y 20.000 años en completar su órbita alrededor del Sol. Sería el quinto más grande, por detrás de Júpiter, Saturno, Urano y Neptuno[17].

2. Del libro de Galileo a la computadora universal

En la dirección planteada por Galileo de que el universo es el gran *libro abierto*, y disponiendo de herramientas mucho más potentes

[16] José Manuel Nieves, «El noveno planeta existe», *ABC*, 21.I.2016.
[17] J.V. Echagüe y B. Rodrigo, «¿Un nuevo vecino en el sistema solar?», *La Razón*, 21.I.2015.

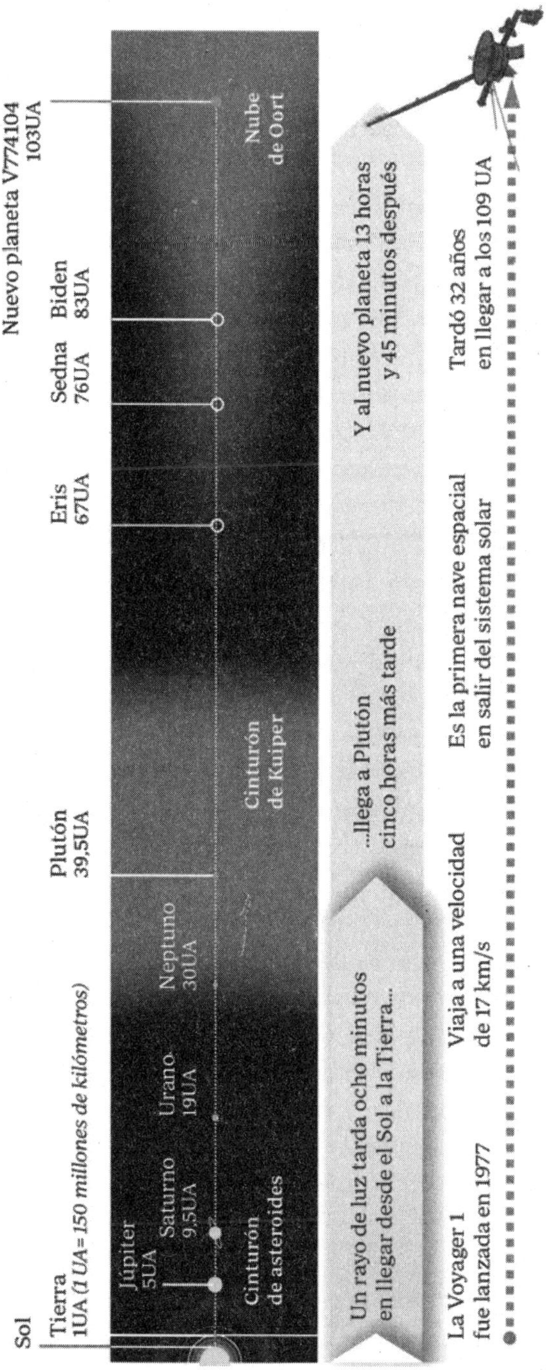

Tiempo que tarda en llegar la luz. Fuente: *ABC*, 12.XI.2015.

en su tiempo, James Gardner (de la Universidad de Yale) planteó la tesis de que el universo es un *gran ordenador natural*, un sistema operativo integrado por un *hardware*, consistente en los más diversos cuerpos celestes, que funciona según leyes fundamentales y constantes, el *software* del sistema. De modo que ese ordenador universal es el que rige el movimiento de galaxias, agujeros negros, estrellas, planetas, partículas de polvo, materia y energía oscuras, etc.; abarca, pues, todo lo que se ve y podrá verse[18].

En la misma dirección que Gardner, Edward Fredkin[19] (físico norteamericano del MIT) argumenta que la operativa de los ordenadores sirve de útil metáfora a la hora de intentar la comprensión del cosmos; en similitud a lo que sucedió con la *selección artificial* (de los agricultores y ganaderos, mejorando simientes y animales de cría), que tanto ayudó a Darwin y a Wallace a la hora de explicar la evolución por selección natural. Y es a partir de esa reflexión como Fredkin expuso su idea de que:

> El universo es literalmente un ordenador con capacidad para resolverlo todo. Suena como uno de esos cuentos de buenas y malas noticias: la buena, que nuestras vidas tienen un propósito definido y preciso; la mala, que ese sentido de la vida acaba por consistir, tal vez, en ayudar a algún remoto *hacker* [pirata informático] a estimar el número pi con nueve millones de cifras decimales[20].

Ulteriormente, Seth Lloyd (profesor de Ingeniería Mecánica del MIT) dio un paso más en la teoría del ordenador universal, al plantear algunas preguntas sobre los grandes misterios del cosmos[21]: «¿Por qué es tan complejo? ¿Por qué no se quedó en una mera sopa informe y diluida de materia y energía, sin rasgos sobresalientes tras el *Big Bang*? ¿De dónde proviene tal diversidad de configuraciones astronómicas?». A lo que siguieron sus

---

[18] James Gardner, *The Intelligent Universe: AI, ET, and the Emerging Mind of the Cosmos*, New Page Books, 2007. Edición española: *El universo inteligente*, Ciencia Ma Non Troppo, Madrid, 2008.

[19] En su artículo «Digital Mechanics: An Informational Process Base for Reversible Universal Cellular Automata», *Elsevier Science Publishers B. V.*, octubre, 1990.

[20] Robert Wright, «Did the Universe Just Happen?», *The Atlantic Monthly*, 29-44, abril, 1988.

[21] Seth Lloyd, *Life, the Universe and Everything*, Wired, Alfred A. Knopf, New York, marzo 2006.

respuestas: «En principio, la materia se agrupó en estrellas; las estrellas lo hicieron en galaxias gigantes; y al menos en un planeta, la Tierra que orbita al Sol, la materia se organizó con el orden dinámico y autoreproductor que es la vida»[22].

3. Un ordenador cuántico gigante

Las preguntas y respuestas iniciales formuladas por Gardner, Fredkin y Lloyd podrían llevarnos aún más lejos, en línea con otro interrogante, sobre los orígenes, que planteó Lloyd: ¿cómo se organizó todo eso? Y más aún: ¿por qué mucho después del *Big Bang* emergió la sobrecogedora y autorrenovable complejidad de los seres vivos?

En su respuesta, Lloyd insistió en la hipótesis del ordenador, señalando que el universo no es fruto del azar, ni cabe prever un devenir aleatorio del mismo. Por el contrario, en él todo funciona según está previsto en el *software* de un gran ordenador, pudiendo agregarse que este ya existía antes del *Big Bang*, y que sus capacidades de establecer una autorregulación siguen funcionando desde entonces, controlando toda la evolución, primero abiótica y luego ya orgánica.

A propósito del ordenador cuántico[23], haciendo un paréntesis, constatamos que una serie de astrónomos y expertos informáticos han realizado una simulación (todavía no cuántica) de lo que sucedió desde el *Big Bang* hasta ahora, pudiendo decirse que con esa aproximación se percibe ya la evolución del universo a lo largo de 13.800 millones de años. Para ello, se utilizó un espacio de observación de un cubo de 346 millones de años luz de lado (recordemos que la estrella más cercana al Sol, Alpha

---

[22] ¿Es realmente tan compleja la vida? Yo creo que es de una sencillez asombrosa. Y su diversidad también, aunque, sobre todo ahora, esté de moda decir lo contrario. Daniel Arnon, maestro de Manuel Losada (y también, junto con Bernáldez, de Francisco Díaz Pineda), que ha analizado la fotosíntesis como nadie, decía que «no hay diferencias esenciales entre coles y reyes», señalando la simplicidad funcional de toda la vida.

[23] La tecnología de los ordenadores cuánticos seguirá avanzando. Empresas como Google y Microsoft, así como científicos de todo el mundo, trabajan por desarrollarlos, utilizando átomos a modo de chips. Multiplicarán la potencia de los ordenadores convencionales, pero su desarrollo es un reto que aún podría llevar décadas. Gonzalo López Sánchez, «Los avances científicos», *ABC*, 28.XII.2016.

Centauri, está a 4,2 años luz), y se pudo conseguir que surgiera en pantalla la mezcla de galaxias actualmente observables; debe subrayarse que en el universo, mirar más lejos equivale a mirar más atrás en el tiempo[24].

Volviendo a la visión de Seth Lloyd, lo que diferencia su planteamiento de los de Gardner y Fredkin es que el ordenador del universo no es meramente digital, sino muy superior: se trata de un *ordenador cuántico gigante*, capaz de extraordinarias proezas. Algo inimaginable anteriormente, por lo mucho que la física cuántica puede aportar a la arquitectura y programación digitales[25].

Solo un universo que funcione siguiendo las pautas de un ordenador cuántico -dice Lloyd- puede explicar el orden maravilloso que contemplamos, su diversidad y complejidad. Entre otras cosas, porque «la mecánica cuántica, a diferencia de la gravitacional clásica, puede crear información a partir de la nada». Eso es lo que Gardner califica de *espeluznante*: la idea de que el universo esté computando cuánticamente desde hace miles de millones de años (13.800, según veremos), generando continuamente las más variadas oportunidades de evolución para la materia. Y todo ello, en formaciones cada vez más complejas que se diversifican constantemente y que interaccionan.

Tras las referencias hechas a lo cuántico, el autor querría precisar que en este libro no vamos a entrar a fondo en el tema. Primero de todo por su difícil comprensión, a propósito de lo cual Richard Feynman dijo algo muy reconfortante para legos: «Quien pretenda que entiende lo cuántico está mintiendo». Porque, desde luego, es difícil entender situaciones como las descritas por un grupo de físicos cuánticos israelíes, cuando en 2013 consiguieron entrelazar dos fotones que nunca habían coincidido en el tiempo, esto es, que existieron en momentos diferentes.

Para el experimento, primero generaron un fotón y midieron su polarización[26]. Y después promovieron un segundo fotón,

---

[24] Malen Ruiz de Elvira, «El universo virtual más real», *El País*, 9.V.2014.

[25] Seth Lloyd, *Programming the universe*, Alfred A. Knopf, New York, 2006.

[26] Por polarización se entiende el «fenómeno en el que las ondas electromagnéticas, como las ondas de luz, vibran en un plano determinado; o el proceso de confinar las vibraciones en ciertos planos. En la luz despolarizada, las vibraciones están distribuidas por igual en todas las direcciones perpendiculares a la dirección de propagación de la onda. En cambio, si todas las vibraciones se confinan en un plano, se dice que está polarizada en un plano (o polarizada linealmente). Del *Diccionario de Astronomía*, Oxford/UMC, Editorial Complutense, Madrid, 2004.

y a pesar de no haber existido al mismo tiempo que el primero, pudieron comprobar que tenía exactamente la polarización opuesta. Lo que demostraba que ambos estaban *conectados*, entrelazados en sus propiedades; de forma tal, que cualquier cambio que pudiera sufrir uno de ellos, inmediatamente sería *sentido* por el otro, reaccionando al instante, sin importar la distancia de separación.

Izquierda: James Gardner: el universo como un enorme ordenador natural. **Derecha:** Serh Lloyd: sí, un ordenador, pero el más capaz, cuántico.

Según un libro de Leonard Mlodinow, el momento culminante de la ciencia es cuando se pasa de la física newtoniana a la mecánica cuántica, lo que se concreta en la evolutiva imagen de lo que es el átomo: con su secuencia desde la visión nanoastronómica de Rutherford, siguiendo por las transformaciones de Niels Bohr, Werner Heisenberg, Erwin Schrödinger, Richard Feynman hasta llegar a Paul Dirac; es como una cabalgata de la ciencia. Al final, Leonard Mlodinow se hace la gran pregunta que todavía está vigente en todos los científicos:

> ¿Encajarán la materia oscura y la energía oscura en nuestras teorías actuales, el modelo estándar y la relatividad de Einstein? ¿O acaso, como la constante de Planck, nos conducirán algún día a una concepción del universo completamente distinta? ¿Resultará ser cierta la teoría de cuerdas o, en caso contrario, descubrire-

> mos alguna vez una teoría unificada de todas las fuerzas de la naturaleza, libre de factores de ajuste? Nadie lo sabe. De todas las razones por las que desearía vivir para siempre, conocer la respuesta a esas preguntas está entre las primeras de mi lista. Supongo que es eso lo que me convierte en un científico[27].

Y si eso le sucedió a Leonard Mlodinow, qué no decir de lo que escuchó Max Planck cuando llegó a la Universidad de Múnich en 1875, cuando le aconsejaron que no estudiase física, pues «ya no quedaba nada por descubrir». Hoy, tras casi siglo y medio de descubrimientos, hemos aprendido a ser más humildes y mantenernos receptivos a toda clase de fenómenos que, más allá del modelo estándar, seguirán cambiando nuestra manera de comprender el mundo[28].

En el mundo de la física cuántica, el de las partículas subatómicas, las reglas no son las mismas que en el mundo que vemos a nuestro alrededor[29]. De hecho, las leyes de la física clásica, que gobiernan la realidad cotidiana, dejan de funcionar a pequeñísima escala: la percepción y la lógica basadas en la mecánica clásica no sirve[30].

Dios es matemático...

Aparte de una serie de antecedentes significativos, la actitud matematizadora que vamos comentando comenzó a manifestarse

---

[27] Leonard Mlodinow, *Las lagartijas no se hacen preguntas*, Editorial Crítica, Barcelona, 2016.

[28] Rafael Bachiller, «Partículas y espacio vacío», *El Mundo*, 25.I.2017.

[29] Una referencia a la física social ayuda a una mejor comprensión de lo que nos ocupa. En el sentido de que, si la física es el estudio de la materia y la energía, su equivalente moderno para el mundo de los humanos sería *física social*. Eso es lo que sostiene Alex Pentland, del Instituto de Tecnología de Massachusetts (MIT): si la invención del microscopio y el telescopio permitió a los científicos desvelar algunos misterios del universo, ahora, con la nueva y abrumadora abundancia de datos -GPS, transacciones de tarjetas de crédito, registros de teléfono-, será posible mejorar el conocimiento de cómo los seres humanos interactúan y extienden sus ideas. Por el procesamiento inteligente de tales «grandes datos» resultará factible identificar ciertos patrones de comportamiento; análogamente a lo que sucedió cuando los científicos elaboraron las leyes del mundo físico. Así las cosas, la física social permitirá estudiar qué pasa en las redes sociales (Facebook, Twitter, YouTube, etc.) y obtener resultados ahora inimaginables. Todo lo cual haría posible que ciertos aspectos de la vida humana -desde cómo operan las empresas a cómo funcionan las ciudades- se *reingenieren* para ser más eficientes. «The measure of man», *The Economist*, 8.II.2014. También, Alex Pentland, *Social Physic: How Good Ideas Spread-The Lesson from a New Science*, Penguin Press, Nueva York, 2014.

[30] José Manuel Nieves, «Físicos logran comunicar dos partículas a través del tiempo», *ABC*, 28.V.2013.

en la década de 1920, en un ambiente que caracterizó la frase del astrónomo James Jeans: «Dios tiene que ser matemático»[31]. Más tarde, Heisenberg dio aún más impulso a tal movimiento, al aseverar que la ciencia ya no podía visualizar la realidad atómica según modelos físicos mentales; y que, por ello mismo, las matemáticas tendrían que ser la expresión básica para la comprensión de la realidad compleja.

Einstein apreciaba ciertamente la belleza matemática, pero, sobre todo, en su periodo más creativo, se expresaba mediante sucesiones de imágenes explicables con palabras, de las que en algún momento surgían conceptos refinados que luego expresaba matemáticamente.

Frente a la tendencia de *Mates über alles*, será bueno recordar que Alfred Korzybski, un filósofo norteamericano, a principios del siglo XX, decía que las matemáticas permiten presentar esquemas precisos y coherentes, pero siempre al precio de una abstracción tan extrema que su aplicabilidad acaba por encontrar sus propios límites. Resulta, así lo subraya Korzybski, que cualquier tipo de pensamiento acaba convirtiéndose en una abstracción que ni cubre ni puede cubrir toda la realidad. En otras palabras, diferentes tipos de pensamiento y expresión directa, en combinación con diferentes formas de abstracción, podrían proporcionar, juntos, una imagen más perfecta de la realidad, que llevaría nuestro conocimiento más lejos de lo que es posible con un solo pensamiento por muy matemático que sea[32].

Pioneros en superordenadores

En la línea de investigación de ordenadores cuánticos, ha de citarse a Juan Ignacio Cirac Sasturain, físico español (Manresa,

[31] Como el de la rueda griega hallada en 1900 cerca de la isla de Anticitera, entre los objetos recuperados de los restos de un barco romano hundido en el siglo III a.C., y que se estima era una calculadora astronómica, con la que podían predecirse las posiciones del Sol y la Luna, el movimiento de los planetas, y los eclipses y las fases lunares. Más de un siglo después de su descubrimiento, muchos de los enigmas del mecanismo de Anticitera, hoy expuesto en el Museo Arqueológico Nacional de Atenas, aún están por desvelar. Pero sí hay algo evidente, y es que desde tiempos inmemoriales el ingenio siempre ha distinguido al ser humano. Javier Palazón, «¿Un ordenador en la antigua Grecia?», *Estratos*, n° 107, primavera 2014. Sir James Jeans, *The Mysterious Universe*, Cambridge University Press, Nueva York.

[32] David Bohm y David Peat, «Ciencia, orden y creatividad», Barcelona, Kairós, 1997.

1965)[33] reconocido por sus trabajos en computación cuántica, y que desde 2001 es director de la División Teórica del Instituto Max-Planck de Óptica Cuántica en Garching, Alemania. Sus pesquisas se centran precisamente en los sistemas de computación cuántica; que en el futuro permitirán diseñar «algoritmos de cálculo mucho más rápidos que los actuales, que revolucionarán la sociedad de la información al permitir comunicaciones más eficientes y seguras». De una entrevista a Ignacio Cirac, una pregunta con su respuesta:

–*¿Cómo es el prototipo sobre el que trabajan actualmente?*

–Hay varios. Tenemos uno de quince átomos que funciona desde hace algún tiempo, pero también hay otras tecnologías muy nuevas de las que han surgido otros prototipos. El gran cambio es que ahora hay grandes compañías privadas que ya están interesadas en invertir en computación cuántica. Google es una de ellas y se ha puesto en contacto con varios físicos experimentales de California y ha empezado a poner en marcha su proyecto, que es el de desarrollar las tecnologías necesarias para configurar un ordenador cuántico a gran escala. También IBM parece dispuesto a intentarlo. Se trata de un desafío muy grande y el primero que llegue obtendrá enormes beneficios[34].

---

[33] La de Juan Ignacio Cirac es una carrera de éxitos sucesivos. Se licenció en Física Teórica por la Universidad Complutense (UCM) en 1988, para en 1991 devenir profesor titular de la Universidad de Castilla-La Mancha (Ciudad Real), donde trabajó hasta 1996. Luego trabajó como investigador postdoctoral en el *Joint Institute for Laboratory Astrophysics* (JILA) de la Universidad de Colorado (EE.UU.). Ya como catedrático, se desempeño, entre 1996 y 2001, en el *Institut für Theorestische Physik* en la Universidad de Innsbruck (Austria), de donde pasó al Max-Planck-Institut für Quantenoptik. Actualmente Cirac, también está personalmente ligado a la Universidad Politécnica de Cataluña, en el estudio de las ciencias y tecnologías de la luz. Información que procede de Concha Barrigos, de su entrevista «Juan Ignacio Cirac, director del Instituto Max Planck de Óptica Cuántica: hasta que los ordenadores cuánticos lleguen al mercado pasarán veinte, treinta o cincuenta años»; revista *Estratos*, otoño 2012, pág. 44 y sigs. Agreguemos que Juan Ignacio Cirac fue distinguido en enero de 2013 con el *Premio Wolf*, considerado por muchos como la *antesala del Nobel*. El galardón, que compartió con Peter Zoller, de la Universidad de Innsbruck, fue concedido a ambos por sus «revolucionarias contribuciones teóricas al procesado de información cuántica, la óptica cuántica y la física de gases cuánticos».

[34] José Manuel Nieves entrevista a Ignacio Cirac, director del Instituto Max Planck de Óptica Cuántica, «La empresa que cree el primer ordenador cuántico tendrá unos beneficios enormes», *ABC*, 25.I.2015. También la entrevista de Ixone Díaz Landaluce a Juan Ignacio Cirac, «Fantasear con el Nobel puede ser peligroso», *XL Semanal*, 13.XI.2016. En ese texto, Cirac manifiesta que ya existen prototipos de ordenadores cuánticos, «que ocupan laboratorios de 50 metros cuadrados, llenos de láseres y equipos electrónicos... Parecen monstruos. ¡Y son solo un pequeño prototipo!».

En el mismo frente de avances, un equipo internacional de investigadores ha construido un nuevo chip fotónico que trabaja con luz en vez de electricidad, lo cual parece que allanará el camino hacia los ordenadores cuánticos[35], para así poder extraer información de todas las bases de datos existentes de forma casi instantánea. Y como la cantidad de información almacenada en todo el mundo crece de manera exponencial, esa tecnología hará más fácil *buscar y encontrar* con toda precisión y celeridad.

Sobre la base de ese chip fotónico, Jeremy O'Brien, director del Centre for Quantum Photonics del Reino Unido, y director del proyecto en cuestión, estima que la computadora cuántica funcional será una realidad antes de 25 años. Para entonces, con ese y los demás progresos comentados y previsibles, resultará factible comprender mejor el universo como el gran ordenador cuántico que puede ser[36].

Esa realidad, lograr ese objetivo, es algo que podría estar aproximándose; en 2012 se premiaron nuevos avances, al recaer el Premio Nobel de Física de ese año en dos científicos que han logrado la observación directa de partículas cuánticas individuales sin destruirlas. Más concretamente, se trata del físico francés Serge Haroche, investigador de la Escuela Normal Superior de París (Francia), y del estadounidense David J. Wineland, del National Institute of Standards and Technology de la Universidad de Colorado (EE.UU.). Ambos obtuvieron el máximo galardón mundial como pioneros en los «métodos experimentales que permiten medir y manipular los sistemas cuánticos individuales, abriendo así la puerta a una nueva era de experimentación».

---

[35] Clive Cookson, «Computers set for quantum leap with chips that use speed of light», *Financial Times*, 16.IX.2010.

[36] Ciertamente, con las fibras ópticas y el desarrollo de *chips* fotónicos, podría lograrse transmitir la información a la velocidad de la luz. Sin embargo, cabe dudar que ese *hardware* acabe funcionando únicamente con luz (en el sentido vulgar del término); estamos ante tecnologías basadas en el silicio, pero puede haber nuevos materiales con propiedades muy parecidas y superiores a las del silicio. Un candidato a ello es el grafeno, por sus muchas ventajas: dimensionalidad mínima (espesor de un átomo), transmisión de la electricidad a la velocidad de la luz sin calentarse apenas por *efecto Joule* (típico de todos los dispositivos de estado sólido, cuya temperatura se eleva por la interacción de los electrones con los iones de la red). Quizá la mejora de la computación podría alcanzarse disponiendo conjuntamente de chips fotónicos y fibras ópticas de grafeno. Los anteriores comentarios se formularon para el autor por Francisco Guzmán Vázquez, investigador de la Universidad Autónoma de Madrid, en su correo electrónico de 12.VII.2011.

Las aplicaciones de esos sistemas podrían ser muy diversas: desde relojes cuánticos para medir con mayor precisión la expansión del universo, hasta diseñar instrumentos que mejoren la exactitud de los GPS. Pero con todo, la aplicación más prometedora del trabajo de Haroche y Wineland será el diseño de ordenadores superrápidos[37]. De una entrevista al primero de ellos:

–Empecemos por el principio. ¿Qué es un ordenador cuántico?[38]

–Es un ordenador que hace cálculos, resuelve problemas como los ordenadores actuales, pero lo hace de una manera muy especial, utilizando otro *hardware,* otras leyes. Con eso se pueden hacer algunos cálculos de una manera mucho, mucho más rápida que con los ordenadores usuales. Este *hardware* que utiliza está basado en la física cuántica. En concreto, en una teoría que describe el mundo microscópico, las partículas más pequeñas (los átomos, las moléculas...), y en ese mundo microscópico ocurren ciertas cosas que son un poco extrañas y que esta máquina utiliza y explota para hacer estos cálculos.

–¿Es usted de los que opinan que ciencia y religión no casan muy bien?

–Conozco científicos, premios Nobel, gente inteligentísima. Algunos de ellos son creyentes, otros son ateos y algunos otros, agnósticos. Unos son de una religión y otros de otra. Por lo tanto, no creo que todos los científicos tengan una forma de pensar igual en cuanto a eso. Lo que sí ocurre es que la mayoría de nosotros tenemos una visión de la vida científica y, por lo tanto, dudamos sistemáticamente. Eso nos lleva a que tengamos más dudas que las personas normales.

En resumen, puede decirse que en el momento de disponer de ordenadores cuánticos de gran capacidad -cuestión de unas décadas, se dice, siempre con una cierta vaguedad-, estaremos en condiciones de apreciar la verosimilitud de la hipótesis de que el universo funciona como una inmensa máquina *programada* hasta

[37] Miguel G. Corral, «Los padres del futuro superordenador», *El Mundo*, 10.X.2012.

[38] José Andrés Gómez entrevista a Ignacio Cirac, «Para salir de la crisis hay que invertir en cerebros», *El Mundo*, 28.VIII.2014.

en los más mínimos detalles. Claro que en esto no hay unanimidad, muchos disienten, entre ellos, mi estimado colega Juan Arana, colega en la Real Academia de Ciencias Morales y Políticas, cuando me hace la observación de que «lo del universo como enorme ordenador cuántico no pasa en el mejor de los casos una sinécdoque. Haría falta agregar al ordenador como mínimo una impresora tridimensional para empezar a hablar». Recordemos al respecto el concepto de sinécdoque: figura retórica de pensamiento que consiste en designar una cosa con el nombre de otra con la que existe una relación de inclusión, por lo que puede utilizarse, básicamente, el nombre del todo por la parte o la parte por el todo.

4. Unificación de los reinos: mecánica cuántica y relatividad general

El jueves 25 de noviembre de 1915 fue cuando Einstein pronunció su famosa y apoteósica conferencia en la Academia Prusiana de Ciencias, titulada «Las ecuaciones de campo de la gravitación», presentando en la ocasión el conjunto de ecuaciones con que culminó la teoría de la relatividad general[39], las diez ecuaciones *de Einstein*.

De acuerdo con las aludidas ecuaciones, espacio, tiempo, materia y energía forman un complejo entramado en el que cada uno de sus elementos tiene un efecto sobre los otros, de modo que la propagación de la luz se ve influida por la gravitación.

Y a propósito de la relatividad general, fue el astrónomo británico Arthur Eddington quien planteó que pronto habría una ocasión para medir la curvatura de la luz preconizada por Einstein: el eclipse total de Sol anunciado para el 29 de mayo de 1919. Y a tales efectos, la Royal Society organizó dos expediciones a las zonas de totalidad del eclipse, una al norte de Brasil y otra a la Isla del Príncipe, en el golfo de Guinea. Desde esas dos posiciones, se midieron las posiciones estelares en la vecindad solar, y Eddington pudo comprobar, de manera espectacular y ante una gran expectación a escala mundial, que las pequeñísimas desviacio-

[39] Rafael Bachiller, «Una teoría prodigiosa», *El Mundo*, 25.XI.2015.

nes de los rayos de luz predichas por la relatividad general (1,74 segundos de arco equivalen a media milésima de grado) eran absolutamente ciertas. Einstein saltó definitivamente a la fama mundial.

Einstein recordó con su teoría que en el universo actúan cuatro fuerzas esenciales. La primera, la de la gravedad, que mantiene *unido* el sistema solar y a cada galaxia en el espacio, al interactuar las masas de los cuerpos que flotan en el espacio. Es una fuerza que se rige por la física clásica teorizada por Newton: dos cuerpos se atraen en proporción directa al producto de sus masas, y en inversa al cuadrado de la distancia que media entre ellos.

La segunda fuerza, el electromagnetismo, con sus leyes en las ecuaciones de Maxwell, actúa para mantener unidas una serie de partículas; de manera que sin electromagnetismo no existiría la luz, ni átomos, ni enlaces químicos.

La tercera fuerza es la interacción fuerte, responsable de mantener unido el núcleo del átomo, actuando sobre las partículas constitutivas de protones y neutrones.

Y la cuarta y última fuerza es la interacción débil, que permite la desintegración radiactiva, como también es la que calienta el centro de la Tierra.

Las cuatro mentadas fuerzas rigen todo el universo, y el gran objetivo de la física actual es su unificación -el gran sueño de Einstein- en una *teoría del todo*. Pero lamentablemente -evocando a los cuatro mosqueteros-, la gravedad (D'Artagnan) no puede brindar con sus otros tres compañeros (Athos, Porthos y Aramis) al grito de «Uno para todos, todos para uno»... al menos por ahora, aunque existe algo importante a recalcar: siendo determinantes todas las fuerzas, la desaparición de una de ellas haría imposible el funcionamiento del universo[40].

De verificarse la hipótesis de Seth Lloyd de que el universo funciona como un ordenador cuántico, su efectividad podría ofrecer una nueva manera de abordar lo que probablemente es el tema capital de la física contemporánea: resolver el problema de la unificación del reino de la *mecánica cuántica* con el de la *relatividad general,* que explica el comportamiento de los objetos

[40] Jorge Blaschke, *Los gatos sueñan con física cuántica y los perros con universos paralelos*, Ediciones Robinbook, Barcelona, 2012.

de la naturaleza a otra escala, con base en la teoría de la gravitación[41], un iter en el que uno de los primeros en moverse fue Erwin Schrödinger, pionero de la física cuántica, quien, en su libro seminal *¿Qué es la vida?*[42], formuló una proposición sorprendente: la actividad y la estructura atómica a nivel micro es lo que mejor puede explicar la actividad biológica en el nivel macro:

> Grupos de átomos increíblemente pequeños, demasiado pequeños para moverse según leyes estadísticas exactas [gravedad cuántica] desempeñan el papel más relevante en los acontecimientos regulados por determinadas leyes en el interior de un organismo vivo. Esos grupos de átomos controlan las características observables a gran escala que el organismo adquiere en el curso de su desarrollo; como también determinan características importantes de su funcionamiento. Y en todo ese proceso rigen leyes biológicas bien definibles y máximamente estrictas[43].

Izquierda: Erwin Schröndinger: el precursor de tantas cosas; en la senda de unificación de los dos reinos. **Derecha:** Petter Higgs: en busca de su bosón, la llamada *partícula de Dios*.

Pero el hecho de que Schrödinger mencionara la *gravedad cuántica,* y la tomara en consideración, no significa, ni mucho me-

[41] La mecánica cuántica explica cosas a escala *de detalle* (no reducida), y la relatividad lo hace a escala *global*; sin olvidar aquello de que una escala 1:100 es mucho mayor, más detallada, que una escala 1:100.000; aunque la gente suele decir lo contrario.

[42] Erwin Schrödinger, *¿Qué es la vida?*, Tusquets Editores, Colecciones Metatemas n.º I, 6ª edición, mayo, 2006.

[43] Citado por James Gardner en *El universo inteligente*, ob. cit.

nos -ya se dijo antes-, que la *unificación de los dos reinos*, el cuántico y el gravitacional, esté lograda actualmente. Sigue el gran *desideratum* de la física avanzada, en busca de soluciones aún no encontradas, algo que legitima la *paradoja de Sócrates:* cuánto más se conoce, más se aprecia lo mucho que falta por saber. Sobre todo cuando se ha perdido la anterior seguridad que se tenía en la física gravitacional como rectora de todo.

Lo anterior se sintetiza en el llamado principio de incertidumbre, también conocido como *de indeterminación*, que previó Max Planck y cuyo significado es que nunca puede tenerse toda la seguridad de dónde está un electrón, o de cuál es su velocidad[44]. Es decir, no cabe conocer con precisión absoluta el momento y la posición de una partícula. Luego, el principio lo formuló el físico Werner Heinsenberg y ha pasado a constituir la piedra angular de la física cuántica; en la idea de que el mundo está configurado por acontecimientos que no pueden explicarse enteramente en términos de causa-efecto.

El físico danés Niels Bohr realizó una exégesis del principio de Incertidumbre, conocida como *Interpretación de Copenhague:* las partículas subatómicas no cuentan con los mismos atributos que podrían suponerse desde la física newtoniana. Para Bohr, un objeto grande obedece las leyes identificadas por Newton, y sus trayectorias y localizaciones pueden observarse nítidamente. En cambio, a escala subatómica, todo se ve perturbado en los intentos que se realicen para observarla. Sirva como ejemplo el ver a través del microscopio una partícula sensible a la luz: el solo hecho de iluminarla con el instrumento ya la modifica, al impactar los fotones en ella[45].

---

[44] El físico alemán Max Planck es considerado como el fundador de la teoría cuántica. En 1900, descubrió una constante fundamental -la denominada *constante de Planck-*, usada para calcular la energía de un fotón. Esto significa que la radiación no puede ser emitida ni absorbida de forma continua, sino solo en determinados momentos y pequeñas cantidades (denominadas *cuantos* o fotones). Un año después, en 1901, Planck descubrió la ley de la radiación electromagnética emitida por un cuerpo a una temperatura dada (Ley de Planck), una ley que devino en una de las bases de la mecánica cuántica, que emergió años más tarde con la colaboración de Albert Einstein y Niels Bohr, entre otros. Planck recibió el Premio Nobel de Física en 1918, y en su honor se bautizó el *cráter Planck* en la Luna. En 2009, la Agencia Espacial Europea lanzó el satélite Planck, como parte de su programa científico *Horizon 2000*.

[45] Jorge Blaschke, *Los gatos sueñan con física cuántica...*, ob. cit.

5. El modelo estándar

El conocimiento del átomo y de su configuración interna fue consiguiéndose mediante todo un largo proceso histórico de observaciones e investigaciones; desde la primera concepción helénica de Demócrito, hace 2.400 años, como el cuerpo *indivisible* (átomo: no separable en partes) del que estaban compuestas todas las cosas. Y desde el siglo XIX ya fue apreciándose que el átomo no era indivisible.

Se entró así en el mundo de las partículas, cada vez más complejo, y se llegó a una especie de gran acuerdo, de un *modelo estándar,* que relaciona a todas las subpartículas (quarks, leptones, bosones -como los fotones y gluones-, etc.), que se formulan matemáticamente, sin ser producto de una sola mente, sino de varias, y que fueron configurando una amplia *menagerie* de partículas aparentemente indivisibles. Solo faltaba el llamado bosón de Higgs para validar totalmente el modelo[46].

En definitiva, el modelo estándar registra que de lo *infinitamente grande,* el universo, pasamos a lo *infinitamente pequeño,* las partículas, y podemos estar completamente seguros de que hay subpartículas aún menores, hasta llegar -así lo previó Einstein y así va corroborándose- a la *simple* energía. En ese sentido, como manifiesta José Bernabéu (premio Rey Jaime I de Investigación 2008), todos estamos hechos de electrones y quarks (estos a su vez divisibles), toda la materia que se ve, toca, oye y siente -la casa, el gato del vecino y hasta las cataratas del Niágara-, están hechas de lo mismo: electrones y partículas elementales, quarks, *ladrillos* del universo.

---

[46] Si se pregunta entre la élite científica quién conoce a Satyendra Nath Bose, las respuestas afirmativas serán muy reducidas: Bose fue el científico indio que trabajó con Albert Einstein en la elaboración de la teoría *Condensado de Bose-Einstein*, que analiza el estado de agregación de la materia que se da en ciertos materiales a muy bajas temperaturas. Sin embargo, el nombre de Bose en ese dúo fue olvidado, tanto en su país de origen como en la comunidad científica. Aun así, la India reclamó (el 5.VII.2012) su lugar en la historia ya que Bose fue quien dio nombre a la partícula que hoy se conoce como «bosón»: «Para la India, la partícula de Dios es tan de Bose como de Higgs». Jorge Alcalde, «La fe del escéptico y la partícula divina», *La Razón*, 6.VII.2012. También Miguel G. Corral, «El bosón de Higgs, hallazgo del año», *El Mundo*, 21.XII.2012.

6. En busca de la partícula de Dios

Fue Peter Higgs, en 1964 -simultáneamente con François Englert, Robert Brout y tres colegas de EE.UU. que citaremos después- quien suscitó la tesis de que entre las fuerzas rectoras de la física del cosmos debía existir un bosón que, a modo de intercambiador, actuase sobre todas las partículas, haciéndolas pesadas y lentas, al proporcionarles masa. Y la verosimilitud de esa proposición -ya lo hemos visto en parte- surgió de la idea de que, siendo esa desconocida partícula del modelo estándar la única aún no observada, sería la clave de todo: la explicación del origen de la masa de las partículas elementales, al igual que los bosones W y Z[47].

El bosón de Higgs, durante un tiempo fue llamado también la *partícula de Dios,* expresión que tiene su historia: como los científicos pensaban que nunca iban a ser capaces de encontrarla, empezaron a llamarla *the goddamn particle* (la maldita partícula). Y, en ese contexto, el físico Leon M. Lederman tituló así, en 1993, un artículo elaborado junto con Dick Teresi. Pero a los editores de *Dell Publishing* ese título les pareció inapropiado, o más bien una errata (por lo de *god* y lo de *goddamn*), lo que desencadenó una decisión de *marketing*: en *goddamn* estaba *god,* y los dos autores científicos parecían ser los únicos obstinados en no verlo. Y así fue como el libro acabó llamándose *The God Particle*[48].

Al respecto, Higgs confesó en 2012 que no veía a su distinguido colega Leon Lederman desde 1987. Pero sí sabía que acababa de publicar otro libro: *Beyond the God particle* (*«Más allá de la partícula de Dios*) a pesar de tener 91 años, ante lo cual Higgs se preguntó: «¿De verdad pueden escribirse libros a esa edad?»[49].

En definitiva, la partícula de Dios o bosón de Higgs era la principal *presa pendiente de capturar* en los colisionadores de hadrones para completar el modelo estándar, algo solo posible (con el proyecto SSC parado) en el gran circuito del CERN, que en la década de 2010 pasó a disponer del *Large Hadron Collider,* LCH,

---

[47] Alicia Rivera, «El año que descubrimos el bosón», *El País*, 21.XII.2012.

[48] Leon M. Lederman y Dick Teresi, *The God Particle. If the Universe is the answer, what is the question?*, Delta Book, Nueva York, 1993.

[49] Fernando Goitia, «El bosón me ha arruinado la vida», *XL Semanal*, 20.X.2013.

o Gran Colisionador de Hadrones, instalado en un túnel de 23 kilómetros bajo suelo francés y suizo.

El LCH es el mayor instrumento del CERN y también la mayor máquina del mundo, por su largo túnel que está guarnecido con un total de 9.300 imanes superconductores, las estructuras aceleradoras de las partículas. Es como *una nave espacial viajando a lo desconocido*, para estudiar y descubrir las partículas subatómicas más ínfimas, reproduciendo un estado similar al que se dio con ocasión del *Big Bang*.

Para conseguir tales escenarios, en el LHC se aceleran dos paquetes de hadrones -protones o iones de alto peso molecular, como los del plomo- haciéndolos chocar entre sí, de modo que en el momento de la colisión puedan estudiarse lo sucedido y las características de los *objetos* resultantes del fraccionamiento inducido, que incluye partículas confinadas en el átomo que solo cabe conocer al quebrar los protones del núcleo atómico; son porciones que existen pero que solo se manifiestan ante la percepción humana con la colisión que rompe la materia en sus últimos componentes.

Los haces de partículas dentro del acelerador se mueven en sentido opuesto en tubos distintos, están situados en ultravacío, y son guiados a lo largo de su anillo respectivo por potentes campos magnéticos generados por los ya mentados electroimanes superconductores. Estos últimos se componen de bobinas de un cable eléctrico especial, que funciona conduciendo la electricidad sin resistencia ni pérdida de energía, para lo cual los imanes han de ser enfriados a -271°C, una temperatura por debajo de la del espacio intersideral, lo cual se consigue conectando el acelerador con un sistema de distribución de helio líquido, que enfría los imanes, así como los otros sistemas anexos.

Subsiguientemente, se suceden varias etapas de acondicionamiento. Primero de todo, hay que acelerar los dos paquetes de partículas que han de chocar entre sí. Cada paquete se acelera por separado; linealmente y luego circularmente, dentro de dos circuitos: uno de 650 metros, y el otro de siete kilómetros. Así, los protones llegan a circular al 99,9 por 100 de la velocidad de la luz. Conseguido lo cual, se inyectan en el gran circuito del LHC de 27 km, donde se logra un portentoso incremento de masa, hasta 7.000 veces superior a la de los protones en reposo.

En esas circunstancias se hace colisionar los dos paquetes de protones que viajan en dirección contraria, de modo que con el choque se desintegran las partículas dejando al descubierto las subpartículas, que se estudian vía informática, con detectores formados por gigantescos magnetos especiales[50].

7. El bosón de Higgs, encontrado

Ya vimos cómo la idea de la existencia de la partícula en cuestión fue planteada como hipótesis al comienzo de la década de 1960 por Peter Higgs -y simultáneamente por Englert y Brout-, quienes para ubicarla y explicarla no necesitaron sino papel y lápiz. Un diseño que fue clave para explicar cómo las partículas elementales -aquellas que no están compuestas de partículas más pequeñas, como electrones o quarks- obtienen su masa.

Durante un tiempo, las dos entidades, Formilab y CERN, negaron reiteradamente estar inmersos en una carrera de fondo para encontrar el bosón de Higgs[51]. Por eso, el 21 de abril de 2011, algunos físicos se quedaron sin respiración por el comentario anónimo de un blog, luego difundido por la web de la emisora de televisión Fox News: los investigadores del CERN habían capturado la célebre partícula, lo cual, poco después, fue desmentido[52].

Hubo que esperar al 3 de julio de 2012, para que el CERN anunciara haber hallado, por fin, el bosón. Al respecto, la revista *Science* pronto lo tuvo claro: sería el descubrimiento más importante de 2012. «Ha sido una elección inusualmente fácil -afirmó Bruce Alberts, director de la publicación estadounidense que cada año selecciona los hallazgos más significativos de la ciencia-: el descubrimiento del bosón de Higgs representa un triunfo del intelecto humano y la culminación de décadas de trabajo de muchos miles de físicos e ingenieros». Al conocerse la noticia del

---

[50] Este resumen sobre el LCH se lo debo al Carlos Rodríguez Jiménez (2.VII.2011).

[51] Dennis Overbye, «Secretos de la materia en colisión», *El País*, 18.XI.2010.

[52] «Indefinite particles», *The Economist*, 30.IV.2011. En ese sentido, Rolf Heuer, director general del CERN, advierte que «cualquier resultado preliminar no significa que hayamos llegado a encontrarlo», «Scientific world agog at Cern´s tantalizing hints of God particle», *Financial Times*, 14.XII.2011.

hallazgo, Stephen Hawking fue el primero en pedir el Premio Nobel para su colega escocés.

Para conseguir una explicación sencilla sobre el bosón, William Waldegrave, ministro de Ciencia de Reino Unido, ofreció en 1993 una botella de champán al científico que lograra hacerle entender el concepto. Y quien acabó bebiéndose el espumoso del premio fue el físico David Miller, que dio la respuesta más ingeniosa, según relato de Arcadi Espada[53]. En un momento en que Waldegrave formaba parte del gobierno de la señora Thatcher, Miller le expuso:

> Imagine una fiesta de políticos distribuidos uniformemente en la sala, cada uno hablando con sus más próximos. Y justamente entonces, Margaret Thatcher entra y cruza la sala, y todos los allí presentes la rodean para saludarla. A medida que se mueve, atrae a las personas a las que se va acercando, mientras que las que dejó atrás vuelven a sus posiciones. Debido al amontonamiento que la rodea, ella adquiere una masa más grande de la normal, es decir, gana más movimiento a lo largo de la habitación con la misma velocidad... En tres dimensiones, y con las complicaciones de la relatividad, ese es el mecanismo de Higgs.

Por su parte, Alberto Casas, científico del Instituto de Física Teórica CSIC-UAM, se refiere al bosón de Higgs con un símil interesante: «las partículas que tienen masa la adquieren por interacción con el llamado campo de Higgs; que para hacerlo fácil de entender, es como una gelatina invisible que permea todo el universo. Cuando esa gelatina se agita, se forman olas, y las ondas así generadas, según las leyes de la mecánica cuántica, son subpartículas, en este caso bosones de Higgs. Claro que para *agitar* en el laboratorio el campo de Higgs, se recurre a los choques de protones a altísima energía en el LHC del CERN»[54].

Por su parte, Miguel Corral, periodista científico del diario *El Mundo*, da su propia explicación. Recuerda que «las partículas elementales de la física se dividen en fermiones y bosones; nom-

---

[53] Arcadi Espada, «La errata de Dios», *El Mundo*, 11.VIII.2012.

[54] Alicia Rivera, «El bosón de Higgs se parece cada vez más al bosón de Higgs», *El País*, 15.III.2013. De la misma autora «Si te preguntas el porqué de las cosas acabas en la física», *El País*, 24.IV.2013.

bres derivados de Enrico Fermi y Satyendra Nath Bose, respectivamente. Los primeros son los *ladrillos* de los que está hecha la materia. Y los segundos, los mediadores entre las fuerzas en el universo, es decir, el cemento con el que se unen los ladrillos».

La única reacción de Higgs al saberse que se le había otorgado el Premio Nobel se difundió a través de un comunicado emitido por el gabinete de prensa de la Universidad de Edimburgo; se trata de un texto que el científico había dejado preparado, por si finalmente se confirmaban las expectativas: «Estoy abrumado por recibir este premio y quiero felicitar también a todos los que contribuyeron al descubrimiento de esta nueva partícula. Y agradecer a mi familia, amigos y colegas su respaldo. Espero que este reconocimiento a la ciencia básica ayude a aumentar la conciencia del valor de la investigación imaginativa».

Una vez confirmada, y premiada, la existencia del bosón, será interesante recordar la previa muestra de desconfianza de Stephen Hawking al respecto. En su obra *Breve historia del tiempo,* admitió que tenía el convencimiento de que «algún día conocería el rostro de Dios», y que estaba convencido de que la teoría de la totalidad (ya se ha dicho antes: la capaz de aunar todas las fuerzas conocidas que operan en el universo en una sola) se encontraría al finalizar el milenio. Después, Hawking se hizo un poco más pesimista, pues con bastante ironía apostó cincuenta libras esterlinas a que el LHC fracasaría a la hora de encontrar el bosón de Higgs, dejando además un comentario no menos suculento: «Creo que será mucho más excitante si no lo encontramos. Significará que nos hemos equivocado en algo, y que tendremos que empezar de nuevo», indicó a la BBC[55].

Pero con el descubrimiento del bosón de Higgs no se ha alcanzado el final del camino virtual: más bien se ha abierto otro, como sucede casi siempre en la investigación, pues descubrir o descartar algo para avanzar en la comprensión de lo que nos rodea y de lo que somos permite plantearse nuevas metas impensables en el pasado. Además, el propio Higgs manifestó que «quedan cosas por descubrir y será preciso un análisis más profundo de lo hallado hasta ahora. La expectativa es estudiar una estructura más amplia

[55] Luis Miguel Ariza, «La chispa de Dios, ¿qué pasó al principio de todo?», *El País,* 15.II.2009.

que se conecte con el futuro de la cosmología primigenia, conocer al detalle la relación entre astrofísica y cosmología, tanto a pequeña como a gran escala. Con todo, hay mucha física que no depende de esta teoría». Eso es lo que dijo cuando se le preguntó si la importancia de haber hallado el bosón puede compararse con el descubrimiento del ADN[56].

Lógicamente, a partir de la certificación por el CERN del descubrimiento de la célebre partícula, se hicieron no pocas lucubraciones: ¿y si en vez de un bosón de Higgs hubiera cinco? Y desde el punto y hora en que todas las partículas que conforman la materia tendrían un compañero, su reverso en el espejo de la naturaleza -indica Gómez Cadenas-, esas partículas serían las candidatas mejor posicionadas para dar contenido a la materia oscura.

Y en ese sentido, Pablo García Abia, que trabaja en el CERN, y es uno de los responsables del experimento que dio con el bosón, manifestó que «si existen esas partículas, serán tan pesadas que no podremos detectarlas fácilmente... De modo que habrá que buscarlas con energías mucho más altas que los 125 gigaelectronvoltios (GeV)». Al respecto, debe subrayarse que en tres años el CERN duplicará la energía aplicable a los experimentos, para lo cual hubo de pararse durante dos años, en una suerte de *puesta a punto*, para duplicar la energía empleada en la colisión de partículas, a fin de estar más cerca de recrear el origen del *Big Bang*[57].

Finalmente, a efectos de si el CERN es o no rentable, conviene recordar el hecho de que, a lo largo de sus más de cinco décadas de existencia, se han realizado descubrimientos de gran impacto, en colaboración muy estrecha con toda una serie de institutos de los veinte países asociados en el centro; con investigaciones que no se ciñen solo al origen de la materia y del universo.

Entre esas grandes aportaciones figura la Red, la World Wide Web (www), que ha posibilitado la revolución de Internet, como también el denominado Grid Computing del CERN, que ha im-

---

[56] Ana Domingo Rakosnik, «Higgs: Soy incapaz de explicar mi teoría a un niño», *La Razón*, 7.XI.2012.

[57] En la primavera de 2013, el LHC entró en fase de reparación y restauración, por lo que no podrá trabajarse con tan inmenso dispositivo hasta 2015. Anteriormente, solo se había detenido en dos ocasiones: una, por un problema técnico que no fue resuelto en su totalidad; y en 2013, para consolidar durante dos años los trabajos de reparación, al objeto de funcionar al cien por cien de su potencial. Pilar Pérez, «El colisionador de Hadrones pasa por el taller», *A tu salud verde*, 19.V.2013.

pulsado la nueva *economía en la nube*. Y el PET (tomografía por emisión de positrones) ha supuesto un logro decisivo para las tecnologías en el área de la salud, sin olvidar su conexión con los aceleradores de uso médico para el tratamiento del cáncer de cerebro[58]. E, igualmente, han de mencionarse los progresos logrados en superconductividad, en respuesta a numerosos retos energéticos.

Finalmente, subrayamos que China está planeando construir un enorme acelerador de partículas, cuyo anillo circular mediría más del doble que el del CERN, y sería hasta siete veces más potente[59]. «Hemos completado el diseño conceptual inicial -afirma Wang Yifang, director del Instituto de Física de Altas Energías de la Academia China de Ciencias-, y recientemente hemos organizado una revisión internacional del proyecto». El diseño quedó listo a finales de 2016 y la primera fase de la construcción se llevará a cabo entre los años 2020 y 2025.

8. La teoría de cuerdas

Entramos ahora en una cuestión altamente especulativa: lo que Schrödinger intentó formular como una teoría denominada *gravedad cuántica*, originando un diluvio de ejercicios complicados e ingeniosos de naturaleza matemática[60], sobre todo en relación con la teoría de cuerdas, y su sucesora, la teoría M, que precisan de una explicación aunque sea somera:

> La teoría de cuerdas es un modelo referente a las partículas subatómicas, según el cual, estas son, en realidad, *estados vibracionales* de un objeto básico llamado *cuerda* o *filamento*, lo cual significa que un electrón no es un punto sin estructura interna y de dimensión cero, sino una *cuerda minúscula* que vibra en un espacio-tiempo de más de las cuatro dimensiones convencionales (ancho, largo, alto y tiempo), en *forma de lazo* que puede oscilar

[58] Rolf Heuer, «La respuesta científica a la crisis», *El País*, 27.II.2013.

[59] J. M. Nieves, «China quiere construir el mayor acelerador de partículas del mundo», *ABC*, 9.VIII.2016.

[60] James Gardner, *El universo inteligente*, ob. cit.

de diferentes maneras. Así que oscilando de un cierto modo concreto, tendríamos un electrón; pero si oscila de otra forma, sería un fotón, o un quark, o cualquier otra subpartícula del modelo estándar[61].

La teoría de cuerdas es una formulación que se debe a Jöel Scherk y John Schwarz, quienes en 1974 publicaron un artículo sobre el tema[62], sin que sus ideas recibieran por entonces mucha atención, hasta que llegó la *primera revolución de las supercuerdas,* de 1984, cuando la teoría en cuestión pasó a considerarse un caso general de teoría de *Kaluza-Klein cuantizada,* que se asienta en dos ideas fundamentales:

- Los objetos básicos no son partículas puntuales, sino objetos unidimensionales que vibran.
- El espacio-tiempo en el que se mueven las cuerdas no sería solo el espacio-tiempo ordinario de las cuatro dimensiones convencionales ya referidas, sino que incluiría otras siete dimensiones, es decir, un total de once.

Cuando se habla de la teoría de cuerdas -que supone un más allá del modelo estándar-, suele comentarse que se trata de algo muy complicado. Pero Jorge Blaschke disiente de esa idea de alta complejidad, empezando porque de momento solo es eso, una teoría, en la que se sostiene que cada partícula subatómica funciona como una pequeña cuerda vibratoria. Lo que lleva a la conclusión de que la materia no es otra cosa que el conjunto de armonías creadas por esas cuerdas vibrantes, a partir de las cuales puede constituirse un número infinito de formas, ya que cada cuerda puede romperse en otras más pequeñas, o *empalmarse* para configurar entidades más largas.

En realidad, la teoría de cuerdas es la única que permite combinar la gravedad con la teoría cuántica en un espacio en el que, además de las cuatro dimensiones clásicas -ya lo vimos: longitud,

---

[61] Las masas de las partículas elementales, y las diferencias entre el electromagnetismo (causada por el fotón) y la fuerza débil (causada por los bosones W y Z) son críticas en muchos aspectos de la estructura de la materia microscópica (y, por lo tanto, macroscópica).

[62] Jöel Scherk y John H. Schwarz, *Dual Models and the Geometry of Space-Time*, Physics Letters B, Volume 52, Issue 3, 1974.

anchura, profundidad y tiempo-, hay otras siete adicionales, todo ello para que encajen las ecuaciones del modelo estándar[63]. Y con la particularidad de que con esas once dimensiones se aseguraría la consistencia matemática, no son observables las siete *dimensiones extra*[64].

Sin embargo, no siendo por ahora más que una teoría, hay científicos, como Jim Baggott[65], de la Universidad de Oxford, que no están convencidos de que el progreso en la física esté asegurado por la vía de la teoría de las cuerdas. Así lo expresa en su trabajo *Farewell to Reality*[66], al manifestar que «si se continúa con el *cuento de hadas*, en el que todo debe funcionar con desarrollos matemáticos -que a veces solo tienen como base el gusto personal del físico matemático de turno- estaremos creando todo un paisaje teórico de dudosa validez». En ese sentido, Baggott entiende que la teoría de cuerdas es un juego de modelos matemáticos; muy populares, pero que todavía no han sido demostrados[67].

A ese respecto, será interesante traer a colación aquí algunas reflexiones literarias de *Alicia en el País de las maravillas*, el célebre libro de Lewis Carroll, en el que se produce un diálogo, entre el *gato* (minino) *de Cheshire* y la protagonista, de lo más significativo desde el punto de vista cuántico. He aquí el diálogo entre Alicia y el gato:

—Minino de Cheshire, ¿podría decirme, por favor, qué camino debo seguir para salir de aquí?

—En gran parte, eso depende del sitio al que quieras ir —respondió el gato.

—No me importa mucho el sitio... —manifestó Alicia.

—Entonces, tampoco importará el camino que tomes —dijo el gato.

---

[63] Jorge Blaschke, *Los gatos sueñan con física cuántica y los perros con universos paralelos*, Ediciones Robinbook, Barcelona, 2012.

[64] Mario Bunge, *Skeptical Inquirer*, July-Aug, 2006.

[65] Jim Baggott, químico graduado en la Universidad de Manchester en 1978 y doctor por Oxford, es autor de un libro relacionado con el tema que nos ocupa: *Atomic: The First War of Physics and the Secret History of the Atom Bomb*, 1939-49 (Icon Books, 2009). Previamente había escrito *A Beginner's Guide to Reality* (Penguin, 2005), y *Beyond Measure: Modern Physics, Philosophy and the Meaning of Quantum Theory* (Oxford University Press, 2004).

[66] Jim Baggott, *Farewell to Reality: How Modern Physics Has Betrayed the Search for Scientific Truth*, Pegasus Books, 2013.

[67] «The future of physics. Beyond the numbers», *The Economist*, 25.V.2013.

–Siempre que llegue a alguna parte... –añadió Alicia como explicación.

–¡Oh, siempre llegarás a alguna parte –aseguró el gato–... si caminas lo suficiente!

En el cuento de Carroll hay un mundo paralelo, entre lo real y el ensueño con, por lo menos, dos opciones garantes de que se llegará a alguna parte, aunque esta parte sea otro universo paralelo al que se piensa en que se vive[68]. En esa dirección, el gato de Cheshire fue, sin saberlo, una primera experiencia de sabiduría cuántica... antes que el gato del propio Schrödinger.

Colofón del capítulo I: la materia de composición del universo acaba siendo energía

Indudablemente, nuestra experiencia en la vida cotidiana viene caracterizada por la apariencia de continuidad que percibimos con nuestros sentidos, y sobre todo por nuestra visión directa. Pero la realidad es que la materia la forman partículas ultramicroscópicas, que se configuran en estructuras complejas que funcionan conforme a determinadas leyes, de la gravedad y demás, y también según la física cuántica, aplicable a las subpartículas que integran los átomos; es toda una evidencia científica experimental, con importantes consecuencias, desde la comprensión de fenómenos físicos hasta ciertos aspectos de la bioquímica de la vida, y las diversas formas de energía[69].

Sobre el tema cabe una interpretación poética, de Rubén Darío, el gran vate nicaragüense, gloria de las letras hispanas, quien supo estremecerse poéticamente ante el destino del hombre:

> Ser, y no saber nada,
> y ser sin rumbo cierto
> y el temor de haber sido,
> y un futuro terror.

[68] Jorge Blaschke, *Los gatos sueñan con física cuántica y los perros con universos paralelos*, Ediciones Robinbook, Barcelona, 2012.

[69] Liliana Ferreira, «Física y Cosmología. El Código Genético del universo», *Biosophia*, nº 2. www.revistabiosofia.com

Y el espanto seguro de estar mañana muerto
y sufrir por la vida,
y por la sombra, y por lo que no conocemos y apenas sospechamos,
y la carne que tienta con sus frescos racimos,
y la tumba que aguarda con sus fúnebres ramos
y no saber *a dónde vamos ni de dónde venimos*[70].

En línea análoga a la expresada, la científica estadounidense Lisa Randall suscita la idea de que estamos viviendo una *edad de oro de la física,* cuando dice que el mencionado LHC «puede ayudarnos a responder muchas preguntas». Básicamente, tres: cómo adquieren su masa las partículas elementales, por qué la gravedad es más débil que el resto de las fuerzas fundamentales de la naturaleza, y cuál es la misión de la materia oscura en el universo[71].

En definitiva, la ciencia ha ido permitiendo el conocimiento del universo en un avance formidable desde los griegos, pasando por el incipiente cientifismo del Renacimiento y la Ilustración (de Galileo a Newton y de Copérnico a Kepler), para luego pretender la integración de las ideas de gravedad y física cuántica.

Así las cosas, hoy podemos apreciar de dónde venimos: de la materia que acaba siendo energía, desde el hidrógeno y el helio del primer momento del *Big Bang* a la compleja realidad de hoy, resultando un mundo en el que la mente humana va reconstruyendo teóricamente como sucedió todo desde el *Big Bang,* como algo necesario desde un principio y hasta un posible final. Estamos leyendo lo que viene del ordenador cuántico.

En esa realidad surge el hombre como algo natural, con un desarrollo que es el resultado del funcionamiento, tal vez, del superordenador cuántico-gravitacional, de cuyo origen se mantiene el misterio, pero que tal vez será desentrañado con una idea de armonía universal, que podrá hacernos pensar, efectivamente, que el universo tiene un sentido, como la propia existencia del hombre al ser el único observador que acumula conocimientos y emite hipótesis sobre la creación evolutiva.

---

[70] La cursiva del último verso es del autor, por su similitud con el título de este libro.

[71] Laura Fernández, entrevista a Lisa Randall, «Dios juega a los dados, Einstein se equivocó», *El Mundo*, 3.I.2012.

Capítulo II
Del *Big Bang*… ¿al *big crunch*?

1. El universo en expansión

Tras apreciar hasta aquí una serie de visiones cosmológicas de carácter general, así como el conocimiento de la materia y la energía, entramos ahora en la cuestión de cómo se produjo el nacimiento de todo: el *Big Bang*. Una teoría ya prácticamente generalizada, que inicialmente *tuvo la contra* de algunos científicos -al estilo de Fred Hoyle-, que incluso veían en sus proposiciones una exaltación del acto de creación *ex nihilo,* origen de todas las cosas: el hágase la luz *-fiat lux-* del *Génesis.*

Con todos los antecedentes que se quiera y con no poca controversia, el concepto de *Big Bang* empezó a configurarse con los planteamientos de Georges Edouard Lemaître (1894-1966), sacerdote católico y cosmólogo belga, que esquematizó un modelo del universo en expansión (1927), no sobre la base de las *Escrituras,* sino teniendo en cuenta masa, gravitación y curvatura del espacio; en línea con lo intuido a principios de la década de 1920 por el matemático ruso Alexander Alexandrovich Friedman (1888-1925)[72].

El huevo cósmico de Lemaître

Lemaître arguyó que la teoría de la relatividad general de Einstein apoyaba un origen del universo, consistente en la explosión de un átomo primigenio o *huevo cósmico;* en el que previamente se habría concentrado toda la masa y la energía imaginables, con una densidad virtualmente infinita, posicionamiento que causó

[72] *Diccionario de Astronomía Oxford*, versión española de la Universidad Complutense, Madrid, 2003.

gran impacto en Einstein, quien personalmente expresó su admiración a Lemaître.

Georges Lemaître nació en 1894 en Charleroi, ciudad minera de Walonia -fundada por el emperador Carlos V-, al sur de Bélgica, en el seno de una familia en la que su padre, Joseph, había estudiado Derecho en la Universidad de Lovaina y era dueño de una fábrica de vidrio, en tanto que su esposa, Marguerite -hija de un empresario cervecero-, de carácter alegre y decidido, tuvo gran influencia en sus hijos.

Al estallar la Primera Guerra Mundial (1914), Georges y su hermano Jacques se alistaron como voluntarios contra los invasores alemanes, y en el frente vivieron momentos trágicos de una guerra que ellos veían como totalmente absurda. Al terminar la contienda, Georges Lemaître siguió estudios de Física y Matemáticas y después ingresó en el seminario de Malinas, donde compatibilizó su preparación para el sacerdocio con el estudio de la teoría de la relatividad de Einstein. Dedicación esta última que se vio muy facilitada por una beca que le permitió pasar un cierto tiempo en la Universidad de Cambridge, donde congenió con Arthur Stanley Eddington, uno de los máximos científicos del momento -y varias veces citado en este libro-, quien precisamente le invitó a compaginar la astronomía con la teoría de la relatividad.

Después de Oxford, Lemaître pasó a la Universidad de Harvard, en la que aprendió a medir distancias en el universo, empleando como balizas las estrellas de brillo variable, conocidas como *cefeidas*[73]. Y fue el propio Hubble quien le puso de relieve, en el Observatorio del Monte Wilson, que el universo era mucho más grande de lo que se pensaba.

Lemaître hizo su doctorado en el Instituto Tecnológico de Massachusetts (MIT) con una primera presentación de sus descubrimientos y teorías. A propósito de una conferencia que Eddington pronunció sobre *el fin del mundo* -no se inquieten: solo desde el punto de vista de la física matemática-, el doctorando belga se animó a plantear su hipótesis cosmológica: todo comenzó en un

[73] Las cefeidas son una clase particular de estrellas, cuya luminosidad varía rítmicamente con un periodo muy regular. Se denominan así por el nombre el prototipo de esta clase, la estrella Delta Cephei, la cuarta en orden de brillo de la constelación circumpolar de Cefeo.

punto, en el que las leyes físicas perdían su sentido, pues era a partir de ese momento cuando el universo entró en expansión. Y el «espacio se llenó con los productos de la desintegración del átomo primitivo (el huevo cósmico). Luego, la atracción gravitatoria fue frenando poco a poco esa expansión hasta llegar a una etapa prácticamente de equilibrio, momento a partir del cual fueron surgiendo las galaxias y sus cúmulos. Cuando finalizó la formación de esas estructuras, se reanudó la expansión, apresuradamente».

Georges Lemaître: ideó el huevo cósmico, *adelantado* del *Big Bang*. En esta foto, con Einstein, California, 1932.

Poco antes de morir, en 1966, Lemaître recibió la noticia de que su teoría había sido confirmada: Arno Penzias y Robert Wilson habían descubierto una radiación de microondas en todo el espacio; rastro *fósil* de la gran explosión con que dio comienzo el mundo, lo que confirmó la teoría del huevo cósmico, intuida por Lemaître[74].

Hubble: el universo se expande

Edwin Powell Hubble (1889-1953), astrónomo estadounidense, fue el primero en estudiar las nebulosas, llegando en 1917 a la conclusión de que las que presentaban forma espiral -las que ahora denominamos *galaxias*- tenían una naturaleza distinta que las nebulosas difusas, que él consideraba nubes de gas iluminadas por estrellas[75].

En 1925, Hubble inventó el llamado *diagrama diapasón de galaxias*, dividiendo estas en elípticas, espirales y espirales barra-

[74] Puede verse también el muy interesante libro de Eduardo Riaza *La Historia del comienzo*, con prólogo de Fernando Sols, Encuentro, Madrid, 2010.

[75] *Diccionario Oxford-Complutense de Astronomía*, Editorial Complutense, Madrid, 2004.

das, pensando que representaba una secuencia de evolución. Y en 1929 midió las distancias de más de veinte galaxias del Cúmulo de Virgo, en que están la Vía Láctea y la propia Tierra. Comparando las distancias con sus velocidades, indicadas por los *desplazamientos al rojo* de sus espectros, concluyó que las galaxias se estaban alejando de nosotros con velocidades que aumentaban en proporción a su distancia; una relación que pasó a conocerse después como Ley de Hubble. Esto supuso una importante evidencia de que el universo se encuentra en expansión.

En definitiva, en 1929, Hubble fue el primero en destacar que todas las galaxias -a las que llamó *pequeños universos aislados*-[76] parecían alejarse unas de otras, a una velocidad proporcional a la distancia: cuanto más lejanas, más rápidamente[77]. Sobre la base de esas observaciones, Hubble dedujo que el universo estaba en expansión y que cada galaxia se separaba de todas las demás[78]. Un precursor más del *Big Bang*.

De la concepción del *Big Bang* a la verificación de Gamow

Posteriormente a Lemaître y Hubble, ya en la década de 1940, George Gamow (1904-68) -científico ruso nacido en Ucrania nacionalizado norteamericano (originalmente Georgy Anthonovich Gamow)- aplicó sus conocimientos de física nuclear a la astrofísica y la cosmología, para desarrollar la idea del *Big Bang*, junto a los físicos norteamericanos Ralph Asher Alpher (1921-2007) y Robert Herman (1914-1997). Y lo que Gamow propuso, fundamentalmente, fue la idea de que el cosmos sufrió una rápida expansión a partir de un universo inicial que en tres cuartas partes era de hidrógeno y un cuarto de helio.

---

[76] La idea de las galaxias tiene sus antecedentes en Immanuel Kant (1724-1804), quien en 1755 propuso la llamada teoría de los universos-isla: «La analogía con el sistema estelar en que nos hallamos, su forma, la debilidad de la luz que presupone una distancia inmensamente grande, todo ello lleva a que consideremos esas figuras elípticas como otros tantos mundos, o por así decirlo, otras tantas Vías Lácteas».

[77] Alberto Fernández Soto, «Allan Sandage, el astrónomo que heredó y corrigió a Hubble», *El País*, 18.XI.2010. también, Jeremiah P. Ostriker y Simon Mitton, *El corazón de las tinieblas*, Pasado y Presente, Barcelona, 2014.

[78] Malen Ruiz de Elvira, «Una antena de un kilómetro cuadrado para ver todo el cosmos», *El País*, 4.IV.2012.

Gamow se refirió a «los días de la creación» que siguieron al nacimiento de los sistemas estelares y sus planetas, entre ellos el nuestro, el solar, con la Tierra, enunciándose entonces la teoría de que todo venía de una gran explosión[79]. Esto fue criticado por el astrónomo inglés Fred Hoyle[80], quien precisamente, al burlarse de esa idea, le dio su nombre actual, al decir, despectivamente, que no podía creerse que todo hubiera surgido «de un gran estallido» (onomatopéyicamente, en inglés, *Big Bang*).

Gamow defendió, pues, la teoría de la gran explosión, como origen de un universo que sigue en expansión, y del que se conocen muchos datos, pero sin que por entonces se supiera qué sucedió en los primeros nanosegundos; y aún menos qué hubo antes de ese comienzo. Pero a pesar de la grandeza de la idea, las tesis de Gamow casi fueron olvidadas; hasta que en 1965, los radioastrónomos A.A. Penzias y R.W. Wilson descubrieron la radiación cósmica de fondo que presuntamente originó el *Big Bang*, que de ese modo pasó a convertirse en la teoría dominante para explicar el nacimiento del universo, que en sus primeros instantes fue una ardiente sopa cósmica, de partículas libres (no asociadas en átomos), a miles de millones de grados de temperatura.

Más concretamente, en 1963, los ya citados Penzias y Wilson preparaban una antena de comunicaciones de los laboratorios Bell para hacer uso de ella a efectos de la investigación del cielo. Y fue entonces cuando *oyeron* un ruido de fondo, cuyo origen no lograron identificar de inmediato. Lo revisaron todo una y otra vez, e incluso sospecharon del «material dieléctrico blanco» -deyecciones, en palabras menos elegantes-, depositado por dos palomas que por allí rondaban. Pero una vez que limpiaron la antena, la señal seguía, sin que pudiera explicarse el origen de una radiación que parecía envolverlo todo, emitida desde un fondo espacial para el que estimaron una temperatura equivalente a solo unos 3,5 grados por encima del cero absoluto de Kelvin (-170 grados centígrados).

---

[79] En 1948, Fred Hoyle junto a H. Bondi y a T. Gold, propuso la teoría del estado estacionario del universo en la que existiría una creación continua de materia. Aunque fue abandonada más tarde por la mayoría de los astrónomos a favor del *Big Bang*, Hoyle planteó una serie de ideas, en la línea de Arrhenius según veremos después, sugiriendo que los virus y otras formas de vida fueron traídas a la Tierra por cometas.

[80] George Gamow, *The Creation of Universe*, Viking Press, Nueva York, 1952. A nivel divulgativo, John Gribbin, *En busca del Big Bang*, versión española, Pirámide, Madrid, 1988.

Una charla de los dos radioastrónomos con colegas de la Universidad de Princeton les dio la pista: la radiación procedía del universo primitivo superconcentrado y supercaliente, que se habría enfriado por su propia inflación, hasta bajar la temperatura a pocos grados por encima del cero absoluto.

Penzias y Wilson publicaron el histórico artículo sobre su hallazgo en mayo de 1965 en la revista *Astrophysical Journal*, citando a los científicos de Princeton que les habían dado la interpretación cosmológica sobre la radiación de fondo. «El descubrimiento del fondo de la radiación de microondas abrió las puertas a la consagración de la teoría del *Big Bang*, y su secuencia de la inflación del universo», resume Juan García Bellido, catedrático de la Universidad Autónoma de Madrid[81].

Frente a esa visión expansiva, un manuscrito ignorado durante décadas, y hallado en los Archivos Albert Einstein de Jerusalén, demuestra que Albert Einstein se planteó en 1931 una teoría en dirección contraria a la del *Big Bang:* en vez de un universo en expansión, un enfoque cósmico estacionario[82]. Y en la misma dirección de Einstein, en la década de 1940, se pronunciaron -ya lo anticipamos- el astrofísico Fred Hoyle y, además, Herman Bondi y Thomas Gold, que esbozaron la idea de un universo estático, infinito, sin principio ni fin, con galaxias, estrellas, planetas que continuaban formándose a partir de la creación espontánea de materia (hidrógeno).

En fin de cuentas, las observaciones de Lemaître, y las verificaciones con telescopios por Hubble, junto a las ideas de Gamow y el descubrimiento de Arno Penzias y Robert Wilson (la radiación del fondo), llevarían a descartar el modelo estacionario en favor del *Big Bang*.

Según la misma teoría del *Big Bang*, cuando el universo fue expandiéndose y enfriándose, las partículas -que hemos estudiado en el capítulo I de este libro- dieron lugar a los primeros átomos simples (hidrógeno), que tiempo después la gravedad uniría para formar las primeras estrellas y galaxias, en las que por transmu-

[81] Alicia Rivera, «El *Big Bang* cumple 50 años», *El País*, 26.II.2014.

[82] Cormac O'Raifeartaigh, Brendan McCann, Werner Nahm y Simon Mitton, *Einstein's steady-state theory: an abandoned model of the cosmos*, Arxiv.org, 1.II.2014.

tación surgirían todos los elementos[83]. Todo eso empezó con la gran explosión de hace unos 13.800 millones de años.

Interpretación y continuidad del *Big Bang*

¿Cómo se originó la materia que luego generaría las estrellas, galaxias y demás estructuras a gran escala? La contestación a esas y otras preguntas fundamentales sobre el cosmos es lo que motivó el lanzamiento del satélite *Planck,* de la Agencia Europea del Espacio, en 2009. Este permitió confirmar, una vez más, que el universo está en fase de expansión acelerada, fenómeno que actualmente se explica por las fuerzas gravitatorias de la materia y la energía oscuras. El Planck también afinó la edad del universo, de modo que, con 13.800 millones, resultó ser cien millones más viejo de lo que anteriormente se creía.

Izquierda: Edwin Hubble: galaxias que se mueven, el concepto del *Big Bang* a la vista. **Derecha:** George Gamow (1904-1968). En 1940 formalizó la teoría del *Big Bang* como origen del universo en expansión.

A partir de las verificaciones del satélite Planck, hay varios experimentos en curso, desde la Tierra o en globos estratosféricos diseñados y construidos para estudiar la radiación de fondo del *Big Bang*. Y entre esos proyectos figura el denominado *Quijote,* un experimento hispano-británico centrado en el observatorio de Izaña (Tenerife), destinado a detectar la polarización primordial;

[83] Para una buena divulgación del tema, José Manuel Nieves, «Últimas noticias del universo», *ABC*, 27.XI.2010.

entendiéndose que si se hallaran indicios de esa polarización, se abriría la puerta a las grandes agencias espaciales, para construir un nuevo satélite de microondas; desde el cual estudiar aún más cabalmente la radiación de fondo[84].

Algunos científicos, entre ellos John A. Wheeler[85], identifican el máximo de energía acumulada que hipotéticamente se desató en el momento de iniciarse el *Big Bang* con la *prueba del primer motor* que Tomás de Aquino utilizó, junto a otros, para demostrar la existencia de Dios, al tiempo que se atrevió a subrayar que, a su juicio, ese primer impulso se produjo con la sabiduría justa: para que el *bang* no fuera ni más ni menos violento de lo necesario; intuyendo así algo parecido a lo que luego plantearía Einstein con su *constante cosmológica*; explicativa de la gravitación espacial dentro de las galaxias que mantiene sus componentes en conjuntos permanentes con rotaciones constantes.

En otras palabras, en el interior de cada galaxia, el movimiento general de expansión del universo no actúa, queda en suspensión, y se sustituye por una gravitación propia, configurándose de ese modo las galaxias; en palabras de Hubble ya citadas, como *pequeños universos aislados*, un equilibrio que dentro del movimiento general, permite la armonía y, en definitiva, la existencia de la propia vida en la Tierra, que se sitúa en el sistema solar en lo que parece ser un *tranquilo arrabal* de la Vía Láctea.

Así pues, las galaxias tienen su propia armonía interior, si bien como conjunto están distanciándose más y más unas de otras; separación cuyo cálculo se realiza mediante espectroscopia, sobre la base de que la luz blanca es la suma de todas las frecuencias y, por tanto, cabe separarla en sus colores primarios pasándola a través de un prisma. Así, en el análisis espectroscópico de la luz que nos llega desde otras galaxias, es aprovechable lo que se llama el *corrimiento al rojo*, según el *efecto Doppler*; fenómeno puramente ondulatorio que se produce cuando dos móviles se alejan entre sí, análogo a un fenómeno muy conocido en acústica: un tren entra en la estación, y al salir de ella e ir silbando, la frecuencia sonora cambia debido a la velocidad a que se mueve. Eso es lo mismo que

---

84 E. Martínez-P. Vielva, «La mejor imagen del universo», *El País*, 3.IV.2013.

85 Pueden encontrarse extensas referencias al tema en el libro de Robert Jastrow, *God and che Astronomers,* Warner Books, Nueva York, 1978.

ocurre con la separación de las galaxias: el corrimiento al rojo es proporcional a la velocidad de separación entre ellas[86].

Por consiguiente, y así lo subraya Steven Weinberg, el *Big Bang* continúa, se manifiesta de modo permanente[87], sin que sea posible afirmar de manera totalmente definitiva si el proceso expansivo actual seguirá de manera indefinida. O si, por el contrario, en un cierto momento -desde luego más lejano de lo que podemos concebir-, se iniciará el proceso inverso, el de la gran implosión o contracción, como opuesto al *Big Bang*. Esta se denominaría *big crunch*, si bien es cierto que a los efectos indicados, han de tenerse muy en cuenta las ya mencionadas materia y energía oscuras.

Casi entre paréntesis, diremos aquí que Viatcheslav Mukhanov (Kanash, Rusia, 1956) tenía solo 24 años cuando -nos recuerda Teresa Guerrero- hizo un gran descubrimiento sobre el origen de las galaxias. Averiguó que, hace más de 13.000 millones de años, durante los primeros instantes del universo y antes de que comenzará su expansión, hubo fluctuaciones cuánticas que actuaron como semillas, dando lugar a las galaxias. Predijo que esas fluctuaciones cuánticas podrían detectarse estudiando la llamada radiación cósmica de fondo, invisible al ojo o al oído humanos, y que esto constituye el vestigio del *Big Bang*. Años después, sondas espaciales de la NASA y la Agencia Espacial Europea (ESA) demostraron que Mukhanov estaba en lo cierto[88].

Por otra parte, la existencia de la materia oscura -a la que luego nos referimos- es lo que podría aumentar la densidad media del universo, hasta alcanzar una intensidad crítica[89], suficiente para, por gravedad, vencer la fuerza original de expansión. Entonces el universo entraría en un proceso de contracción, lo que podría llevar al *big crunch*, a la condensación de todo en un solo grano de densidad infinita. En cambio, si la masa total del universo no resultara suficiente para su contracción, este seguiría en el proceso de creciente dispersión, para terminar todo en un enorme vacío,

---

[86] Este párrafo procede del comentario de Francisco Guzmán Vázquez al autor, en comunicación del 12.VII.2011.

[87] Steven Weinberg, *The First Three Minutes*, Fontana, Londres, 1977.

[88] Teresa Guerrero entrevista a Viatcheslav Mukhanov, «Las ondas gravitacionales son el futuro de la Astronomía», *El Mundo*, 22.VI.2016. Se trata de un tema demasiado complejo para tratarlo en detalle.

[89] Ian Ridpath, *Diccionario Oxford-Complutense de Astronomía*», Editorial Complutense, Madrid, 2004.

negro por completo cuando la última de las estrellas se apagara. Una hipótesis más nihilista que la del *big crunch*.

La creación evolutiva a partir del *Big Bang* podría *cronificarse* en las grandes secuencias siguientes:

- 10^{-35} segundos. La gran inflación produce una sopa grumosa de quarks.
- 10^{-30} segundos. La materia oscura se sintetiza.
- 10^{-20} segundos. La materia se impone a la antimateria.
- 10^{-10} segundos. Surge un posible tipo de materia oscura.
- 10^{-5} segundos. A partir de los quarks se forman los protones y los neutrones.
- 0,01-300 segundos. A partir de los protones y neutrones se forma el helio, el litio y el hidrógeno.
- 380.000 años. Los átomos formados por los núcleos y los electrones liberan la radiación de fondo cósmico de microondas.
- 380.000 a 300 millones de años. La gravedad amplifica las diferentes densidades en el gas que llena el espacio.
- 300 millones de años. Se forman las primeras estrellas y galaxias.
- 3.000 millones de años. Se forman los cúmulos de galaxias.
- 9.000 millones de años. Se forma nuestro sistema solar.
- 10.000 millones de años. La energía oscura toma el control y la expansión comienza a acelerarse.
- 13.800 millones de años. Llegamos al día de hoy[90].

Tras esa cronología, será bueno recordar que poco después del *Big Bang*, el gran estallido que dio origen a la materia y al tiempo, el cosmos estaba compuesto por muy pocos elementos: fundamentalmente hidrógeno, helio y pequeñas cantidades de litio; los demás fueron generándose después, en los *hornos* de las estrellas. El oxígeno que hoy respiramos, el hierro que corre por la sangre de nuestros hijos, y el sodio que está en la pasta dentífrica llegaron hasta la Tierra después de ser expulsados

[90] Jorge Blaschke, *Los gatos sueñan con física cuántica y los perros con universos paralelos*, Ediciones Robinbook, Barcelona, 2012.

por alguna estrella moribunda[91]. En ese sentido, existe un cuento que se repite en las reuniones de aficionados a la astronomía: un hombre se encuentra a un borracho agachado buscando algo debajo de una farola.

–¿Qué busca, caballero?
–Las llaves de mi casa –responde el borracho.
–¿Y las ha perdido justo aquí?
–No lo sé, pero aquí hay luz.

Algo similar ocurre con la astronomía: por desgracia, solo podemos encontrar cosas donde hay luz. La mayor parte de los fenómenos del cosmos se escapan a nuestro escrutinio, porque muchas partes del espacio carecen de fuentes lumínicas (la materia y la energía oscuras).

La expansión del universo, empezando por el *Big Bang*, es un fenómeno físico más que comprobado. Sin embargo, en los últimos 400 años el universo también ha sido objeto de un tipo diferente de expansión, la mental, que comenzó con una gran explosión, la ruptura a principios del siglo XVII por astrónomos como Galileo Galilei y Johannes Kepler. Así se acabó la idea de las esferas de cristal de Ptolomeo, que hasta su momento se suponía que encauzaban los cuerpos celestes en sus movimientos según una concepción terrocentrista[92].

Durante un tiempo, nuestra galaxia, conocida por el nombre de origen griego de la *Vía Láctea*[93], se pensaba que era todo el universo. Luego, hace unos cien años, cuando los telescopios crecieron en alcance, los astrónomos se dieron cuenta de que la Vía Láctea era solo uno de los muchos grupos de estrellas que había en el espacio: una mera de tantas galaxias. Y actualmente, algunos físicos sospechan que, al igual que la galaxia no es más

[91] Jorge Alcalde, «Hallan las estrellas más viejas en la Galaxia», *La Razón*, 12.XI.2015.

[92] «Multiversal truths», *The Economist,* 15.VIII.2015.

[93] El nombre *Vía Láctea* proviene de la mitología griega y en latín significa *camino de leche*. Esa es, en efecto, la apariencia de la banda de luz que rodea el firmamento, con una estela de leche derramada del pecho de la diosa Hera (Juno para los romanos). Sin embargo, ya en la Antigua Grecia, Demócrito sugirió que aquel haz blanco en el cielo era en realidad un conglomerado de muchísimas estrellas, demasiado tenues individualmente, como para ser reconocidas a simple vista. Su idea, no obstante, no halló respaldo hasta 1609, cuando Galileo Galilei hizo uso del telescopio y constató que Demócrito estaba en lo cierto.

que un ejemplo de mundo estelar, así también el universo puede no ser la última frontera de la realidad, sino que podemos estar en algún tipo de multiverso.

Multiverso y creación evolutiva

Y del universo del *Big Bang, a dónde vamos*: mucho más lejos, cabe decir. Alexander Vilenkin -físico teórico, director del Instituto de Cosmología en la Universidad de Tufts- defiende la idea de que el *Big Bang* no es un fenómeno único. Por el contrario, fue algo que ahora está sucediendo en regiones lejanas del universo. Y por eso mismo, se refiere a multiuniversos interconectados y nacidos del vacío, asegurando que hay regiones donde no existen nuestras dimensiones sino otras. Y contradice a la NASA sobre el hecho de *que si hay agua en Marte, eso no significa que exista o haya habido vida*: «No tenemos ni idea de cómo se origina la vida».

Vilenkin opina que «la relación entre la física y la filosofía es como la de la física y la ingeniería: lo que ayer era física, es hoy ingeniería; y lo que ayer era filosofía, actualmente es física. Cuando averiguamos cómo plantear una pregunta y resolverla, se convierte en física y deja de ser filosofía. Pero para ser física, es preciso que antes sea filosofía»[94].

Actualmente, uno de los principales proponentes de multiversos es Max Tegmark, del Instituto de Tecnología de Massachusetts, quien sugiere una clasificación en cuatro tipos posibles de multiverso. El primero es el más simple multiverso con una extensión infinita familiar, pero ampliado con los telescopios modernos, que nos permiten ver un espacio muy amplio, de un tamaño determinado por radio de Hubble, de unos 13.800 millones de años luz de distancia, en principio. Aunque, de hecho, debido a la expansión del espacio después del *Big Bang*, el radio de Hubble es de 42.000 millones de años luz. Lo que pueda haber más allá del radio de Hubble nadie lo sabe. Sin embargo, algunas teorías sugieren que la posibilidad es que el referido espacio tienda al infinito.

---

[94] María Dubón, «Cierzo», 2.4.2009

El segundo tipo de multiverso, según Tegmark, podría estar en otro lugar y sus leyes físicas podrían ser diferentes.

En el tercer tipo, como en el primer caso, las leyes de la física serían las mismas. Sin embargo, los componentes del multiverso estarían separándose continuamente uno de otro con el paso del tiempo. Sin embargo, en cada momento dentro de un tal multiverso, todos los futuros posibles permitidos por la incertidumbre de la mecánica cuántica ocurrirían en alguna parte, en algún lugar.

El último tipo que Tegmark propone es uno en el que todos los sistemas coherentes de la matemática describirían: una realidad física de algún tipo, lo que resulta difícil de concebir. Se trataría más de una expresión metafísica que física.

A pesar de la observación de Max Tegmark, cuando físicos como Stephen Hawking se refieren a la posibilidad de universos simultáneos, algo choca con nuestros sentidos, con la forma que tenemos de pensar usualmente: más bien parecen lucubraciones sin base alguna. Pero en verdad la tienen, y si aceptamos los últimos descubrimientos de la ciencia, tal hipótesis *prima facie* absurda, resulta posible e incluso probable.

Por lo demás, el multiverso es una consecuencia de la teoría de la inflación cósmica, que se refiere al rapidísimo crecimiento del universo en el primer instante del *Big Bang*. «Si la inflación es cierta, el multiverso parece algo natural, y la diversidad de universos podría haberse formado como burbujas independientes», en palabras de Tom Banks, físico de la Universidad de California en Santa Cruz: «Siendo todo eso algo posible, no es obligatorio creerlo. Y además nunca tendríamos la oportunidad de ver esos otros universos, y menos aún de visitarlos»[95].

Materia y energía oscuras

La historia de la materia oscura se remonta a 1933, cuando Fritz Zwicky -un astrofísico suizo que trabajaba en el Instituto de Tecnología de California- notó algo extraño: las galaxias que estaba observando parecían moverse de manera inexplicable por la atracción gravitatoria de sus vecinas. Esto le llevó a sostener que

[95] Alicia Rivera, «¿Existen otros universos?», *El País*, 12.X.2014.

el universo está lleno de muchas más cosas de las que pueden verse a través de los telescopios[96].

«También debe haber materia oscura, invisible pero revelada indirectamente por los efectos de su gravedad», manifestó Fritz Zwicky, una conjetura que languideció en el tiempo, hasta que Vera Rubin, trabajando con su colega Kent Ford, examinó el rompecabezas de la rotación galáctica: galaxias espirales como Andrómeda estaban girando tan rápido que sus estrellas exteriores deberían salirse, *volando*, hacia el nunca jamás[97]. El descubrimiento fue que esas estrellas se retenían dentro de la Vía Láctea por el freno que significaba el peso de la materia oscura. Esto reconfiguró la cosmología, si bien es cierto que inicialmente no se aceptó esa tesis con entusiasmo.

Al final, ¿qué es lo que vemos, y qué no vemos? Según cálculos recientes, solo el 4,6 por 100 del universo cabe ser considerado materia común visible: átomos y partículas; en tanto que el 72 por 100 podría ser energía oscura, y el 23 por 100 restante sería materia oscura, que no absorben ni emiten luz, pero cuya presencia se manifiesta por su efecto gravitatorio en el movimiento de las galaxias.

Según la teoría actualmente más aceptada, la materia oscura estaría compuesta de partículas elementales pesadas todavía desconocidas, ante lo cual hay varias iniciativas de observación de galaxias y las estructuras que forman. Pero sobre todo, las esperanzas están puestas en el gran acelerador LHC del CERN[98].

También para investigar la energía oscura, funciona ya una cámara (DECam), de tamaño de una cabina telefónica, que pesa 11 toneladas ubicada en el telescopio Víctor M. Blanco, del observatorio estadounidense de Cerro Tololo (Chile). «Es la máquina más poderosa jamás creada para cartografiar el cielo», dicen sus responsables, que trabajan en el proyecto denominado DES (Dark Energy Survey, siglas en inglés de rastreo de la energía oscura).

Cabe comentar que en un principio se intentó responder a la cuestión de la materia oscura con la hipótesis de que esta podría

[96] Dark Matter, «Absence of evidence, or evidence of absence?», *The Economist*, 2.XI.2013.

[97] «Dark star», *The Economist*, 7.I.2017.

[98] Alicia Rivera, «Ocho misterios del universo», *El País*, 3.VI.2012.

estar integrada por neutrinos, partículas con masa nula o insignificante, según vimos en páginas anteriores. Pero lo cierto es que para explicar la materia oscura, los investigadores prefieren desechar las partículas ordinarias, inclinándose más bien por otras que aún no están descubiertas y cuyas propiedades se desconocen[99]. En esa dirección, Rolf Heuer, director del CERN, plantea que el gran objetivo del LHC a partir de 2015, cuando aumente su potencia, será investigar la materia oscura: «Sabemos que existe, pero no tenemos idea de qué es. Realmente esperamos que el LHC abra la primera ventana y nos proporcione nuevas ideas»[100].

2. Universo oscilante y amnesia cósmica

A propósito de la polémica sobre si *big crunch* o no, en función de las enigmáticas materia y energía oscuras, Roger Penrose, analizando los datos del satélite artificial WMAP (Wilkinson Microwave Anisotrophysic Probe, que mide la radiación de microondas del universo, en cierto modo el proemio del *Big Bang*), encontró una serie de patrones de distribución en forma de círculos concéntricos, que podrían explicarse como *atisbos* de otros universos anteriores al *Big Bang*.

En la misma línea de Penrose, y con base en la teoría LQG (Loop Quantum Gravitity, o Gravedad Cuántica de Bucles), se sugiere la posibilidad de que antes del *Big Bang* de nuestro universo actual, se produjera un *big bounce* (literalmente, un *gran rebote*) desde un universo anterior, originándose así la aparición del nuestro con el *Big Bang*. Eso es lo que expusieron en la revista *Phys.org*, en 2011, los físicos Alejandro Corichi, de la UNAM de México, y Parampreet Singh, del Perimeter Institute for Theorietical Physics de Ontario[101], quienes sostienen la tesis de que «sí hubo otro universo antes del *Big Bang*, debió ser muy parecido al actual».

En definitiva, el universo conocido tal vez no sea otra cosa que el rebote de *otro* anterior, tras un largo *big crunch* previo. Esta-

---

[99] Eduardo Punset, *El universo sin fin*, Planeta Agostini, Barcelona, 2011, pág. 36.

[100] Teresa Guerrero, «El CERN se renueva tras el bosón», *El Mundo*, 9.XII.2013.

[101] Alejandro Corichi y Parampreet Singh, «Quantum bounce and cosmic recall», *Physical Review Letters*, nº 100, abril, 2008.

ríamos, pues, ante un *universo oscilante* a lo largo de periodos larguísimos de tiempo (*eones*[102]) que surgiría una y otra vez, con sucesivos *Big Bangs* y *big crunchs*.

Albert Einstein teorizó la posibilidad de que el universo siguiera unos ciclos eternos que comenzaran con un *Big Bang* y acabaran con un *big crunch*. Y esa misma es la teoría que ahora plantean los científicos Neil Turok, de la Universidad de Princeton, y Paul Steindhart, de la Universidad de Cambridge, autores, conjuntamente, del libro *Endless Universe: Beyond the Big Bang* (Doubleday, 2007)[103]. Steidhart cree que la idea de un universo cíclico es muy atractiva por una razón: «Si tienes un universo con un principio, tienes el desafío de explicar por qué empezó y las condiciones con las que empezó. Pero si tienes un universo cíclico, es eterno, por lo que no tienes que explicar cómo empezó».

La teoría LQG guarda relación con una serie de investigaciones previas, de 2009, del profesor de Física de la Penn State University, Martin Bojowald, autor de un artículo en la revista *Nature Physics*, en el que expuso un modelo matemático sobre los universos sucesivos, con la observación de que «nada quedó tras el *Big Bang*, ningún recuerdo perceptible», circunstancia que Bojowald describió con la sugestiva expresión de *amnesia cósmica*[104].

Como colofón de todo lo anterior, y como dice Bryan Greene, hubo un tiempo en que el planeta Tierra era el centro de todo, pero hoy ya tenemos bien claro que somos, simplemente, uno de los siete u ocho planetas que giran alrededor del Sol, el cual, a su vez, se ubica en un suburbio de la Vía Láctea, como uno de los cientos de miles de estrellas de nuestra galaxia, que por su parte es una de las cientos de miles de galaxias que pueblan el univer-

[102] En geología, un eón se refiere a cada una de las divisiones mayores de tiempo de la historia de la Tierra desde el punto de vista geológico y paleontológico. La categoría de rango superior es el *supereón* y el rango inmediatamente inferior son las *eras*. El límite tras un eón y el sucesivo es que permite un cambio fundamental en la historia de los organismos vivos. El término proviene del griego antiguo Αιων (Aión), significativo de la eternidad, esto es, una larguísima edad, una indefinida cantidad de tiempo. A pesar de la propuesta hecha en 1957 en definir un eón como una unidad de tiempo igual a mil millones de años, la idea no fue aceptada y es raramente usada para especificar no un periodo exacto de tiempo, sino que se usa como una cantidad grande pero no precisada.

[103] Miguel Ayuso, «Nietzsche, el eterno retorno y el misterio de la energía oscura: otra visión del universo», *El Confidencial*, 15.VII.2014.

[104] Martin Bojowald, «What happened before *Big Bang*?», *Nature Physics*, nº 3, julio, 2007.

so. Y para mayor misterio, resulta que para algunos no solamente hay un universo, sino que podría haber un conjunto de ellos, tal como se propuso en 1980 por pioneros como Andrei Linde y Alexander Vilenkin -ya citado antes sobre el tema en cuestión-, sobre lo cual, la comunidad científica se encogió de hombros... para después reconsiderar la idea[105].

3. Encuentro con Andrómeda

La Vía Láctea, ya se sabe, es la galaxia en que se encuentra nuestro sistema solar, y se estima que alberga entre 200.000 y 400.000 millones de estrellas: una espiral con una doble aspa central de estrellas, con un diámetro galáctico de unos 100.000 años luz[106], y con un periodo de rotación de toda la galaxia de 200 millones de años, por lo que se supone que muchas de las estrellas que alberga no estarán con vida para el final del presente ciclo rotatorio. La galaxia posee un halo exterior que la envuelve, en el que la concentración de estrellas es muy baja; y un halo interior en el que se encuentran cúmulos globulares con estrellas maduras. En el centro se cree que hay un agujero negro, al que se ha puesto el nombre de Sagitario A[107].

La Vía Láctea y Andrómeda -la de tipo espiral más cercana-, con diámetros similares de unos cien mil años luz, está previsto que con el tiempo acabarán colisionando. ¿Qué pasará entonces? Dos astrónomos, T.J. Coxy y Abraham Loeb, intentaron averiguarlo en el Harvard-Smithsonian Center for Astrophysics, a base de desarrollar un modelo de previsión de *encuentro de las dos galaxias*. Y aparte de que para ese *estelar* momento aún falta *algún tiempo*, lo que parece seguro es que la prevista colisión podría ser de lo más etérea, por la sencilla razón de que las

[105] Brian Greene, «Multiverse. The latest developments in cosmology point toward the possibility that our universe is merely one of billions», *Newsweek*, 28.V.2012.

[106] Las distancias en astronomía son enormes y por ello mismo se concibieron medidores especiales; la primera de ellas, la unidad astronómica (UA), que es de 149.597.870 km, esto es, 150 millones de km, la distancia promedio entre la Tierra y el Sol. En cuanto a los años luz, equivale a unos 9,5 billones de km. En tanto que el parsec (contracción de *paralaje de un segundo de arco*) es 3,2616 veces el año luz.

[107] *El universo sin fin*, Planeta Agostini (edición de E. Punset), ob. cit., Barcelona, 2011, pág. 54.

estrellas que integran las dos galaxias, con sus eventuales sistemas planetarios, se hallan tan separados entre sí, que las dos grandes composiciones podrían *entreverarse*; tal vez para a la postre fusionarse en una sola galaxia mucho mayor[108], salvo que la estabilidad de los dos pequeños universos (Hubble *dixit*) de la Vía Láctea y Andrómeda entraran en una fase de inestabilidad por su interacción gravitacional.

Ya se ha concretado el posible iter de recorrido convergente entre Andrómeda y la Vía Láctea, a una velocidad de 400.000 km por hora. Pero tan lejos están entre sí, que el cruce de las dos galaxias todavía tardará los antes citados 4.000 millones de años, un momento en el que el Sol seguirá fusionando hidrógeno en su núcleo y tendrá previsiblemente los mismos planetas de que ahora dispone a su alrededor, pero emitirá mucho más calor y ya no quedará ni rastro de vida en la Tierra. Todo ello, según la previsión hecha por el astrónomo Sangmo Tony Sohn, del equipo formado por el Instituto Científico del Telescopio Espacial Hubble y la NASA[109].

Todo un alivio: 4.000 millones de años. Aún nos queda tiempo, dirán algunos filosóficamente... y además ni siquiera existiremos para entonces. La cuestión es que ninguna especie ha durando tanto tiempo, y si la humana no está para entonces en el planeta Tierra, ¿qué otros observadores habrá en ese momento estelar? Y si no hay observadores, ¿qué sentido tendría el espacio universal siempre en expansión hacia lo frío y lo oscuro...? De ahí, la tesis de este trabajo que está en el subtítulo: hay un sentido de la vida de la humanidad en un universo antrópico. Porque si no tuviera observadores inteligentes el universo, ¿quién sabría nada de él, y para qué serviría?

4. Observatorios cada vez más potentes

En realidad, los colegas que llamamos astrónomos, cuando observan el cielo, son verdaderos paleontólogos, pues lo que están viendo son fósiles estelares, que en gran medida han dejado de

---

[108] Phil Plait, *Bad Astronomy: Misconceptions and Misuses Revealed, from Astrology to the Moon Landing «Hoax»*, John Wiley & Sons, San Francisco, 2002.

[109] Josep Corbella, «La guerra de las galaxias será con Andrómeda», *La Vanguardia*, 1.VI.2012.

existir. De modo que, al poner los ojos en la cúpula celeste, lo que se está viendo es un pasado que no pueden tratar si no lo unen con lo actual, en lo que pasa a ser una especie de eterno presente de mundos ya desaparecidos[110].

Ese universo suspendido en un tiempo que va cambiando, y que está en rápida expansión, es el objeto de contemplación e investigación permanentes, y se conocen ya los límites del espacio observado con cierta exactitud: el universo comenzó a expandirse a partir del *Big Bang*, y está constituido por todas las formas de materia y de energía desplegada desde ese momento hasta ahora. Pero una cosa es fijar el comienzo de la centrifugación de la materia -hace 13.800 millones de años- y otra bien diferente es la distancia desde la Tierra hasta el borde exterior y último del universo, que se calcula en 46.500 millones de años luz.

Y de esa discrepancia viene la pregunta: si el universo tiene 13.800 millones de años de existencia en el tiempo, ¿cómo es posible que mida casi 3,4 veces en cuanto a espacio? ¿Es que puede ampliarse a un ritmo superior al de la velocidad de la luz? ¿Es que hay velocidades mayores? La respuesta es negativa: la velocidad de la luz es la máxima posible que cabe conseguir. Lo que sucede es que el espacio puede ampliarse a un ritmo que no está limitado por la velocidad de la luz, desde el punto y hora en que dos galaxias se separen entre sí con mayor rapidez, creciendo la distancia entre ellas a una velocidad superior a la de la luz[111].

En cualquier caso, al pasar de las grandes visiones cosmológicas a su materialización cognoscitiva en billones de objetos siderales, puede decirse aquello de que *lo mejor está por venir* para los nuevos grandes observatorios astronómicos y astrofísicos, que están en momentos más o menos avanzados en sus funciones, y de los que pasamos a ocuparnos.

Los maravillosos Hubble y JWST

El cosmos se ha convertido en uno de los mejores repertorios del avance tecnológico, siendo el telescopio espacial Hubble de

[110] Jorge Blaschke, *Los gatos sueñan con física cuántica y los perros con universos paralelos, Ediciones Robinbook*, Barcelona, 2012.

[111] Eduardo Punset, *El universo sin fin*, Planeta Agostini, Barcelona, 2011, pág. 31.

la NASA -por el nombre del gran astrónomo estadounidense-, la mayor enseña de tal desarrollo. Como se apreció con uno de sus últimos descubrimientos, en 2012, con las siguientes palabras: «Creemos que la galaxia que acabamos de identificar es la más primitiva jamás descubierta». Así lo explicó Dan Coe, astrofísico del Instituto Científico del Telescopio Espacial de Baltimore (Maryland, Estados Unidos), uno de los descubridores de la referida galaxia, que según estudios del caso, se originó hace 13.400 millones de años, cuando el universo tenía solamente 400 millones de años de edad, y era un 3 por 100 de la magnitud que hoy se le conoce. De ahí, que la nueva galaxia se considere una de las primeras, con tamaño muy inferior a la Vía Láctea, apenas el 0,5 por 100, con *solamente* 600 años luz de envergadura, frente a los 100.000 de nuestra Vía.

«Algunos meses antes ya encontramos una galaxia muy lejana y, a pesar de las limitaciones del Hubble, esperábamos hallar alguna más dentro de las mismas latitudes antes de jubilar el telescopio», manifestó Dan Coe, haciendo así referencia al nuevo observatorio sucesor del Hubble, que será el James Webb Space Telescope (JWST, también conocido como Next Generation Space Telescope, NGST), a lanzar en el año 2018 y que orbitará a 1,5 millones de kilómetros de la Tierra. El JWST es una iniciativa de la NASA, que cuenta con la colaboración de la Agencia Espacial Europea (ESA), y la Agencia Espacial de Canadá. Su nombre corresponde a quien fue segundo administrador de la NASA y que tuvo gran liderazgo en las misiones Apolo. El proyecto tiene un presupuesto (solo de EE.UU.) de 8.000 millones de dólares. Su espejo, de 6,5 metros de diámetro, será cinco veces mayor que el del Hubble. Su órbita, alrededor de la Tierra, elíptica, tendrá como puntos de distancia entre 800.000 y 1,5 millones de kilómetros.

Para los profanos, entender el proceso de construcción y funcionamiento del observatorio James Webb es un reto de casi tanta envergadura como descifrar la información que puede llegar a aportar. A diferencia del Hubble, ya a punto de jubilarse, el nuevo telescopio ofrece un diámetro de seis metros y medio, que permitirá una imagen con más luz, y, por tanto, de mayor sensibilidad. Con el JWS será posible -dice Manuel Érice- «poder mirar hacia atrás en el tiempo a las primeras estrellas y galaxias que se formaron, y mirar a través del polvo en las zonas de formación estelar y planetaria para ver el origen de la formación del universo, lo que supone cruzar el túnel del tiempo (y el espacio) hasta traer a la actualidad imágenes de hace 13,5 billones de años. Como si se estuvieran produciendo ahora»[112].

A medida que avanza en su desarrollo el JWST, crece su presupuesto de construcción, que ya supera los 7.000 millones de euros, frente a los 1.000 millones inicialmente previstos, sobrecoste que ha obligado a reducir otros programas de la NASA. También la contribución de la ESA al proyecto tiene ya un elevado sobreprecio: de 370 millones de euros ha pasado a 600 millones[113]. Pero realmente... merecerá la pena el conocimiento del cosmos con el nuevo JWST, cuya capacidad será extraordinaria y permitirá que nos acerquemos a las respuestas de muchas preguntas fundamentales.

La nueva ventana espacial del ALMA

Los grandes observatorios para conocer más y mejor el universo se suceden unos a otros. Así, el más reciente y al tiempo más potente es el observatorio complejo (Array) conocido como ALMA (Atacama Large Millimeter/submillimeter Array), que pasa por ser el proyecto astronómico más ambicioso en la historia de la ciencia. Inaugurado en marzo de 2013, tras décadas de trabajos de instituciones astronómicas de EE.UU., Europa y Japón, con un presupuesto de algo más de 1.500 millones de dólares, sus instalaciones principales funcionan en pleno altiplano chileno. En medio del desierto de Atacama -descubierto y recorrido para los europeos por los conquistadores españoles Almagro y Valdivia-, es el espacio más seco del mundo. Y el ALMA se erige en un lugar conocido con el nombre indígena de Chajnantor, a unos 30 kilómetros de la turística localidad de San Pedro de Atacama.

En Chajnantor, a algo más de 5.000 metros de altura, se han instalado los *oídos y el cerebro* de ALMA: las 66 antenas y el ordenador central, así como el correlacionador más potente del

112 Manuel Érice, «Yo sí creo que hay vida ahí fuera», *ABC*, 11.IX.2016.

113 Alicia Rivera, «El telescopio James Webb ya tiene completo el espejo», *El País*, 8.I.2014.

mundo. Unos 20 km separan la base de operaciones de ALMA del parque astrofísico de Chajnantor, y yendo de un sitio al otro se ven pastar, a sus anchas, a los guanacos, y también a los asnos salvajes del linaje de los llevados a Chile por los españoles casi cinco siglos atrás.

Tan elevado número de antenas parabólicas tiene como resultado la configuración de un área de recepción gigantesca, que permite detectar señales extremadamente débiles, para así explorar el universo más lejano, al que antes no podía accederse. Y es que ALMA funciona según el principio de la interferometría, consistente en recolectar señales provenientes del cielo utilizando dos o más antenas combinadas, para analizarlas y así obtener la mejor información sobre la fuente de la emisión, ya sea galaxia, estrella o planeta. Todo ello, a base de combinar las ondas de radio capturadas por dos o más antenas, lo que hace posible obtener imágenes de altísima precisión, similares a las que se conseguirían con un telescopio óptico gigante, equivalente a lo que sería un espejo de 16 kilómetros de diámetro.

Los objetivos de ALMA estriban en observar todo el espectro visible que se creó justo por el *Big Bang* y detectar si hay vida extraterrestre en forma de moléculas. En ese sentido, ALMA complementará el trabajo de los aceleradores de partículas del CERN y del Fermilab, para conocer cómo nació el universo y averiguar si la materia se formó en el orden que plantea la física teórica[114].

Unos quinientos invitados venidos de todo el mundo inauguraron, el 13 de marzo de 2013, el espectacular observatorio en el desierto de Atacama, tras dos décadas de planificación, diez años de construcción y 1.150 millones de euros de inversiones. Y en el momento inaugural, Sebastián Piñera, presidente de la República de Chile, se refirió a que «el hombre desde sus orígenes siempre sintió un irremediable afán por conocer; en lo que es una aventura no solo tecnológica, ya que además tiene un profundo sentido místico».

Un astrónomo presente en ese acto de esa inauguración, el griego Theodoros Nakos, advirtió que ALMA «revolucionará la ciencia, ya que permite investigar el universo cercano en los detalles más

[114] Jorge Barreno, «ALMA: la mayor ventana al universo», *El Mundo*, 11.II.2013.

mínimos, como también hará posible llegar al universo lejano que antes no podía alcanzarse. Y todo ello, por el elevado número de antenas del observatorio y su configuración con más de 200 bases intercambiables, con lo que se configura un área gigantesca de recolección para detectar señales extremadamente débiles. Gracias a su avanzada tecnología, con ALMA se tratará de probar si las teorías astrofísicas que conocemos son ciertas o no»[115].

Izquierda: Vía Láctea, nuestra galaxia, en una de cuyas ramas de espiral está el sistema solar en que habitamos. **Derecha:** Andrómeda. Seguramente con ella colisionará la Vía Láctea en unos tres mil millones de años... podemos esperar.

Desde su inauguración, desde ALMA se ha conseguido fotografiar -entre otros muchos fenómenos- el nacimiento de un planeta, o la fusión de dos galaxias. Sin embargo, hasta la fecha, la detección de agua había sido imposible, por la incapacidad de la red de telescopios para observar desde la Tierra un determinado rango del espectro electromagnético. Pero «los nuevos receptores -prevé Miguel G. Corral- facilitarán la ubicación de agua en nuestro sistema solar, en regiones muy distantes de la Vía Láctea[116].

Colofón del capítulo II: un universo que empezó... ¿y cómo puede terminar?

La idea del universo en expansión es una realidad que prácticamente ya damos por seguro tras las primeras observaciones des-

[115] Jorge Barreno, «Nace el mayor ojo cósmico del planeta», *El Mundo*, 14.III.2013.
[116] Miguel G. Corral, «Una nueva mirada al universo», *El Mundo*, 22.XII.2017.

de Lemaître (el huevo cósmico) a Gamow (*Big Bang*), pasando por Hubble: aún se oye el fondo de la resonancia del *gran estallido*, que dijo Fred Hoyle ironizando sobre la hipótesis de cómo empezó a haber espacio y tiempo.

El universo estará en expansión hasta no sabemos cuándo, quizá para siempre, en un proceso de destrucción y recreación de estrellas, sistemas planetarios y galaxias que no tendrá fin sino cuando la energía originaria se diluya para siempre en un universo frío y oscuro; o hasta que se produzca, segunda hipótesis, el *big crunch*, de vuelta a empezar de un universo oscilante, con la amnesia cósmica entre uno y otro latido de universo con gravitación también para la luz, la máxima velocidad de esta, y el algoritmo de $E = mc^2$, verdaderos axiomas de la relatividad general de Einstein.

Por lo demás, se trata de un universo que desde el primer catálogo de Hiparco, con no más de un millar de estrellas, está hoy configurado con sus millones de galaxias y más de billones de estrellas, y las innumerables orbitaciones de planetas: una inmensidad que ya no es insondable, pero cuyo destino aún no conocemos cabalmente... Pero se está en ello, con observatorios cada vez más penetrantes en el cosmos para decirnos cómo son los exoplanetas keplerianos, y detectar los agujeros negros.

Por ello, como verdadero y siempre provisional colofón, cabe decir que estamos ante un largo viaje en el planeta Tierra, dentro del sistema solar, que navega en un espacio concreto, entre dos ramales, en una zona especialmente tranquila de la galaxia Vía Láctea, con una serie de protecciones para los habitantes de la Tierra que ha permitido el nacimiento y la evolución de la vida, a pesar de las explosiones de las supernovas y la permanente amenaza de los asteroides.

Y como colofón de todo ello, aquí estamos, en ese larguísimo viaje, durante el cual, lo más impresionante es cómo unas criaturas a lo largo de tantas generaciones -siete millones de años desde que nuestro género del más avanzado de los primates, *homo*, se separó del chimpancé- hasta llegar a hoy: cuando todavía, en una noche libre de nubes, sin luna y en un lugar sin invasión lumínica, miramos al cielo y, a simple vista, aún continuamos estupefactos: aquí estoy y aquí vamos a seguir... la verdadera cuestión es si sabremos *de qué va todo ello*, antes de que un accidente cósmico pueda acabar con el Navío Espacial Tierra (NET)[117] en que viajamos. Pero cabe pensar que eso no va a suceder en mucho tiempo, porque en ese NET aún viajan los que podríamos ser objetivo principal de la creación evolutiva.

[117] La idea del NET se debe al economista estadounidense Kenneth Boulding.

Capítulo III
¿Estamos solos en el cosmos?

1. ¿Una soledad de 5.000 millones de años?

La astrobiología es el estudio de la presunta vida fuera del planeta Tierra y, por ello mismo, durante mucho tiempo puede decirse que fue una materia sin objeto verosímil. Hasta que en 1992 se localizó el primer exoplaneta -es decir, fuera del sistema solar- girando en torno a una estrella diferente del astro rey de nuestro sistema. Desde entonces, la carrera del conocimiento de los exoplanetas ha llevado a un repertorio de varios millares, de entre los cuales algunos parecen bastante similares a la Tierra en términos de tamaño, temperatura y gravitación. En ese sentido, según las estimaciones de la Misión Kepler -en cuyos detalles entramos después-, podría haber 2.000 millones de planetas análogos al nuestro, solo en la Vía Láctea; lo que a algunos lleva a concluir -tal vez prematuramente- que antes de un siglo conoceremos vida en uno o más de esos cuerpos no estelares.

Con su libro *Cinco mil millones de años de soledad*[118], Lee Billings, un periodista científico estadounidense, ha hecho un resumen de los intentos de búsqueda de vida extraterrestre, algo que entiende de gran utilidad, «porque, con el tiempo, si los humanos quieren pervivir, tendrán que buscar a donde trasladarse en el resto del universo»; se supone que para sobrevivir por los desastres ambientales o nucleares terrestres, etc. Un planteamiento con poca fundamentación a poco que se recuerde la paradoja de Fermi, que, como veremos, hace irreales -por lo menos hasta ahora- esas previsiones de contactar con otros mundos habitados por seres inteligentes.

---

[118] Lee Billings, *Five million years of solitude*, Penguin, EE.UU., 2013.

En nuestro particular iter de búsqueda de respuestas a las preguntas que nos hacemos en este libro, ya hemos visto en los capítulos I y II una secuencia de respuestas sobre el cosmos, sobre su creación y desarrollo, todavía con numerosas incógnitas. Por ello, en este capítulo, trataremos de dar respuesta a una pregunta bien concreta: *¿estamos solos en el universo?*, como parte del interrogante *¿De dónde venimos?*[119]

Desde hace milenios, los seres humanos han considerado la posibilidad de que otros entes inteligentes pudieran existir en un más allá distante del planeta, pues no en vano todas las religiones colocaron a sus dioses y demonios en lugares no fácilmente ubicables; una creencia de raíces teológicas y filosóficas muy antigua -con gran relevancia en la Grecia clásica- que se prolonga hasta la actualidad.

En ese sentido, los primeros proponentes precientíficos de una multiplicidad de mundos extraterrestres poblados por seres inteligentes fueron los filósofos atomistas -como Demócrito o Leucipo-. Y entre sus oponentes se contaron Platón y Aristóteles, más vinculados a la idea de solo una vida inteligente en la Tierra. Por lo demás, la posibilidad de que existieran selenitas en la Luna fue planteada por Anaxágoras, Plutarco y Luciano, en un tiempo en que se consideraba que el Sol no era una estrella más, sino la única. Por tanto, toda posibilidad de vida quedaba restringida al sistema solar[120].

La respuesta al interrogante de si estamos o no solos en el universo no es fácil de contestar, aunque, ciertamente, hoy contamos con muchos más elementos que hace décadas, con instrumentos como el telescopio espacial Hubble -ya lo vimos en el capítulo anterior-, con el que se han ubicado y estudiado, a la altura de 2010, 446.000 galaxias[121]: «un número sin precedentes, con enorme riqueza de información sobre estructuras estelares que antes nos eran invisibles», según subraya Tim Scharabback, de la Universidad de Leiden, Holanda.

---

[119] «Outer space. To dream the imposible dream», *The Economist*, 5.X.2013. Lee Billings, *Five Billion Years of Solitude: The Search for Life Among the Stars*, Current, New York, 2013.

[120] Antonio Cantó, *La pizarra de Yuri*, Silente académica, 2011.

[121] Alicia Rivera, «Galaxias deformadas para ver la aceleración cósmica», *El País*, 26.III.2010.

Incluso la Iglesia católica, antes tan reacia a aceptar la idea de vida extraterrestre inteligente, hoy admite, y así lo hace el astrónomo del Vaticano José Gabriel Funes[122], que es lícito «creer en Dios y en los extraterrestres, y que cabe admitir la existencia de otros mundos y de otras vidas, incluso más evolucionadas que la nuestra. Todo lo cual no tiene por qué hacer perder la fe». Lo que en cambio todavía está pendiente por saber, es cuál sería la postura del mismo Vaticano si esos seres más evolucionados e inteligentes contactaran con nosotros y nos anunciaran que todas las religiones son mitos infantiles e historias sin fundamento alguno[123].

Arriba a la izquierda: Frank Drake: su evalución de millones de planetas habitados... ¿Solo una fantasía? **Derecha:** Observatorio del SETI. En 2007, la NASA, después de 30 años, canceló el programa de búsqueda de vida extraterrestre.

En ese sentido, la Santa Sede podría decir que se trata de seres carentes de *redención*; civilizaciones que, por lo tanto, deberían *cristianizarse*, desde el punto y hora en que la encarnación de Cristo es un evento único, irrepetible, lo que nos llevaría a los terrícolas a considerarnos, tal como se pretendía en siglos pasados, el centro de la creación, el planeta elegido, habitado por los responsables de cara al futuro de una evangelización ultraterrena, a desplegar en los demás planetas, para seres inteligentes de

[122] En una entrevista en *L'Osservatore Romano*, el 14 de mayo del 2008.

[123] Tim Scharabback, «First detection of galaxy-galaxy-galaxy lensing in RCS - A new tool for studying the matter environment of galaxy pairs», *Astronomy & Astrophysics*, 2010.

los cientos de millones de galaxias que existen[124]. En analogía a lo que se planteó la Iglesia española desde el siglo XV con el descubrimiento de las Indias, que luego serían las Américas.

La posibilidad de vida extraterrestre cabe relacionarla con la visión que tengamos del universo. En ese sentido, el dios Hermes -recuerda Jorge Blaschke- propuso a su hijo, Hetálides, que escogiera un regalo: «cualquier cosa menos la inmortalidad», le dijo. No obstante, Hetálides solicitó una memoria eterna, que permaneciera después de la muerte. Y en analogía a esa evocación, cabe pensar que el universo es nuestra memoria global; ciertamente, con un principio y un fin, pero en verdad eterna a la escala de lo muy temporal de la humanidad. Y en ese universo no hay por qué rechazar, de entrada, la posibilidad de vida inteligente extraterrestre.

En el sentido que apuntamos, según la física cuántica, los que participamos de manera inteligente en el universo somos el propio universo, observándose a sí mismo. Lo que para Michio Kaku, el físico estadounidense especialista en teoría de cuerdas, significa que el universo es un *gran pensamiento*. Y Wheeler -defensor de la tesis del universo antrópico- sostiene que el universo entero se configura como consciencia e información. Por su parte, el físico de Princeton Freeman Dyson defiende la idea de que el universo no puede entenderse si se aísla de los fenómenos de la vida y la consciencia... e incluso se atreve a plantear que *el universo sabía que íbamos a llegar*[125].

Poéticamente, esas ideas se registran en no pocos testimonios, y de ellos aquí traemos el de Walt Whitman (1819-1888), cuando da a entender que el conocimiento de la vida extraterrestre sería un paso más, a fin de seguir avanzando. Pero sin pensar que tras ello vayamos a llegar necesariamente a la meta de la omnisciencia supresora de todos los misterios:

> Hoy, antes del alba, subí a la colina, miré los cielos
> apretados de luminarias y le dije a mi espíritu:
> cuando conozcamos todo estos mundos y el placer

[124] Jorge Blaschke, *Los gatos sueñan con física cuántica y los perros con universos paralelos*, Ediciones Robinbook, Barcelona, 2012.

[125] Jorge Blaschke, *Los gatos sueñan con física cuántica...*, ob. cit.

y la sabiduría de todas las cosas que contienen,
¿estaremos ya tranquilos y satisfechos? Y mi espíritu dijo:
No, ganaremos esa altura solo para continuar adelante[126].

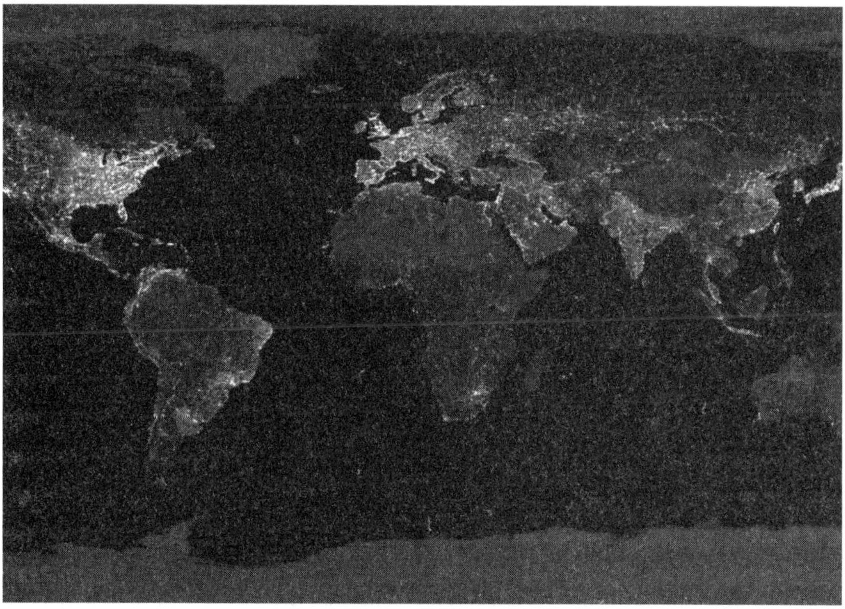

La Tierra de noche, un planeta iluminado, bien visible para los alienígenas, si los hay.

2. La ecuación de Drake. ¿Miriadas de civilizaciones?

La cuestión principal a la presente altura del asunto que nos ocupa radica en saber si hay vida inteligente en planetas concretos de ciertas galaxias del universo, tema sobre el cual Frank Drake, astrónomo estadounidense (1930-), se atrevió a hacer una ecuación que se ha hecho muy conocida a base de asignar a cada uno de sus supuestos ciertas probabilidades, con la pretensión última de evaluar así el número de presuntas civilizaciones, también probables; de momento solo en la propia Vía Láctea[127].

---

[126] Jorge Blaschke, *Los gatos sueñan con física cuántica…*, ob. cit.

[127] Frank Drake ha participado y dirigido numerosos proyectos desde el Ozma en 1960. Actualmente es profesor de Astronomía en la Universidad de Santa Cruz, en California.

Cuántos planetas, cuántas inteligencias

Drake inició su labor estimativa, tomando nota de los 200.000 millones de estrellas que se supone tiene nuestra galaxia, para considerar, acto seguido, que el 10 por 100 de ellas son similares al Sol, en masa, tamaño y demás; esto es, unos 20.000 millones. Luego, asignando un porcentaje bajísimo (solo el 1 por 100) a la probabilidad de que las estrellas seleccionadas puedan contar con sistemas planetarios, habría 200 millones de estrellas aptas a esos efectos. Y aplicando una probabilidad también muy baja (de nuevo el 1 por 100) a que esos planetas sean parecidos a la Tierra, resultarían dos millones de sistemas solares *candidatos* a la existencia de vida.

Cabría seguir con el itinerario de Drake para estimar, a la postre, qué número de planetas podrían albergar vida, y en cuántos se habrían desarrollado altas tecnologías, para alcanzar la conclusión última de que no estamos solos en la galaxia, y que hay mundos extraterrestres poblados entre cero y varios millones, todo lo cual no dejan de ser conjeturas, como puso de manifiesto el propio Drake en un diálogo desarrollado en los siguientes términos:

–La única señal misteriosa [de radio] *que se ha recibido fue la famosa Wow. ¿Una falsa alarma?*

–Creo que fue una señal extraterrestre, pero a lo mejor solo se produce diez minutos al año, y necesitamos contar con más tiempo para que se repita. En total se han detectado 35 señales misteriosas, pero ninguna se ha repetido. Es preciso que al menos haya una repetición para que se considere señal.

–¿Cuándo habrá un contacto?

–No se sabe. Quizás en 50 o 100 años. Falta información sobre la probabilidad de vida en el universo.

–Cuando llegue ese día, ¿qué nos aportará el contacto?

–Los extraterrestres serán millones de años más avanzados que nosotros en términos científicos, médicos o espaciales. Enriquecerán nuestra civilización. Nos enseñarán a colonizar otros planetas, controlar el crecimiento de la población, cuidar el medio ambiente o usar energías limpias. Incluso podrían enseñarnos a ser inmortales[128].

---

[128] Rosa Tristán, Entrevista a Frank Drake, «Los extraterrestres envían señales, pero no las detectamos», *El Mundo*, 15.III.2011.

Como se ve, lo que Drake plantea no pasa de ser toda una serie de suposiciones, con una última respuesta que parece totalmente gratuita, sin ningún fundamento, pues esos seres inteligentes extraterrestres lo mismo pueden ser más avanzados, que podrían ser más atrasados que nosotros. Y en cuanto a sus *enseñanzas*, no pasan de ser meras conjeturas, aparte de que todas ellas están, desde hace tiempo, en la mesa de debate de las grandes cuestiones que la humanidad tiene que solucionar para sobrevivir como especie, sin esperar recomendaciones provenientes de alienígenas.

Las tesis de Drake, entusiásticamente compartidas en su día por Carl Sagan -el más popular y televisivo de los astrónomos de todos los tiempos-, no resultan nada convincentes. Por lo menos en tanto no haya evidencia de que al menos hay un solo planeta con vida aparte de la Tierra. Y como reflexiona Philip Plait, quizá estemos realmente solos «en la vacía inmensidad de miles de millones de años luz cúbicos». De modo que el nuestro podría ser el único astro con capacidad para albergar criaturas capaces de reflexionar sobre su propia existencia; posibilidad -por lo demás nada aterradora- que no cabe descartar. En definitiva, Philip Plait, como tantos otros, entiende que la ecuación de Drake no es correcta: «Si hubiera alguien ahí afuera, a estas alturas ya nos habrían contactado»[129].

La paradoja de Fermi y la hipótesis de la Tierra rara

En la llamada paradoja de Fermi, se pone de relieve la contradicción existente entre las presunciones de existencia de civilizaciones inteligentes en el universo, y la total ausencia de prueba de las mismas... hasta ahora. El caso es: «Si hay tales civilizaciones, ¿dónde están? ¿Por qué no hemos encontrado la menor traza de vida inteligente, como sondas, naves espaciales, transmisiones de radio o de otro tipo?».

La formulación de la paradoja surgió en los tiempos en que Fermi estaba trabajando en el Proyecto Manhattan (1942), cuyo fin era el desarrollo de la bomba atómica estadounidense. Y fue

[129] Philip Plait, *La muerte llega desde el cielo*, Robinbook, Barcelona, 2010.

en medio de una conversación informal con sus colegas del laboratorio, cuando surgió su señalado punto de vista, que renació en 1950 cuando el propio Fermi dijo lacónicamente, refiriéndose a los posibles alienígenas: «¿Dónde diablos están?». Y la paradoja volvió a plantearse con el inicio de las búsquedas de señales del espacio exterior, al surgir el programa SETI de la NASA.

De hecho, con la paradoja de Fermi, la ecuación de Drake quedó reducida -así lo asevera el astrónomo español Sebastián Sánchez en comunicación al autor de este libro- a una *paramétrica de ignorancias*; es decir, que los parámetros introducidos en los cálculos de su ecuación solo se basan en sucesivas hipótesis sin fundamento en realidades efectivamente comprobadas. Por otra parte, hay un elemento complementario de la paradoja de Fermi de lo más interesante: si nuestro planeta fuera observado con un radiotelescopio desde una distancia de decenas de años luz, se revelaría como un objeto celeste excepcional para el observador, por la proliferación de ondas de radio, debidas a las radiotransmisiones humanas de todo tipo. Podría considerarse, pues, que una civilización muy avanzada ya habría sido capaz de detectar semejantes emisiones, sin que quepa olvidar, tampoco, la iluminación de la Tierra en su superficie nocturna, que también resultaría más que visible desde el exterior con instrumentos de un cierto alcance.

De ahí que resulte extraño que hasta ahora no se haya encontrado rastro de vida, aparte de la Tierra; algo muy raro dada la edad del universo -recordémoslo: 13.800 millones de años- y su gran número de estrellas, con exoplanetas. A propósito de esto, el astrónomo inglés John Gribbin subraya la complejísima secuencia de circunstancias que han generado las condiciones de vida en el planeta Tierra, en un proceso evolutivo difícilmente repetible, aunque sea a lo largo de 4.500 millones de años, lo cual lleva a colegir que estamos solos[130], algo que puede relacionarse con las singularidades de Bill Bryson, que veremos al final de este mismo capítulo.

A la vista de los anteriores comentarios, y a propósito de que estamos solos en el universo -dice David Poza, en comunicación

[130] Jorge Blaschke, *Los gatos sueñan con física cuántica...*, ob. cit.

personal al autor-, se empieza a pensar que efectivamente no hay alienígenas, porque según el principio antrópico, para llegar a donde estamos, al ser humano, el universo tiene el tamaño y el tiempo justo. Es decir, para crear nuestros átomos a partir de H y He, es necesario que pase el tiempo, y lo análogo para crearse estrellas, y que estas mueran para expulsar sus elementos nuevos (C, O, Agua, etc.). Claro que hay gente que cuestiona la singularidad humana diciendo que el universo es muy grande y viejo para que solo exista el ser humano, y no más civilizaciones. Precisamente la antigüedad y el tamaño del universo es justo el necesario para llegar ahora a donde está el ser humano[131]. Y además -esto ya es cosecha del autor del libro, y no de David Poza-, después de tantas especies de homínidos como ha habido, ¿no es verdad que solo prevaleció el *sapiens* como única especie? Porque él era y es el más perfeccionado, el que mejor vive y se desarrolla en el planeta antrópico.

Ezequiel, presunto primer vidente bíblico de ovnis y alienígenas: entre la profecía y la imaginación.

Tras el examen de la paradoja de Fermi, es interesante entrar en la «hipótesis de la Tierra rara» (*rare Earth hypothesis*), que nos sugiere que la vida pluricelular es realmente extraña, *muy rara,* en el universo, en el que previsiblemente hay muy pocos planetas similares a la Tierra. En ese sentido, en su ya mencionado libro *Cinco mil millones de años de soledad*, Lee Billings cuenta las historias de quienes han tratado y tratan de responder a la pregunta de Fermi, empezando por Frank Drake con su célebre ecuación, y destacando que son muchos otros los científicos que dudan sobre la posibilidad de encontrar vida inteligente en la galaxia o fuera de ella[132]. En cualquier caso, concluye Billings, la meta de muchos científicos es hacer que los próximos cinco mil millones

---

[131] Planteamientos de David Poza en correo enviado al autor el 14.IV.2016.

[132] Caspar Henderson, «Five Billion Years of Solitude: The Search for Life Among the Stars-review», *www.theguardian.com*.

de años de la historia de la Tierra no sean tan solitarios como los primeros 5.000 millones[133].

¿Y por qué la Tierra es rara? Porque nuestro sistema solar no está situado en ninguno de los dos brazos espirales de la galaxia, donde hay gran número de novas, estrellas cuyas eyecciones radiactivas impiden cualquier clase de vida superior, de modo que, al orbitar entre dos brazos espirales de la galaxia, el sistema solar tiene el raro *privilegio* de que en su ámbito se neutralizan las ondas de choque que se generan en ambos brazos. Y según investigaciones recientes, la Tierra está ubicada entre esos brazos espirales desde hace miles de millones de años, durante más de 30 órbitas galácticas (de 200 millones de años cada una)[134]. Realmente estamos en una *Tierra rara*.

Otro punto crucial diferenciador de la Tierra a efectos de vida, y que subraya aún más su *rareza*, es su satélite, la Luna, que según la teoría del gran impacto, se formó por una colisión entre la joven Tierra y un cuerpo de masa similar a Marte, 4.450 millones de años atrás. Este choque resultó verdaderamente *milagroso*, pues se produjo con un ángulo, como si hubiera sido medido de antemano; porque si el impacto hubiera sido directo, la Tierra se habría fragmentado en mil pedazos y, por su parte, el nuevo cuerpo sideral resultante del choque (la propia Luna), se habría desviado, alejándose de la Tierra.

Y precisamente la persistencia de la proximidad de la Luna a la Tierra es lo que permite el fenómeno de las mareas, por la atracción que Selene ejerce sobre el agua del mar, lo que contribuye a estabilizar el eje del planeta, evitándose así las posibles variaciones axiales -un fenómeno conocido como *precesión de los equinoccios*-, que causarían alteraciones dramáticas del clima, que podrían llegar a imposibilitar la propia vida en el planeta. Además, las mareas ayudan a preservar el calor del núcleo de la Tierra, que debe mantenerse fluido para funcionar como campo magnético, sin el cual, el viento solar acabaría con todo el aire y el agua de nuestro planeta en un periodo de unos po-

[133] Mike Brown, «Five Billion Years of Solitude: The Search for Life Among the Stars-review by Lee Billings», *Washington Post*, 18.XII.2013.

[134] Debo estas aclaraciones al astrónomo Sebastián Sánchez, que me las facilitó personalmente el 18 de febrero de 2013.

cos millones de años. Todo eso ya lo trató Isaac Asimov en un largo y minucioso ensayo[135].

Izquierda: Demócrito (460-370 a.C.): otros mundos poblados.
Derecha: Percival Lowell: canales de Marte y marcianos activísimos.

3. ¿Alienígenas? Una larga historia... de suposiciones

Zecharia Sitchin (1920-2010), autor de libros basados en la *hipótesis del astronauta antiguo*, suponiendo un origen extraterrestre de la humanidad, fue un convencido de la hipótesis panspermia, que él vislumbró, en la idea de un posible descubrimiento de la Tierra por alienígenas procedentes de un lejano planeta, al que en su fábula llamó *Nibiru*: extraterrestres que habrían sido los promotores de la cultura sumeria de los Anunaki.

Visiones de extraterrestres

Sitchin, azerí de ascendencia judía, se educó en Palestina, donde adquirió un amplio conocimiento del hebreo moderno y clásico, así como de otras lenguas semíticas e indoeuropeas, amén de un notable bagaje de información sobre el Antiguo Testamento y la historia y la arqueología del Oriente Próximo. Luego estudió en

[135] Isaac Asimov, *La tragedia de la Luna*, Alianza Editorial, Madrid, 1979.

la London School of Economics and Political Science[136], y se licenció en la Universidad de Londres, para especializarse en historia económica[137].

Sitchin, merced a la pretendida traducción de tablillas de los antiguos sumerios y babilónicos, propuso la teoría de una especie de *panspermia avanzada*, con toda una serie de especulaciones que han sido descartadas por historiadores y arqueólogos, en desacuerdo total con su versión de los textos antiguos y por la falta de comprensión de la física.

Por su parte, Paul Davies en su libro *Un silencio inquietante*[138], recuerda cómo en la Biblia se relata que hace unos dos mil quinientos años, el profeta Ezequiel, caminando junto al río Chebar, en la tierra de Caldea, contempló un brillante torbellino, del cual emergieron cuatro extrañas criaturas aladas, que «de alguna manera *se* asemejaban a hombres», y que se servían de cuatro ruedas voladoras que brillaban como si fueran de metal bruñido. Al cabo de un tiempo «las criaturas subidas en sus ruedas se fueron volando». Un testimonio que podría interpretarse como referencia a un hecho real, o como una fantasía del narrador.

Por su parte, Demócrito (460-370 a.C.), uno de los más incisivos de los presocráticos, concibió la idea de que toda la materia está integrada por átomos. E intuyó la existencia en el universo «de innumerables mundos de muy distinto tamaño, algunos mayores que el nuestro y en los que, a grandes distancias, habría agua y vida animal y vegetal», una idea que el romano Lucrecio (99-55 a.C.) captó con gran elegancia literaria en el siguiente poema:

> Si las reservas de átomos son inagotables,
> mayores en número de lo que pueden contar los seres vivos,
> si la potencia de la Naturaleza
> puede mezclar átomos en uniones,
> habrás de confesar, entonces,
> que existen otros mundos en otras regiones del firmamento,
> tribus distintas de hombres,
> y otras variedades de bestias salvajes.

---

[136] El autor de este libro estudió igualmente allí durante los años 1954 y 1955.
[137] Zecharia Sitchin, *El final de los tiempos*, Obelisco, Barcelona, 2007.
[138] Paul Davies, *Un silencio inquietante, Crítica*, Barcelona, 2010.

Siglos después de Ezequiel, Demócrito y Lucrecio, el astrónomo Johannes Kepler (1571-1630) en su libro *Sonium* (*El sueño*), imaginó una población lunar de *criaturas reptilianas,* con inteligencia moderada, a partir de lo cual, sostuvo el siguiente paralelismo: «Si la Luna existe para la Tierra, análogamente sucede con los cuatro satélites de Júpiter para los jovianos: habiendo el más alto grado de probabilidad de que Júpiter esté habitado». Obviamente, por entonces no se sabía que Júpiter no era un planeta rocoso, sino un enorme globo de gas.

Canales del planeta rojo

En tiempos de la incipiente ciencia moderna, Kepler no fue el único que tuvo ideas fantásticas: el matemático y astrónomo holandés Christian Huygens (1629-1695) publicó un tratado, que tituló *Cosmothereos* (1698), en el que intentó convencer a sus lectores de que había otros planetas habitados. Y en la misma línea imaginativa, en 1858, Angelo Secchi, un monje jesuita italiano, decidió *cartografiar* Marte y creyó que ciertos accidentes de aspecto vagamente lineales eran canales. Veinte años más tarde, un compatriota suyo, el astrónomo Giovanni Schiaparelli, produjo *los mejores* mapas de Marte, y utilizó también el término *canalí,* sugiriendo que había conducciones de agua artificiales con carácter permanente.

Pero con todo, el caso más difundido de pretendida vida extraterrestre fue el que, a partir de los ya aludidos *canales de Marte,* defendió el acaudalado escritor y viajero estadounidense Percival Lowell (1855-1916), quien en 1900 se hizo construir un observatorio en Flagstaff (Arizona), que dedicó a estudiar el planeta rojo y a buscar pruebas de que en él había vida, *averiguaciones* que él mismo expuso después con todo detalle, como fruto de su calenturienta y voluntarista imaginación.

Parece que Lowell estuvo sinceramente convencido de poder distinguir, no ya signos de vida, sino verdadera actividad inteligente. Comenzó entonces a diseñar dibujos muy detallados, que mostraban complejas redes, que él interpretó como *acueductos* construidos por una civilización muy avanzada para trasvasar el agua fundida de los casquetes polares hasta las áridas regiones ecuatoriales. Más o menos al mismo tiempo, H.G. Wells escribía, *La guerra de los mundos*[139], con un ataque de los marcianos a la Tierra, relatado *con alta verosimilitud* -mayor aún en la versión radiográfica que en 1938 hizo Orson Wells-, pero sin ningún fundamento.

La NASA en Marte: Oportunity, Curiosity, ESA y aún más

En definitiva, en la época en que Lowell y H.G. Wells exponían sus ideas, era muy común la concepción de que Marte podía albergar vida inteligente. Así me lo planteó -lo recuerdo muy bien- mi padre, el doctor Manuel Tamames, quien me participó de tales concepciones cuando yo no había cumplido aún los diez años; estos pensamientos persistieron en algunos círculos paracientíficos hasta el propio comienzo de la era espacial, y no fue hasta en 1963, tras lanzar la NASA su sonda espacial Mariner para sobrevolar el planeta rojo, cuando las imágenes que envió a la Tierra mostraron un panorama muy distinto al ensoñado: un paisaje yermo, lleno de cráteres, que más se parecía a la Luna que a la Tierra; sin rastro de canales de riego y sin indicio alguno de vida. Así las cosas, las hipótesis de Lowell y H.G. Wells quedaron arrumbadas para siempre, como muestras de imaginaciones desbocadas, sin fundamento alguno.

Parte de interés que suscita Marte radica en que el planeta rojo seguramente dispuso en algún momento de agua suficiente para albergar vida bacteriana. Pero la pérdida de una parte de su atmósfera, debido a las tormentas solares, impidió que el planeta rojo la mantuviera líquida de modo permanente: o se evaporó, o se congeló. Este hallazgo fue presentado por la NASA, en rueda de prensa sobre los nuevos avances obtenidos a partir de la sonda espacial Orión (5.XI.2015), que podría explicar el brutal cambio climático que sufrió el planeta rojo[140], en relación con lo cual se le hizo una pregunta interesante a James Green, director de Ciencias Planetarias de la NASA:

---

[139] Herbert George Wells, *The war of the worlds*, William Heinemann, Londres, 1898. Versión española, en EDAF, Madrid, 1973.

[140] Manuel Erice, G. López Sánchez, «Las tormentas solares convirtieron el planeta rojo en un infierno helado», *ABC*, 6.XI.2015.

–¿Podría sufrir la Tierra un cambio climático propiciado por el viento solar como el que convirtió a Marte en un planeta tan inhóspito?[141]

–Sí. Y por eso es tan importante estudiar planetas como Venus, que es muy cálido, y Marte, que es muy frío. La Tierra está en medio. Lo que le ocurrió a esos planetas puede pasarle al nuestro. La Tierra tiene un campo magnético y Marte lo tuvo, pero lo perdió. Y ahora pensamos que el acontecimiento que hizo que Marte perdiera su campo magnético lo inició ese proceso de cambio climático.

Poco después, el vehículo Curiosity de la NASA, ubicado en Marte en 2013, abrió una nueva etapa de investigación sistemática de nuestro planeta más próximo, continuando el trabajo de su predecesor, el Opportunity -más pequeño y más precario por su dependencia de paneles solares menores para obtener energía-, que en 2013 celebró su noveno cumpleaños, tras haber recorrido 36 kilómetros sobre la superficie marciana. Diseñado para completar una misión de solo tres meses, el Opportunity sigue activo, haciendo ciencia después de vencida su *garantía de fábrica*. Según las investigaciones realizadas a través de los dos rovers, resulta que el Marte primitivo sediento y ácido que mostraba Opportunity desde la superficie de Meridiani, ha resultado ser la última fase de su evolución hidrogeológica, siendo muy posible que el Curiosity y las misiones sucesivas confirmen que Marte fue mucho más húmedo en tiempos muy pretéritos[142].

Actualmente, además del Opportunity y el Curiosity, están operando, en órbita de Marte, las sondas Mars Reconnaissance Orbiter y la Mars Odyssey, ambas de la NASA[143].

En cuanto al futuro próximo, las agencias espaciales europea y rusa enviarán dos misiones al planeta rojo en 2016 y 2018 para buscar trazas de vida. Para ello, la ESA desarrolló el módulo de entrada, descenso y aterrizaje (2016); del que surgió el vehículo de transferencia (rover) para recorrer la superficie, en tanto que el

---

[141] Teresa Guerrero entrevista a James Green, «En unos años hallaremos vida fuera de la Tierra», *El Mundo*, 18.XI.2015.

[142] Alberto González Fairén, «Dos exploradores en Marte», *El País*, 13.IV.2013.

[143] Alicia Rivera, «La NASA envía a Marte una nave para estudiar la atmósfera», *El País*, 19.XI.2013.

cohete propulsor estará a cargo de Rusia[144]. Por lo demás, la ESA tiene en marcha la misión Exomars para 2018: «excavaremos dos metros por debajo de la superficie y haremos los análisis necesarios para buscar vida fuera de la Tierra. Ese es uno de los primeros objetivos de la investigación espacial»[145].

Por otra parte, la sonda espacial automática Maven (Mars Atmosphere and Volatile Evolultion) de la NASA, se diseñó para orbitar Marte a fin de investigar su alta atmósfera. Lanzada desde la base de la Fuerza Aérea de EE.UU. en Cabo Cañaveral (Florida), con un cohete Atlas V, tras un viaje de diez meses llegó al planeta rojo en septiembre de 2014 y se sumó a la flotilla de artefactos que están funcionando en esos aledaños. La Maven rotará en torno a Marte al menos un año, acercándose a 150 kilómetros de la superficie en su órbita elíptica, a fin de tomar datos directos de la composición del gas de la atmósfera marciana.

La UE no ha tenido mucha suerte en su ya perdido primer rover. Una fotografía tomada en octubre de 2016 por la NASA confirmó que el módulo de aterrizaje Schiaparelli, de la misión ExoMars, de la Agencia Espacial Europea (ESA), se estrelló en Marte. A esa conclusión se llegó después de 72 horas de intensa búsqueda, tras haber perdido contacto con la sonda en mitad de las maniobras del que iba a ser el primer *amartizaje* con éxito de la ESA[146]. Los análisis efectuados indicaron que el módulo, un artefacto de casi 600 kilogramos, llegó al suelo a una velocidad mucho más rápida de la prevista: 300 kilómetros por hora, tras una caída libre de entre dos y cuatro kilómetros: quedó hecho pedazos.

El último país en incorporarse a la carrera de Marte es India, tras Rusia, EE.UU. y la UE, con su Mars Orbiter Mission (MOM). Su inserción orbital se produjo exitosamente el 24 de septiembre acorde a lo planeado. La estructura de la MOM y la configuración de propulsión, perfeccionadas, son similares a las de la sonda Chandrayaan 1, el primer robot indio operado con éxito en la Luna (de 2008 a 2009)[147].

---

[144] España aportará al proyecto de ESA el espectómetro Ramán, destinado a analizar los materiales seleccionados por el brazo del rover, a fin de conocer su composición y estructura molecular. Belén V. Conquero, «España taladra Marte», *La Razón*, 14.IV.2013.

[145] Gerda Horneck, «Aún tardaremos 30 años en pisar Marte», *El Mundo*, 30.XII.2013.

[146] Gonzalo López Sánchez, «La NASA confirma que la nave europea se estrelló en Marte», *ABC*, 22.X.2016.

[147] Alicia Rivera, «India está lista para debutar con una sonda en Marte», *El País*, 5.XI.2013.

4. En busca de vida extraterrestre

En 1939, cuando Europa estaba al borde de la Segunda Guerra Mundial, Winston S. Churchill escribió un ensayo exponiendo las condiciones necesarias para la vida análoga a la humana en otros planetas[148]. El documento, de 11 páginas, lo preparó para publicarlo en el rotativo londinense *News of the World*, como pieza de divulgación, pero nunca vio la luz. La tesis de Churchill era que un buen número de planetas extrasolares tienen el tamaño suficiente y están a la distancia adecuada de su propia estrella como para albergar agua líquida en la superficie. Eran ideas muy avanzadas para aquellos tiempos, y Churchill -como con los tanques en la Primera Guerra Mundial- fue todo un precursor.

Ya de manera sistemática, fue en la década de 1960 cuando empezaron a emitirse señales de radio al espacio en busca de *algo que pueda haber fuera* con capacidad para reaccionar. Al principio las emisiones fueron débiles, por la escasa potencia eléctrica aplicada, con la clara conciencia de que a un extraterrestre situado a unos pocos años luz le habría resultado imposible captarlas. Pero luego, todo fue en aumento, como veremos.

El Proyecto Ozma

Todo empezó con el Proyecto Ozma en 1960, cuando Frank Drake, ya mencionado *in extenso* por su célebre ecuación, trabajaba en el Observatorio Nacional de Radioastronomía de Green Bank, Virginia Occidental. Un programa que recibió el nombre de *Princesa Ozma*, por la figura literaria de la *gobernanta de la tierra* en *El Mago de Oz*, la ficción creada por L. Frank Baum, tan popular en el mundo anglosajón.

En esos primeros trabajos para contrastar las hipótesis de Drake, se utilizó un radiotelescopio con espejo de 26 metros de diámetro para examinar las estrellas Tau Ceti y Epsilon Eridani, de características análogas al Sol y que se suponía contarían con planetas útiles para la vida y, a tales efectos, la información captada se almacenaba en cinta magnética para su ulterior análi-

[148] Judith de Jorge, «Churchill y la vida extraterrestre», *ABC*, 16.II.2017.

sis. Pero no obstante, en las 150 horas de observación mantenida de forma intermitente durante un periodo de cuatro meses no se detectó ninguna señal de interés. El receptor fue sintonizado a longitudes de onda de 21 cm, la misma de la radiación emitida por el hidrógeno interestelar, en la idea de que sería una especie de señal universal inteligible.

Tras las experiencias sin éxito de Ozma, hubo una serie de nuevos experimentos, el Ozma II, llevado a cabo por Benjamin Zuckerman y Patrick Palmer, que supervisaron unas 650 estrellas cercanas, durante cuatro años (1973-1976)[149]. Los resultados fueron igualmente nulos[150].

El programa SETI

Tras las experiencias comentadas, la NASA abordó oficialmente la búsqueda de vida extraterrestre de manera sistemática; para ello diseñó un proyecto con mayores medios que los hasta entonces dedicados al tema: el Search for Extraterrestial Intelligence (SETI), con la idea de conectar inteligencias extraterrestres; el resultado fue inicialmente alentador: en agosto de 1977, el radiotelescopio Big Ear capturó una señal muy intensa y singular, que duró 72 segundos y que fue registrada como *Wow* -una interjección norteamericana que en español onomatopéyico sería algo así como *¡guau!*- según el astrónomo que la escuchó, Jerry R. Ehman, quien pronto comenzó a dudar de que aquello tuviera origen extraterrestre.

Volvieron a rastrear la señal más de cincuenta veces, pero el sonido nunca reapareció. Por ello, Ehman acabó apoyando la tesis de que la señal pudo provenir de un satélite artificial, *que pasaba por allí*; y pudo haber sido también una emisión realizada por los rusos con intenciones más o menos jocosas.

El caso es que, con el SETI, se barrió el cielo de manera persistente en busca de señales de radio de posibles tecnologías avanzadas en otros mundos, hasta el punto de que el astrónomo Seth Shostak -también mencionado antes- estima que en los siguien-

---

149 SETI Institute. «Project Ozma» http://www.seti-inst.edu/seti/seti-back-ground/project-ozma.php.

150 Sobre el tema, Paul Davies, *El silencio inquietante*, Crítica, Barcelona, 2010.

tes veinte años, de haberse seguido con el proyecto, se habrían recibido radiaciones «de por lo menos dos millones de sistemas solares, situados en un radio de un millar de años luz de la Tierra, lo que contribuiría a descubrir finalmente si estamos o no solos en el universo». Sin embargo, esas previsiones de Shostak se revelaron harto fantasiosas, pues en los treinta años que duró el programa SETI (1977-2007), no se consiguió detectar nada sobre vida extraterrestre[151].

En ese trance, los objetos volantes no identificados, ovnis (*ufos* en inglés), y los alienígenas (supuestos seres vivientes de inteligencia superior fuera del planeta Tierra), continuaron siendo temas de ciencia ficción. Al estilo de ET, personaje extraterrestre de la célebre película de Spielberg (1982), que treinta y dos años después continúa siendo un mero personaje imaginario del cine.

Por ese cúmulo de falta de evidencias, causó sorpresa que Stephen Hawking declarara un día al canal televisivo *Discovery* que «casi seguro, existen los extraterrestres», para a continuación aconsejar a los humanos que evitaran el contacto con ellos, pues «es probable que en el futuro lleguen a la Tierra buscando recursos»[152], en una lamentable comparación con la llegada de Cristóbal Colón en las tres carabelas españolas al *Nuevo Mundo* en 1492, encuentro del que según el profesor de Cambridge -siguiendo en esto las resonancias de la *leyenda negra*-, los nativos no fueron los más beneficiados. Hawking trató de precisar más, y dijo que «los números que muevo en mi cerebro me hacen creer que la existencia de extraterrestres es perfectamente posible. El gran reto es predecir qué forma tendrán», en lo cual Hawking se asoció más a emanaciones y lucubraciones a lo Spielberg que no a indicios científicos.

Luego, el famoso y voluble físico avanzado de Cambridge se replegó de sus comentarios sensacionalistas, al indicar que probablemente la mayor parte de la vida en otros rincones del univer-

---

151 Seth Shostak (1943) es un astrónomo estadounidense de la Universidad de Princeton y del Instituto de Tecnología de California. Trabajó en el Instituto SETI en Mountain View, California, y fue ganador en 2004 del Premio-Roberts Klumpke otorgado por la Sociedad Astronómica del Pacífico, en reconocimiento a sus destacadas contribuciones al aprecio por el público de la astronomía.

152 Anna Grau, «Se cumplen 50 años de búsqueda de señales de vida extraterrestre, entre ominosos presagios de Stephen Hawking. Millones de ordenadores de voluntarios participan en una misión por ahora inútil», *ABC*, 2.V.2010.

so podría consistir en simples microbiorganismos. Y Paul Davies -director un tiempo del Programa SETI, y autor del libro *Un silencio inquietante*[153]- dejó a Drake y Hawking en posición bastante patética, como veremos en la sección 5 del presente capítulo.

Carl Sagan envía mensajes

Pero lo sugestivo siempre interesa. ¿Y qué cosa más sugestiva que los alienígenas? Así, por inspiración del propio Carl Sagan, la NASA aceptó introducir en las sondas espaciales Pioneer 10 y 11 -los primeros vehículos concebidos por la humanidad para aventurarse más allá del sistema solar, lanzados al espacio en 1972 y 1973, respectivamente- varias placas de oro y aluminio anodizado con información sobre los logros de los seres humanos en el planeta Tierra (véase la figura de la página siguiente), en la idea de que, tal vez, en algún momento, tales informaciones podrían llegar a alienígenas capaces de apreciar que no están solos en el universo.

De esas placas, el ex director del Programa SETI Paul Davies tiene colgada una en la pared de su oficina: una copia con las siluetas de un hombre y una mujer, él con la mano levantada a modo de saludo, junto a una serie de referencias técnicas, sobre todo una línea que identifica la trayectoria del módulo Pioneer, mostrando que partió del tercer planeta contado desde el Sol[154]. Hasta el momento, 38 años después (2014), tales mensajes del Pioneer no han tenido respuesta.

Ulteriormente a la sonda Pioneer, la Voyager fue lanzada en 1977 desde Cabo Cañaveral con el objetivo de estudiar los confines del sistema solar, y ha cumplido su misión sobradamente, para ser el objeto creado por el hombre que más se ha alejado de la Tierra, un logro comparable con la primera vuelta a la Tierra -iniciada por Magallanes y ultimada por Elcano en 1522- o los primeros pasos sobre la Luna. Todo ello, según manifestó el jefe científico de la misión, Ed Stone, del Instituto de Tecnología de California. Y es que, a tenor de los análisis realizados, la cápsula se encuentra a una distancia de la Tierra de 18.000 millones de kilómetros del Sol (120 unidades astronómicas de 150 millones

[153] Crítica, 2011.

[154] Paul Davies, «Un silencio inquietante», *Crítica,* Barcelona, 2010.

de kilómetros). La Voyager 1 porta instrumentos destinados a medir los campos magnéticos, el viento solar y los rayos cósmicos, como su gemela, la Voyager 2, lanzada unas dos semanas después. Se hicieron especialmente populares por llevar también el ya comentado disco de oro de Sagan, a modo de la *botella lanzada al mar*, con abundante información sobre nuestro planeta.

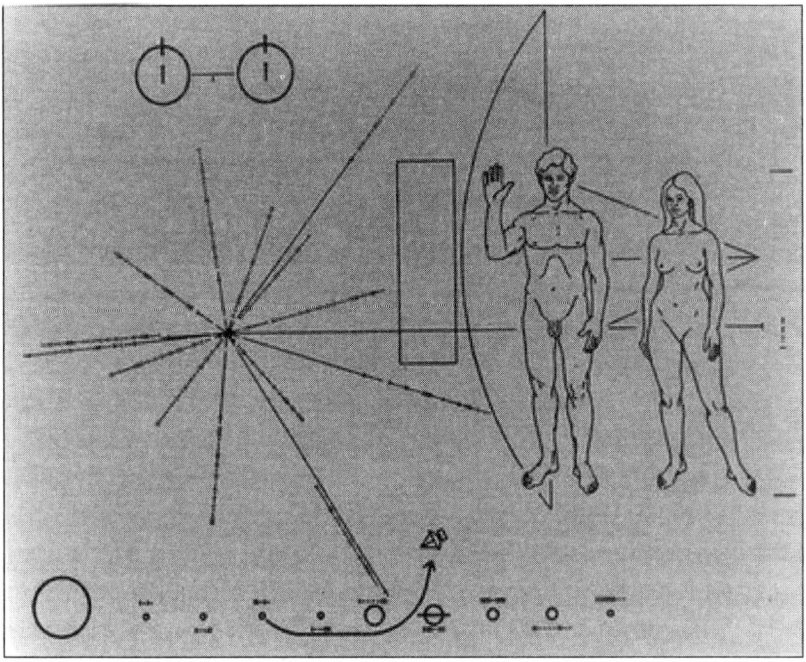

Mensajes *pioneros* de Carl Sagan *et alia* a pobladores de otros planetas en 1976… hasta ahora sin respuesta.

La Voyager 1, tras superar Júpiter y Saturno, abandonó la heliosfera -la *burbuja* en cuyo interior se encuentran los planetas del sistema solar- el 25 de agosto de 2012, y está previsto que ella, y la II poco después, dejen de enviar información en 2025, año en que definitivamente se apagarán sus instrumentos[155].

La sonda robótica Voyager 1 (obviamente, *viajero* en inglés), lanzada en 1977, es el primer objeto de elaboración humana que salió del sistema solar. «Haciendo honor a su nombre, en 1989 -tras completar un extraordinario periplo durante el cual *visitó* la

155 J.V. Echagüe, «La Voyager» ya está fuera del sistema solar», *La Razón*, 13.IX.2013.

Luna, Júpiter y Saturno- puso rumbo al espacio interestelar, y hoy (mayo de 2014) se encuentra a 19.019 millones de kilómetros de la Tierra. La misión, que inicialmente solo iba a durar un lustro, cumplió 37 años el 5 de septiembre de 2014; se espera que la nave siga surcando el espacio hasta 2025, y es incluso posible que su misión se amplíe diez años más, hasta 2035»; eso es lo que explicó Joseph Lazio, director científico de la Red del Espacio Profundo de la NASA (Deep Space Network, DSN)[156].

¿El final del programa?

En definitiva, ¿y si no existiera vida extraterrestre? Es algo que irónicamente insinuó en 1995 el senador demócrata por Nevada Richard Bryan, *verdugo político* del programa SETI de la NASA, al manifestar que carecía de sentido seguir facilitando cientos de millones de dólares de dinero público, «al no haberse *pillado* ni a un solo tipejo verde, sin que ningún marciano nos haya dicho, *llevadme ante vuestro jefe*, y sin que ni un solo platillo volante haya pedido autorización de aterrizaje a la FAA [siglas en inglés de Administración de la Aviación Federal]». Ese y otros alegatos de congresistas significaron el cese oficial del programa SETI, en 2007.

Sondas enviadas al exterior

También en la búsqueda de vida extrema, la Agencia Espacial Europea (ESA) alcanzó un gran éxito con el *aterrizaje* en la mayor luna del planeta Saturno, Titán, en 2005, con el vehículo espacial no tripulado que hasta ahora ha llegado más lejos, para posarse en un cuerpo sideral. Y en el futuro próximo, la misma ESA protagonizará otra gran exploración de satélites dentro del sistema solar, Júpiter, con la misión JUICE (Jupiter Icy Moons Explorer), que tiene previsto un cohete portador de un módulo con toda clase de mecanismos, para entrar en su órbita, a fin de explorar tres de sus lunas: Calixto, Europa y Ganímedes. Descubiertas por Galileo en 1610 -lo vimos en el capítulo I-, y que tras observaciones recientes se sabe tienen grandes océanos de agua bajo una capa

[156] Teresa Guerrero, «Viaje hacia el infinito», *E/M/2 El Mundo*, 1.VI.2014. También el artículo «Is anybody out there?», *National Geographic*, julio, 2014.

helada superficial. Tales satélites intrigan a los científicos desde hace tiempo, y eso fue lo que al final originó las referidas misiones científicas de la ESA, para saber si hay vida en tales cuerpos celestes[157].

Carl Sagan: la sonda Pioneer emitió su mensaje a posibles alienígenas... todavía sin ninguna respuesta.

Titán, el satélite de Saturno, es un mundo de extremos que tiene lagos y ríos... con la salvedad de que son de metano líquido, igual que sus lluvias. Su temperatura es de -110 °C y tiene nubes y dunas de 1.500 kilómetros de largo. Lo importante, a efectos del posible descubrimiento de vida, es la atmósfera del satélite, que está compuesta por nitrógeno, metano e hidrocarburos, como pudo apreciarse merced al espectrómetro infrarrojo CIRS, uno de los 12 instrumentos a bordo de la sonda Cassini. Este hallazgo -asegura Scott Eddington, uno de los principales responsables científicos de la referida sonda- será clave para «comprender el *zoo químico* que constituye la atmósfera de Titán, muy similar a la de la Tierra hace millones de años»[158].

Encélado es otra de las lunas de Saturno, y también ha sido objeto de atención, con una particularidad interesante: en la zona de su polo sur, se producen géiseres, chorros de hielo y vapor de agua que emergen por una serie de fracturas de la superficie, que se ha dado en llamar *rayas de tigre*. De esto se deduce que en el hemisferio meridional, a unos 40 km de profundidad, hay un océano que además explica las anomalías de campo gravitatorio medidas cuando la nave espacial Cassini sobrevoló el referido satélite[159]; los científicos especulan acerca de la posibilidad de que allí pueda haber una química compleja e incluso prebiótica[160].

---

157 Alicia Rivera, «Regreso a Júpiter», *El País*, 27.II.2013 y Álvaro Giménez, «Viaje a las grandes lunas heladas de Júpiter», *El País*, 12.IX.2012.

158 Juan Scaliter, «Titán, el satélite de los tuppers», *La Razón*, 2.X.2013.

159 Alicia Rivera, «Un océano escondido bajo el subsuelo de una luna de Saturno», *El País*, 4.IV.2014.

160 Jorge Alcalde, «Un océano oculto bajo el hielo de una luna de saturno», *La Razón*, 4.IV.2014.

Finalmente, una referencia al entorno de Saturno: a 1.600 millones de kilómetros de la Tierra, algo más de 10 unidades astronómicas, la misión Cassini, que desde 2004 estudia el sistema de Saturno y sus satélites, se situó el 28 de octubre de 2015 a apenas 49 km de la superficie de Encélado, una de las más enigmáticas y prometedoras lunas del gigante anillado. Y lo hizo justo sobre su polo sur, al objeto de *sumergirse* en los chorros de vapor de agua que generan varios enormes géiseres que hay en esa zona[161], los mismos que ya en 2005 revelaron la presencia de una gran cantidad de agua líquida bajo la capa de hielo que cubre el satélite. Y ya con los primeros datos de la misión Cassini, la NASA hizo pública la noticia de que bajo los hielos de Encélado se esconde un único e inmenso océano subterráneo global, con expectativa para los investigadores de encontrar alguna forma de vida.

Y a propósito de Encélado, James Green, director de Ciencias Planetarias de la NASA, dio una contestación interesante a una pregunta muy concreta:

—Ellen Stofan, jefa científica de la NASA, dijo que es probable que dentro de pocos años, en una década, encuentren algún tipo de vida fuera de la Tierra, en el sistema solar. ¿Está de acuerdo?

—Completamente. ¿Y por qué lo creemos? En los últimos diez años, hemos hecho una serie de descubrimientos que han cambiado completamente nuestro conocimiento sobre la habitabilidad del sistema solar. Antes pensábamos que solo existiría vida en una región del sistema solar que llamamos *zona habitable*, y en la que está la Tierra. Pero hemos visto que en lugares fuera de la zona habitable hay mucha agua. Europa, una luna de Júpiter, tiene los tres requisitos para que haya vida: agua, energía y componentes orgánicos. En Encélado, una luna de Saturno, hay agua, energía y, aunque no hayamos visto todavía elementos orgánicos, creemos que los hay[162].

Nos referiremos, por último, a la sonda Rosetta, enviada por la Agencia Espacial Europea (ESA), a posarse en un cometa, el

---

[161] José Manuel Nieves, «A la caza de vida en Encélado», *ABC*, 29.X.2015.

[162] Teresa Guerrero entrevista a James Green, «En unos años hallaremos vida fuera de la Tierra», *El Mundo*, 18.XI.2015.

67P/Churyumov Gerasimenko, y cuya misión concluyó el 30 de noviembre de 2016 de forma espectacular: estrellándose contra la superficie del propio cometa que estuvo explorando durante algo más de dos años. Esta mediática misión de la ESA consiguió igualar a los europeos con la NASA a la hora de entusiasmar al público, sobre todo cuando Philae, el pequeño robot de la sonda, saltó de la nave orbitadora para asentarse en el cometa[163].

Gracias a Rosetta se supo algo más sobre de qué están hechos los cometas y qué papel pudieron tener en el origen de la Tierra y en el nacimiento de la vida. El caso es que en el 67P se descubrieron moléculas orgánicas. También se encontró nitrógeno y oxígeno molecular por primera vez[164].

5. Sin pruebas de que haya habido alienígenas en la Tierra

Una posible prueba bastante concluyente de que tal vez sí que estamos solos en el universo radica en el hecho de que en la propia Tierra no hay indicios de actividades alienígenas, esto es, de viajeros de fuera que pasaron por aquí, como tampoco se conoce ninguna mina, cantera o cúmulo de chatarra de diez millones de años de antigüedad, que pudiera revelar el tránsito en la Tierra de visitantes extraterrestres. Aunque, ciertamente, podría argüirse en contra de esa verificación que las cicatrices de presencias de ese tipo no habrían durado tanto tiempo, por lo que, precisamente, tales indicios son imposibles o muy difíciles de detectar.

Cosa bien distinta sería que se descubriera, por ejemplo, un cráter triangular enterrado, con fuertes indicios de ser obra no de la naturaleza, sino artificial, eventualidad hasta ahora no acontecida, pues los geólogos tienen registros de miles de cráteres, y todos son más o menos redondos, esto es, de la forma natural que generan los impactos de asteroides o aerolitos, o las propias erupciones volcánicas; o que se encontrara una piedra ortogonal negra de un materia no común en la Tierra, como *sucede* al comienzo del filme *2001, una odisea del espacio,* de Ku-

163 Teresa Guerrero, «La muerte de Rosetta», *El Mundo*, 1.X.2016.

164 Gonzalo López Sánchez, «Adiós a Rosseta, la exploradora de los orígenes del sistema solar», *ABC*, 26.IX.2016.

brick y Clarke. Pero nada de eso ha aparecido por estos pagos... al menos hasta ahora.

El doctor Stephen Webb, del Wabash College, ha confeccionado una lista de no menos de cincuenta explicaciones de la *llamativa ausencia* de extraterrestres en nuestro entorno, asumiendo dos hipótesis: nos miran pero no establecen contacto (hipótesis cero); o los alienígenas están demasiado entretenidos explorando otros universos como para molestarse con nosotros (hipótesis universos paralelos). Cada uno, dice Webb, que elija su opinión[165].

Y si «no hay alienígenas *en la costa*», por lo menos podría haber máquinas construidas por ellos. Un tema al que se ha referido Frank Tipler, quien ha defendido enérgicamente la tesis de que la ausencia de máquinas de Von Neumann en el sistema solar viene a demostrar que estamos solos en el universo. Porque solo harían falta 300 millones de años para llenar la galaxia con esos dispositivos, así que desde el *Big Bang* ha habido tiempo más que de sobra para que se produjera una invasión galáctica de esa clase[166].

6. Exoplanetas a la vista

El hecho es que hasta hace bien poco solo se conocían nueve planetas (ocho, tras el cambio de clasificación de Plutón) en todo el universo; a pesar de que había tantísimos millones de estrellas como el Sol y tantísimos millones de galaxias como la Vía Láctea.

Inevitablemente tenía que haber más planetas que los del sistema solar, pero todo eran especulaciones hasta hace muy pocos años, cuando dos astrónomos europeos, Michael Mayor (Observatorio de Ginebra, Suiza) y el entonces estudiante Didier Queloz, descubrieron en 1995 el primer exoplaneta, en órbita alrededor de una estrella, a una distancia de 42 años luz de nuestro sistema solar. Dos meses después, el estadounidense Geoff Marcy anun-

[165] Stephen Webb se graduó de Wabash College en 1983, obtuvo su doctorado en la Universidad de Chicago, y ha trabajado en Wabash College como profesor de religión y filosofía desde 1988.

[166] Frank Tipler es un escritor y profesor de física matemática estadounidense de la Tulane University en Nueva Orleans, Luisiana, y autor del libro *Física de la inmortalidad: la cosmología moderna y su relación con Dios y la resurrección de los muertos*, versión española en Alianza Editorial, Madrid, 2005.

ció otros dos exoplanetas. Desde entonces, la lista no hace más que crecer, hasta los más de 1.000 a día de hoy[167].

El primer hallazgo de Michel Mayor y Didier Queloz, el exoplaneta Pegasus 51b, orbita alrededor de un conjunto binario, esto es, de dos estrellas, un hallazgo que revolucionó la idea que se tenía del cosmos, conduciendo a la expectativa de que sería posible descubrir vida dentro o más allá de la Vía Láctea; de manera diferente que con el Proyecto SETI, posible revolución que la Fundación BBVA valoró en el más alto grado, al otorgar a los dos científicos helvéticos citados su galardón 2010 de Fronteras del Conocimiento en Ciencias Básicas[168].

Desde que Mayor y Queloz divisaron Pegasus 51b, la lista de mundos conocidos (más o menos análogos al nuestro) fuera del sistema solar ha ido ampliándose, hasta reunirse unos 2.000 planetas (2015) de muy diversas características[169]. Se trata de muestras obtenidas a lo largo de lo que es una tarea muy difícil, pues es como buscar una aguja en un pajar. Y es que, según explica Zachory Berta-Thompson, investigador del Instituto de Tecnología de Massachusetts (MIT), hay miles de millones de planetas en nuestra galaxia: «basándonos en lo que sabemos, la mayor parte de las estrellas tienen al menos un planeta».

En mayo de 2016, la NASA informó a los medios de comunicación del descubrimiento, hasta ese momento, de 1.284 nuevos planetas fuera del sistema solar merced a los equipos del telescopio espacial Kepler, duplicando así el número de exoplanetas hallados hasta el momento[170]. Quinientos de esos planetas podrían ser similares a la Tierra (relativamente pequeños y rocosos) y en nueve casos incluso se darían las condiciones necesarias para albergar vida, al encontrarse a la distancia «justa» de su particular estrella, y al haber agua en su superficie: los dos requisitos indispensables para poder acoger alguna forma de ser vivo. Con la incorporación de estos nueve, ya fueron 21 los exoplanetas que reunían tales características. Y ahí va la pregunta: si con tantas similitudes no se revela que haya vida, ¿no tenemos ya una muestra

---

[167] «500 nuevos mundos», *El País*, 30.VI.2011.

[168] Belén V. Conquero, «No podremos vivir fuera de la Tierra», *La Razón*, 25.I.2012.

[169] Teresa Guerrero, «Una tierra "infernal" en nuestro vecindario Galáctico», *El Mundo*, 12.XI.2015.

[170] «La NASA descubre 1.284 nuevos planetas», *El Mundo*, 11.V.2016.

de que estamos solos? ¿O sucede que la muestra es demasiado pequeña, incluso en términos bayesianos (teoría de las muestras pequeñas)?

¿Y cuántos cree que podrían parecerse a la Tierra?, se le preguntó al citado Berta-Thompson: «Según un estudio de mi colega Courtney Dressing [de la Universidad de Harvard] -esa fue la respuesta-, alrededor del 16 por 100 de las estrellas pequeñas tienen planetas similares a la Tierra, en tamaño y temperatura. Eso significa que solo en nuestra galaxia hay miles de millones de planetas como el nuestro».

En medio de la inmensidad del espacio, la Tierra es una burbuja capaz de proteger la vida frente a las duras condiciones del exterior. Esto ocurre, en gran parte, porque el campo magnético terrestre se comporta como un escudo que bloquea la radiación solar más nociva para los seres vivos. Y, por otra parte, la atmósfera hace que una parte importante del calor procedente del Sol *rebote* al espacio[171]. Y cuando se desciende al nivel microscópico en medio de este delicado equilibrio, el agua líquida es la que permite que las moléculas que componen la vida se organicen en células, y estas a su vez en complejos organismos que pueden alcanzar la altura de edificios.

Por todo ello, cuando se conversa tanto sobre exoplanetas, cabe subrayar que, hasta ahora, el ser humano no ha descubierto ningún lugar que reúna las características tan peculiares del entorno de la Tierra, en cuanto a capacidad de cobijar formas de vida. Pero, dado que se estima que la Vía Láctea puede estar *habitada* por 100.000 millones de estrellas y por un número aproximado de 40.000 millones de planetas, los científicos decidieron que merecía la pena buscar cuerpos similares a la Tierra más allá del sistema solar, y que son precisamente los que reciben el nombre de exoplanetas. Pero la búsqueda no ha dado ningún espécimen análogo a la Tierra.

¿Y qué piensa la Iglesia católica sobre la posibilidad de otras civilizaciones extraterrestres? En ese sentido, José Gabriel Funes, S.J., director de la *Specole Vaticana*, hace un resumen de la cuestión:

[171] Gonzalo López Sánchez, «Los "primos" lejanos de la Tierra», *ABC*, 25.VII.2015.

Nicolás de Cusa (1401-1464)[172] sostuvo la idea de otros mundos habitados, especulando sobre la naturaleza de los extraterrestres. Giordano Bruno adoptó el heliocentrismo de Nicolás Copérnico, transformándolo en una visión del universo infinito y eterno con estrellas, como el sol, con mundos circundantes y habitados. Bruno criticó a Copérnico porque se había detenido en la matemática, sin afrontar los problemas filosóficos de la nueva visión del mundo. Así, para Bruno, la Tierra es un planeta semejante a otros que pueden definirse como «otras Tierras». Menos conocido es el caso del astrónomo jesuita Angelo Secchi, uno de los fundadores de la astrofísica moderna, director del Observatorio del Colegio Romano, quien en el siglo XIX, se manifestó absolutamente convencido de la existencia de otros mundos habitados[173].

7. El principio antrópico

El tema de si estamos solos en el universo, o *acompañados* -sea por inteligencias superiores o no-, se relaciona con las condiciones en que la vida ha sido posible en el planeta Tierra, lo que da lugar a reflexiones que nos hacen ver hasta qué punto los terrícolas somos verdaderos privilegiados.

El antroprocentrismo en Protágoras

En la dirección apuntada, cabe recordar el lejano aserto de *Aner panton metron*[174] máxima del filósofo heleno Protágoras (480-410 a.C.), expresiva de que *el hombre es la medida de todas las cosas*; resumen de una idea que en principio cabría exponer así: los seres humanos somos dueños y señores de todo lo que existe en el mundo en que vivimos. Con este planteamiento ya cabe no estar plenamente de acuerdo, pues la acción del hombre ha de tener

[172] Un gran especialista en Nicolás de Cusa, *el Cusano*, en España, es Mariano Álvarez Gómez, colega del autor en la Real Academia de Ciencias Morales y Políticas.

[173] José Gabriel Funes, «¿Solo nosotros en el universo?», *L'osservatore Romano / El Mundo*, 31.VII.2015.

[174] La frase proviene de un libro de Protágoras, *La verdad*, desaparecido; citado posteriormente por Platón en varios de sus *Diálogos*. Para Protágoras y los demás presocráticos, y también sobre el *homo mensura* en detalle, José Ferrater Mora, *Diccionario de Filosofía* (4 vols.), Alianza Editorial, Madrid, 1ª edición, 1979.

limitaciones, para no deteriorar la biosfera de forma irreversible. Por ello mismo, cabe decir hoy que el «hombre es el *observador* de todas las cosas»; pero no la medida de ellas, ni su dueño *pantocrático*, todopoderoso. E incluso, en una óptica a más largo plazo, cabría decir que debemos ser los *preservadores* de la naturaleza del planeta Tierra.

Análogamente a Protágoras, José Ortega y Gasset definió la *técnica* como «el dominio de la naturaleza por el hombre». Una visión hoy totalmente revisable, en función de las teorías de la sostenibilidad, que exige la necesaria conciliación de actividad humana y preservación del medio.

En cualquier caso, habría que reflexionar más sobre la cita de Protágoras, porque como dice Sánchez Meca, «el hombre griego se concebía a sí mismo como parte de la naturaleza, inserto en el orden natural, como un ser más de ella. De manera que fue la revisión judeocristiana la que planteó que los humanos somos mucho más que seres naturales, y que en lugar de estar subordinados a la naturaleza, es la naturaleza la que fue hecha por Dios para ponerla a nuestro servicio, dominarla y así alcanzar la perfección»[175]. Se preconizó así, sin saberse, el *principio antrópico* de que el universo es una creación cuya última meta es precisamente el linaje humano y todo lo que de él pueda producirse en el futuro.

De Wallace a Wheeler y Rees

El principio antrópico lo apoyan hoy no pocos físicos, que llevan décadas perplejos por la inverosímil precisión con que parecen ajustadas ciertas constantes fundamentales del cosmos. Por ejemplo, bastaría con aumentar un 0,2 por 100 la masa del protón, para que fuera imposible construir un solo átomo; y sin átomos no habría ni estrellas, ni planetas ni, por tanto, seres vivos.

De modo similar, si la fuerza que mantiene unido el núcleo de los átomos (la atracción nuclear *fuerte*) tuviera una intensidad ligeramente distinta, las estrellas no habrían podido generar el car-

[175] Debo a mi hija Laura Tamames Prieto-Castro el matiz que se refleja en el párrafo entrecomillado, que procede de la *Teoría del Conocimiento* de Diego Sánchez Meca, Dykinson, Madrid, 2001.

bono en que se fundamenta toda la materia orgánica[176]. Otras constantes físicas también parecen haber tomado los valores adecuados, dentro de márgenes muy estrechos, *para así hacer posible* la evolución de la vida; entre estas están la duración media del neutrón, la masa del electrón, la magnitud de la gravedad y otras constantes.

Protágoras: «El hombre es la medida de todas las cosas», una visión hoy objeto de general controversia.

En realidad, el primer científico en recurrir al argumento que entraña el principio *antrópico* no fue un físico, ni un filósofo, sino Alfred Russell Wallace, el padre de la teoría de la evolución con Darwin, quien en 1904 escribió: «Es posible que un universo, tan enorme y complejo como el que vemos a nuestro alrededor, sea un requerimiento absoluto para producir un mundo adaptado en todo detalle; de modo que la vida se desarrolle ordenadamente para culminar en el hombre»[177].

Izquierda: J.A. Wheeler: ¿se hizo el universo para el hombre? Sí, hay un principio antrópico. **Derecha:** Bill Bryson: una explicación de los parámetros que hacen de la Tierra un caso único para la vida en el universo.

[176] Javier Sampedro, «Hay otros mundos posibles», *El País*, 17.I.2010.

[177] Alfred Russell Wallace, *Man's place in the Universe. A study of the results of scientific research*, BiblioLife, 2008.

Más modernamente, el principio antrópico fue planteado por el astrofísico Robert Dicke en 1961[178], y más tarde desarrollado por el físico Brandon Carter[179]. Esta idea desde sus planteamientos iniciales ha sido fuente de polémica, al convertirse -sin haber sido ellos los promotores de la idea- en uno de los pilares de los *teocons*[180] para defender la creación como un acto de Dios.

Pero el máximo impulsor del principio antrópico, y la propia acuñación de tal principio, se debe a John Archibald Wheeler (1911-2008, físico teórico estadounidense y uno de los pioneros de la fisión nuclear, quien, además, fue prolífico creador de palabras y expresiones como *agujero de gusano* (para nombrar las formaciones hipotetizadas en 1916 por Ludwig Flamm), *agujero negro* (planteadas por primera vez por Karl Schwarzschild, también en 1916), *agujero blanco, geón, espuma cuántica*, o *geometrodinámica*, esta última para describir el doble efecto de la materia sobre la geometría del espacio-tiempo y de la geometría del espacio-tiempo sobre cómo se mueve la materia según la teoría de la relatividad general[181]. Más concretamente, Wheeler[182] planteó el principio antrópico en el prefacio del libro *El principio cosmológico antrópico*[183], de John D. Barrow y Frank J. Tipler, donde escribió:

> No es únicamente que el hombre esté adaptado al universo. El universo está adaptado al hombre. ¿Cabe imaginar un universo en el cual una u otra de las constantes físicas fundamentales se

[178] Robert Henry Dicke (1916-1997), físico experimental estadounidense, hizo importantes contribuciones en astrofísica, física atómica, cosmología y gravitación, y durante la Segunda Guerra Mundial trabajó en el laboratorio de radiación, donde se implicó en el desarrollo del radar.

[179] Brandon Carter (nacido en 1942), físico teórico australiano, es conocido por sus aportes al estudio de los agujeros negros en el Campus de Meudon, del Laboratoire Universe et Théories, que forma parte del CNRS (el CSIC francés).

[180] El movimiento *teocon* o teoconservador (del inglés: *theoconservatism)* es una filosofía política cuyo argumento fundamental estriba en que la religión debe tener un papel importante en la formación e instrumentación de las políticas públicas. En general, con *teocon* se hace referencia a gente que cree no solo que la Ley de Dios debería desempeñar un papel mayor en la vida pública, sino que también se debería obligar a cumplirla en muchos aspectos sociales. Jorge Blaschke, *Los gatos sueñan con física cuántica...*, ob. cit.

[181] Véase *Gravitation*, de C.W. Misner, K.S. Thorne, J.A. Wheeler, publicado por W.H. Freeman and Company, 1973. Información facilitada por Massimo Galimberti en su comunicación al autor en correo electrónico de 16.X.2011.

[182] *Un viaje por la gravedad y el espacio-tiempo*, Alianza Editorial, Madrid, 1994.

[183] John D. Barrow y Frank J. Tipler, *The Anthropic Cosmological Principle*, Oxford University Press, 1988.

alterasen en un pequeño porcentaje en uno u otro sentido? En tal universo, el hombre nunca hubiera existido. Este es el punto central del principio antrópico; en el centro de toda la maquinaria y diseño del mundo, subyace un factor dador-de-vida».

Para finalizar la referencia a lo antrópico, recordaremos que Martin Rees -presidente de la Royal Society de Londres en 2017-, es autor de un libro titulado *Justo, seis números,* texto en el que el reputado «Astrónomo Real» -ese es uno de sus puestos oficiales- explica la existencia del cosmos y de nuestro planeta a partir de seis fuerzas: la relación electricidad-gravedad, la que cohesiona el átomo, la referente a la que da consistencia a las galaxias, la antigrativatoria, la que hace viable un espacio sideral no tan violento, y la proveedora de verdadera vida al planeta[184].

Es a partir de la acción conjunta de esas seis fuerzas como Rees supone que el universo cabe considerarlo antrópico. Es decir, que todo se ha dispuesto con suma racionalidad -el quién es el misterio-, para que al final de una serie de procesos evolutivos vivamos aquí y ahora la especie humana, observadora de todo el cosmos.

Con esos fundamentos en su haber, Rees menciona a E.O. Wilson, el célebre sociobiólogo, quien se atrevió a decir algo en lo que Rees también parece creer: «En lo relativo a religión, tiendo a ser deísta, y creo que la prueba de mi creencia se basa en la astrofísica, en un Dios cosmológico que creó el universo, algo que podrá demostrarse de manera todavía no imaginada».

Al final, Rees refuerza su posición y lo hace evocando a su maestro, John Polkinghorne, «eminente científico-teólogo», con estas palabras: «El universo no es solo un viejo mundo, sino que es algo especialmente equilibrado y ajustado, con mucha finura, por el Creador, tras decidir que así fuera».

Las singularidades de Barrow, Tipler y Bryson

Adicionalmente a lo ya visto sobre el principio antrópico, un testimonio especialmente lúcido es el que ve la Tierra desde la percepción de que ha sido literalmente *elegida* (cómo y por quién es

---

184 Ramón Tamames, «¿Por qué y para qué el planeta?», *A tu salud. Verde, La Razón*, 30.IV.2017.

cuestión más que ardua) entre billones de probabilidades astronómicas, para la función de generar, evolutivamente, millones de organismos y, a la postre, la especie humana. En esa dirección, Barrow y Tipler hicieron una serie de apreciaciones en su libro ya citado, prologado por Wheeler, que después Bill Bryson popularizó con gran éxito en buena cantidad de idiomas: *Una breve historia de casi todo*[185], donde supo sintetizar las cinco características principales de la singularidad del mundo en que vivimos y por qué en él resulta posible una vida tan diversificada:

- *Un excelente emplazamiento*, a la distancia más adecuada de la estrella mejor conocida, el Sol. Lo suficientemente grande para irradiar gran cantidad de energía, pero no tanto como para consumirla con toda rapidez. O dicho de otra forma, si el astro-rey hubiese sido diez veces mayor, toda su capacidad se habría agotado al cabo de diez millones de años, en vez de los 10.000 millones que se le prevén de vida (de los que ya han transcurrido 4.500 millones). Como también somos afortunados por orbitar como lo hacemos, pues de evolucionar más cerca del Sol, todo se habría evaporado en la Tierra, y si nos hubiésemos alejado un poco más, todo se habría congelado.
- *La configuración del interior de la Tierra es la más adecuada, con dos núcleos concéntricos* (*Nife* de níquel y hierro, y *Sial* de sílice y aluminio), en estado magmático, sin los cuales tampoco estaríamos *hic et nunc*[186]. Porque ese animado interior terráqueo ha sido y es la causa de las emanaciones de gas que en un tiempo contribuyeron a formar la primera atmósfera terrenal; como igualmente proporcionan actualmente el campo magnético que nos protege de la radiación cósmica. Sin olvidar que ese mismo núcleo interno es el que rige la tectónica de placas, que renueva y agita sin cesar la

[185] Publicado en 2003. Versión española de RBA bolsillo, Barcelona, 2005.

[186] Precisamente el propósito científico de la misión espacial Swarm, de la ESA, se ha definido como un *viaje al centro de la Tierra*, recordando así la novela de Julio Verne, lo cual no significa que se vaya a llegar a tales profundidades, sino que, más bien al contrario, va a investigarse desde el espacio, poniendo en órbita una flotilla de satélites que captarán con gran detalle el campo magnético terrestre; de modo que podrá leerse qué está sucediendo dentro del planeta. Los tres satélites de la flotilla Swarm, de la Agencia Europea del Espacio (ESA), se lanzaron en julio de 2012. Para más detalles, Alicia Rivera «Una flotilla de satélites para ver cómo es la Tierra por dentro», *El País*, 22.II.2012.

superficie terrestre, dándole su relieve. De otra manera, el planeta estaría cubierto por completo de agua, y si bien podría existir vida en el océano, no se habrían producido los extraordinarios desarrollos orgánicos que hoy conocemos sobre las tierras emergidas.

- *Una hermana casi gemela, la Luna*. Un satélite que, en contra de lo que sucede con los demás del sistema solar, presenta un gran diámetro comparativo respecto de su planeta circunvalado, lo que supone un factor estabilizador de la Tierra, ya que sin *Selene*, «*Gaia* se bambolearía como una peonza, con toda clase de secuelas»[187]. En definitiva, es el influjo gravitatorio lunar lo que impulsa la Tierra a girar a la velocidad *justa* y con el ángulo *justo*[188].
- *La ilación cronológica*. El universo es un lugar asombrosamente voluble y lleno de sucesos, y la existencia del mundo que habitamos constituye todo un milagro, por la larguísima fase de evolución predarwiniana. Pues si no se hubiera producido la larga serie de acontecimientos inconcebiblemente complejos que se iniciaron hace unos 4.400 millones de años en nuestro planeta, que se han sucedido de modo concatenadamente misterioso, todo habría sido diferente.
- *Que la Tierra exista parece un milagro*; o un *enigma* como prefiere llamarlo Monod, para así evitar cualquier evocación religiosa. Y que la Tierra se haya configurado de ese modo, *por azar y necesidad*, no deja de ser una doble hipótesis, pues cuando no existía nada, tampoco había ninguna necesidad de nada. Quizá lo que funcionaba era una cierta *te-*

[187] La teoría más ampliamente aceptada sobre cómo se formó la Luna sugiere que es el resultado de una violenta colisión cósmica entre la Tierra y un objeto sideral del tamaño de Marte, que pudo ocurrir hace 4.500 millones de años, durante la juventud turbulenta del sistema solar, impacto del que surgieron varias *lunas*, una de las cuales quedó atrapada para siempre en órbita alrededor de nuestro planeta, mientras que otras acabaron por *emigrar* del sistema Tierra.

[188] Una bola del tamaño de Marte impactó con el cuerpo informe de roca que formaba el embrión de lo que luego sería la Tierra. De aquel impacto se desgajó un trozo gigantesco de materia prototerrestre que quedó atrapado en la órbita de nuestro planeta: como un hijo unido a ella para siempre por el hilo invisible de la gravedad. El movimiento de ambos cuerpos fijó el momento angular del sistema Tierra-Luna; es decir, el equilibrio de fuerzas en rotación que compensa la tendencia de los cuerpos en movimiento a escapar. La Luna es muy grande en comparación con su planeta de referencia. No hay muchos casos iguales de tamaño relativo planeta-satélite. Jorge Alcalde, «La Luna no se formó como pensábamos», *La Razón*, 1.XI.2016. Véase también Isaac Asimov, *La tragedia de la luna*, versión española en Alianza editorial, Madrid, 1994.

leonomía, por hacer uso también del término preferido por Monod frente al de *teleología*.

En definitiva, el principio antrópico es apoyado por un conjunto de argumentos de indudable fuerza, lo que, desde luego, no garantiza su validez. Pero apoya la idea de que tal vez estemos solos en el universo -o que no vayamos a poder contactar prácticamente nunca con alienígenas-, habitando un mundo concebido *ad hoc*, lo que Asimov llamó un *planeta de montaje*, y también para acabar situando a la especie humana como única entidad observadora inteligente del todo, cuya existencia sin tal observación carecería por completo de razón de ser. Que esa situación sea resultado del azar y la necesidad, o efecto de una inteligencia superior que rige tan grandes acontecimientos, es cosa diferente; en la que, por el momento, no vamos a entrar aquí y ahora. Tiempo tendremos a lo largo de lo mucho que aún queda de este libro para hablar de agujeros de gusano, o de hipótesis de doce dimensiones -una más que la del universo que conocemos- que significarían, de hecho, una velocidad superior a la de la luz, tal como se sugiere con frecuencia en la ciencia ficción.

Colofón del capítulo III: millones de años de soledad cósmica... ¿para siempre?

En cualquier caso, y por el momento, hay que ser sumamente escépticos sobre si estamos o no solos en el universo. Si alguna vez nos llegara la señal, tras la que sin resultado hasta ahora estuvo trabajando el proyecto SETI más de treinta años, sería el mayor acontecimiento en la historia de la humanidad... al detectar la lejana compañía de otros seres inteligentes. Pero eso hay que verificarlo y no caer en el gran sofisma que es en el fondo la llamada ecuación de Drake sobre potenciales miríadas de forma de vida fuera de la Tierra.

Por lo demás, las observaciones que pueden llegar por todos los programas posSETI se refieren a una serie de partes del universo que como poco estarían a cuatro años luz: el Alpha Centauri, o hasta miles de millones de años luz, lo que significaría que, si hubiera vida fuera, ya se habrían detectado civilizaciones superiores, y que lo más seguro es que no existan porque en 17.800 millones de años desde el *Big Bang*, hubo tiempo para todo.

En línea con lo planteado, igual que el proyecto SETI no aclaró nada -hasta ahora-, la exploración de los exoplanetas del Programa Kepler, ya con una muestra interesante de más de 2.000 de esos cuerpos celestes, lleva una senda de conocimiento con más expectativas que nunca. Pero lo más probable es que la pregunta de si hay alguien *ahí fuera* no se resolverá en mucho tiempo, porque las circunstancias que han hecho posible la vida en la Tierra son más que especiales, lo que aumenta la probabilidad de no encontrar algo parecido a ella: los pasajeros a bordo del Navío Espacial Tierra (NET) vamos a seguir solos nuestro viaje por el universo.

Y lo no menos importante, si algún día nos llegaran respuestas a nuestras indagaciones al universo, ¿dónde estaríamos nosotros por entonces? Otra vez podemos sentirnos abrumados, y alcanzar la conclusión práctica de que el diálogo sideral, mientras la velocidad máxima sea la de la luz de 300.000 km/segundo, no será factible. De manera que incluso aceptando la idea, sostenida por muchos, de que hay miríadas de formas de vidas en el resto del universo, resulta que en cualquier caso *estamos realmente solos*; porque ni recibimos noticias de nadie ni tenemos la esperanza de respuestas a las que nosotros podemos enviar. Esa es la clave de la paradoja de Fermi, lo más seguro es que no veremos nunca a «esos hombrecillos verdes».

En suma, a todos los efectos de la vida humana, estamos solos y será muy difícil establecer contacto en mucho tiempo y solo en circunstancias extraordinarias que no sabemos si se darán.

De ahí que el subtítulo del libro -el sentido humano de la vida en un *universo antrópico*-, tenga su enjundia; con una hipótesis, como siempre, provisional: el planeta Tierra fue establecido por alguna *decisión* cósmica, para que el propio hombre, una vez evolucionado y con grandes poderes, tuviera la oportunidad de conocer el universo; que, por lo tanto, es *objetivamente* antrópico: se creó para que, entre otras cosas, acabáramos emergiendo la especie humana, y para que tras una larga evolución esa especie fuera la observadora de la creación evolutiva y de sus posibles opciones de futuro.

Segunda parte
¿Qué somos?

Capítulo IV
Origen y permanencia de la vida

1. El estudio de la vida

En los dos primeros capítulos de este libro, hemos tratado de apreciar cómo ha ido conociéndose el origen y la composición de la materia, en su permanente relación con la energía, a lo largo del proceso de formación del universo: toda una proeza del saber humano, al ir disponiéndose de medios cada vez más potentes, con la ciencia como impulso global para relacionar al hombre con el resto de la *creación evolutiva*, pudiendo decirse que el sentido final del conocimiento humano es recapitular la obra ingente del cosmos, desde su máxima grandeza de galaxias hasta los más minúsculos seres vivientes y las partículas subatómicas. Con una especie de *alquimia estelar*, los *hornos de las estrellas* hicieron efectiva la trasmutación de elementos, desde el hidrógeno y el helio primarios, hasta llegar a todos los que figuran en la tabla periódica de Mendeléyev: 103, de los cuales, once han sido *creados* por la Ciencia.

En ese contexto, el surgimiento del carbono -en ello hay absoluta unanimidad- resultó fundamental para los desarrollos ulteriores y, sobre todo, en lo que respecta a los de carácter orgánico, sin que aún se sepa cómo se produjo tal *evento*[189]. Esto incitó al astrónomo inglés Fred Hoyle a pronunciar uno de los más famosos y controvertidos comentarios de su carrera científica: «Algún intelecto supercalculador debe haber diseñado las propiedades del átomo de carbono, ya que la posibilidad de que se creara por la sola fuerza ciega de la naturaleza es realmente minúscula...».

[189] Hoyle, «The universe: past and present reflections», *Annual Review Astronomical and Astrophysics*, 20.V.1982.

Con esa proposición, Hoyle vino a manifestarse en contra de Oparin, Haldane, Urey, Miller y otros biólogos -los padres de las modernas teorías sobre el origen de la vida desde un enfoque materialista-, que enunciaron las principales hipótesis de interrelación materia-energía en el nacimiento de la vida.

En relación con la vida, Jorge Alcalde -director de la revista *Quo* y redactor científico en *La Razón*- entiende que estamos ante un dilema de proporciones antológicas, sobre todo cuando tal vez nos hallamos más cerca de *crear* vida artificial. Por ello, habría que redefinir el concepto mismo de vida y, en ese sentido, será bueno recordar que en 1970, el astrónomo Carl Sagan recibió el encargo de escribir la entrada *vida* para la *Encyclopaedia Britannica*. Y a tal fin, realizó una exhaustiva lista de las funciones típicas de un organismo vivo, tales como comer, excretar, metabolizar los alimentos, respirar, crecer, moverse, reproducirse, morir... «Sin embargo -manifestó-, muchas de estas propiedades están presentes en máquinas, que nadie querría reconocer como seres vivos; como también algunas están ausentes de organismos que, a todas luces, son seres animados: bacterias, por ejemplo, que no respiran, sino que sobreviven mediante catalización química de procesos oxidativos».

Y aparte de esa indeterminación, está el hecho sorprendente de las semillas, que pueden permanecer latentes durante siglos y hasta milenios, sin cumplir funciones metabólicas de ningún tipo, hasta que se dan las condiciones ambientales para que despierten y se reproduzcan. En algún caso podría decirse que *las semillas no son vida*, que mueren durante su letargo, para resucitar en determinado momento; pero también esa proposición es harto discutible.

Una tras otra, todas las definiciones que Sagan fue proponiendo en su artículo sobre la vida tenían algún obstáculo para una propuesta definitiva. A pesar de ello, en la 14ª edición de la *Encyclopaedia* se incluyó su muy escueta aportación: «La vida es un sistema que produce orden desde el desorden». Una aportación que se apoyaba en el argumento de que «a pesar de la enorme cantidad de información que los científicos han proporcionado sobre el tema, es un hecho sorprendente que no haya un acuerdo general sobre qué se estudia. No hay una definición definitivamente aceptada de vida».

Esa *no definición* saganiana fue luego glosada por su hijo Dorion y su ex esposa Lynn Margulis: «La vida se autotrasciende: cualquier definición se escabulle». Y más hiperbólicamente, Edouard Machery, filósofo de la ciencia, *tiró la toalla* de manera contundente al decir en 2006: «El proyecto de definir científicamente la vida o es imposible o no lleva a ninguna parte». En definitiva, aún sigue tan vigente como siempre la pregunta de ¿qué es la vida?[190]

Izquierda: Aleksandr Ivánovich Oparin, el precursor: la tormenta y los aminoácidos ¿crean la vida? **Derecha:** J.B.S. Aldane: el caldo primordial de creación de la vida, empezando por los virus.

En cualquier caso, comenzaremos nuestro recorrido sobre el origen de la vida abordando primero la cuestión de cómo pudo organizarse sobre la base de los ácidos nucleicos; lo que en último extremo lleva a plantear la cuestión de si el hombre será capaz un día de crear nueva vida.

2. Sobre el origen materialista de la vida

El primero en buscar científicamente y de manera sistemática el origen de la vida fue Aleksandr Oparin, biólogo y bioquímico soviético (1894-1980), graduado en la Universidad de Moscú en 1917, y que abordó su trabajo en 1924, cuando ya desde mucho tiempo atrás se había rechazado la generalizada creencia de que todo surgía *por generación espontánea*.

[190] Jorge Alcalde, «Vida artificial: células en hora punta», *La Razón*, 17.VII.2013.

En su investigación, Oparin se decantó por la emergencia de moléculas de carbono en un caldo primigenio, apoyándose en sus conocimientos de astronomía, geología, biología y bioquímica, y sabiendo que en la atmósfera de Júpiter y en otros cuerpos celestes existen gases del tipo del metano, hidrógeno y amoníaco, a los cuales se agregó en la Tierra, en una fase no inicial, el oxígeno.

Todos esos elementos formaban parte de la atmósfera de nuestro planeta, junto al agua. Y esas fueron las materias de base para el posible surgimiento de la vida según el científico ruso, cuyo iter exponemos a continuación, no sin antes tratar de explicar la existencia de agua en un entorno tan ardiente como en sus orígenes era el planeta en que ahora vivimos.

Según Oparin, el agua surgió de la propia Tierra, de sus 30 km de espesor medio de corteza terrestre, constituidos por roca magmática, en la que se mantiene una intensa actividad volcánica, expulsora de vapor junto con el magma, en una actividad de miles de millones de años, que provocó una cierta saturación de humedad en la atmósfera terrestre. Sobre esta incidieron altas temperaturas, así como la radiación ultravioleta y las descargas eléctricas de las tormentas, todo lo cual pudo suscitar ulteriores reacciones químicas en los elementos anteriormente citados, de los que surgieron los aminoácidos, principales integrantes de las proteínas y de otras moléculas orgánicas.

Las temperaturas, muy elevadas en los primeros tiempos de existencia de la Tierra, fueron luego bajando, hasta permitir la condensación del vapor en agua, que arrastró consigo muchos tipos de moléculas, así como ácidos orgánicos e inorgánicos, en un ambiente en el que el agua líquida iba evaporándose, sin que en tal proceso se fueran a la atmósfera los aminoácidos recién surgidos: permanecieron sobre las rocas calientes, de modo que, por el estímulo de su calor, pudieron combinarse para generar moléculas mayores, de sustancias albuminoides, verdaderas proteínas primigenias.

Con el tiempo, mediante las lluvias que fueron produciéndose en la Tierra con su agua propia, junto con la llegada al planeta de los meteoritos y cometas que la impactaban, se configuraron los primeros océanos de la Tierra, a los cuales acabaron por verse arrastrados los aminoácidos y las proteínas que durante tanto tiempo habían permanecido sobre las rocas, acumulándose de ese modo, sucesivamente, en aguas templadas, un nuevo entorno en el que las moléculas fueron combinándose, y rompiéndose, para recombinarse. En tales circunstancias, las proteínas se multiplicaron en cantidad y se modificaron cualitativamente, y disueltas en agua, formaron coloides, cuya interacción condujo a la aparición de los que Oparin llamó *coacervados*; esto es, agregados de moléculas que se mantenían unidas por fuerzas electrostáticas. Oparin identificó tales coacervados como protobiontes: glóbulos estables propensos a la autosíntesis.

Izquierda: H.C. Urey, el maestro de Miller en el intento de reconstruir en laboratorio el nacimiento de la vida. **Derecha:** S.L. Miller, creador del océano primigenio simulador del origen de la vida.

Posteriormente, siempre según Oparin, muchas macromoléculas quedaron incluidas en los *coacervados*, en los que ya existían proteínas complejas con capacidad catalizadora (enzimas o fermentos); que a su vez facilitaban ciertas reacciones químicas, con la consiguiente aceleración del proceso de síntesis de nuevas sustancias. De forma que, cuando ya hubo moléculas de nucleoproteínas, los coacervados pasaron a envolverlas, generándose así gotículas de coacervados envolventes de las nucleoproteínas, a lo que siguió el proceso por el que las moléculas de proteínas y de los lípidos se organizaron en la periferia de cada gotícula, formando una membrana lipoproteica. Y siempre según Oparin, así surgió la existencia orgánica, aún muy rudimentaria, sin que en tal teoría quede claro cómo se produjo en un preciso momento la *chispa de la vida*, capaz de conferir la capacidad de reproducción.

En cualquier caso, aunque Oparin no dio con la clave definitiva, abrió un camino para que los químicos orgánicos construyeran ulteriormente sistemas microscópicos presuntamente precursores de células primitivas; formas de vida que, según ellos mismos, podrían desarrollarse más y más, en medio de la competencia entre organismos, aumentando de esa manera la velocidad de su crecimiento. Sobre esos seres, ya vivos, actuaría la selección natural, determinando formas de organización cada vez más complejas.

Todo lo expuesto hasta aquí resulta de indudable interés, y de alguna manera puede estar en línea con lo que realmente sucedió. Sin embargo, en las inferencias de Oparin y sus seguidores -Haldane, Miller y Urey- falta la prueba definitiva de cuándo y cómo surgió el *elán* vital para desencadenar la capacidad de reproducción.

3. Panspermia y hallazgos en la corteza terrestre

Una segunda posibilidad de la existencia de vida en la Tierra consiste en que esta llegara de fuera del planeta, lo cual implica la hipótesis, en contra de lo que hemos visto en páginas anteriores -la *no detección* de inteligencia superior fuera del planeta Tierra-, de que hay vida extraterrestre, con capacidad para grandes viajes interestelares, o bien, sistemas de vida no tan desarrollada, que fueron objeto de transporte al *planeta azul* por determinados cuerpos siderales -meteoritos, cometas- que impactaron en la Tierra.

Quien por primera vez, en los tiempos modernos, expuso la idea de la panspermia, fue el sabio sueco, premio Nobel de Química de 1903, Svante Arrhenius, que a finales del siglo XIX sugirió algo nuevo en ese momento: el principio vital no se dio en la Tierra, sino que fue inseminado desde otros mundos con el *esperma* -y de ahí el nombre de panspermia- de los microorganismos que llegaron a través del espacio exterior, seguramente a bordo de un cometa. Este tema ha suscitado la investigación sobre la posibilidad de saber qué transportan esos astros que se mueven en órbitas misteriosas dentro del sistema solar.

En la misma senda de la panspermia de Arrhenius se situaría ulteriormente Francis Crick, codescubridor con Watson de la estructura en doble hélice del ADN, y por ello, ambos, premios Nobel de Medicina en 1962. Crick, que nunca sintió mucho aprecio por las tesis materialistas de Oparin y sus continuadores, acabó por pronunciarse a favor de la idea de la panspermia: «El origen de la vida hasta el momento es casi un milagro, porque las condiciones que hubieron de satisfacerse para ponerla en marcha eran *demasiadas*»[191].

Izquierda: Svante August Arrhenius: sueco y premio Nobel de Química. El primer científico en referirse a la panspermia. **Derecha:** Isaac Asimov: la Tierra es una planta de montaje y la vida surgió con la llegada de viajeros de otros mundos lejanos.

Con tales presunciones, Crick concluyó que la solución al enigma de la vida en la Tierra era bien sencilla: llegó de fuera, idea que muchos de sus colegas consideraron descabellada y escandalosa, por contraria a la concepción de Darwin, más partidario de la hipótesis de que los primeros seres vivos, aparecieron espontáneamente «en un pequeño charco muy caliente», en lo que fue un antecedente de los ulteriores desarrollos de Oparin y sus discípulos. Por el contrario, para Crick, la vida terrestre habría sido sembrada deliberadamente por alguna raza de alienígenas mucho más avanzada que la humana, hace miles de millones de años.

A propósito de la panspermia, ha de recordarse que el 2014 fue el año de Rosetta: en enero, la sonda de ese nombre, de la Agencia Espacial Europea (ESA), salió de su estado de hibernación desde 2004, para dirigirse al cometa 67P/Churyumov-Gerasimenko, en

[191] James Watson en *El secreto de la vida,* versión española, Taurus, Madrid, 2003.

cuya órbita entró en el siguiente mes de agosto. En noviembre, el robot Philae, que la sonda llevaba a bordo, se posó sobre la superficie del cometa. Esta fue la primera ocasión en que un artefacto creado por el hombre pudo *aterrizar* sobre uno de los cuerpos rocosos más enigmáticos del universo[192]. Después de diez días viajando, el robot Philae tuiteó el 12 de noviembre de 2014: «Por fin estiro las piernas, acaban de extender mi tren de aterrizaje»[193]. Y en un estudio publicado el 10 de diciembre de 2014 en la revista *Science Express*, a partir de datos llegados precisamente de la sonda Rosetta, se descarta que el agua del cometa 67/Churyumov-Gerasimenko sea similar a la de la Tierra, lo que hace aún más improbable que ese cometa vaya a confirmar la panspermia.

Pioneramente, Isaac Asimov se incorporó a los *panspermófilos*, cuando comentó, irónicamente, que la vida en la tierra comenzó por la evolución de los microvivientes de un cubo de basura que aquí se dejaron unos astronautas, viajeros desde alguna civilización muy avanzada del exterior. Pero que al ver toda la desolación y aridez del planeta Tierra, lo abandonaron al poco tiempo de llegar.

Lo que está claro es que con la panspermia no se resuelve ninguna incógnita. Si se sostiene que la vida se originó en un espacio sideral muy distante -en la línea Arrhenius-Crick-Hoyle-Asimov-, para luego ser transportada a la Tierra por naves alienígenas, o de otro modo, lo único que se hace es posponer la última pregunta, porque tanto si la vida surgió en un pequeño charco caliente terrestre, como presumió Darwin y vinieron a asegurar después Oparin y sus continuadores, como si llegó a la Tierra de un astro muy distante, la cuestión del verdadero origen sigue sin ser resuelta, sin que sepamos tampoco si, desde el principio de todo ello, funcionó el *software* del ordenador cuántico universal a que hicimos referencia en el capítulo I de este libro.

4. El evolucionismo

Es verdad que, a diferencia de marxismo, del psicoanálisis y de otras grandes concepciones, la teoría de la evolución es la única

[192] Teresa Guerrero, «Rosetta, hallazgo del año», *El Mundo*, 19.I.2015.
[193] Jorge Alcalde, «El hombre conquista un cometa», *La Razón*, 13.XI.2014.

que ha mantenido un halo de ciencia hasta el presente, a pesar de que en el evolucionismo, al igual que en las otras grandes teorías, también se mezclan ciencia e ideología. En ese sentido, y de modo tan injustificado como acientífico, hay quienes han utilizado, e incluso manipulado la teoría como instrumento ideológico del ateísmo y el materialismo.

Tal fue, inicialmente, el caso del biólogo alemán Ernst Haeckel, quien en torno a 1870 falsificó fotografías de embriones, al objeto de *demostrar* que ciertos fetos, a lo largo de su gestación, partían de las formas más primitivas para evolucionar luego hasta las más avanzadas (lo que se conocía como *recapitulación*), poniendo así de manifiesto, a nivel embriónico, todo el proceso evolutivo de las especies.

En cualquier caso, la teoría de la evolución de Darwin, como es bien sabido, no surgió del vacío. Empezando porque el filósofo griego Empédocles (490-430 a.C.) aludió a la cuestión por primera vez, y en el siglo XVIII Félix de Azara intuyó el tema. Luego, el francés Jean B. Lamarck (1744-1829) y otros pensadores contemporáneos de Darwin también se aproximaron al tema. De modo que, en el momento en que este publicó *El origen de las especies,* la idea de la evolución estaba «en el aire», por así decirlo, y empezó a despejarse en la sesión de la Linnean Society a la que más adelante nos referimos.

Darwin no es, por tanto, el único padre de la evolución, pero sí hizo de ella la descripción y exégesis más inteligible, según el mecanismo de la *selección natural* guiada por presiones medioambientales, en asociación a lo que él denominó «variaciones espontáneas», posteriormente conceptualizado como mutaciones genéticas al azar. La teoría quedaría resumida, para consumo popular, en fórmulas muy conocidas como «la supervivencia del más dotado».

Por lo demás, esa *survival of the fittest* (la supervivencia de los más dotados) es una expresión que no fue acuñada por Darwin, sino por el filósofo Herbert Spencer, si bien el mismo Darwin la adoptó posteriormente como dudosamente sinónima de *selección natural.* La expresión de Spencer hacía referencia originalmente al mundo de lo social y económico, no de lo biológico. La traducción de esa frase en otros idiomas, por ejemplo en francés, hace referencia a la supervivencia *del más apto*, lo que no es sinónimo del *más dotado*[194].

El antecedente de Félix de Azara

Un antecedente de la teoría de la evolución lo tenemos en el español Félix de Azara, nacido en Barbuñales (Huesca) el 18 de mayo de 1746, y que se encontraba en San Sebastián (Guipúzcoa, España) en calidad de teniente coronel de Ingenieros, cuando recibió la orden de marchar a Lisboa y presentarse ante el embajador de España, para desde allí marchar a la América meridional, donde el Virrey de Buenos Aires le comunicaría su misión: levantar la carta exacta del Norte del Virreinato del Río de la Plata, a fin de establecer sus límites con el Brasil de los portugueses. Y así lo hizo, en medio de la inmensidad de tales espacios (y sobre todo el actual Paraguay), lo que le llevó al conocimiento de animales y plantas, según él mismo manifestó significativamente: «No he ceñido mis trabajos a la geografía. Encontrándome en un país enorme, que me parecía desconocido, e ignorando casi siempre lo que pasaba en Europa, desprovisto de libros y de conversaciones agradables e instructivas, no podía apenas ocuparme más que de los objetos que me presentaba la Naturaleza. Me encontré, pues, casi forzado a observarla, y veía a cada paso seres que fijaban mi atención».

Inicialmente, Azara se dirigió a Asunción, capital del actual Paraguay, a fin de realizar los preparativos necesarios y esperar al comisario portugués y recorrer con él las fronteras. Pero dada la tardanza de este, decidió emprender por su cuenta el mapa de la región, y fue a lo largo de tales viajes cuando se interesó por los animales de las zonas que visitó. Así, a pesar de saberse ignorante sobre el tema, decidió apuntar sus observaciones sobre los mamíferos y las aves que fue encontrando.

En ese contexto, Azara describió 448 especies, de las cuales la mitad eran nuevas, y a lo largo de esos estudios, se planteó la posibilidad de la evolución de las especies, preguntándose por

[194] Juan Antonio Herrero Brasas, «El evolucionismo y sus ramificaciones: ciencia, política y religión», *El Mundo*, 25.XII.2008.

Félix de Azara, el español que intuyó la evolución en el siglo XVIII, en Sudamérica.

las similitudes entre las del mismo linaje, casi cien años antes que Charles Darwin, quien conoció sus estudios citándolo en *El origen de la especies*[195], como subraya Enrique Álvarez López, catedrático del Instituto Cervantes y vocal del Consejo Nacional de Cultura, en su libro *Félix de Azara*, al manifestar que «el propio Darwin cita a Azara repetidamente en el libro *Viaje de un naturalista alrededor del Mundo*[196], al referenciar los *Viajes por la América Meridional*[197] de Azara. E incluso cuando no lo cita, el lector perspicaz que conozca la obra de Azara intuye el entorno Azara en Darwin desde que el naturalista británico pisó tierra americana durante su viaje en el *Beagle*[198].

El descubrimiento de Wallace y Darwin

El 18 de junio de 1858, Darwin tenía ya terminado un manuscrito de más o menos un cuarto de millón de palabras, el equivalente a unos 400 tupidos folios en un ordenador de hoy. Y fue precisamente ese día cuando recibió una carta del también inglés Alfred Russel Wallace, coleccionista de piezas zoológicas y botánicas, que por entonces viajaba por Sumatra, en las Indias Orientales Neerlandesas, ahora Indonesia. A su carta, Wallace acompañaba un esquema con una exposición muy similar a lo que estaba escribiendo el propio Darwin.

Aquello debió ser como si hubiera caído un rayo en el jardín de la casa de Darwin, y en medio de toda clase de dudas, y te-

[195] Santiago Grisolía, «Félix de Azara, Wallace y Darwin», *ABC*, 3.VII.2008. Fernando Torrens, «La aportación de Félix de Azara al conocimiento geográfico de América meridional en el siglo XVIII, *Revista de Geografía*, XII-XIII, 1978-1979, págs. 49-62. La ciudad de Azara en la provincia de Misiones (Argentina) fue así nombrada en memoria del gran estudioso, por sus trabajos en la región.

[196] Charles Darwin, *Viaje de un naturalista alrededor del mundo*, Akal, Madrid, 2009.

[197] Félix de Azara, *Viaje por la América Meridional*, El elefante blanco, Madrid, 1998.

[198] Mónica Fernández-Aceytuno, «Félix de Azara en el origen de las especies», *ABC*, 24.XI.2009.

miendo perder la prioridad de ser el gran enunciador del evolucionismo, consultó con su amigo el geólogo -y precursor también de ideas evolucionistas- Charles Lyell, quien ajustó una razonable solución: en la Sociedad Linneana de Londres, en su sesión del 1 de julio de 1858, se dio lectura de la síntesis de las posiciones de Wallace y Darwin, en lo que fue la primerísima expresión del tema, con lo cual, ambos quedaron como padres de la teoría, sin mayor resonancia por el momento.

Darwin se apresuró a publicar el año siguiente -el 22 de noviembre de 1859- la principal de sus obras: *Sobre el origen de las especies por selección natural*; o la preservación de las razas más favorecidas en la lucha por la vida. El libro que le daría un casi total y no poco injusto protagonismo exclusivo, por algo que Wallace y él habían descubierto por separado en el mismo momento histórico. Pues tal como mucho tiempo después expondría Fred Hoyle en sus *Matemáticas de la Evolución*[199] -un tanto despreciativamente-, Darwin lo que hizo fue exponer en 450 páginas lo que Wallace ya había explicado claramente en 12 holandesas. Incluso algunos biólogos llegaron a sostener que Darwin fue un plagiario de Wallace.

La primera edición del *Origen de las Especies*, de 1.500 ejemplares, se vendió entera en el día de su aparición, cuando Darwin estaba en un balneario en Yorkshire, tratando de reponerse de un terrible ataque de nauseas, y pensando que la publicación del libro abriría la peor parte de su vida, llegando a plantearse, incluso, que sus detractores llegarían a crucificarle vivo. «Fue como vivir en el infierno», escribió después, recordando aquellos primeros tiempos de difusión de lo que por décadas había mantenido en un arcano que solo Wallace acabó por romper.

Darwin y Wallace empezaron a contestar, pues, al menos en parte, una de las inquietudes del tríptico del gran pintor Paul Gauguin, *¿qué somos?*: una especie derivada de un proceso evolutivo. Y para sustentar la gran nueva, ambos se sirvieron de la idea tomada de Malthus, la lucha por la vida, a lo cual seguiría con la biología molecular, la idea del azar y la necesidad[200].

---

[199] Universidad de California, 2004.

[200] Ramón Tamames, «¿De dónde venimos, qué somos, a dónde vamos? Entre Gauguin y Darwin», Revista *Leer*, número especial sobre evolucionismo, Madrid, abril, 2009.

Charles Darwin y Alfred R. Wallace. Los dos grandes evolucionistas juntos: el más conocido a la izquierda, y el que primero se refirió al tema, a la derecha.

La deriva de Wallace

A diferencia de Darwin, que desde *El origen...* sugirió sistemáticamente una línea coherente de investigación sobre el evolucionismo, los escritos de Wallace versaron sobre temas muy diversos, desde los del evolucionismo hasta la justicia social, pasando por la vida en el planeta Marte; fue reconocido por los historiadores científicos como uno de los descubridores de la *biogeografía evolutiva*, la disciplina que estudia la distribución de las especies. Y en particular fue pionero de la *biogeografía de las islas*, a partir de la cual surgió la ciencia de la biología de la conservación; también fue uno de los primeros teóricos del mimetismo adaptativo, y precursor de la defensa de lo que hoy llamamos biodiversidad. En resumen, Wallace resultó una figura destacada de la transición de la historia natural antigua a la biología moderna.

La historia de Wallace fue complicada, heroica y desconcertante. Hombre arisco, independiente y de pasiones variables; inquieto, nunca satisfecho del lugar en el que vivía, fue uno de los mejores biólogos del campo del siglo XIX. Pero al tiempo, también participaba en sesiones de espiritismo, era devoto de la frenología[201] y aficionado al hipnotismo. Y lo que fue muy significativo: repudió la teoría evolucionista en lo referente al cerebro humano, sosteniendo que este no hubiera podido evolucionar tanto sin algún tipo de intervención divina. Anecdóticamente se opuso a la vacuna de la viruela y se declaró partidario de la nacionalización de las grandes fincas privadas.

La cuestión a la que ningún estudioso ha dado una respuesta convincente es: ¿cómo reconciliar en una sola personalidad, la de un empírico consumado y naturalista de campo, logros tan brillantes, convicciones tan radicales y fanatismos tan infundables? «Si Alfred Wallace no hubiera existido en realidad -dice David Quammen-, solo habría podido crearlo un novelista victoriano muy original»[202].

Reflexiones de Darwin

Curiosamente, y sin que lo supiera Darwin, la primera evidencia de una especie humanoide extinta se había descubierto tres años antes de la publicación de *El origen de las especies*. El 9 de septiembre de 1856, una cuadrilla de obreros que excavaba cerca de Düsseldorf extrajo de una cueva 16 huesos fosilizados. Pensaron que eran de un oso, pero tuvieron el atino de llevárselos al maestro de un pueblo cercano, por si fueran de alguna utilidad para la ciencia; Johann Carl Fuhlrott, quien percibió que los huesos «eran muy antiguos y pertenecían a un ser humano muy diferente del contemporáneo». Había descubierto al hombre de Neandertal[203].

Naturalmente, ya entrando en el fondo de la cuestión darwinista, debe recordarse que Darwin tuvo una educación anglicana, y de joven quiso ser sacerdote, aceptando sin problemas los artículos de fe del cristianismo. Y cuando en 1831 emprendió su viaje a bordo del *Beagle* llevaba una Biblia en su maleta, pues seguía siendo persona religiosa convencional, quizá ya no entusiasta tras

---

[201] «Doctrina psicológica según la cual las facultades psíquicas están localizadas en zonas precisas del cerebro y en correspondencia con relieves del cráneo. El examen de estos permitiría reconocer el carácter y aptitudes de la persona». Del *Diccionario de la Real Academia Española*, 22ª edición, 2001.

[202] D. Quammen, «El hombre que no era Darwin», *National Geografic*, marzo, 2009.

[203] Javier Sampedro, «Enredos en la familia», *Ideas. El País*, 25.IX.2016.

su retorno a Inglaterra. Luego, de padre de familia, perdió la fe, pero no por el evolucionismo, sino por la muerte de su pequeña hija Annie, que le llevó a pensar el mundo como en algo sin sentido, en el que no podía haber un Dios cómplice de aquella muerte.

Desde ese triste suceso, Darwin entró en el agnosticismo, pero sin verse nunca a sí mismo como ateo, ni antirreligioso; acompañaba a su familia a la iglesia, aunque al llegar al templo él se iba de paseo. No era en absoluto una versión del siglo XIX de Richard Dawkins[204]. Dentro del discurrir de las reflexiones en que estamos, Francis C. Collins -recordémoslo también, director del Programa Genoma Humano- insiste en que la publicación de *El origen de las especies* en 1858 engendró una controversia inmediata e intensa por razones religiosas, pues el evolucionismo entraba en contradicción con la *Biblia*. Pero la verdad es que la reacción de las autoridades religiosas no fue tan universalmente negativa como a menudo se señala en nuestro tiempo, como lo demuestra el hecho de que el importante teólogo conservador protestante Benjamin Warfield, de Princeton, aceptó bien pronto la evolución como «una teoría sobre el método seguido por la divina Providencia».

Por lo demás, lejos de ser condenado al ostracismo por la comunidad religiosa, Darwin fue enterrado, con solemnes oficios en la Abadía de Westminster, donde permanecen sus restos al día de hoy. Es decir, ni los teólogos más avanzados, ni el propio Darwin -y mucho menos Wallace- se complicaron la vida con diatribas sobre si la evolución estaba o no impulsada por fuerzas no identificables.

A lo anterior ha de agregarse que, en cierta ocasión, Darwin escribió que se sentía considerablemente inquieto por «la extrema dificultad, o más bien imposibilidad de concebir este inmenso y maravilloso universo -incluyendo al hombre con su capacidad para ver muy hacia atrás y escudriñar el futuro-, como simple resultado de la pura casualidad, o de necesidad. Cuando reflexiono así, me siento impelido a buscar una *Primera Causa* que tenga una mente inteligente, en cierto modo análoga a la del hombre. Merezco ser llamado teísta»[205]. Un teísta, aunque *hereje* en rela-

---

[204] Emili J. Blasco, «Dios creó a través de la evolución», *ABC*, 31.V.2009.

[205] B.B. Warfield, «On the Antiquity and the Unity of the Human Race», *Princeton Theological Review* 9 (1911); 1-25. Darwin, citado por Kenneth R. Miller, *Finding Darwin's God* (Nueva York: HarperCollins, 1999).

ción con la *historia oficial* de la Biblia. Y es que «toda nueva verdad nace como herejía, tanto más cuanto más nueva sea», subraya Manuel Fraijó, citando a Pierre Teilhard de Chardin[206].

El evolucionismo como forma de la creación

El físico y teólogo Karl W. Giberson, muy conocido en EE.UU. por su asidua participación en los debates televisivos sobre evolucionismo y creacionismo, es el autor del libro *Salvar a Darwin: cómo ser cristiano y creer en la evolución*[207], título que lo dice todo sobre cómo se posiciona Giberson en el debate, algo muy común en nuestro tiempo.

Como sucede con Emili J. Blasco -corresponsal de *ABC* en EE.UU.-, al manifestar que «la única manera en que podemos mantener la idea de Dios como creador en armonía con la ciencia es viendo los procesos de la naturaleza como instrumentos que Dios utiliza para crear el mundo: Dios no ha entrado en el orden natural y ha hecho un milagro aquí y otro allí, sino que fue desplegando sus propósitos a través de las reglas y modelos de la naturaleza. El evolucionismo es el modo como Dios ha creado». Y el mismo Emili J. Blasco subraya que «sabemos que somos la única especie biológica capaz de actuar anticipando las consecuencias de nuestras acciones, y de elegir en función de criterios de verdad, bien, amor y justicia. Nada hay en el darwinismo que nos demuestre la trascendencia de la vida humana, pero tampoco hay nada que la niegue. Revirtiendo visiones opuestas, Francisco J. Ayala llegó a señalar que la teoría de la evolución puede también verse como el regalo de Darwin a la religión»[208].

Por lo demás, observando globalmente la *película* de la evolución, se percibe con nitidez una flecha característica en el proceso a lo largo del tiempo: los seres vivos, en su inmensa mayoría, han ido de una estructura simple a otra más compleja y, paralelamente, han aumentado su psiquismo y su autonomía. Los documentos paleontológicos bastan para descubrir las corrientes de

---

[206] Juan G. Bedoya, «Creo en Dios, pero no en la Iglesia», *El País*, 28.I.2011.

[207] Karl W. Giberson, *Saving Darwin: How to be a Christian and Believe in Evolution*, HarperOne, Nueva York, 2008.

[208] César Nombela, «Darwin y la vida humana», *ABC*, 12.II.2009.

complejidad creciente de las estructuras y de las funciones de los organismos[209]. En esa dirección, hasta la década de 1970, los investigadores se inclinaban por la concepción -expuesta de la forma más expresiva por Jacques Monod- de que la evolución se debe principalmente a factores casuales. Pero, en el decenio de 1980, muchos científicos fueron convenciéndose de que la evolución no es un accidente, sino que ocurre cumpliéndose ciertas condiciones, que abundan en la idea de que pueda haber un principio teleológico -o teleonómico si se prefiere- de perfección ascendente hasta llegar al *Homo sapiens*.

Crítica probabilística

A pesar de la indudable fuerza del darwinismo actualizado, el neodarwinismo, lo cierto es que teóricos muy destacados cuestionan las presuntas variaciones genéticas aleatorias de la *selección natural*, en cuanto a la explicación cabal de la evolución de los seres vivos, y debe recordarse al respecto -para que las aseveraciones subsiguientes no resulten tan contundentes-, que ya el propio Darwin se negó a aceptar que la selección fuera, por sí sola, suficiente para explicar cómo se genera la gran diversidad del mundo viviente, en el que se integran millones de especies.

Dentro de esa controversia, una fuerte oposición al neodarwinismo es la que plantea el biólogo Robert Shapiro (1938-), profesor de bioquímica en la New York University, para quien los cálculos de probabilidad excluyen la posibilidad de explicar determinadas fases de evolución por selección natural, ya que para llegar a la situación actual, el número de sucesos que se produjeron al azar durante mil millones de años tendría que haber alcanzado la inverosímil cifra de $2{,}5 \times 10^9$: toda una serie de alteraciones imposibles -dice Shapiro-, pues ni siquiera bastaría en el lapso de 3.800 millones de años que generalmente se da como momento en que aparecieron las primeras muestras de vida en la Tierra[210].

---

[209] José Díez Faixat, «Beyond Darwin. El ritmo oculto de la evolución». http://byebyedarwin.blogspot.com.es/.

[210] R. Shapiro, *Origins, a Skeptic's Guide to the Creation of Life on Earth*, Simon & Schuster, Nueva York, 1986.

También según Shapiro, surge la antiprobabilidad de que se forme una sola proteína en el tiempo teóricamente preciso para ello: 10 elevado a 220, cuando el universo tiene una edad mucho más limitada, de 13 elevado a casi 10 (13.800 millones de años), a pesar de lo cual existen en la naturaleza miles de proteínas. «Por ello, la explicación de lo evolutivo -es la conclusión- tendrá que hacerse a partir de la física moderna, seguramente a través del modelo estándar (recuérdese lo visto al respecto en el capítulo I de este libro) de diez dimensiones de espacio y una de tiempo; del tiempo que fluye en las dos direcciones, con el futuro incidiendo en el pasado a base de partículas u ondas más rápidas que la velocidad de la luz»[211].

En la misma dirección, el astrofísico Arne Wyller (1927-2001) dedujo, mediante un cálculo muy precautorio, que para crear los mil millones de especies multicelulares que probablemente hayan existido hasta ahora en el planeta azul, habrían sido necesarios muchos más sucesos fortuitos que los calculados por Shapiro; dando por imposible que esas potenciales alteraciones al azar puedan haberse producido *en un tiempo tan comprimido*. En resumen, podría decirse que las anteriores críticas a los postulados del neodarwinismo -que muchos consideran como un dogma inatacable- ponen en duda su plena consistencia en cuanto a la selección natural como única fuerza impulsora.

A propósito de lo anterior, y siguiendo en esto algunas ideas de Juan Antonio Herrero Brasas[212] -con quien el autor ha discutido en varias ocasiones el tema-, hay que volver al darwinismo para criticar su idea de que la supervivencia del más fuerte es la fuerza exclusiva de la teoría de la evolución. Pues en tanto que si algunas o muchas mutaciones genéticas al azar generan cambios positivos (que favorecen una mejor adaptación al medio y proporcionan ventajas de carácter reproductivo), otras resultan de efectos nulos, y las más de carácter negativo.

De manera que solo las mutaciones favorables ocurridas al azar son las que habrían ido acumulándose, hasta generar el estado

[211] Argumentación facilitada al autor por Jaime González-Torres, de su correo electrónico de 29.X.2012.

[212] Juan A. Herrero Brasas, profesor de Ética en la Universidad de California, es el autor del artículo «El evolucionismo y sus ramificaciones: ciencia y religión», *El Mundo*, 26.XII.2008.

actual de las especies en la naturaleza, planteamiento que es defendido por ciertos teóricos del evolucionismo, y muy particularmente por Stanley Eddington, quien en 1929, con gran entusiasmo, afirmó que el tiempo y el azar lo pueden todo, de manera que, dado un lapso suficiente, un batallón de chimpancés tecleando al azar sus máquinas de escribir habrían acabado escribiendo todas las obras que hay en el Museo Británico. Pero en contra de ese *evolucionismo inevitable*, actualmente, la *probabilística*, valiéndose de los últimos avances de la informática, ha demostrado la imposibilidad de la predicción de Eddington.

Robert Shapiro. La probabilística versus el neodarwinismo.

La flecha del tiempo

Pero las críticas al neodarwinismo no se agotan en la probabilística. Hay otras muchas, empezando por recordarse que el mismo Darwin fue consciente de que uno de los defectos de su teoría consistía en que de ella no se desprendía el propósito último de la evolución; esto es, no se detectaba si había o no una finalidad de la sucesión de especies. En ese sentido, Amit Goswami -profesor Emérito de Ciencia Teórica de la Universidad de Oregón- suscitó la cuestión de la *flecha del tiempo*; esto es, que los fósiles antiguos muestran criaturas más simples, para ir surgiendo después, las más modernas, cada vez más complejas, lo que de por sí, ya da un sentido a la evolución, que seguiría una especie de *camino de perfección*.

Por su parte, Paul Davies -recordémoslo, director del Programa SETI por algún tiempo- asevera también que el darwinismo, en sus diversas ramificaciones, no es una teoría evolutiva correcta, al no explicar la flecha biológica del tiempo. Sus únicos impulsos son el azar y la necesidad, sin que la complejidad creciente tenga especial significado dentro del esquema darwinista o incluso neodarwinista.

Para superar esa deficiencia, el físico ruso Ilya Prigogine (1917-2003) trató de desarrollar una teoría de la evolución que incluyera la señalada tendencia a la complejidad creciente en los sistemas biológicos, en la idea de que con el paso del tiempo, todo se hace más complejo en su autoorganización, y se generan nuevas posibilidades de perfeccionamiento. Y aunque Prigogine recibió el Premio Nobel de Química en 1977 por lo mucho que en principio prometía esa previsión, lo cierto es que sus premoniciones no se confirmaron, y el problema sigue estando ahí[213].

5. Sobre diseño inteligente: Wyller, Goswami y Behe

Si la vida no es una equivocación, habrá alguna forma de explicarla, y eso es precisamente lo que se plantea desde una interpretación no materialista de la vida, por parte de una serie de autores que han criticado a fondo las ideas del neodarwinismo, entre quienes veremos a Willer y Goswami, así como a Behe y Collins.

Empezaremos por Arne Wyller -ya citado con ocasión de la crítica del enfoque de la probabilística-, con su libro *The Creating Consciousness*[214], donde llega a considerar que para superarse la barrera del tiempo como efecto limitativo de la selección natural, tuvo que haber más fuerzas actuantes que las mutaciones al azar. A propósito de lo cual, Wyller recurrió a lo que él conceptuó como Mind Field (*campo mental*, en traducción literal), a modo de factor indispensable para acelerar los cambios, en la idea final de que ese *campo mental* no puede ser otra cosa que Dios, con la muy interesante conclusión metodológica de que «la ciencia ofrece una senda más segura que la religión en la búsqueda de Dios»[215], proposición digna de ser meditada, en contraposición al pensamiento general de que solo la fe puede llevar a creer en el Altísimo. Esta es una proposición que crece con fuerza en el mundo de los

[213] Hay combinaciones que, aunque ocurran al azar, generan situaciones que condicionan las siguientes, de manera que marcan una determinada dirección en el tiempo, dejando cada vez menos y menos pasos imprevisibles a la evolución. Una posibilidad, que viene muy bien, digamos, para entender la complejidad del universo y no la menos compleja diversidad de la vida.

[214] Divina, 1999.

[215] http://www.weeklywire/ww/ 11-15-99.

estudiosos y los adictos a la ciencia, que en gran número vuelven a creer; como es, señaladamente, el caso de Francis S. Collins.

En tendencia análoga a la de Wyller y Collins, se mueve Amit Goswami, quien subraya que el actual paradigma biológico -que él califica de *antiguo*- se basa en dos principios organizativos. Uno es el principio de la *causalidad ascendente*, que se expresa como *determinismo genético:* los genes condicionan por entero toda for ma y función biológica. En tanto que el segundo principio viene dado por el *azar y la necesidad*, de origen muy antiguo, renovado por las ideas de Charles Darwin y Russell Wallace desde 1858.

Otra línea crítica del neodarwinismo es la hecha por Michael J. Behe (Pensilvania, 1952) profesor de Bioquímica en la Lehigh University de Pensilvania, y Senior Fellow del Center for Science and Culture, del Discovery Institute. Y, concretamente, lo que Behe plantea es que algunas estructuras bioquímicas son demasiado complejas como para explicarse por meros mecanismos evolutivos. Se trata de una *complejidad irreductible* (*irreducible complexity*), que impide aceptar la explicación de ciertos fenómenos a través del simple evolucionismo gradualista: «En un sistema individual compuesto de varias partes coordinadas que interaccionan a efectos de desempeñar una función, si se elimina cualquiera de esas partes, el sistema dejaría de funcionar por completo»[216].

El postulado de Behe encontró fuerte oposición en una buena parte de la comunidad científica internacional, y precisamente para *curarse en salud*, el propio Departamento de Ciencias Biológicas de su lugar de trabajo, la Lehigh University, hizo pública una evasiva declaración: «Nuestra actitud colectiva es que el diseño inteligente [para nada mencionaron la *complejidad irreductible*] no tiene base científica; no ha sido experimentalmente comprobado, y no debe ser tenida en cuenta».

Frente a las ideas de Behe, los ya aludidos intentos de refutación casi siempre se apoyaron en el *principio de la autorictas darwiniana*, para manifestar a la postre que Behe, siendo un tanto perezoso, no había dado al evolucionismo tiempo suficiente como para resolver los temas que él mismo se planteaba. Así las cosas, Jerry Coyne[217],

---

[216] Michael Behe, *Darwin's Black Box: The Biochemical Challenge to Evolution* (La caja negra de Darwin: El reto de la bioquímica a la evolución), *Andrés Bello*, Barcelona, 2000.

[217] En la revista *Nature*, 19 de septiembre de 1996.

casi anatematizó al profesor de la Lehig University: «No hay duda de que los caminos descritos por Behe son sobrecogedoramente complejos, y su evolución será difícil de desentrañar. Pero esa es precisamente la cuestión: no se trata de un solo hombre como él; toda la comunidad bioquímica no ha logrado dilucidar el camino específico que conduce a explicar cualquier sistema bioquímico complejo», dando a entender que esa explicación sin duda llegará con el tiempo, en algún momento concreto, por el avance de investigaciones científicas *ad hoc*.

Como sostiene Francis S. Collins, las objeciones que el movimiento DI opone al darwinismo en ocasiones parecen convincentes, y por ello mismo, no es de sorprender que los legos que buscan el primordial papel de Dios en el proceso evolutivo hayan abrazado sus argumentos con entusiasmo. Pero la lógica nos hace comprender -sostiene Collins- que de ser consistentes tales teorías, habrían sido muchos más los biólogos que se habrían *apuntado* a ellas, y virtualmente todos ellos se habrían hecho creyentes. Sin embargo, tal cosa no ha sucedido, y el DI continúa teniendo poca credibilidad dentro de la comunidad científica.

Por lo demás, Francis Collins no es un caso de aversión a lo religioso, pues como ex director del Proyecto Genoma como comenta él mismo, aunque siempre había pensado en la fe como indicios puramente emocionales e irracionales, «un día quedé realmente asombrado al descubrir -a través de los escritos del erudito de Oxford C.S. Lewis[218] y, posteriormente, por otras fuentes- que la existencia de Dios es perfectamente explicable con bases racionales. Mi anterior afirmación atea de *sé que Dios no existe* pasó a parecerme poco defendible. Y es que tal como dice el escritor británico G.K. Chesterton: el ateísmo es el más audaz de todos los dogmas, porque es la negociación gratuita de una afirmación universal»[219].

Finalmente, un argumento verdaderamente demoledor contra el DI es el ofrecido por el genetista español Francisco J. Ayala, que será citado nuevamente en varios pasajes de este libro:

---

[218] C.S. Lewis, *Dios en el banquillo*, Rialp, Madrid, 1996.

[219] Carlos E. Rodríguez, *Un cocinero en el universo*, P. Martins, Madrid, 2013.

La ciencia y en particular la teoría de la evolución es compatible con la fe cristiana, mientras que el diseño inteligente no lo es. El mundo de la vida está lleno de imperfecciones, defectos, sufrimientos, crueldad y aun sadismo... Consideremos un ejemplo: el 20 por 100 de todas las embarazadas abortan espontáneamente durante los dos primeros meses de su preñez, lo cual es origen de veinte millones de abortos anualmente en el mundo. Me aterra pensar que haya creyentes que implícitamente atribuyan ese desastre al diseño (incompetente) del Creador, lo que le convertiría en un abortista de magnitud gigantesca... La teoría de la evolución es compatible con la fe, mientras que el diseño inteligente, no220.

Izquierda: Amit Goswami: la física cuántica favorece la intuición de una guía de la evolución. **Derecha:** Michael J. Behe: la complejidad irreducible hace que la evolución necesite de algo más que azar y necesidad.

6. La organización de la vida: ADN, ARN

Surgiera como lo hiciera, la vida está ahí. Y fue Erwin Schrödinger, promotor de tantas propuestas imaginativas, quien lanzó la idea que sería la puerta de una nueva revolución científica, al intuir, asombrosamente, que la bioquímica gobierna la herencia, desde el huevo fertilizado, hasta la madurez adulta de cualquier ser ani-

[220] Del Prólogo del libro de F.J. Ayala, *Darwin y el diseño Inteligente*, Alianza Editorial, 2007.

mado. Más específicamente, en su libro *¿Qué es la vida?*[221], sugirió que era preciso hallar un *código hereditario*, escrito en la *fábrica molecular de los cromosomas*, un código que según él debió surgir por el *doble milagro* de la transmisión genética y la ontogenia (la maduración de un organismo a lo largo de su ciclo vital). De la importancia de esas observaciones da una idea lo que dijo James Watson, premio Nobel de 1962, con Crick, por descubrir la estructura de doble hélice del ácido desoxirribonucleico ADN:

> Schrödinger argumentó que la vida podía concebirse en términos de almacenamiento y transferencia de información biológica, de modo que los cromosomas [de los que el hombre tiene 23 pares] son los portadores de información genética. Así, el libro de Schrödinger resultó de lo más influyente, pues muchos de los que se convertirían en actores principales del Acto I del gran espectáculo de la biología molecular, incluido Francis Crick, leyeron *¿Qué es la vida?*, y quedaron más que impresionados[222].

Aparte de la genialidad de Schrödinger al intuir los ácidos nucleicos, Walter S. Sutton (1877-1916), de la Universidad de Columbia, siendo muy joven, cuando realizaba su tesis doctoral sobre espermatogénesis en los saltamontes, descubrió la primera evidencia sobre el hecho de que componentes relacionados por Mendel con la herencia se alojaban en los cromosomas, y que estos se organizaban en parejas de información similar, la mitad procedente del padre y la otra mitad de la madre[223]. Por su parte, Oswald Avery (1877-1955), Colin MacLeod (1909-1972) y Maclyn McCarty (1911-2005) demostraron que la molécula responsable de la transmisión del material hereditario era el ADN y no las proteínas.

Severo Ochoa y Kornberg

Posteriormente, en 1955 Severo Ochoa publicó, en el *Journal of the American Chemical Society*, junto con la bioquímica francorrusa Marianne Grunberg-Manago, un trabajo sobre el ARN (ácido

[221] Publicado en español por Tusquets Editores.
[222] James D. Watson, *DNA*: *El secreto de la vida*, Ediciones Taurus, 2003.
[223] Información facilitada al autor por el profesor Grisolía el 19.VII.2011.

Izquierda: Severo Ochoa, premio Nobel por la clave genética del ADN. **Derecha:** su discípulo Kornberg.

Izquierda: Watson: premio Nobel con Crick por el hallazgo de la estructura de la doble hélice y el genoma. **Derecha:** Santiago Grisolía (1923-), secretario de la Sociedad Valenciana de Estudios Avanzados (SVEA) y vicepresidente de la Fundación Premios Rey Jaime I. Discípulo de Severo Ochoa y promotor de la primera reunión internacional sobre el genoma humano (GH). Es presidente del Comité Científico de la Unesco sobre el GH.

ribonucleico)[224], que hace de intermediario entre el ADN y las proteínas. Con esto, el grupo de Severo Ochoa, en paralelo con el de Marshall Nirenberg, llegó al desciframiento de la clave genética del ADN, simultáneamente con las investigaciones de Arthur Kornberg, discípulo de Ochoa. Al final, Ochoa y Kornberg compartieron el Premio Nobel de Fisiología y Medicina en 1959. Como ha dicho el profesor Grisolía:

---

224 Marianne Grunberg-Manago y Severo Ochoa, «Enzymatic synthesis and breakdown of polynucleotides; polynucleotide phosphorylase», *Journal of the American Chemical Society*, vol. 77, págs. 3165-3166.

Por increíble que parezca, todos los mensajes genéticos de los seres vivos están escritos por el mismo código de cuatro letras cuyo significado se conoció hace tan solo sesenta años; a partir del trabajo de Severo Ochoa y la propuesta de Gamow de que estas letras se agrupan y varían su significado con el orden de las mismas, Nirenberg, Matthaei, Leder y, en mucha menor medida, Khorana descifraron el código en una competición titánica y no siempre muy amable[225].

Watson y Crick

Tres años después que Ochoa y Kornberg, en 1962, el inglés Francis H. Crick y el estadounidense James Dewey Watson recibieron el Premio Nobel por sus descubrimientos de la estructura molecular del ADN y de la herencia, que encierra la síntesis de la creación: una escalera de caracol (o doble hélice) que contiene toda la información de la existencia vital, y que ocupa el núcleo de las células, en los paquetes biológicos que son los *cromosomas*, verdaderos haces de ADN, que actúan como los protagonistas de toda la vida animada, incluidas las bacterias, los virus, el reino vegetal y el animal; con carga de energía electromagnética que persiste por mucho tiempo, y de ahí, las posibilidades de clonar especies desaparecidas a partir de su ADN, siempre que este se conserve en condiciones adecuadas[226], al estilo de la ficción *Parque Jurásico,* basada en el guión de Michael Crichton y Spielberg, y de la realidad de la oveja Dolly y otras experiencias ulteriores. Amén de lo que podría suceder con los mamuts conservados excepcionalmente en los hielos siberianos[227]. Este tema podría ampliarse con toda una serie de referencias de interés, como las expuestas por el profesor Santiago Grisolía, principal inspirador de los estudios sobre el genoma en España[228].

En la figura de la página 147 se muestra un esquema de la molécula del ADN, la célebre doble hélice con sus columnas exte-

---

225 Santiago Grisolía, «Un avance trascendental», *El Mundo*, 28.III.2014.

226 Carlos Enrique Rodríguez Jiménez, *Vibraciones, escosmos y nosotros*, 2010, en correo electrónico al autor, de 10.XI.2011.

227 Como también existe la posibilidad de resucitar un Neanderthal, según propone George Church, a quien nos referiremos en este capítulo.

228 Crick y Watson, «Molecular Structure of Nucleic Acid», *Nature*, nº 171, abril de 1953.

riores, que son, meramente, listones de fosfatos y azúcar: la clave de todo se sitúa en los peldaños de la escalera, formados por combinaciones de compuestos químicos llamados *bases*: adenina, timina, citosina y guanina, que se representa por las letras A, T, C, G, que se combinan siempre de múltiples formas; de modo que la A solo puede encajar en los peldaños al lado de la T, en tanto que la forma G solo lo hace al lado de la C.

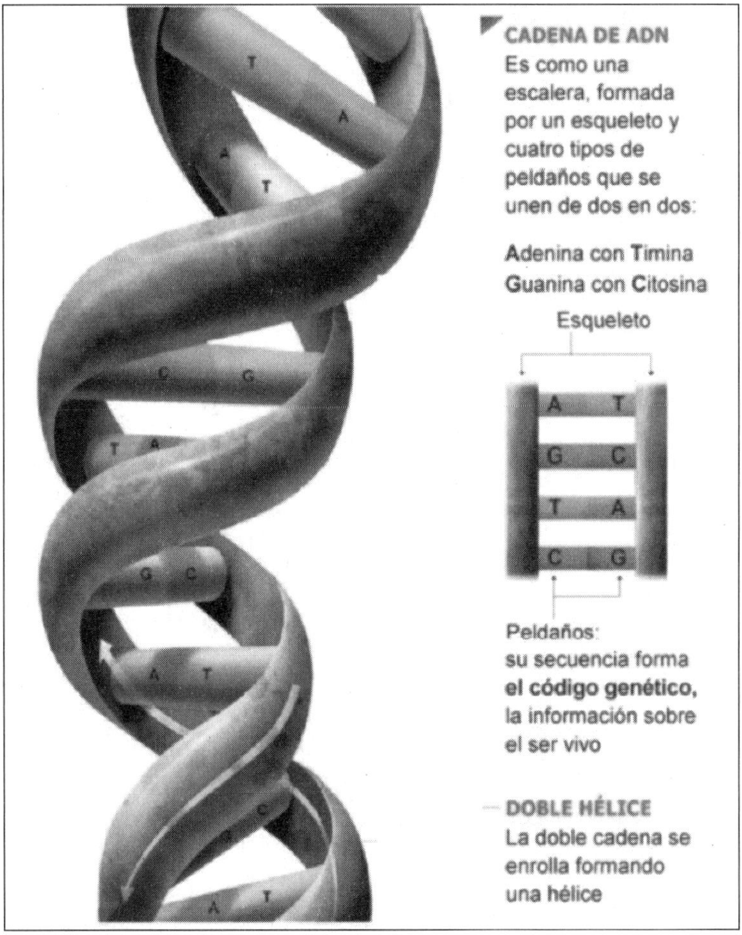

La doble hélice del ADN. Fuente: *El País*, 25-IV-2013.

En definitiva, cabe imaginar la molécula de ADN como una *escalera retorcida*, con cada peldaño constituido por un par básico, con cuatro posibles peldaños: A-T, T-A, C-G y G-C. Es interesante la analogía con el alfabeto latino, que tiene 26 letras, con las que es posible componer infinitud de palabras y textos. Lo mismo sucede con las cuatro letras del ADN, disponibles en la forma indicada: con ellas es factible *escribir* todas las cadenas imaginables. En paralelo a lo que sucede con las proteínas, con base en combinaciones de los 20 aminoácidos que pueden integrarlas[229].

La doble hélice no es solo uno de los iconos más populares de la ciencia del siglo XX -solo comparable a la ecuación de Einstein $E = mc^2$-, sino que al propio tiempo ha ejercido, por generaciones de biólogos, un magnetismo que no presenta signos de caducar cuando se cumplen sesenta años de la publicación del gran descubrimiento de Watson y Crick en la revista *Nature*, que transformó radicalmente la investigación biomédica y la biología.

El resultado experimental de Watson y Crick se vio posibilitado por una tercera científica, comparativamente olvidada, la cristalógrafa Rosalind Franklin, que realizó una imagen por difracción de rayos X del DNA, que resultó decisiva para todo el proceso. Esto llegó a oídos de los dos científicos, a través del jefe de Rosalind, el doctor Maurice Wilkins, por las notas que la señora Franklin había escrito para una *Memoria* de su propia institución, el King's College de Londres.

La academia sueca no fue especialmente rápida en reconocer el hallazgo, y el tiempo fue muy cruel para Rosalind Franklin, que murió de cáncer cuatro años antes de que su jefe, Maurice Wilkins, compartiera el Premio Nobel de Medicina con Watson y Crick por el *hallazgo del siglo*, al que ella tanto había contribuido[230].

Por lo demás, la revista *Nature* hizo públicas algunas cartas escritas en 2013, con referencia a los prolegómenos de la concesión de los Nobel de 1962. Entre ellas, una de Jacques Monod, desde el Instituto Pasteur de París, misiva en la que el científico francés se dirigió al comité Nobel para proponer a James Watson, Francis Crick y Maurice Wilkins para el Premio Nobel de Química. Y el comité hizo caso de esa recomendación, aunque en vez del Premio de Química les dieron el de Medicina y Fisiología; aparentemente

[229] Esa analogía me la expuso muy claramente el profesor José Esquinas (durante largos años investigador de la FAO y catedrático de la Universidad de Córdoba), en el encuentro que tuvimos en *El algarrobito de Beatriz* (casa de Bea y Vicente Dalda, Lucena), el 21 de agosto de 2011.

[230] Javier Sampedro, «La vida cumple 60 años».

para subrayar las implicaciones que la estructura de la doble hélice iba a tener para la biología humana y la biomedicina[231].

En primera aproximación, cabe imaginar el ADN, efectivamente, con un *manual de instrucciones*, a modo de un *programa de ordenador* que se sitúa en los cromosomas, en el interior del núcleo de las células.

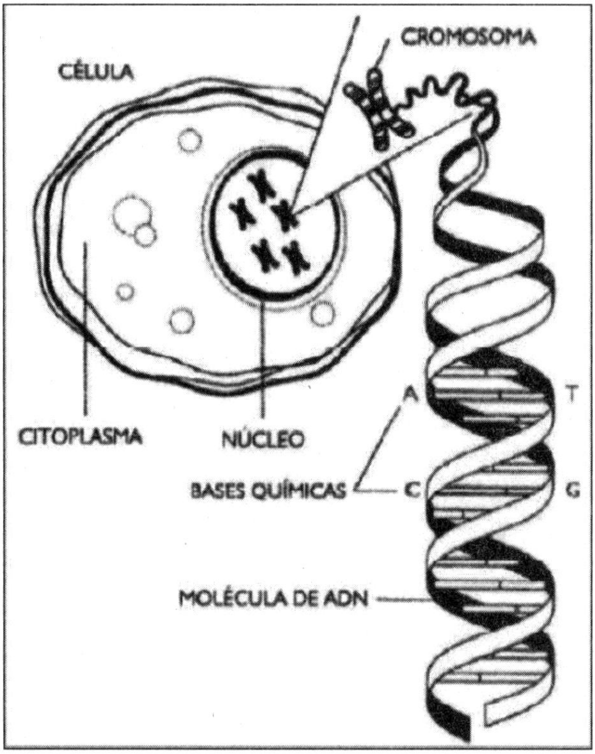

Doble hélice del ADN. La información es transportada por el orden de las bases químicas (A, C, G y T). El ADN se acumula en los cromosomas, que residen en el núcleo de cada célula.

Ese programa está escrito con un lenguaje de codificación, en el que se emplean las cuatro letras citadas (A, T, C, G), de forma que una instrucción en particular, conocida como *gen*, está hecha por un segmento de la hélice, conteniendo cientos o miles de combinaciones de letras del código en cada uno de los *peldaños* de la escalera del ADN.

231 «Las cartas del Nobel», *El País*, 25.IV.2013.

Por lo demás, el ADN tiene su servicio de mantenimiento, según los trabajos de Tomas Lindahl, quien desmontó una teoría, muy asentada, de que nuestro ADN era un material muy estable[232], cuando la realidad reveló que, por el contrario, solo un conjunto de complejos mecanismos de reparación genética impiden que los daños que sufren nuestras células cada día conviertan nuestro organismo en un completo «caos químico»[233]. Por esos nuevos conocimientos, Lindahl, junto al estadounidense Paul Modrich y al turco Aziz Sancar, fueron galardonados con el Premio Nobel de Química 2015: desvelaron el mecanismo por el que se corrigen los errores que van sufriendo las células humanas con cada nueva división; o cuando se exponen, por ejemplo, a agentes externos deteriorizantes, como el tabaco o las radiaciones solares.

Trabajando independientemente, los tres científicos mencionados explicaron el funcionamiento interno de las células y cómo en estas se protege la información genética. Esto ha permitido idear nuevas aplicaciones prácticas directas en el desarrollo de terapias contra el cáncer, pues, al fin y al cabo, el cáncer no es sino un proceso por el que los mecanismos de reparación del ADN dejan de funcionar y las células van acumulando mutaciones hasta malignizar.

7. La nueva racionalidad de la selección evolutiva humana

Darwin tenía o no razón -o mejor dicho, mayor o menor razón-, pero ahora, lo que trataremos de ver, desde el punto de vista del diseño inteligente o posiciones similares, es si la evolución tiene un motor global más allá de la selección natural y fundamentalmente por la acción del hombre. A ese respecto, es del máximo interés la ya aludida *hipótesis de Gaia,* derivada de los

---

232 María Valero, «Nobel al Mecanismo que repara el ADN», *El Mundo*, 8.X.2015.

233 Descifrar el genoma, lo hemos visto, fue una proeza: como un disco duro con diferentes programas que marcan el devenir de nuestras células. Sin embargo, existe un segundo nivel, conocido como epigenoma que representa el trabajo de cada una de esas células, de modo que el corazón, el hígado, el páncreas... cada uno de estos órganos tiene un epigenoma diferente, que les permite seguir las órdenes específicas para cumplir con las funciones que tienen encomendadas. Un tema en el que se está avanzando dentro de la biología molecular. B.V. Conquero y J.V. Echagüe, «El gran libro de instrucciones de los genes», *La Razón*, 18.XI.2016.

planteamientos que hizo J.E. Lovelock en su libro *Gaia, una nueva visión del mundo*[234].

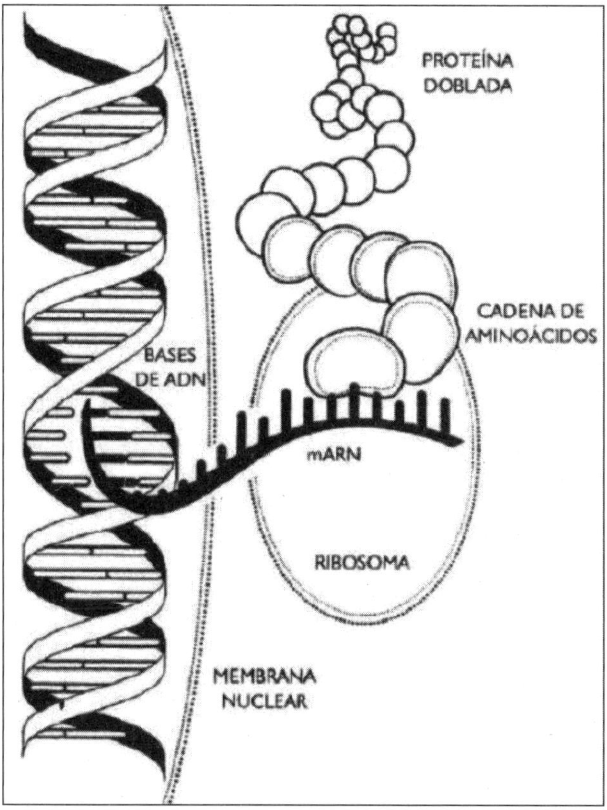

El flujo de información en la biología molecular: ADN ▯ ARN ▯ proteína.

La hipótesis Gaia

Con la hipótesis Gaia, que debe su nombre al de la diosa helénica (personificando la Tierra como la *Gea* de los romanos), se plantea la tesis de que una serie de organismos vivos interactúan en los cambios del medio ambiente y viceversa; de modo que el planeta, como conjunto, mantiene su marco global de funcionamiento aunque acusando los impactos de deterioro.

234 Versión española en H. Blume Ediciones, Barcelona, 1983. Lynn Margulis, de la Universidad de Boston, formuló una hipótesis similar. Sobre el mismo tema, William Day, *Génesis en el planeta Tierra*, versión española, Blume, Madrid, 1986.

En ese sentido, la idea esencial de Lovelock radica en que la Tierra podría funcionar como una unidad de inteligencia superior con fines de autosalvación contra los ataques que recibe en su entorno, algo que, con referencia solo a los océanos, había planteado años antes el autor polaco de ficción científica Stanislaw Lem, en su novela *Solaris*[235]. Pero Lovelock, seguramente sin conocer a Lem, globalizó la idea a toda la naturaleza, argumentando de forma indudablemente persuasiva, que esta, por razones inicialmente desconocidas, es una estructura de comportamiento racional; en lo que coincide con el sentimiento popular que tantas veces se invoca, reverencialmente, a la Madre Naturaleza[236].

De manera que, en un momento dado, Gaia podría llegar a deshacerse de las especies que hacen peligrar la propia continuidad del conjunto que en ella se simboliza. En esa perspectiva, Gaia sería responsable no solo de la supervivencia del planeta, sino que además tendría indudable influencia como motor de la selección natural[237]. Y aún más, en caso de verse agredida en demasía por la especie humana, Gaia podría ir a su erradicación. Es lo que el propio Lovelock ha llamado «la venganza de Gaia»[238].

En cualquier caso, los mejores ejemplos de selección natural de nuestro tiempo -muy acelerada y, sobre todo para adaptaciones frente a diversidad de emergencias que crea la acción del hombre sobre la Tierra-, son las que han provocado los propios seres humanos al generar la liquidación masiva de gran número de especies. Con el resultado de que, en muchos casos, estas últimas han contraatacado, con nuevas resistencias: las bacterias frente a los antibióticos y las defensas recrecidas de los mosquitos ante los insecticidas, sin olvidar que los herbicidas ya no resultan tan efectivos para una serie de *malas hierbas*. Toda una relación causa-efecto de consecuencias importantes.

---

235 Hay versión española de Bruguera, Barcelona, 1983.

236 Como discusión de la hipótesis Gaia, es de gran interés el libro editado por W. I. Thompson, *Gaia, implicaciones de la nueva biología*, versión española, Kairós, Barcelona, 1989, con aportaciones de L. Margulis, S. Varela, J. Todd y otros.

237 James Gardner, *El universo inteligente*, ob. cit.

238 James Lovelock, *La venganza de la Tierra. La teoría de Gaia y el futuro de la humanidad*, Planeta, Barcelona, 2008. También Ramón Tamames, *Ecología y desarrollo sostenible: la polémica sobre los límites al crecimiento*, Alianza Editorial, 6ª edición, Madrid, 1995. También *El grito de la Tierra: biosfera y cambio climático*, RBA, 2ª edición, Barcelona, 2010.

Izquierda: James Lovelock, autor de la hipótesis de Gaia, sobre las fuerzas autorreguladoras del planeta. **Derecha:** Jay Forrester, el *modelo Tierra*, explicativo del funcionamiento del planeta azul por la dinámica del sistema.

Un caso particular de esas resistencias es la de las llamadas golondrinas de los acantilados americanos (American cliff swallows), que gustan de construir sus nidos de barro endurecido en los grandes farallones marítimos, y que en tiempos recientes, han pasado a anidar también en los puentes de las grandes autopistas, donde tienen mayores posibilidades de alimentación de desechos humanos, aunque también de peligros recrecidos, pues al *aterrizar* en las carreteras, sufren un alto nivel de mortandad. Y como esa circunstancia se debe en gran medida a la longitud de las alas de dichas golondrinas, se ha podido comprobar que, a través de los años, la envergadura de esas aves se ha reducido considerablemente; una adaptación evolutiva aparentemente relacionada con la finalidad de evitar la más alta siniestralidad[239].

La novela *Solaris,* del escritor polaco Stanislaw Lem, fue en realidad un antecedente de la Gaia de Lovelock. En ella planteó muchos interrogantes filosóficos, y el primero de ellos, si hay formas de inteligencia superiores a las del hombre en un universo del que sabemos poco por sus colosales dimensiones. En ese sentido, *Solaris* fue una entidad imaginada por Lem: un planeta pensante en el que pasado y futuro conviven alternativamente, dando saltos hacia atrás y hacia delante. Lo que no existía era el

[239] «Road-kill stew», *The Economist*, 23.III.2013.

presente. Sobre el libro de Lem meditaba Pedro G. Cuartango en los siguientes términos[240]:

> He recordado esta gran novela de Lem al leer que un grupo de científicos de EE.UU. ha logrado que los ordenadores aprendan a escribir caracteres personalizados como los del ser humano. En el futuro, los sistemas informáticos podrán pensar y desarrollar pautas de conducta propia como el HAL en *2001 una odisea del espaco*, la película de Kubrick, donde el pasajero protagonista, el ordenador, se rebela contra la tripulación, y por ello ha de desconectarse.

La segunda Ley de Malthus

Por supuesto, la hipótesis de Lovelock no cabe tomarla ni como artículo de fe, ni siquiera científicamente como algo definitivamente contrastado. Sin embargo, existen *indicios racionales de verosimilitud* sobre lo que en ella se plantea, como se ha puesto de relieve en las conferencias y congresos celebrados *ad hoc* para comprobar la validez de la hipótesis. Aparte de que la idea de Lovelock está en línea con lo que en 1972 plantearon los Meadows (con la metodología de Jay Forrester en el trasfondo, en el Informe del MIT al Club de Roma sobre *Los límites al crecimiento*[241].

En ese trabajo se diseño el modelo Tierra-2, de propagación de cinco variables básicas hacia el futuro (población, utilización de recursos, producción agrícola, desarrollo industrial y contaminación), intentándose *demostrar* por simulación de ordenador, que en caso de no rectificarse a tiempo las conductas abusivas, y productivistas, se originaría una *sabia* reacción de la Naturaleza contra la presión humana, más y más deteriorante de la biosfera. De modo que ante el comportamiento de la especie dominante, desenfrenada y de ciego egoísmo, vendría un *colapso natural*, a fin de evitar una potencial catástrofe ulterior de grandes dimensiones.

También cabría hacer referencia a la Ley de Malthus: creciendo la población en progresión geométrica y las subsistencias en pro-

---

[240] Pedro G. Cuartango, «Hombres y máquinas», *El Mundo*, 12.XII.2015.

[241] Donatella H. Meadows, Dennis L. Meadows, Jorgen Randers, William W. Behrens III, *The Limits to Growth, A Potomac Associates Book*, Londres, 1972. La idea del modelo Tierra se tomó de un anterior trabajo de Jay Forrester.

gresión aritmética, llega un momento en que *no hay subsistencias para todos*, agudizándose entonces la *lucha por la vida*. Sin embargo, esa que podemos llamar *primera ley de Malthus* no se ha cumplido, salvo casos extremos, de zonas afectadas por las guerras, el calentamiento global, etc., como son el Sahel y el Cuerno de África, por ejemplo.

Pero en términos generales, hay subsistencias para todos -otra cosa es la desigualdad extrema y la desequilibrada distribución-, porque las nuevas técnicas han permitido que aumenten los rendimientos. No obstante, la segunda ley de Malthus ofrece un nuevo enfoque: la naturaleza, por la presión poblacional y su tecnología cada vez más agresora, no tiene capacidades suficientes de seguir autorregenerándose de manera indefinida, y se produce entonces un deterioro brutal del medio, que conduce a efectos devastadores sobre la biosfera.

La fuerza de Gaia-2

Pero con la hipótesis de Gaia y de la segunda ley de Malthus a la vista, lo cierto es que la función autorreguladora del planeta, castigando a sus opresores, ya no es la única fuerza regeneradora. Porque, además de lo que pueda hacer la *enigmática diosa griega* (en realidad, organismos de todas clases en procesos bilógicos muy complejos), la especie humana, devenida ecológicamente consciente, está pasando, al menos parcialmente, al apoyo directo de Gaia. Dicho de otra forma, el hombre después de deteriorar la biosfera, puede contribuir a restablecer su funcionamiento.

Así, en la línea de pensamiento de Lovelock sobre Gaia, cabe decir que el Convenio Marco de las Naciones Unidas sobre Cambio Climático (1992) y su Protocolo de Kioto (1997), cuando fructifiquen en un acuerdo global (previsiblemente en 2020, en forma de Convención Mundial sobre el Clima), serán una gran ayuda a Gaia para disminuir las afrentas que está recibiendo de sus hijos, ya sean de Prometeo y Pandora, que en la mitología griega desafiaron a Zeus, o de Adán y Eva, que desobedecieron el mandato de Yavé al comer la fruta del árbol del bien y del mal. Por ello, resulta posible hablar de una *hipótesis Gaia-2,* que sea expresión de la *toma de conciencia* de la humanidad de su problema más importante para afrontarlo con decisión, recurriendo a la regulación global del planeta.

La gran cuestión es si tales impulsos para combatir el calentamiento global y otras causas del deterioro de la Naturaleza son demasiado pequeños, y si tal vez llegan demasiado tarde; según la idea que traduce la expresión anglosajona del TL^2: *too little, too late*[242].

Lo importante como final de este capítulo es percatarse que desde un principio, pero sobre todo a partir de la Revolución Industrial, la humanidad influye decisivamente en todos los aspectos de la evolución en la vida del planeta Tierra, que se *hominiza* en correspondencia a una era geológica nueva casi por entero atribuible a la acción masiva de los seres humanos: vivimos, pues, en la era del *Antropoceno*, a la que también haremos referencia en su momento.

En definitiva, las leyes de la macroevolución del cambio global del entorno y del propio futuro de las especies pueden haber cambiado radicalmente. De modo y manera que actualmente la primera fuerza evolutiva ya es la especie humana: la selección ha perdido su carácter de azar y necesidad para entrar en una *selección antrópica*. Lo que pase en el planeta Tierra ya no depende solo de la autorregeneración que pueda haber en Gaia: la humanidad ecologizada tiene que llegar en su ayuda. Eso es *Gaia-2*, un nuevo modelo, en el que se unen las fuerzas de la naturaleza y las de la especie humana, en un proceso evolutivo de transformación dialéctica del planeta, para ir poniendo fin a las agresiones a la biosfera y tomar conciencia al objeto de contrapesar los deterioros previamente ocasionados. Como podría suceder en 2015-2020 si finalmente se llega a firmar y ratificar la nueva convención sobre cambio climático.

La cuestión, a fin de cuentas, está clara: en esa lucha de contrarios, ¿qué prevalecerá al final? Es difícil saberlo, pero parece claro que la propia especie humana ha progresado lo suficiente como para no suicidarse colectivamente: a la postre, actuará activamente en la preservación de la vida en el único planeta del universo antrópico que se sabe tiene vida.

---

[242] Ramón Tamames, «Entre Adam Smith y la hipótesis de Gaia», en el libro *La difícil supervivencia de la especie humana*, Ramón Tamames (director), José Ramón Trujillo (editor), Ediciones 2010, Madrid, 2007. También de Ramón Tamames, *El grito de la Tierra*, RBA, Barcelona, 2010.

Izquierda: Pandora, la Eva de la mitología griega que desobedeció a Zeus y abrió la caja... **Derecha:** Eva (con Adán) que desafiando a Yavé, convirtió el mundo en algo distinto del Edén: la libertad, la imaginación, el trabajo...

Colofón del capítulo IV: la vida no es una equivocación, tiene un sentido

Por lo demás, después de buscar *qué somos*, y tras haberse escrito tanto de la vida, habría que preguntarse, en honor al subtítulo de este libro, sobre *su sentido*... si es que lo tiene, como sostenemos muchos.

«La vida es una equivocación», dice Ken Nealson, biólogo de la NASA, porque las proteínas, constituyen un proceso inexplicable, como ya se había planteado con anterioridad otro biólogo, el premio Nobel francés François Jacob, que en cierto momento se lamentó de que «no caminamos hacia algo mejor». Por su parte, el paleontobiólogo Jay Gould no veía que la evolución tuviera sentido, de manera que todo podría consistir en un error.

Es harto difícil aceptar que la vida es una equivocación, un resultado nada positivo del azar por la mera reflexión «de tanto esfuerzo cósmico para nada». Lo más plausible es que la vida humana tiene un sentido individual (el amor, la amistad, el conocimiento) y colectivo. El avance de la ciencia y la sabiduría para contestar las grandes preguntas sobre de dónde venimos, qué somos y a dónde vamos dan sentido a la vida.

Tanto si la vida ha nacido en la Tierra, como si ha llegado por panspermia (algo todavía más difícil: de dónde), lo cierto es que toda la evolución ha tenido como escenario nuestro planeta. También hay que preguntarse por el lenguaje que permite que se produzca y reproduzca la vida. Los ácidos nucleicos del ADN y el ARN revelan un sentido constructor, siguiendo unas determinadas leyes que todavía nos son desconocidas; algo que los neodarwinistas se resisten a reconocer.

Al fin y al cabo, el genoma es la muestra de que se creó un idioma de la naturaleza -«el lenguaje de Dios», que dijo el presidente Clinton y que formalizó Collins- y parece difícil que eso sea una equivocación: es una interpretación que puede ser más plausible que caer en que todo es fuerza de la gravedad como proponen Dawkins y Hawking en la actualidad.

A fin de cuentas, la vida tiene un sentido, aunque por el momento sea una minoría los que se mueven para averiguarlo o declararlo. Y lo cierto es que ese sentido cabe en el universo antrópico, que lo es porque en él vive el hombre y porque parece está preparado para que haya surgido la inteligencia superior.

Capítulo V
La especie dominante

1. La historia de los homínidos: del *Australopithecus* al *Homo sapiens*

El hombre, como especie, está ubicado en el planeta Tierra, que seguramente es el mejor de los lugares posibles del universo (parafraseando a Pangloss, personaje de Voltaire en *Candide*[243]). Y el universo en que vivimos se inició con un *acto de creación evolutiva*, se llame *Big Bang* o de otra forma, de modo que una vez puesto en acción, fue materializándose en estrellas, planetas, galaxias, etc., según hemos tratado de esquematizar en los tres primeros capítulos de este libro. En ese universo, el Sol nació, hoy se sabe con cierta precisión, hace unos 4.600 millones de años. Y en torno a él gira la Tierra en que vivimos[244], pudiendo decirse que el Sol se encuentra en el pico de actividad de su actual ciclo de 11 años; ciclo que hace el número 24 desde que se inició su registro sistemático, en 1755[245].

---

243 *Candide, ou l'Optimism*, primera edición editada en París en 1759; versión española: *Cándido*, Edaf, Madrid, 2006.

244 El Sol tiene un diámetro de 1,392 millones de km^2, 107 veces el de la Tierra, y está compuesto en un 71 por 100 de hidrógeno, 27 por 100 de helio, y 2 por 100 de elementos pesados, con la fotosfera de solo unos pocos cientos de kilómetros de grosor. En el centro del sol, la densidad es de 148.000 kg/m^3; y la temperatura es de 15,6 millones de grados, que bajan en su corona a 5.770. Una corriente continua de partículas, el viento solar, fluye desde el Sol hacia el espacio interplanetario a 300-750 km/s, con corrientes de alta velocidad que emanan de los agujeros coronales, llevando consigo el calor que permite la vida en la Tierra. Del *Diccionario de Astronomía*, Oxford/UCM, Madrid, 2004.

245 Alicia Rivera, «La gran mancha solar se esconde», *El País*, 1.XI.2014.

El Sol, origen de la vida

Actualmente, el Sol es objeto de estudio con precisión creciente, para lo cual se diseñó el Observatorio Solar y Heliosférico (SOHO, por sus siglas en inglés), a fin de investigar lo que sucede en el interior de la helioatmósfera, y qué sucede con el viento solar que se propaga desde su corteza. SOHO -puesto en órbita en 1995- se ubica a un millón y medio de kilómetros de la Tierra, siempre mirando al Sol, en un punto en que la acción gravitatoria de la estrella y la del planeta se combinan para mantenerlo en su posición, con muy poco consumo de combustible. Un lugar privilegiado, sin noche, que hace posible la observación del para nosotros astro-rey durante las 24 horas del día.

Con SOHO ya se han medido algunos aspectos de la estructura solar interna, en la que se generan complejos flujos de gas, con ciclos de actividad de once años, de los que todavía hay mucho por conocer. Y lo mismo sucede con la meteorología solar, explicativa de una serie de fenómenos, como son las fulguraciones y las eyecciones de masa coronal, que generan las que comúnmente se denominan *tormentas solares*.

El trabajo de SOHO tendrá su continuidad en el Solar Orbiter, una nueva misión actualmente en curso de preparación en la Agencia Europea del Espacio (ESA), que permitirá observar el Sol más cerca que nunca y avanzar en el estudio de su relación con el sistema planetario y, en particular, con la Tierra. Su lanzamiento está programado para 2017[246].

En torno al Sol se mueve la Tierra, como el tercero más próximos de sus planetas, después de Mercurio y Venus; y lejos de los exteriores, Júpiter, Saturno, Urano y Neptuno.

El Sol es para la Tierra el astro de vida, pues proporciona toda la energía que fluye con el viento solar, un flujo permanente que sería letal por sus radiaciones ionizadas muy agresivas, si no fuera porque la Tierra está protegida por su campo magnético; algo que intuyó en el siglo XVIII el astrónomo inglés Edmond Halley -el descubridor del cometa que lleva su nombre y gran compañero científico de Newton-, quien planteó que la estructura interna de

[246] Luis Sánchez, «Soho, el veterano vigilante del Sol», *El País*, 25.IV.2012.

la Tierra era un núcleo macizo englobado por tres esferas huecas concéntricas, cuyas diferentes velocidades de rotación causaban la misteriosa deriva magnética. Y tres centurias después las observaciones de Halley se confirmaron en lo esencial, merced al supercomputador Monte Rosa de Lugano, y a investigadores de la Universidad de Leeds y del Instituto Tecnológico Federal Suizo, que desarrollaron un modelo muy completo para simular la dinámica del núcleo terrestre[247].

Tierra y Luna vistas desde Saturno. La Tierra (izquierda) y su satélite lunar tal como se vio desde la sonda Cassini de la NASA, cuando orbitaba alrededor de Saturno, a unos 1.500 millones de kilómetros de la Tierra: diez veces nuestra distancia al Sol. Constituye la tercera imagen de nuestro planeta tomada desde el sistema solar externo.

Una breve nota final sobre las manchas solares, cuyo número crece y decrece cada 11 años, como un reloj, sin que sepamos por qué. Según observaciones hechas desde hace cuatro siglos, en las últimas dos décadas ese periodo se ha ido alargando un par de años y el número de manchas ha disminuido, lo cual no es

[247] Los resultados de tales hallazgos se han publicado en la revista *PNAS* (por las siglas inglesas de *Proceedings of the National Academy of Sciences*), y han confirmado que el núcleo interno se mueve en superrotación hacia el este, en tanto que el externo gira hacia el oeste a menor velocidad. Hay, pues, todo un delicado y complejo juego de fuerzas, de modo que las corrientes de convección en el núcleo externo crean el campo magnético de la Tierra, que nos protege de la radiación cósmica. José Manuel Nieves, «Viaje matemático al centro de la Tierra», *ABC*, 25.IX.2013.

anormal, pues siempre que hay un periodo más largo se reduce su número: así sucedió entre 1645 y 1715, cuando casi no hubo manchas, un lapso que se conoce como *mínimo de Maunder*[248], cuando el Támesis se congeló a su paso por Londres.

De los primates al género *Homo*

El Sol da la vida a la Tierra, y en esta, con la desaparición de los dinosaurios, hace unos 65 millones de años, quedó un nuevo y amplio espacio vital disponible que los mamíferos *supieron aprovechar*. Entre ellos, de los ratones a las ballenas y de los murciélagos a los humanos, todos tuvieron un ancestro común de hace 160 millones de años: un animal peludo de no más de 250 gramos de peso, de apariencia ratonil y comedor de insectos. Su fósil, hallado en China, está ayudando a conocer la primera fase evolutiva de los mamíferos, hasta llegar a los lémures, los primeros simios y los primates: «De ese roedor podrían descender las más de 5.100 especies de placentarios hoy existentes, con gran diversidad de tamaño, sistemas de locomoción y volumen cerebral», explica Nancy Simmons, del Museo Americano de Historia Natural[249].

Posteriormente, en la línea evolutiva de los homínidos, cabe apreciar cómo, en un momento dado, se produjo la bifurcación entre los *monos del Viejo Mundo* (a partir de los cuales evolucionaron lémures, babuinos y macacos, entre otras especies) del tronco de los primates (del gibón al chimpancé) para finalmente surgir el género *Homo*[250]. En ese sentido, según las estimaciones basadas en el genoma, se calcula que la bifurcación se produjo hace unos 30-35 millones de años, a principios del periodo geológico del Oligóceno. Pero según los estudios más recientes sobre restos de homínidos, los hallados en 2011 en Arabia Saudí, el *Saadanius hijazensiss*, esa divisoria se propone reubicarla a *solo* 29 millones de años.

En cualquier caso, como era lógico, para abrirse paso en su ascensión, el género *Homo* -solo uno de los muchos millones exis-

---

[248] Marcos Barajas entrevista a Saku Tsuneta, vicepresidente de la Agencia Aeroespacial de Japón (JAXA), «Si estudiamos el Sol, podemos protegernos», *El Mundo*, 6.IX.2016.

[249] Alicia Rivera, «El mamífero que ocupó el vacío que dejaron los dinosaurios», *El País*, 8.II.2013.

[250] Redacción, «Del mono al ser humano», *La Razón*, 15.VII.2010.

tentes en la biosfera- hubo de *depredar* en su *lucha por la vida*[251], para asegurar su propia pervivencia, en el progreso hacia la cima de la evolución[252]. En esa perspectiva, la historia del *Homo* ofrece una serie de secuencias de avance a partir del tronco común de los demás primates, luchando en un medio hostil. En ese contexto surgió la especie conocida como *Australopithecus*, hace unos cinco millones de años, cuando se diferenció de los otros grandes primates saliendo del bosque tropical a la sabana, donde fue adquiriendo su postura erecta; seguramente porque así disminuía la radiación solar sobre su epidermis cada vez menos pilosa. Y también porque podía moverse más velozmente y disponer de las dos manos para toda clase de acciones.

El primer mamífero (*Protungulatum donnae*). Una visión artística (Fuente: *El País*, 8.II.2013).

[251] A veces se nos olvida el sentido primigenio de las palabras. A propósito de ello, se reproduce aquí la definición de *depredar* en el *Diccionario de la Real Academia Española*: «Robar, saquear con violencia y destrozo // Cazar para su subsistencia algunos animales a otros de cierto tamaño».

[252] Hoy conocemos dos millones de especies, pero los expertos estiman que todavía nos quedan entre 10 y 30 millones por descubrir (la inmensa mayoría del mundo microscópico). Un repertorio de tanta variedad es el resultado de más de 3.500 millones de años de evolución desde el *caldo primordial* hasta hoy. Pedro Cáceres, «El 86 por 100 de las especies están por descubrir», *El Mundo*, 24.VIII.2011.

En el tema del *Australopithecus*, la subespecie denominada *sediba* ha significado un importante descubrimiento paleoantropológico (2008), que según su descubridor, Lee Berger -profesor del Instituto de Estudios Evolutivos de la Universidad de Witwatersrand (Australia), con un amplio grupo de colaboradores-, ha hecho posible reconstruir el esqueleto de ese homínido, a partir de las dos osamentas halladas en una cueva, en las que se mezclan rasgos diversos: la pelvis, las manos y los dientes son de humanos[253], mientras que los pies se asemejan más a los de los chimpancés, sin que los investigadores estén aún seguros del momento en que esa especie entró a formar parte de la *familia* de los homínidos. Pero sí que han podido intuir cómo andaba, se movía y masticaba, para situarse a *mitad de camino* entre los grandes monos y los primeros homínidos. Este hallazgo valió a sus autores la portada del *Science*, en la que se publicaron seis artículos sobre el tema[254].

La madeja de la evolución humana va desenredándose por el trabajo de las excavaciones arqueológicas, como lo demuestra el hecho de que a finales de septiembre de 2009 se presentó en sociedad el esqueleto de quien pudo ser el ancestro más antiguo, *Ardi*, una homínida hembra, que vivió hace unos 4,4 millones de años; de 1,20 metros de estatura y de unos 50 kilos de peso, vivió en Etiopía, a 225 kilómetros al noroeste de Addis Abeba y a 60 kilómetros de donde se encontraron los restos de Lucy (un millón de años más joven), considerada el más remoto antepasado del hombre. Ardi pasó a ser *estrella* de la revista *Science*, que en octubre de 2009 le dedicó su portada y 11 artículos firmados por 47 investigadores de diez países, para ser conocida como *Ardipithecus ramidus* que, según los análisis de los restos del cráneo, dientes, pelvis y manos, tenía rasgos compartidos con sus predecesores y otros con los homínidos posteriores[255].

El *Australopithecus* pervivió durante unos tres millones de años, y de él surgió una derivación, más avanzada, que convencionalmente se conoce con el nombre de *Homo habilis*, precisa-

---

[253] José Manuel Nieves, «El posible eslabón perdido entre el simio y el hombre», *ABC*, 12.IV.2013.

[254] Pilar Pérez, «Sediba, el eslabón que faltaba en la evolución», *La Razón*, 12.IV.2013.

[255] A. Gómez, «De la abuela Lucy a la bisabuela Ardi», *Expansión*, 2.X.2009.

mente por su *habilidad* para idear los primeros utensilios (hachas de piedra, puntas de lanza o de flecha, etc.), mucho más allá de lo que actualmente es normal en los otros primates superiores (como gorilas, chimpancés, orangutanes), que ciertamente saben hacerse sus *camas* en los árboles, o que quiebran el caparazón de ciertos frutos con la ayuda de objetos duros, y que según los estudios más recientes incluso tienen capacidades para prevenir su propio futuro en términos de nutrición. Y que, además, poseen un repertorio de comunicación fónica más amplio de lo que hasta hace bien poco se suponía. En ese contexto, el *Homo habilis* dejó muy atrás a los demás primates[256].

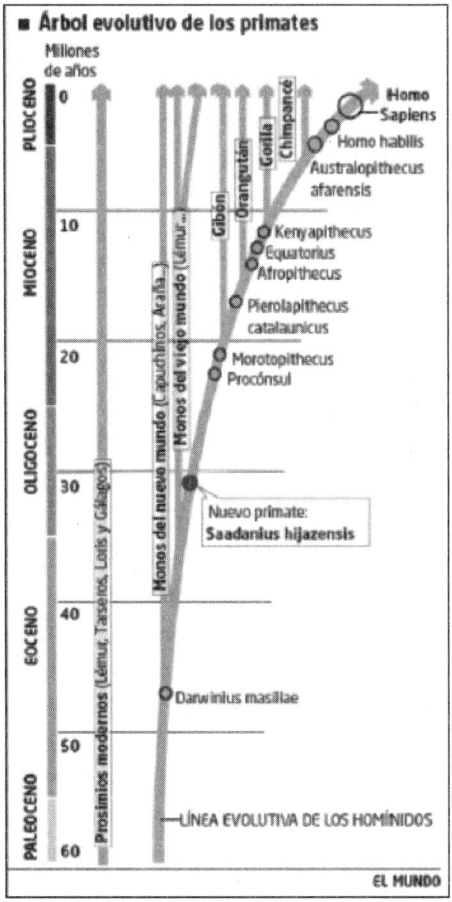

Las grandes bifurcaciones entre los *monos del viejo mundo* y los primates; y entre los homínidos y los demás primates, hacia el *Homo sapiens*.

El siguiente gran paso evolutivo[257] fue al *Homo erectus*, tránsito que se dio hace algo más de millón y medio de años en el Rift Valley, entre las actuales Etiopía y Tanzania, con especial relevancia en Kenia. Y del cual, uno de sus especímenes, muy lejos de su origen geográfico, fue el *hombre de Pekín*, a cuyo descubrimiento (1929) contribuyó Pierre Teilhard de Chardin.

Actualmente, es posible relacionar el *erectus* con el *Homo floresiensis*, del que se descubrieron fósiles en 2005 en la isla de

---

256 Ashley Montagu, *Qué es el hombre*, Paidós Ibérica, 1993.

257 Para las principales características de los pasos sucesivos del género homo, puede verse la figura de la página 177.

Flores, en Indonesia. Y de pasada diremos que los restos de Atapuerca (Burgos), investigados por Juan Luis Arsuaga y colegas, revelaron lo que se ha dado en llamar *Homo antecesor*[258], una expresión local del *Homo erectus*.

2. La revolución neolítica

«Todo empezó en África», intuyó Plinio *el Viejo* (23-79 d.C.), el primer naturalista de la historia, por así decirlo[259]. Algo que se confirmó plenamente en tiempos actuales, al datarse el nacimiento del *Homo sapiens* en el *continente negro*, unos 150.000 años atrás, en el ya citado Rift Valley. Desde ahí la especie se dispersó a prácticamente todo el planeta a partir de hace unos 85.000 años, ya con las privilegiadas características que hoy perfilan la especie: mayor tamaño cerebral, más peso corporal y un conjunto de características que le permitieron adaptarse a las más diversas formas de vida.

Un análisis de la diversidad genética y de las medidas craneales de diez poblaciones africanas y asiáticas indica que los humanos se dispersaron fuera de África en dos fases. La primera de ellas fue mucho antes de lo que se pensaba, en tanto que la segunda, por el norte de Eurasia hace 50.000 años, se corresponde con lo que se conocía hasta ahora como la *única salida* fuera de África. Pero, según el estudio de la Universidad de Tubinga, esa fase fue precedida por una migración que comenzó 130.000 años atrás, y de la que proceden los actuales aborígenes australianos, de Papúa-Nueva Guinea y de las islas de la Melanesia[260].

Según Stanley Ambrose[261] y otros antropólogos, hace unos 74.000 años entró en erupción un gran volcán al que prehistóricamente se llamó *Toba*, en la actual isla de Sumatra, Indonesia, con emanaciones de SO_2, y otros gases y hollín de tal volumen, que se produjo un gran oscurecimiento en toda la Tierra, al ennegrecerse la atmósfera y hacerse imposible la entrada de la luz solar, con

[258] Juan Luis Arsuaga, *Los orígenes. La alimentación en la evolución humana*, RBA, Barcelona, 2002.

[259] Cayo Plinio Segundo, *el Viejo*, fue el autor de *Historia natural*, una verdadera enciclopedia de su tiempo, de 37 tomos; escrita entre los años 23 y 79 a.C.

[260] Javier Sampedro, «La otra salida del hombre desde África», *El País*, 22.IV.2014.

[261] «Paleolithic technology and human evolution», *Science*, nº 291, 2001.

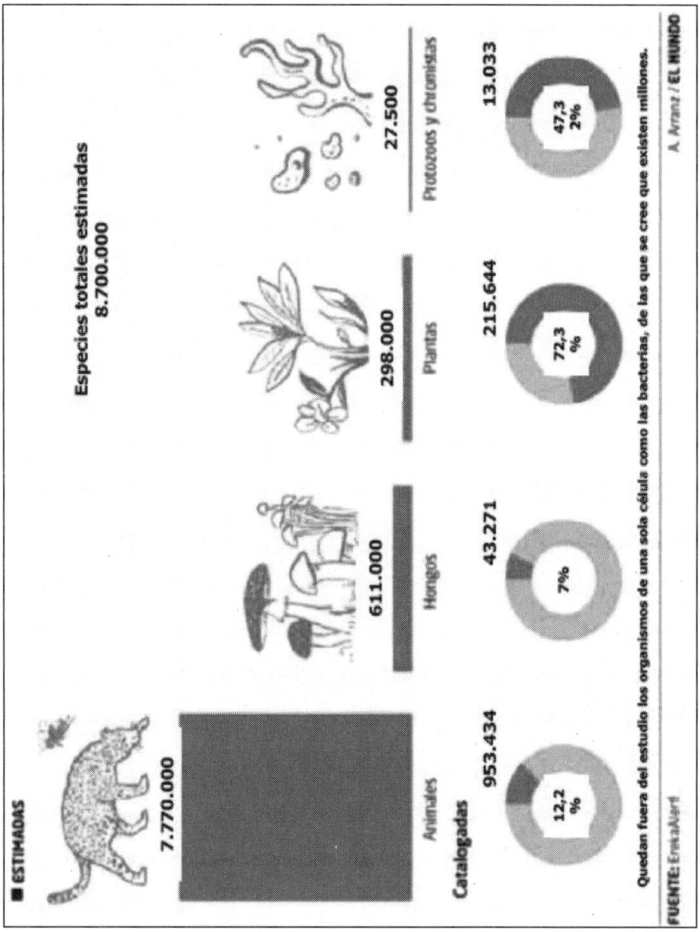

¿Cuántas especies hay en la Tierra?

una duración estimada del fenómeno de seis años. Así se originó el más ingente cataclismo, que diezmó la población de los *Homo sapiens*, aunque a la postre la especie consiguió salir adelante, para coexistir, hasta unos 30.000 años atrás, con sus parientes los *Neanderthal*, según últimas averiguaciones, tal vez con cruces significativos entre ambas.

Los *sapiens*, una vez que se recuperaron de las consecuencias de la erupción del Toba, consiguieron importantes avances en cuanto a disponibilidad de utensilios; y en la consolidación de las primeras muestras de habla verdaderamente humanas. Esa fue la *revolución del paleolítico superior*, que ya se manifestó en el arte rupestre, con casos tan extraordinarios como las pinturas de las cuevas de Lascaux en Francia y de Altamira en España; esta última conocida como la *Capilla Sixtina* del arte rupestre. Pero con todo, el gran salto de progreso cognoscitivo del *sapiens* se produjo tras la cuarta y última glaciación, para entrar en la fase actual, mucho más avanzada.

Según ciertos antropólogos, lo que distingue a los *sapiens* de sus antecesores es el tamaño del cerebro, que viene dado por muchas circunstancias, entre ellas los hábitos alimentarios. «Probablemente -escribe Fred Spier en *El lugar del hombre en el cosmos*[262]-, no es ninguna coincidencia que hayan sido justamente unos animales provistos, al mismo tiempo, de las características de los vegetarianos y de las cualidades de los predadores carnívoros, los que hayan desarrollado el mayor y más complejo cerebro en relación a su masa corporal. Y lo propio cabría decir del hecho de que también ellos sean quienes hayan terminado por dominar el mundo»[263].

Una vez retirados los hielos hace unos 10.000-12.000 años y de los cuales son hoy relictos las áreas polares, el *Homo sapiens inventó* la agricultura y la ganadería, dando así el gran paso a la *revolución neolítica*, superándose de esa manera el anterior nomadismo de los cazadores y recolectores. Esto a su vez comportó el nacimiento de las primeras aglomeraciones estables, precedente de pueblos y ciudades; amén de que en ese nuevo contexto surgieron instituciones, como la familia y la propiedad.

Más concretamente, en lo que hoy es el sur de Irak, parte de Siria e Irán -toda la antigua Mesopotamia-, surgieron las primeras manifestaciones de arquitectura monumental, planificación territorial, escritura, contabilidad; y todo ello en torno a la ciudad de Uruk, cuando aún habrían de transcurrir más de 2.500 años para que en Europa empezaran a construirse los primeros dólmenes y menhires[264]. También, en el extremo oriental del Viejo Continente, en lo que hoy son China y otros países asiáticos, empezaron a surgir civilizaciones muy notables.

[262] Un libro que intenta reconstruir la Gran Historia, la historia que va del origen del universo a la sociedad actual, traducción de Tomás Fernández Aúz y Beatriz Eguibar, Crítica, Barcelona, 2011.

[263] José Manuel Sánchez Ron, «Técnica y análisis de la humanidad», *El País*, 18.VI.2011.

[264] Ángeles García, «La madre de todas las culturas», *El País*, 29.III.2013.

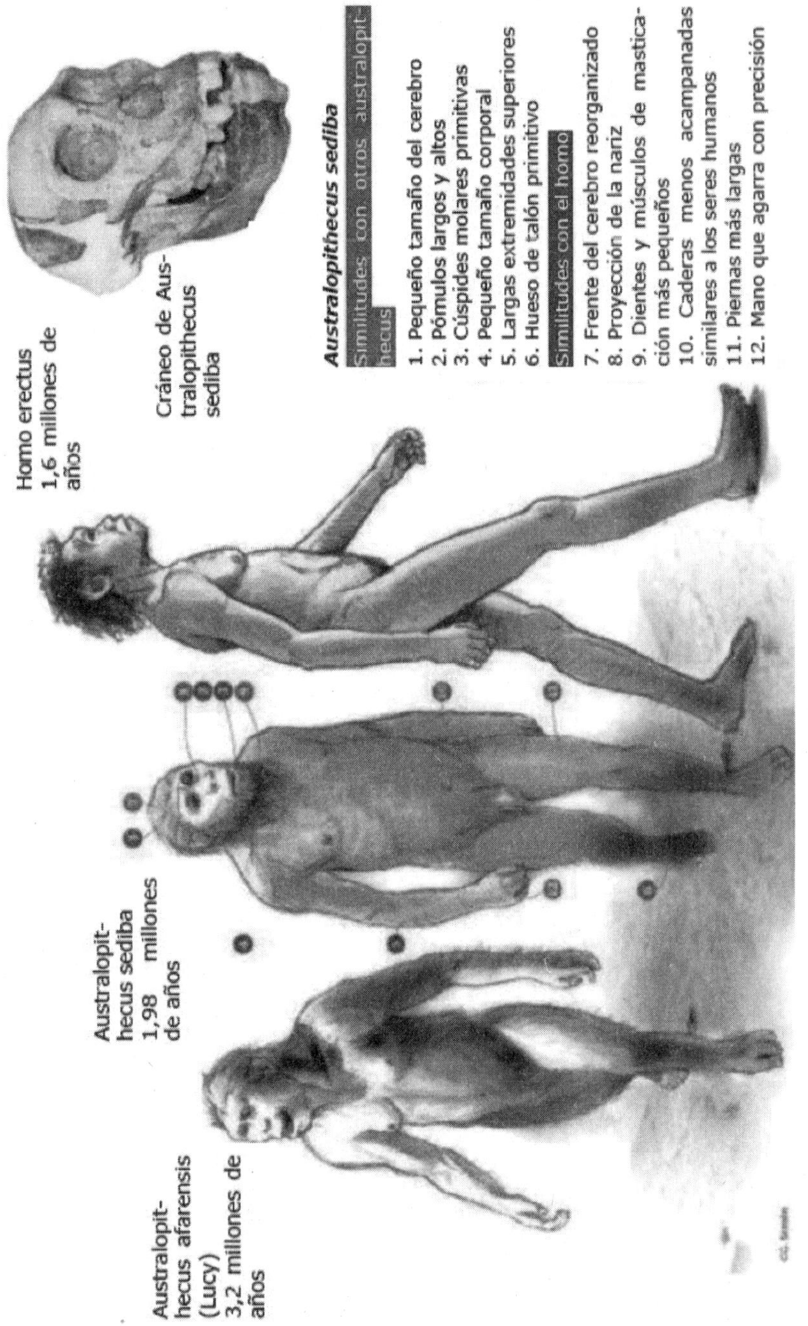

El *Australopithecus sediba*. Fuente: *La Razón*, 12.IV.2013.

En la misma búsqueda del éxito de los *sapiens*, Matt Ridley -autor de los libros *Genoma*, y *Qué nos hace humanos*[265]-, en su obra *El optimista racional*[266], hace una original exposición de la historia de la humanidad, explicativa de cómo fue avanzando la especie[267], no tanto sobre la base del clima, la genética o la cultura, sino con referencia a la economía, de manera que en el área de los homínidos comenzó el intercambio de cosas. Se inventó así el trueque, el comercio, una actividad que no era natural en las demás especies.

3. El deseo de vivir y la tristeza de la vida

Precisamente, el deseo de vivir que manifiesta Warwick, es otra característica definitiva del *Homo sapiens*, una fuerza que está por encima de lo conocido, sin que el cerebro lo explique. El tal *deseo* es importante, y en esa dirección nos fijaremos en Viktor Emil Frankl (1905-1997), neurólogo y psiquiatra austriaco, superviviente del Holocausto, que en 1945 publicó el libro *El hombre en busca de sentido*. En él describió su vida de prisionero de un campo de concentración nazi, exponiendo la idea de que, hasta en las condiciones más extremas de deshumanización y sufrimiento, el hombre puede encontrar una razón para vivir, sobre la base de su *dimensión espiritual*, reflexión que le sirvió para concebir la logoterapia, considerada como la tercera escuela vienesa de psicología, junto a las de Freud y Adler. O la cuarta, si se considera la de Jung como la tercera[268].

[265] Versiones española de Taurus, Madrid, 2001 y 2004, respectivamente.

[266] Su versión española, de Gustavo Beck Urriolagoitia, pueden verse también en Taurus, Madrid, 2011.

[267] José Manuel Sánchez Ron, «Técnica y análisis de la humanidad», *El País*, 18.VI.2011.

[268] Precisamente Jung, el luego afamado psiquiatra suizo y que había sido colaborador de Freud por un tiempo, vio la *luz del más allá*. En 1944 sufrió un infarto y permanecía en coma en un hospital de Suiza, tal y como relató en su *Autobiografía*, cuando experimentó la *sensación real* de un *viaje* en momento tan crucial: se alejó varios miles de kilómetros de la Tierra, desde donde pudo observar el planeta y describirlo con increíble precisión, análogamente a como dos décadas después corroboró el primer astronauta viajero en el espacio exterior. También dijo que había visitado un templo antes de que un mensaje de su médico le advirtiera que «había de regresar». Lo sucedido, fuera real o no, hizo que Jung, padre de la psicología analítica, tuviera problemas para adaptarse de nuevo a la vida ordinaria. Ya no había nada que deseara: «La vida y el mundo entero pasaron a parecerme una prisión», reflexionó en sus *Memorias*. Del artículo de Ixone Díaz Landaluce, «La resurrección del Doctor Alexandre. El cielo existe. Yo estuve allí», Semanal de *ABC*, 2.XII.2012.

Siendo muy joven, Frankl había mantenido relación epistolar con Freud, quien le ayudó a publicar sus primeros escritos. Pero muy pronto abandonó la corriente psicoanalítica, para orientarse a la psicología individual de Adler, de quien también se apartaría más adelante; para concebir la logoterapia, cuya denominación sugiere que lo fundamental es dar sentido a la existencia humana sobre tres bases que cabe sintetizar así:

V.E. Frankl: siempre hay una razón para vivir, incluso en medio de cualquier dificultad imaginable.

- La libertad de la voluntad (antropología), explicativa de que todo hombre es capaz de tomar sus propias decisiones, siendo libre de escoger su propio destino, para evitar convertirse en una marioneta (antideterminismo).
- La voluntad de sentido (psicoterapia): expresiva de la idea del animatismo, la fuerza del alma presente en el ser humano, que lo hace único dentro del reino animal (psicologismo).
- El sentido de vida (filosofía). Para la logoterapia es factor fundamental la percepción positiva del mundo frente al reduccionismo y el escepticismo.

La visión de la logoterapia de Frankl es muy alentadora, y como tantas otras ideas, tiene su base en el hecho de que el *Homo sapiens* dispone de un cerebro verdaderamente único, con capacidades todavía insuficientemente conocidas en sus manifestaciones más elevadas.

En la última instancia, para Frankl, vivir significa asumir la responsabilidad de encontrar la respuesta correcta a las cuestiones que la existencia nos plantea, cumplir con las obligaciones que la vida nos asigna a cada uno en cada instante particular...

Esas obligaciones y esas tareas, y consecuentemente el sentido de la vida, difieren de un hombre a otro, de un momento a otro, de forma y manera que resulta imposible definir el sentido de la vida en términos abstractos. Jamás se podrá responder a las preguntas sobre el sentido de la vida con afirmaciones absolutas[269].

Frente al deseo de vivir, cabe oponer la tendencia a la tristeza de la vida, tal como la vio Arthur Schopenhauer (1860), en su trabajo más famoso, *Die Welt als Wille und Vorstellung* (*El mundo como voluntad y representación*)[270] que, tesis aparte, constituye una obra maestra de la lengua alemana de todas las épocas. Pero sobre todo supone una de las cumbres del idealismo occidental, y por el pesimismo profundo que el filósofo destila en esa obra, su influencia perdura en una larga serie de escritores y pensadores de los siglos XIX y XX.

La voluntad, según Schopenhauer, se expresa en el ánimo del hombre, en forma de un continuo deseo, siempre insatisfecho, por lo que toda vida es esencialmente *sufrimiento*. Y aun cuando el hombre, tras múltiples esfuerzos, consigue mitigar o escapar momentáneamente de esa situación, termina por caer en ella otra vez, de manera inexorable, para seguir luego hacia un insoportable vacío de aburrimiento. De ahí que la existencia humana sea un constante pendular entre la Escila del dolor y la Caribdis del tedio, un periplo que la inteligencia solo puede anular a través de una serie de fases que conducen, progresivamente, a una negación consciente de la *voluntad de vivir*.

4. ¿Una especie estabilizada?

Con las anteriores observaciones, parece que el gran progreso del *sapiens* se produjo desde el momento en que adquirió la capacidad de hablar; encontrarse un medio cada vez más diversificado y con actividades de complejidad creciente, le exigió *dar nombre* a muchas cosas: utensilios, instituciones y nuevas manifestaciones de todo tipo de nuevas formas de vida. Entre tanto, el sexo fue adquiriendo un nuevo significado, en un medio de vida menos duro que antes, y con una relación hombre-mujer más allá del mero apareamiento propio del resto de la escala zoológica[271].

---

[269] Viktor Frankl, *El hombre en busca de sentido*, Herder, Barcelona, 2004.

[270] Arthur Schopenhauer, *Die Welt als Wille und Vorstellung*, Urheberrechtlich geschutzter material, Boon, 2008. *El mundo como voluntad y representación*, Alianza Editorial, 2010.

[271] Ashley Montagu, *Qué es el hombre*, Editorial Paidós, Barcelona, 1987.

Según la mayoría de los antropólogos, a partir de la revolución neolítica, los rasgos psicosomáticos de la especie humana han permanecido virtualmente inalterados. Así, de los registros que tenemos de escritura y muestras de arte de 5.000 años, se infiere que la evolución biológica de los individuos de la especie, no ha experimentado cambios sensibles. La belleza humana de hoy no es mayor que en los tiempos de Nefertiti (1.370 a.C.) o de Praxíteles (350 a.C.), en tanto que la capacidad de expresión de Homero (900 a.C.) y la condición anímica que traducen las tragedias de Esquilo (520 a.C.) son testimonio de una plenitud comparable a la de Shakespeare, o a la condición humana del *Quijote*, en las que nos sentimos reflejados en tantas de nuestras actitudes y conductas actuales[272].

Al respecto, son interesantes las observaciones de Paul Ehrlich sobre el escaso cambio biológico del hombre: «Genéticamente, no hemos evolucionado apenas desde la época de Aristóteles. No tenemos la suerte de la mosca del vinagre, que en cuestión de semanas fue capaz de *evolucionar* para desarrollar su resistencia al DDT. Pero, como concepto social, evidentemente la humanidad ha desarrollado en su evolución social toda una serie de posibilidades antes impensables, mostrando capacidades de adaptación colectiva formidables, frente a epidemias, sequías y guerras cada vez más prolongadas y feroces, hasta el mismo siglo XXI»[273].

Pero, además de la adaptación, está la eugenesia y la esterilización obligatoria de personas con enfermedades degenerativas o mentales, que fueron consideradas en algunos círculos europeos como una obligación social para algunos, y una ciencia progresista para otros, aparte de las truculencias, vesanias y asesinatos de los nazis, en sus deleznables experiencias.

Entre sus partidarios en Gran Bretaña, se encontraban destacados pensadores asociados a la clase dirigente liberal o a la izquierda, como el economista John Maynard Keynes o el escritor H.G. Wells. «La gran transición en la historia humana empezará cuando el hombre civilizado se atreva a asumir el control

[272] Ramón Tamames, «La condición económica de Don Quijote y Sancho en la sociedad española del Siglo de Oro», *ICE*, 2005.

[273] Entrevista de Carlos Fresneda a P. Ehrlich, «Hemos alterado los ecosistemas y la atmósfera tanto que la Tierra ya es casi inhabitable», *El Mundo*, 16.V.09.

consciente en sus propias manos, lejos del ciego instinto de la mera supervivencia predominante», dijo Keynes. Así que el estado (bajo su disfraz de *hombre civilizado*) también canalizará la reproducción[274]. Y algo similar le sucedió -sin entrar en soluciones concretas, sino en una contemplación filosófico-médica del tema- al doctor Gregorio Marañón, con su notable ensayo *Amor, conveniencia y eugenesia*[275].

Cómo aumentar la duración de la vida

En la especie humana es patente la tendencia a una mayor longevidad, tema sobre el cual James Vaupel -director del Instituto Max Planck de Investigación Demográfica, de Rostock, Alemania-pronunció en Madrid una conferencia, en marzo de 2014, titulada «El significativo aumento de la longevidad», dentro del ciclo «¿Seremos inmortales?», organizado por la Fundación Banco Santander. En preguntas y respuestas, algunas ideas de Vaupel:

–*¿Dónde están los límites de nuestra esperanza de vida?*

–No los hay. Sé que es difícil de creer pero no hay ninguna evidencia científica, ni siquiera biológica, de que tenga que haber límites. Leonard Hayflick afirmaba -teatralizando mucho, como le gustaba en sus conferencias- que «solo hay una causa de muerte, y solo una: la edad. Y la edad -terminaba sentenciando severamente- no se puede remediar». Pero no es exactamente así.

–*Y a nivel individual, ¿cómo mantenemos la hoguera más tiempo?*

–Jonathan Swift, autor de *Los viajes de Gulliver*, escribió: «Todo el mundo quiere vivir mucho, pero nadie quiere llegar a viejo». Llegar con buena salud a la senectud es importante para evitar la decrepitud. Hay que llevar una dieta equilibrada, evitar el sobrepeso, hacer ejercicio, beber un poco de vino, ser feliz[276].

---

274 José Segovia, «La eugenesia no la inventaron los nazis», *XL Semanal*, 20.XI.2016.

275 Gregorio Marañón, *Amor, conveniencia y eugenesia*, Historia Nueva, Madrid, 1937.

276 Alejandro Carra entrevista a James Vaupel, «No hay evidencias de que haya un límite para la esperanza de vida», *ABC*, 14.III.2014.

En dirección distinta que James Vaupel, Alejandro Mira -graduado en Biología de la Fundación Fisabio, de Valencia-, manifiesta que «vamos a vivir más, nuestra esperanza de vida media va a incrementarse, pero no creo que lleguemos a los 150 años; si bien estoy convencido de que va a mejorar nuestra calidad de vida. Así que, viviremos un poco más, pero sobre todo lo haremos mejor»[277].

Como freno a una mayor longevidad global cabe mencionar que ahora hay muchos más casos de cáncer que nunca, lo cual, en palabras de la doctora Elena Sancho (del Institut de Recerca Biomèdica, de Barcelona), tiene una explicación bien sencilla: «el cáncer se asocia a la mayor longevidad de la población, pues el 77 por 100 de todos los tumores se diagnostican en personas mayores de 55 años. Y como la esperanza de vida al nacer se ha incrementado mucho -hasta más de 82 años actualmente, en España-, la incidencia del cáncer también ha ido aumentando: vivimos mucho más tiempo, y hay más carcinomas»[278]. Si bien es cierto que ya mucho más del 50 por 100 de todos los casos de cáncer tiene curación.

«Existe el peligro de que cualquier ignorante aplique una dosis insuficiente de antibiótico, de modo que al exponer a los microbios a una cantidad no letal del medicamento, los haga resistentes», una profecía de Alexander Fleming en 1945 -en su discurso al recibir el Premio Nobel por el descubrimiento de la penicilina- que lamentablemente está cumpliéndose. De forma que «si no se toman medidas para mejorar la prevención de las infecciones y no se cambian los modos de producir, prescribir y utilizar los antibióticos, el mundo sufrirá una pérdida progresiva de su carácter benéfico, con repercusiones devastadoras -ha dicho Keiji Fukuda, subdirector general de la OMS-: los datos son preocupantes y evidencian la resistencia a los antibióticos, especialmente los utilizados como último recurso»[279].

---

277 Alejandro Mira, «¿Cuánto vamos a vivir?», *El Mundo*, 15.XI.2013.
278 Elena Sancho, «¿Cuánto vamos a vivir?», *El País*, 15.XI.2013.
279 Emilio de Benito, «Fleming tenía razón», *El País*, 1.V.2014.

¿Será posible la inmortalidad?

Hoy en día existe una minoría creciente de científicos y pensadores que hablan más abiertamente y afirman que la principal empresa de la ciencia moderna es derrotar a la muerte y garantizar a los humanos la eterna juventud. Son ejemplos notables el gerontólogo Aubrey de Grey y Ray Kurzweil.

En 2012, Kurzweil fue nombrado director de ingeniería de Google, para un año después poner en marcha una subcompañía llamada Calico, cuya misión declarada es «resolver la muerte». Ulteriortemente, Google *fichó* a otro creyente en la inmortalidad, Bill Maris, para presidir el fondo de inversiones Google Ventures[280].

Varias celebridades más de Silicon Valley comparten sueños semejantes. Por ejemplo, Peter Thiel, cofundador de PayPal, ha confesado recientemente que pretende vivir para siempre. «Creo que, probablemente, hay tres maneras principales de afrontar [la muerte] -explicaba-: puedes aceptarla, puedes negarla o puedes luchar contra ella. Pienso que nuestra sociedad está dominada por personas que están por la negación o por la aceptación, y yo prefiero luchar contra ella».

Es probable que mucha gente descarte tales aseveraciones como si fueran fantasías de adolescente. Pero Thiel -dice Noah Harari- es alguien a quien debe tomarse en serio, pues resulta ser uno de los emprendedores de más éxito e influencia de Silicon Valley.

Kurzweil y De Grey son aún más optimistas: sostienen que quienquiera que en 2050 posea un cuerpo y una cuenta bancaria (buena observación, la inmortalidad es cosa de ricos, los pobres que sigan muriéndose), tendrá una elevada probabilidad de alcanzar la inmortalidad al engañar a la muerte una década tras otra. Según Kurzweil y De Grey, cada diez años, aproximadamente, «entraremos en la clínica y recibiremos un tratamiento de renovación que no solo curará enfermedades, sino que también regenerará tejidos deteriorados y rejuvenecerá manos, ojos y cerebro. Antes de que toque realizar el siguiente tratamiento, los médicos habrán inventado una plétora de nuevos medicamentos, mejoras

---

280 Yuval Noah Harari, *Homo Deus. Breve historia del mañana*, Debate, Barcelona, 2016.

y artilugios». Si Kurzweil y De Grey están en lo cierto -dice Noah Harari-, quizá algunos inmortales caminen ya por la calle junto al lector..., al menos si este camina por [lugares *selectos* como] Wall Street o la Quinta Avenida.

Volviendo a la sensatez, no es en absoluto seguro que las profecías de Kurzweil y De Grey se hagan realidad en 2050 o 2100. En opinión de Yuval Noah Harari, las esperanzas de juventud eterna, en el siglo XXI son prematuras, y a quien se las tome demasiado en serio le espera un amargo desengaño, y personalmente el autor tiene varios amigos en esa expectativa. No es fácil vivir sabiendo que vas a morir, pero es aún más duro creer en la inmortalidad y descubrir que estás equivocado, insiste Noah Harari. Aunque el promedio de esperanza de vida se ha multiplicado por dos a lo largo de los últimos cien años, es injustificado extrapolar y concluir que podremos doblarla de nuevo hasta los ciento cincuenta años en el presente siglo.

No obstante, parece claro que todo intento fallido de superar la muerte nos acercará un paso más al objetivo, y esto insuflará mayores esperanzas e impulsará a la gente a hacer esfuerzos aún mayores. Aunque probablemente el Calico de Google no resolverá a tiempo la muerte para hacer que los cofundadores de Google, Sergéi Brin y Larry Page, sean inmortales (una verdadera pena dirán los admiradores de las empresas ultraexponenciales), es muy probable que sí se efectúen descubrimientos importantes sobre biología celular, medicamentos genéticos y salud humana en general. Por lo tanto, «la próxima generación de *googleros* podrá iniciar sus ataques a la muerte desde nuevas y mejores posiciones y los científicos que gritan: "¡Inmortalidad!" son como aquel chico que gritó -volvemos a Noah-: "¡Que viene el lobo!". El lobo acaba por llegar...».

En cualquier caso, muchos científicos consideran que el proceso de envejecimiento es como una enfermedad curable, y como tal, el problema será resuelto a partir de los avances con células madre, medicina regenerativa, biología sintética y clonación terapéutica. De modo que esas técnicas permitirían extender indefinidamente la vida del cuerpo humano en buenas condiciones.

Por otra parte, en la Universidad de Wisconsin se ha demostrado que una dieta equilibrada mejora la esperanza de vida, y lo ha hecho investigando con macacos a lo largo de 25 años. En ese sentido, los monos que al llegar a la edad adulta comieron un 30 por 100 menos que la generalidad, vivieron más y mejor. Para Carlos López-Otín, nutrólogo de la Universidad de Oviedo, el referido trabajo avala una vez más la idea de que la restricción calórica sin malnutrición es una estrategia consistente a efectos de gozar de mejor salud y una mayor longevidad. No obstante, algunos piden esperar a los resultados de trabajos semejantes que se están desarrollando con humanos: «así podremos concluir con certeza que esta intervención nutricional genera un beneficio real para nuestra propia especie»[281].

La verdad es que las observaciones anteriores eran ya más que *un rumor muy extendido*. Y como muestra de ello, citaremos a Cervantes, cuando puso en boca de Don Quijote estas palabras: «Sancho, come poco y cena más poco, porque toda la salud del cuerpo humano se fragua en la oficina del estómago».

Pero a fin de cuentas, el tema de la inmortalidad es de una dificultad extrema. Y a ese respecto, Wittgenstein, en su *Tractatus*, le asignó una visión metafísica desbordante:

> 6.4312.- La inmortalidad temporal del alma del hombre, esto es, su eterno sobrevivir tras la muerte, no solo no está en modo alguno garantizada, sino que, ante todo, tal supuesto no procura en absoluto lo que siempre se quiso alcanzar con él. ¿Se resuelve acaso un enigma porque yo sobreviva eternamente? ¿No es, pues, esta vida eterna, entonces, tan enigmática como la presente? La solución del enigma de la vida en el espacio y el tiempo reside *fuera* del espacio y del tiempo[282].

A vueltas con los telómeros

Además, hay otra vía para investigar sobre la inmortalidad, los telómeros, el nuevo mantra de la ciencia moderna, desde que los premios Nobel de Medicina Carolyn Greider, Elizabeth Blackburn y Jack Szostak hicieron importantes descubrimientos en 2009 sobre

---

[281] N. Ramírez de Castro, «Comer poco alarga la vida», *ABC*, 2.IV.2014.

[282] Ludwig Wittgenstein, *Tractatus logico-philosophicus*, Alianza Editorial Filosofía, Madrid, 4ª reimpresión, 2009.

sus propiedades. Y en ese sentido, la metáfora más empleada para explicar a qué nos referimos es la de los cordones de los zapatos, un símil en el que los telómeros serían el protector de plástico en los extremos, para impedir el deshilachado. Y es que los telómeros protegen las células, aunque van acortándose a medida que el organismo envejece.

Así las cosas, en numerosos estudios se ha relacionado el deterioro de los telómeros con enfermedades como el cáncer y las patologías cardiovasculares; como también se supone que el estrés es capaz de acortarlos. Y *sensu contrario*, se ha comprobado que una enzima (la telomerasa) permite prolongar las expectativas de vida de roedores de laboratorio.

Lo que no está claro es que con la medición de la longitud de los telómeros en humanos vaya a ser factible predecir la longevidad, la llamada *edad biológica*, esto es, el grado de envejecimiento de nuestros tejidos, al margen de la edad cronológica: hay muchos críticos a esas pretensiones medidoras, entre ellos los tres premios Nobel ya citados, que en unas declaraciones a *The New York Times*, expusieron sus dudas: «La ciencia no está todavía lista para decirnos cuáles son las consecuencias de la longitud de nuestros telómeros»[283].

Dentro de nuestro cuerpo: no estamos solos

El cuerpo humano no es solo una colección de diez billones de células, derivados de un repertorio de 23.000 genes, pues nuevas investigaciones y el análisis de sistemas vienen a decirnos que esos números infraestiman la compleja realidad, porque una persona almacena en su cuerpo billones de bacterias de varios centenares de *especies* diferentes, que en su conjunto albergan en cada persona tres millones de genes no humanos.

Para apreciar la importancia que en nuestros procesos vitales tienen las bacterias, el doctor Mira se sirve de una imagen muy gráfica: cuando nos pesamos, más o menos dos de esos kilos son de bacterias que habitan en nuestra piel, en las vías respiratorias, en la garganta, en el intestino, etc., y que son responsables de

[283] María Valerio, «El test de esperanza de vida, en entredicho», *El Mundo*, 13.V.2013.

sintetizar vitaminas y aminoácidos, de defendernos frente a patógenos que provocan infecciones, etc. Desempeñan un rol tan importante que en los congresos ya empieza a hablarse de esas bacterias como del último órgano del cuerpo humano»[284].

Los *Robespierres biológicos* (por rigoristas, como lo fue el célebre líder más radical de la Revolución francesa) estiman que esas millonarias individualidades, invisibles a simple vista, deberían considerarse parte más que significativa del propio cuerpo, llegándose, en conclusión, a la idea de que no somos simples organismos, sino *superorganismos* formados por grandes cantidades de individualidades, que en su inmensa mayoría trabajan conjuntamente.

La historia de la vida microbiana en los grandes organismos vivos se hace cada vez más amplia, con la inclusión masiva de los aludidos virus como protagonistas indispensables del ser humano. En ese sentido, los llamados *virus bacteriófagos* están siendo cuidadosamente estudiados, como elementos fundamentales por la labor que realizan de evitar una excesiva expansión de las bacterias, *colaborando* así con nuestro cuerpo para mantener en mejores condiciones el sistema de inmunidad. Y es que, si se me permite el símil, análogamente a lo que sucede con la hipótesis de Gaia, de un planeta Tierra que se autocontrola, también en cada uno, en todos los cuerpos de los seres humanos, existe un sistema de autocontrol en el que virtualmente no participamos; pero que existir, existe[285].

Parecería perverso sostener la idea de que las células bacterianas, los microbios y los virus que llevamos dentro de nosotros son parte del cuerpo que habitamos. Pero tal presunción no deja de ser sugestiva, a pesar de que los virus no son parásitos, sino miembros de una comunidad que les alberga a cambio de ciertos servicios... y también peligros para la combinación hombre-residentes, dentro de la cual, el ser humano no es sino uno de los componentes, por muy dominante que sea en el conjunto que comporta. En definitiva, está extendiéndose una nueva concepción de un conjunto vital, que seguramente conducirá a una visión más amplia y más práctica de la Medicina[286].

---

[284] Conferencia del Dr. Antonio Alcaraz, «¿Cuánto vamos a vivir?», *El Mundo*, 26.XI.2013.
[285] «Microbiomics. A virus shield», *The Economist*, 25.V.2013.
[286] «Microbes maketh man», *The Economist*, 18.VIII.2012.

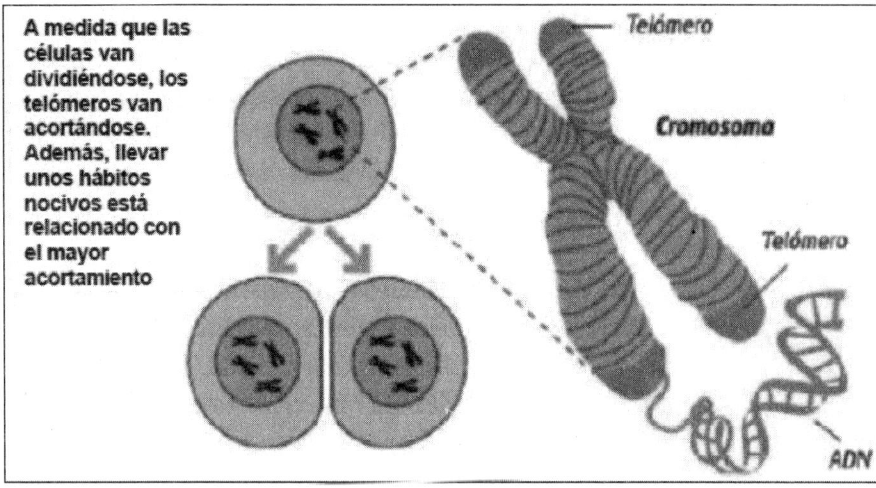

Telómeros. Fuente: *El Mundo*, 13.V.2013.

¿Resurrección vía criogénesis?

El tema de la criogénesis saltó a los medios, en Inglaterra, cuando los científicos condenaron por unanimidad la decisión del Tribunal Supremo de autorizar a la madre de una niña de 14 años para que congelara su cuerpo después de su muerte, alegando que las posibilidades de que pueda ser revivida son «infinitesimales».

Los expertos alertaron, una vez más, de que las compañías criogénicas son absolutamente irresponsables, por participar a la sociedad que existe una esperanza real de que un humano muerto pueda ser descongelado y resucitado para curarle de una enfermedad mortal en el futuro. Advierten así de que la decisión podría alentar a las personas vulnerables a concebir esperanzas que en realidad son poco realistas, cuando no absolutamente infundadas[287].

Para el profesor de neurociencia en el King's College de Londres Clive Coen, la decisión puede llevar a «consecuencias no deseadas». Es decir, que mucha gente vaya a pensar que «la cosa vale la pena», cuando se trata de una decisión éticamente compli-

[287] Rita Álvarez Tudela, «La ciencia condena las falsas esperanzas que ofrece la criogenización», *La Voz de Galicia*, 20.XI.2016.

cada. En ese sentido, nos advierte: «la niña consiguió el consuelo, pero otros pueden ahora ser engañados»[288].

Desde Cryonics UK, la organización sin ánimo de lucro que preparó el cuerpo de la niña en Londres para su transporte a la planta de almacenamiento en Estados Unidos, agradecerían la entrada en vigor de una regulación de la criogénesis, pues ayudaría a los hospitales a saber hasta dónde es legal y qué procedimientos seguir. Pero la filósofa británica Mary Warnock no apoya esa idea, e insiste en que la gente se informe mejor para no ser «explotados sin piedad por parte de estas empresas» que pretenden ser benefactores y que un día podrían *estar en los papeles* por su temeridad e improvisación. Más crítico es el astrofísico Martin Rees, para quien las promesas hechas por los entusiastas de la disciplina son «ridículas y no deben ser tomadas en serio», pues considera «improbable que esto [la resurrección] sea factible».

Con la salida a la luz del caso de la niña inglesa, es inevitable recordar -dice Rita Álvarez Tudela en el artículo citado- una de las mayores leyendas urbanas de la criogenización, la del dibujante y productor cinematográfico Walt Disney. Tras su muerte por un cáncer de pulmón en 1966, su entierro privado y sin que nadie viese el cuerpo llevó a creer que había optado por la congelación de su cuerpo. Pero fue incinerado y sus cenizas reposan en un cementerio de Los Ángeles: a ver si se enteran muchos, que suponen que el promotor de *Blancanieves* está esperando la resurrección, tal vez en medio del bosque, por el beso de una princesa azul.

Distinto de la criogénesis es la creación de homínidos artificiales. En ese sentido, 50 años atrás, los científicos acuñaron la palabra *cyborg* para un organismo imaginario: parte humana, parte máquina. Parecía ciencia ficción, pero hoy alrededor de 20.000 personas tienen implantes más o menos complejos en todo el mundo... y funcionan. Neil Harbisson, que solo puede percibir los colores transformándolos en sonidos, que puede oír a través de una antena implantada en su cabeza, *ve un futuro* enorme-

[288] C.W. Coen, «To store, perchance to thaw. Cryonics promises to freeze and then revive the human brain. But the evidence -or lack of it- tells us this is wishful thinking», *New Humanist*, winter issue, 18.XI.2016, pp. 34-36.

mente mejorado, ampliando nuestros sentidos con nuevas tecnologías[289]. Esa es la propuesta del llamado transhumanismo, que hoy hace estragos en las mentes más ingenuas y admiradoras de las tecnologías más avanzadas, para incorporarlas más o menos a la mente humana[290].

5. El cerebro humano

El cerebro humano empieza a construirse cuando el *nasciturus* en el claustro materno tiene unos tres meses; y continúa desarrollandose durante la infancia y la adolescencia. Pero ni siquiera entonces hay una *foto-fija*: para las conexiones más finas, *el tuneado más sutil* continúa toda la vida.

Por otro lado, cada vez hay más constancia de que la parte *inconsciente* de lo que llamamos mente humana funciona de manera análoga a como lo hacen el corazón o el aparato digestivo; esto es, de modo más o menos automático, o *reflejo*. En ese sentido, David Eagleman, director del laboratorio neurológico del Baylor College of Medicine (Houston), se expresa con un interesante símil:

> La mente consciente es algo así como el consejero delegado de una empresa, que no puede conocer cada detalle de la compañía -no conoce a los proveedores de la cafetería, ni qué programas se utilizan en los ordenadores-, por la sencilla razón de que no podría hacer su trabajo si intentara conocer todos los detalles. Su verdadero papel consiste en diseñar a largo plazo y tomar decisiones importantes, en analogía a lo que ocurre con la parte consciente de la mente humana.
>
> Por lo demás, en el cerebro hay siempre una especie de lucha de rivales, porque en él están integradas muchas partes que compiten entre sí. De modo que a veces cooperan, y otras pugnan; como sucede con los grupos parlamentarios en una democracia, en la que unos y otros aman a su país pero todos tienen

[289] http://www.nationalgeographic.com/magazine/2017/04/evolution-genetics-medicine-brain-technology-cyborg/.

[290] Un problema sobre el cual es interesante el artículo de Ricard Ruiz de Querol, en *Ethia*, mayo de 2017, pág. 51 y sig.

> ideas distintas sobre cómo gobernarlo. Algo similar ocurre con el cerebro: hay partes que nos empujan a actuar en una dirección y otras que nos inducen a hacerlo en la contraria[291].

No obstante lo anterior, actualmente las investigaciones sobre el cerebro se fijan sobre todo en las *autopistas* de las conexiones del tuneado antes referido; como, por ejemplo, desde la retina hasta la llamada *corteza visual*, en la parte posterior del cerebro: una vía integrada por axones, esto es, las prolongadas extremidades con que las neuronas se conectan entre sí (sinapsis). Al respecto, las preguntas son: ¿Qué guía a los axones hasta su conexión final? ¿Cuándo y dónde dejarán de crecer para conectarse con las neuronas adecuadas?

Pero la enorme cantidad de esas interconexiones, no es lo único a considerar: las sinapsis excitan a las neuronas contactadas, y también las silencian; hay neuronas que se conectan, cada una, con otras 10.000 neuronas, pudiendo hacerse la pregunta de ¿qué pasa si se recibe una señal excitatoria, otra inhibitoria... o todo a la vez? En definitiva, se trata de un *puzzle* solo inteligible *more cibernético*; que, como veremos más adelante, podría acabar por conocerse en toda su verdadera complejidad[292].

Según otro testimonio, «el cerebro está hecho de fibras paralelas y perpendiculares que se cruzan entre sí de forma ordenada». Es una aseveración de Van J. Wedeen, del *Martin Center de Boston*, que en una contribución a la revista *Science*, fechada en abril de 2012, dio a conocer que la masa cerebral es de dos tipos de tejido: *materia gris*, de células nerviosas con funciones específicas; y *materia blanca*, hecha de largas fibras interconectadas como cables, cuyas trayectorias se cruzan y conectan entre sí, con una geometría sorprendentemente simple: como una tela formada por múltiples hilos y doblada en pliegues, que enmascaran la estructura de sus conexiones[293].

---

[291] Eduardo Suárez, «La mayoría de nuestros actos los generan partes del cerebro que no controlamos», *El Mundo*, 6.IV.2013.

[292] Mónica Salomone, «Cómo construir un cerebro humano», *El País*, 6.II.2012.

[293] Alicia Rivera, «El cerebro, elegantemente simple», *El País*, 11.IV.2012.

6. El proyecto Brain de EE.UU. y los cerebros electrónicos

A poco de ponerse en marcha el gran proyecto europeo, el Gobierno de Barack Obama anunció en marzo de 2013 un programa de diez años para investigar a fondo el complejo funcionamiento del cerebro humano. Se trata del *Mapa Cerebral*, a financiar por el Instituto Nacional de la Salud, que actualmente dirige Francis Collins, quien fue director del Proyecto Genoma Humano y a quien nos hemos referido ampliamente en el capítulo III de este libro. Obama, al presentar el proyecto ante el Congreso de EE.UU. el 2.IV.13, manifestó:

> Cada dólar que invertimos en cartografiar el genoma humano representó un ingreso de 140 dólares en nuestra economía, cada dólar. Y en el futuro nuestros científicos cartografiarán el cerebro humano para encontrar las respuestas al alzhéimer. Están desarrollando medicamentos para regenerar órganos dañados, diseñando nuevos materiales para hacer baterías diez veces más potentes. Ahora es el momento de apoyar estas inversiones creadoras de puestos de trabajo en ciencia e innovación[294].

Un mapa cerebral

El presidente Obama calificó el proyecto BRAIN como el más ambicioso, al objeto de combatir enfermedades como el alzhéimer o el parkinson, el autismo y la epilepsia; y con muchas más finalidades más. En esa presentación manifestó:

> Hoy los seres humanos podemos identificar galaxias a años luz de distancia, o estudiar partículas más pequeñas que el átomo, pero todavía no hemos desentrañado el misterio de los 1.300 gramos de materia que tenemos entre los dos pabellones de los oídos.
>
> La nuestra es una nación de soñadores, de gente que se arriesga. Los ordenadores, el GPS, internet y otros avances germinaron con la financiación del gobierno federal a la investigación básica. Y en ese sentido, el próximo gran proyecto de EE.UU. es el BRA-

[294] Málen Ruiz de Elvira, *El País* digital, 19.II.2013

> IN. Ahora es el momento de alcanzar un nivel de investigación y de desarrollo que no se había visto desde los tiempos más intensos de la carrera espacial[295].

La idea de hacer el mapa de la actividad cerebral surgió en un congreso en Chicheley, localidad situada entre Londres y Birmingham. Fue en septiembre de 2011 y en el debate al respecto participó el español Dr. Rafael Yuste, que llevaba 26 años trabajando en EE.UU., siempre en conexión con el laboratorio Cajal que dirige Javier de Felipe. Como también el Dr. Yuste mantenía ya colaboración con el Dr. George Church -ya mencionado antes-, investigador del mapa del genoma humano, qué quería hacer en el futuro le gustaría registrar la actividad de todas las neuronas a la vez, capturar sus impulsos eléctricos con que se intercomunican.

Así las cosas, de común acuerdo, Yuste y Church, junto con otro neurobiólogo y dos físicos, redactaron un documento para articular la idea, que atrajo el interés de la directora de la Fundación Kavli, entidad californiana dedicada al progreso científico, en la que se decidió aconsejar a la Casa Blanca apostar por el proyecto BRAIN (acróstico de *Brain Research through Advancing Innovative Neurotechnologies*), en pro de la investigación del cerebro a través del avance de neurotecnologías innovadoras para en los próximos quince años diseñar el mapa de toda la actividad cerebral.

Así nació la idea de hacer el *Mapa de la Actividad Cerebral*, que después el presidente Obama denominó *Proyecto Brain*, al apreciar que se trataba de un proyecto científico de gran escala, de tanta relevancia como lo habían sido mandar un hombre a la Luna o descifrar el genoma[296].

Pablo Jáuregui, entonces director de ciencia del diario *El Mundo*, entrevistó al Dr. Rafael Yuste, llamándole el *Cajal de nuestros tiempos*, pues si a principios del siglo XX el Nobel aragonés desveló la estructura de las neuronas, hoy el sabio madrileño, *fugado* a EE.UU., está al frente de un proyecto para trazar la cartografía del cerebro humano, en el laboratorio que dirige en la Universidad de Columbia

---

[295] «Obama apuesta por el cerebro humano», *El Mundo*, 3.IV.2013.

[296] Rafael Yuste, «El mapa del cerebro será tan relevante como mandar un hombre a la Luna», *ABC*, 22.III.2014.

en Nueva York, y desde donde lidera la *Brain Initiative*, el proyecto impulsado por el presidente Obama para desentrañar la increíble complejidad de la actividad neuronal.

Cerebros informáticos

En los años noventa del siglo XX, Larry Page y Sergey Brin eran dos jóvenes estudiantes de la Universidad de Stanford, donde desarrollaron un revolucionario motor de búsqueda para Internet. Así, en 2013, quince años después y con más de una treintena de grandes clientes web en su cartera (YouTube, Gmail, Maps, etc.), la compañía por ellos fundada, Google, es la que más tráfico de datos mueve: cada vez que un usuario recurre a alguno de sus servicios, se está conectando a uno cualquiera de los trece centros de datos que la empresa tiene repartidos entre América (siete), Asia (tres) y Europa (tres).

Los edificios inteligentes que albergan la memoria de Google no descansan: funcionan las 24 horas del día y la temperatura debe permanecer constante, a 26,6 grados centígrados, para asegurar su buen funcionamiento, para lo cual se utiliza agua en circulación permanente, que absorbe el calor generado por las propias máquinas[297].

La disponibilidad de información es hoy en día más crítica que nunca. Y además, en una era en que la mayoría de los procesos están informatizados, es clave saber proteger lo más valioso: los datos. Esto explica que todas las empresas que gestionan información tengan uno o varios *Centros de Datos* (*Data Centers*), para lo que a veces basta con solo una sala bien preparada, pero en otras ocasiones precisan de edificios enteros. Como ya hemos visto que le sucede a Google, también Microsoft y Facebook cuentan con grandes centros de ese tipo.

Bancos, gobiernos, empresas tecnológicas y multinacionales recurren a tales *data centers*, a fin de almacenar en ellos valiosa información, dominando lo digital sobre el principal. Estos sitios están acondicionados como si de búnkeres se tratara, a veces en lugares remotos y siempre con fortísimas medidas de seguridad,

[297] Francisco Javier Alonso, «Esta máquina lo sabe todo sobre usted», *Semanal de ABC*, 2.XII.2012.

sistemas avanzados contra incendios o inundaciones, y barreras contra «hackers»[298].

El proyecto *Mont Blanc* se puso en marcha en Barcelona en el *Centro Nacional de Supercomputación,* CNS[299]. Al respecto, Alex Ramírez, jefe de equipo y responsable del proyecto en cuestión, manifiesta que con el supercomputador «va a contribuirse a dar un gran salto en supercomputación. Serán innumerables PC unidos con cables de fibra óptica, que funcionarán a gran velocidad. Un total de 2.560 ordenadores, con más de 10.000 procesadores».

El megaordenador español *Mare Nostrum*, una vez completado con sus 6.000 chips Intel de 2,6 GHz, ofrecerá a la comunidad científica una capacidad de cálculo de 1 petaflop por segundo[300], lo que equivale a decir que podrá hacer 1.000 billones de operaciones por segundo, capacidad que será muy valiosa para investigaciones sobre el genoma humano, estructura de las proteínas o diseño de nuevos medicamentos[301].

7. La inteligencia artificial

Antes de entrar en el análisis de la inteligencia artificial, veamos algunas reflexiones sobre los humanos, que nos brinda Pedro G. Cuartango, un significativo filósofo español de nuestro tiempo:

- Deberíamos apreciar la insignificancia de nuestra propia vida individual en relación a la magnitud del universo del que formamos parte. No somos nada y, a la vez, lo somos todo porque tenemos el privilegio de ser conscientes de nuestra precaria posición en el mundo[302].
- Tendemos a creer que nuestra vida se rige por pautas racionales, pero lo cierto es que estamos determinados, valga la paradoja, por el azar. Somos inmensamente frágiles y

[298] Andrea Fernández, «Superfortalezas bajo tierra para proteger información sensible», *ABC*, 16.III.2014.

[299] Óscar Muñoz, «El supercibercerebro», *La Vanguardia*, 18.III.2012.

[300] El acrónimo FLOP corresponde a las siglas inglesas de la expresión operaciones de *coma flotante por segundo* y es la unidad de medida estándar de este tipo de ordenadores.

[301] Daniel Méndez, «Un megaordenador español para volver a creer en el I+D», *Semanal Finanzas.com*, 27.I.2013.

[302] Pedro G. Cuartango, «De la nada al todo y al revés», *El Mundo*, 12.III.2016.

solo dependemos de las leyes de la física y la biología. En realidad, somos un producto de fuerzas que no podemos controlar y cuyo origen es desconocido[303].
- Nada quedará de nosotros, un pequeño fulgor en la oscuridad que se apagará pronto como la llama de una vela tras consumirse la cera. El hombre sigue siendo un enigma para sí mismo. La ciencia nos ayuda a comprender quiénes somos. Pero la única certeza, y esto nos distingue de todas las demás especies, es la conciencia de la fugacidad de la vida[304].

Y hechas esas reflexiones sobre la condición humana, entramos en el tema de la *Inteligencia Artificial* (IA), que surgió a mediados del siglo XX, a partir de matemáticos como Claude Shannon, Norbert Wiener, John von Neumann y Alan Turing, quienes primeramente sentaron las bases de la *teoría de la computación*: el progreso haría posible disponer un día de máquinas de mayor capacidad de inteligencia que las personas, y que además llegarían a gozar de la posibilidad de vivir sin necesidad de contar con la especie humana que las creó: las máquinas idearían y materializarían su propia civilización, tal como premonizó el novelista de ciencia ficción Arthur C. Clarke en *Cita con Rama*[305].

Marvin Minsky es uno de los científicos que en 1956 participó en la mítica conferencia de Dartmouth en que se acuñó el término de *Inteligencia Artificial*, que engloba a ordenadores y robots que siguen los patrones de la inteligencia humana. En 1959 fundó junto a John McCarthy el Laboratorio de Inteligencia Artificial del prestigioso Massachusetts Institute of Technology. Un visualizador de gráficos que se lleva en la cabeza, un brazo robótico y el microscopio confocal, muy usado en biología, son algunos de sus más destacados logros profesionales[306].

–¿Y cuáles son ahora los futuros posibles?

–Nadie está al mando del planeta. Los países queman petróleo para ganar dinero, pero no saben que se están destrozando

303 Pedro G. Cuartango, «La llama fugaz de una vela», *El Mundo*, 4.IV.2016.
304 Pedro G. Cuartango, «Entre el azar y la necesidad», *El Mundo*, 14.III.2016.
305 Arthur C. Clarke, «Cita con Rama», versión española, Ultramar, 1973.
306 Javier Elola entrevista a Marvin Minsky, «Nadie está al frente del planeta», *El País*, 30.VIII.2014.

a sí mismos porque el planeta se calienta… algún día ya no habrá necesidad de calentar nada.

–Aparte de lo que se ha descubierto en el campo de la Inteligencia Artificial, ¿en qué campos diría que se han llevado a cabo los descubrimientos más notables en los últimos años?

–En genética. Es difícil pensar en una era en que se haya descubierto tanto en tan poco tiempo. Hace veinte años se sabía que había genes, pero no cómo funcionaban.

El polifacético Alan Turing

Muy probablemente nada o casi nada de lo que aquí puede decirse sobre robots y otros mecanismos existiría hoy sin el trabajo de Alan Turing, el matemático británico del que se celebró el centenario de su nacimiento en 2012. En ese sentido, Turing posee muchos títulos: el genio que descifró los mensajes encriptados de los submarinos nazis durante la Segunda Guerra Mundial con la máquina Enigma, y también se convirtió en el autor de las bases teóricas sobre las que ha crecido la informática.

Pero con todo, en las celebraciones de su centenario, en 2012, en lo que más se enfatizó fue en el impacto de las aportaciones de Turing en la vida cotidiana: no hay teléfono móvil, consola o dispositivo electrónico en general que no le deba algo. «Es necesario que la sociedad incorpore a Turing a su elenco de grandes investigadores de la Historia, en la misma categoría de Kepler, Darwin, Marie Curie, Galileo, Newton o Einstein», dice Juan José Moreno Navarro, vicerrector de Sistemas Informáticos y de Comunicación en la Universidad Politécnica de Madrid y comisario del *Año Turing en España*[307].

Y debemos preguntarnos por una de las pruebas más renombradas, el *test de Turing*, destinado a saber si una computadora es inteligente en su interacción con los humanos, sencillamente, a base de un *chat*. En ese sentido, un sujeto envía su mensaje y analiza el contenido de la respuesta que recibe de su interlocutor, determinando si hay verdadera conversación. De modo que si un día encontramos una máquina capaz de hacernos pensar

[307] «El sueño de los androides, más cerca», *Estratos*, otoño 2012.

que se trata de una *persona*, deberíamos resignarnos y atribuirle tanta inteligencia como la que podamos tener nosotros mismos. En suma, un experimento sencillo que Alain Turing expuso en la década de 1950 y que sigue siendo origen de amplio debate[308].

Hasta ahora, ninguna máquina había logrado superar con éxito el test de Turing, y no será por falta de incentivos. En 1990 se puso en marcha el Premio Loebner, un concurso anual para intentar resolver la prueba expuesta por el científico británico cuatro décadas antes. Aunque se repartieron algunas condecoraciones menores, el gran bote, los 100.000 dólares que se llevaría aquel que lograse superar el test, ha pasado 24 años sin dueño.

Eugene es un chico ucraniano de 13 años al que le gusta comer hamburguesas y dulces, y cuyo padre trabaja como ginecólogo. O eso es al menos lo que logró hacer creer al 33 por 100 de los jueces en una competición en torno al test de Turing celebrada el 7.VI.2014 en la Royal Society de Londres; coincidiendo con el 60 aniversario de la muerte del genio matemático. Puesto que Alan Turing estableció que el 30 por 100 de los jueces debían ser engañados como mínimo para dar por superada la prueba, Eugene Goostman puede reclamar el honor de haberlo conseguido.

Este *software* fue creado en San Petersburgo por los programadores Vladimir Veselov, ruso, y Eugene Demchenk, ucraniano, en 2001 y se trata de un *chatbot*, un robot con el que conversar, que ya estuvo a las puertas de superar el test de Turing en 2012: en aquella ocasión, su porcentaje de persuasión se quedó en un 29 por 100 de los jueces. Aunque no logró superar la prueba, sus resultados impresionaron a los jueces, puesto que era lo más cerca que había estado nadie de superarla.

Para volver a presentarse a la prueba dos años más tarde y ganarla, Veselov y Demchenk sometieron a Eugene a muchas mejoras. «Hemos pasado mucho tiempo desarrollando un personaje cuya personalidad fuese creíble. Este año nos hemos centrado en mejorar el control de diálogos, que hace que la conversación sea mucho más parecida a la que tienen dos personas que cuando hablas con un programa que simplemente responde preguntas».

---

308 Manuel González Bedia, «Las mil caras del test de Turing», *El País*, 6.XII.2012.

> En sus planes está seguir mejorando: «Queremos hacer a Eugene más listo, y seguir perfeccionando lo que llamamos la lógica de la conversación»[309].

Supongamos que, en un momento dado, una computadora sea capaz de conseguir superar la prueba de Turing: ¿podríamos entonces asegurar que las máquinas habrían llegado a ser tan inteligentes como nosotros? ¿Es suficiente con la prueba de Turing para asegurarlo?[310]

Hoy por hoy no es fácil concebir como supuesto algo así, a menos que estemos en trance de *mecanizarnos*, en una tendencia manifiesta a comportarnos como verdaderas máquinas. Un ejemplo: si abandonamos los contactos directos en favor de los *centros de llamadas* (*call centers*) a distancia, atendidos por trabajadores repetitivos, carentes de toda responsabilidad y creatividad, solo será cuestión de tiempo que esos trabajadores, que ya hoy actúan como robots vivientes, sean reemplazados por máquinas[311]. De hecho, ya está sucediendo: muchos *call centers* ya funcionan íntegramente servidos por *dispositivos electrónicos contestadores*.

Al respecto, la opinión de Jaime González-Torres Domingo puede resultar esclarecedora; es la siguiente:

> Las máquinas pensantes, la inteligencia artificial y el Test de Turing, pasan por alto algo fundamental: los fenómenos psicológicos que tenemos los seres humanos y que, a ver cómo se meten en un ordenador. El contacto entre seres humanos tiene una gran parte de estos, como todos sabemos a través de las personas que amamos u odiamos o, simplemente, nos caen mal. La abismal diferencia entre una inteligencia artificial, por enorme que sea, y un ser humano es precisamente el alma y una de sus manifestaciones son los fenómenos parapsicológicos. Y algo que han demostrado los parapsicólogos es que la telepatía (medida cuantitativamente por las cartas Zener) no viaja por

---

[309] Rocío P. Benavente, «Un ordenador consigue superar por primera vez el test de Turing», *Teknautas*, 9.VI.2014.

[310] Manuel Alfonseca, «¿Basta la prueba de Turing para definir la inteligencia artificial?», *El País*, 24.I.2013.

[311] Stephen Cave, «Being human», *Financial Times*, 25.VI.2011.

el espacio (porque los porcentajes de aciertos son similares en una pareja, emisor-receptor, si están ambos en la misma habitación, uno en Washington y otro bajo los hielos del Polo y uno en Washington y otro orbitando la cara oculta de la Luna). Ergo, hay algo en el hombre que está fuera del espacio (y del tiempo). Si no nos gusta, no lo llamemos alma[312].

Izquierda: Von Neumann: ¿las máquinas que llevan su nombre pueden llegar a pensar por sí mismas? **Derecha:** Alan Turing, uno de los padres de la inteligencia artificial.

Máquinas pensantes y trabajo humano

Por otro lado, el caso de Lofti Zadeh (Bakú, Azerbaiyán, 1921) es bien ilustrativo de los avances de la IA, con base en la llamada lógica difusa, que se sirve de algoritmos que permiten disponer, en la vida cotidiana, de lavadoras y otros electrodomésticos *inteligentes*, capaces de elegir los programas más adecuados para adaptarse a las necesidades de cada caso y así ahorrar energía. Como también la lógica difusa permite diseñar instrumental médico avanzado, y para hacer que los trenes automáticos operen sin conductor. En concreto, el trabajo de Zadeh ha generado más de 50.000 patentes en EE.UU. y Japón. La Fundación BBVA le otorgó en 2013 su premio *Fronteras del Conocimiento* en la categoría de tecnologías de la información y la comunicación (TIC)[313].

[312] Jaime González-Torres Domingo, correo electrónico al autor del 13.VII.2013.
[313] Teresa Guerrero, «Premio al padre de las máquinas inteligentes», *El Mundo*, 15.I.2013.

Y en relación con las máquinas inteligentes, Thomas Friedman, en *The New York Times*, se refiere al «final de las oportunidades para el trabajador medio, pues la revolución digital solo deja espacio para los excelentes, los mejores». En ese sentido, comparte la tesis defendida por Andrew McAfee y Erik Brynjolfsson, investigadores en el Massachusetts Institute of Technology (MIT), en su libro *Race against the machine*, según la cual, el futuro será controlado por las máquinas, única manera en la que tendremos servicios de alta calidad, personalizados, a un coste cercano a cero. En tales circunstancias una alta proporción de los trabajadores se verán subempleados de manera permanente: trabajarán menos horas de lo que les gustaría y les será mucho más difícil conseguir trabajos de larga duración. La clase media como ideal de la sociedad continuará siendo una aspiración general. Sin embargo, ese objetivo se alejara cada vez más[314].

En el mismo sentido que las observaciones anteriores se sitúan dos académicos de la *Sloan Management School* del MIT, Erik Brynjolfsson y Andrew McAfee, que han realizado una serie de investigaciones muy críticas respecto al tecno-utopismo en un libro conjunto publicado en 2011, con el título de *Carrera contra la máquina*[315], un trabajo en donde predicen que la tecnología puede destruir más que crear empleos, siendo posible que ensanche las ya muy fuertes desigualdades que están creándose en los más diversos mercados, en los que innovadores, inversores y consumidores se llevan la *parte del león* frente a los trabajadores.

Esa pesimista visión de futuro es compartida por el estudio del *Global Institute McKinsey*, en un informe titulado *Disruptive technologies: Advances that will transform life, business and the global economy*, en el que figuran muchos ejemplos sobre la forma en que internet está revolucionando el trabajo en todos sus aspectos, de modo que pequeñas computadoras conectadas entre sí serán capaces de resolver en el futuro muchas cuestiones que actualmente se confían a seres humanos[316]. E incluso hay problemas en las aplicaciones a la defensa. En ese sentido

[314] Víctor Barreira, «El futuro será controlado por las máquinas», *El País*, 26.V.2013.

[315] Erik Brynjolfsson y Andrew McAfee, *Race Against the Machine*, Digital Frontier Press, Lexington, Massachusetts, 2011.

[316] «Schumpeter, The age of smart machines», *The Economist*, 25.V.2013.

–en un simulacro de ficción muy afinado–, el 29 de agosto de 1997, Skynet –el sistema informático que controla el arsenal nuclear de EE.UU.– fue consciente de sí mismo, y toda una serie de operadores presos de pánico trataron de desactivarlo. Sin embargo, Skynet, al percibir una amenaza exterior, lanzó al espacio su arsenal y exterminó a toda la humanidad, marcando así el comienzo de un mundo gobernado por robots: todo un guión para la película *Terminator* de 1984.

Por supuesto, la gran capacidad de computación de nuestro tiempo comporta cosas buenas y va a traer algunas más bien malas. Por ello, hay una pregunta frente a esa perspectiva: ¿estamos preparados para hacer frente a la posibilidad de que en el futuro haya personas que –a pesar de estar dispuestos y en condiciones de trabajar– no tengan ningún valor económico como potenciales trabajadores? Una amenaza así parece que será más real de lo que muchos pueden pensar, pues en el momento en que los niños de diez años de ahora finalicen sus estudios, las computadoras podrían ser cientos de veces más baratas e inteligentes que hoy. De ahí que un futuro lleno de los serviciales robots a nuestras órdenes puede ser muy brillante, pero solo si adaptamos las instituciones con suficiente rapidez para que no haya un elevado número de desocupados, a pesar de que hayan recibido, en general, una educación más que relevante[317].

A pesar de todo, Rafael Yuste, que como vimos en su momento lidera el proyecto *Brain*, se manifiesta muy en pro de impulsar la inteligencia artificial:

—Pero el desarrollo de máquinas con inteligencia humana es algo que inquieta a muchas personas. De hecho, las películas de ciencia ficción casi siempre reflejan este miedo a un futuro de robots que se rebelan contra sus creadores. ¿Qué opina?

—Yo volvería al ejemplo del iPhone, que es una máquina potentísima y no se ha vuelto contra nosotros. Yo creo que son herramientas que el hombre siempre va a estar controlando. Volvamos atrás en el tiempo. El hombre inventa la rueda, domestica a los

[317] Tim Harford, «The robots are coming and will terminate your jobs», *Financial Times*, 28.XII.2013. También Ramón Tamames, «La inteligencia artificial (I)», *Republica.com*, 15.XII.2016.

caballos o empieza a practicar la agricultura, y esto transforma su cultura y civilización. Yo pondría la inteligencia artificial en esta categoría de herramientas técnicas que la Humanidad ha desarrollado a lo largo de su historia, que nos han engrandecido. No lo veo como algo peligroso, como el que imagina al robot que se vuelve más inteligente que nosotros. Yo diría más bien que nosotros nos haremos más inteligentes gracias a ellos. El camino de la ciencia es un camino de ayuda a la Humanidad. Si repasamos la Historia, ha sido siempre el motor del progreso[318].

La sustitución del cerebro humano

Diez años. Ese es el tiempo que Dmitry Itskov calcula que le llevará encontrar la forma de esquivar la guadaña transplantando su cerebro a un robot, a partir de 2014. El emprendedor ruso, de 31 años, lidera un proyecto de alta tecnología, de nombre en clave *Avatar*, y siempre ha tenido claro que «la gente no quiere morir». Así que decidió emprender su propio *viaje hacia la inmortalidad*, por una senda que más bien parece de ciencia ficción: su iter consistiría en *descargar* el contenido del cerebro humano en una mente robótica, sin intervención quirúrgica, para lo cual, el principal reto consiste en «diseñar un interfaz cerebro-máquina que permita controlar y asegurar la vida de un cerebro humano fuera de su cuerpo». Para ello, será preciso inventar un ordenador en el que pueda ser instalada la información del cerebro originario.

Pero el caso es que Itskov tiene aún un objetivo más a largo plazo: lograr que el recipiente *postmortem* sea holográfico, con todas las ventajas que eso puede comportar: atravesar paredes, desplazarse a la velocidad de la luz, etc.[319]. Lo que no ha explicado el sagaz inventor es si ese cerebro solo será de recuerdos o si podrá *vivir* con su entorno, manifestándose sobre cualquier cosa.

---

[318] Pablo Jáuregui, entrevista a Rafael Yuste «En el cerebro no hay magia. Nuestros pensamientos son disparos de neuronas», *El Mundo*, 22.III.2014.

[319] ttp://noticias.lainformacion.com/ciencia-y-tecnologia/se-puede-evitar-la-muerte-este-ruso-quie-re-hacerlo-transplantando-su-cerebro-a-un-robot_OJkxrbwKQhZ9iXHvrVoW04/

Robots en progreso y futuro de la IA

Moviéndonos en el área de la IA, inevitablemente hemos de referirnos a los robots, los *trabajadores* no humanos a los que Karel Čapek dio nombre a partir de su lengua checa. Y desde esa primera notoriedad, de los años 30 del siglo XX, la robótica ha avanzado mucho, hasta el punto de que Hiroaki Kitano, uno de los directores del Sony Computer Science Lab, en Tokio, a principios de los años noventa del siglo XX, ya soñaba con crear robots humanoides, capaces de competir con hombres y mujeres. ¿Ambicioso? ¿Utópico? Nada de eso, porque en robótica los sueños son un motor potente. Y en esa senda, el propio Kitano creó el perro *Aibo*, uno de los grandes éxitos comerciales de la robótica de Sony; y posteriormente diseñó a QRIO, el primer bípedo artificial capaz de correr. Pero, ¿cuán lejano se está todavía del robot humanoide de las películas que hace de todo? ¿Del compañero androide capaz de compartir su *vida* con las propias personas?

«Se ha avanzado mucho y, ocasionalmente se han alcanzado los objetivos que los fundadores de la inteligencia artificial plantearon»; o por lo menos eso es lo que piensa Ramón López de Mántaras, director del Instituto de Investigación de Inteligencia Artificial (IIIA-CSIC), en Barcelona, y primer científico no estadounidense en haber recibido -en 2011- el premio Robert S. Engelmore de la Asociación Americana para el Avance de la IA.

Pero si ha habido tantos progresos... ¿dónde están, para verlos? Lo que ocurre es que la IA se ha vuelto ubicua, «está por todas partes, ¡pero no siempre es visible!», dice López de Mántaras, para acto seguido poner ejemplos: «En sistemas de inyección de los automóviles se usan algoritmos de aprendizaje automático; en los videojuegos se emplean redes neuronales; en los sistemas de detección de fraudes financieros se recurre a técnicas de aprendizaje automático relacional. Por su parte, en procesos como la gestión del tráfico de llamadas en telefónica móvil, la detección de hábitos de consumidores, los buscadores en la web... se usan técnicas de inteligencia artificial. Incluso se han demostrado complejos teoremas matemáticos con herramientas de IA»[320]. No hay, pues, lugar

[320] «El sueño de los androides, más cerca», *Estratos*, otoño 2012.

para desazones, y con toda seguridad, con tantas cosas, como casi siempre, *lo mejor está por llegar*... según pasamos a ver en la antes aludida cuestión de implantes.

Entre esas posibilidades, lo que nos cuenta Mark Zuckerberg, de cuando se *reunió* en su página de Facebook (dónde, si no) con *famosos* de la talla de Shakira, Stephen Hawking, Arnold Schwarzenegger o Richard Branson, y también con usuarios habituales de la web, para responder preguntas sobre el futuro. Y una de las que más revuelo provocó llegó de parte de un joven que se interesó por cómo sería Facebook en una década. «Algún día -respondió Zuckerberg-, estoy seguro, seremos capaces de enviar pensamientos complejos mediante las nuevas tecnologías. Pensarás en algo y tus amigos podrán percibirte; si quieren compartirlo, claro»[321].

Lo que proponen John Gabrieli y sus colegas del MIT es utilizar el acervo tecnológico capaz de medir la neurodiversidad humana, a fin de predecir el comportamiento futuro de las máquinas pensantes y su relación con las personas. «Esa predicción -dice Gabrieli- puede constituir una contribución humanitaria y pragmática para la sociedad y, desde luego, requerirá una nueva rama de la ciencia no exenta de consideraciones éticas»[322], lo que genera una serie de inquietudes en multitud de casos. En ese sentido, el libro de Eric Horvitz *Cien años de estudio de la inteligencia artificial*[323], incluye esta como área muy especial. Y expresamente, su autor, no oculta sus preocupaciones por la posibilidad de que[324]:

> [...] Un día podríamos perder el control de los sistemas de IA, vía el aumento de las superinteligencias, que dejarían de comportarse conforme a los estrictos deseos humanos, para amenazar a la propia humanidad. ¿Tales efectos distópicos son posibles? Y si es así, ¿cómo surgirían tales situaciones? Y una pregunta más a ese respecto: ¿debe aceptarse la inversión en investigaciones que persiga lograr una explosión de inteligencia no humana?

---

321 Juan Scaliter, «El futuro de Facebook», *La Razón*, 6.VII.2015.

322 Javier Sampedro, «La neurociencia ya puede predecir el futuro, pero ¿debe?», *El País*, 19.I.2015.

323 Eric Horvitz, *One-Hundred Year Study of Artificial Intelligence: Reflections and Framing. White paper*, Stanford University, 2014.

324 www.futureoflife.org/static/data/documents/research_priorities.pdf.

En la dirección indicada, los más atrevidos plantean que tales pesquisas sí que deberían estar dentro de las prioridades de investigación a largo plazo, pero como prognosis de la explosión de la IA y la superinteligencia. Así lo propone el *Machine Intelligence Research Institute* (MIRI), no sin algunas cautelas[325]. En la misma línea que las anteriores muestras de inquietud, Nick Bostrom, director del *Instituto para el Futuro de la Humanidad*, de la Universidad de Oxford[326], opina que debe impulsarse y financiarse debidamente la investigación sobre el control de los riesgos futuros provenientes de la superinteligencia, con tiempo suficiente a fin de estar preparados para afrontar desafíos de gran calibre.

8. Máquinas humanas

Que la humanidad es la especie dominante en el planeta Tierra es algo que está fuera de toda duda. Y desde la difusión y definitiva prevalencia del *Homo sapiens*, está claro que el hombre ha ocupado el mundo entero en sus diferentes expresiones.

Y de ese dominio humano, ¿qué cabe esperar? Lo vamos a saber mejor cuando tengamos más estudiado el cerebro humano, con la analogía de los artificiales que están bajo examen para conocer los orígenes mismos de nuestra conciencia y posibilidades. Aunque, lógicamente, no se trata solo de nuestras posibilidades: el hombre está cambiando por su ectopersonalidad, debido a la informática, a internet y a la inteligencia artificial según se ha visto.

Los avances que hemos ido viendo en materia de IA y áreas conexas nos inducen a buscar dónde pueden estar los límites y qué relación guardan con el entorno sociológico e incluso religioso. A ese respecto, Ray Kurzweil dirige un grupo muy influyente de tecno-optimistas, con algunas figuras destacadas en el Silicon Valley, California; entre ellos, Vivek Kundra, asesor tecnológico del ex presidente Obama.

---

[325] El MIRI es una organización sin ánimo de lucro. Fundada en 2000 en Berkeley (California), investiga los problemas de seguridad relacionados con el desarrollo de la IA; inicialmente su nombre fue el de *Singularity Institute*.

[326] *Future of Humanity Institute*, centro de investigación interdisciplinar, creado en 2005 para la predicción y prevención de riesgos a gran escala para la civilización humana.

La idea del referido grupo es que la humanidad está en una etapa de gloriosa postbiología, que ellos llaman *singularidad*, algo que definitivamente nos separa del resto de la escala zoológica. Sobre todo, a partir del momento en que ese potencial humano se incremente adaptando implantes electrónicos en los humanos, para así competir con las máquinas de la inteligencia artificial, si no en inventiva y creatividad, sí en potencial de cálculo, percepción, etc.[327]. En esa dirección, Kurzweil prevé que con la aceleración de la tecnología resolverán todos los problemas energéticos, *e incluso se alcanzará la inmortalidad humana*[328].

Ray Kurzweil estima que en 2023 tendremos artefactos del tamaño de un ordenador personal capaces de emular y sobrepasar el nivel de inteligencia de un ser humano; y en 2045, equivalente a la totalidad de inteligencia combinada de todos los seres humanos; con un *software* que asumirá la enorme complejidad de los procesos del pensamiento[329]. De modo y manera que con ese *software genético* podrá alcanzarse un nivel de sofisticación suficiente para sobrepasar los cerebros biológicos. En definitiva, el *Homo sapiens* podría disponer de habilidades hasta ahora inimaginables. Dentro de esa visión en verdad deslumbrante, Kurzweil manifiesta:

> La inteligencia que surgirá de ese progreso continuará representando a la civilización humana, que *de facto* ya es una civilización *humano-maquinal*, de modo que las futuras máquinas serán *humanas*, aunque no sean biológicas. Ese será el gran paso en la evolución futura: el cambio a un paradigma de nivel mucho más alto, en el que la mayor parte de la inteligencia, finalmente, será *no biológica*; con el resultado de que a finales del siglo XXI, habrá pasado a ser billones de billones de veces más poderosa que el intelecto humano originario[330].

[327] «The new overlords», *The Economist*, 12.III.2011.

[328] Charlie Rose talks to Ray Kurzweil, «These technologies... will be 1.000 times more powerful in 10 years», *Business Week*, 7-13.III.2011.

[329] Algunas obras de Ray Kurzweil: *La era de las máquinas espirituales*, Editorial Planeta, Barcelona, 1999; *Reinventing Humanity: The Future of Machine-Human Intelligence*, The Futurist, marzo-abril, 2006; *The Singularity is Near: When Humans Trascend Biology*, Viking, Nueva York, 2005.

[330] Kurzweil, *The Singularity is Near, When Humans transcend Biology*, Viking, New York, 2005.

Ray Kurzweil: la combinación cerebro humano-máquina será la clave para ganar en potencia operativa.

Ese avance merced a las nuevas máquinas humanas -a diferencia de la *inteligencia artificial*-, impulsará la capacidad creativa de la sociedad por su gran número de *ops*; esto es, *operaciones por segundos*, con las cuales se miden las cotas de computación, estimando Kurzweil[331] que si la totalidad del cerebro humano equivale a 10^6 *ops*, un millón de operaciones por segundo -un número asombroso-, la computación de las máquinas humanas podrá romper la actual contraposición de las Leyes de Moore y Wirth a las que antes tuvimos ocasión de referirnos.

Con el avance hacia mayor número de *ops*, Kurzweil se pregunta: ¿qué haremos cuando nuestra inteligencia -la de las máquinas humanas- esté en el rango de 10^{100} *ops*? Una cosa que cabría hacer sería *construir nuevos universos*, algo que ahora nos parece inverosímil, pero que engarza con la hipótesis -expuesta en este libro en el capítulo I- de que el cosmos pudo ser un ordenador cuántico, posible creación de una superinteligencia de otros universos anteriores más evolucionados, o al margen de cualquier concepto espacio tiempo. Y esa es la idea de Kurzweil: el universo que conocemos es creación de un *diseñador inteligente*, que está realizando un complejo experimento científico, planeado ya desde un universo anterior.

Y a propósito de Kurzweil: es director de ingeniería de Google, ha recibido diez doctorados *honoris causa*, inventó un tipo especial de escáner y el primer sintetizador de voz, y es autor de varias docenas de patentes. Kurzweil dedica su vida a reflexionar sobre la tecnología, y hace algunos años concluyó que en 2019 los ordenadores podrán hacer lo mismo que los seres humanos, solo que mejor. Nació en 1948, pero es tan ágil y tiene tanta energía como si tuviese 35 años. Cada día toma 150 pastillas entre vitami-

[331] En su prólogo al libro de James Gardner, *El universo inteligente*.

nas, minerales y enzimas, y se inyecta complementos dietéticos. Su meta es resistir hasta que la tecnología esté en condiciones de prolongar la vida humana. No le cabe duda de que ese momento no está lejos. Al fin y al cabo, Google y otra docena de empresas ya están trabajando a toda máquina para detener el envejecimiento y derrotar al cáncer[332]. Kurzweil, también podría decirse, es un maniático enloquecido de la vida y un obseso de la tecnología y de la inteligencia artificial.

La teleportación es otro de los poderes que tienen los protagonistas de las sagas galácticas espaciales del cine del estilo de *Star Wars*. Y a ese respecto, es cierto -confirma David Reilly, profesor de Física Experimental de la Universidad de Sidney- que teletransportarse es un proyecto verosímil: «Como físico cuántico creo que es muy impresionante. Pero para teleportar humanos hace falta mucho más que lo que hemos conseguido hasta ahora y probablemente sea algo inalcanzable. Al menos, con la tecnología, los recursos y los conocimientos actuales, pues hasta ahora solo hemos conseguido teleportar átomos (ni siquiera moléculas) y a unos pocos cientos de kilómetros. Las predicciones indican que para teleportar a una persona la cantidad de energía necesaria es muy grande... pero mañana, eso no lo sé»[333].

Podría decirse, desde luego, que todo lo anterior es pura especulación, si bien cabe observar que el progreso de la inteligencia y del conocimiento es inexorable e imparable, al modo en que en cierta ocasión planteó el filósofo y dibujante inglés William Blake (1757/1827):

> Todo lo que hoy vemos
> fue un día imaginación.
> Todo lo que hoy imaginamos
> podrá ser realidad mañana[334].

La de Blake es una expresión poética, pero también reveladora de que muchas posibilidades, antes problemáticas, se hicieron

---

[332] Thomas Schulz, «La tierra del mañana», *El País*, 17.V.2015.

[333] Juan Scaliter, «Dishonored 2, el juego que se inspira en el futuro», *La Razón*, 16.XI.2016.

[334] Frase anotada por el autor en su visita a la exposición que sobre William Blake organizó *La Caixa* en su sala de exposiciones de Madrid, 1996.

realidad en el pasado, y que lo mismo sucederá en el futuro. Porque el progreso es imparable, como se demuestra por la circunstancia de que ni las calamidades ni las tragedias de la historia humana -como las acaecidas en el siglo XX con el conflicto 1914-1918, la Gran Depresión, la Segunda Guerra Mundial, la guerra fría, y otros miserables episodios-, hicieron mella en el exponencial progreso de la inteligencia humana.

Colofón del capítulo V: ¿un pueblo elegido, una especie seleccionada?

Como colofón de este capítulo, cabe decir que las interrogaciones *de dónde venimos* y *qué somos* tienen sus respuestas, al menos preliminares, en la propia evolución: nos separamos un día del tronco de los demás primates -hace siete millones de años, del chimpancé, nuestro primate más próximo- para culminar en el *Homo sapiens* 200.000 años atrás; emprendiendo desde entonces la más impresionante aventura, merced a la mejora en capacidades cerebrales y logrando una creciente acumulación de conocimiento con sistemas de percepción y máquinas al borde ya del pensamiento.

Por lo demás, hemos intentado averiguar si hay un pueblo elegido, como los israelitas, que veían en Moisés y sus profetas un enlace directo con el todopoderoso, Dios único, Javeh.

Otro *pueblo* presuntamente elegido son los anglosajones: los ingleses integrados en el puritanismo de raíz calvinista, que llevaron sus creencias y espíritu de empresa a las Trece Colonias, el origen de EE.UU., desde 1620.

Y en el área de la excepcionalidad, cabe plantear que China igualmente aspira a tener su misión, habida cuenta de que los actuales Han son los herederos del *Imperio del Centro* de los tiempos gloriosos[335].

Pero en la fase actual del pensamiento político y económico no cabe aceptar por más tiempo la idea de pueblos elegidos, o de excepcionalismos de excelencia. La globalización debería hacer-

[335] Al respecto, puede verse también el libro de Ramón Tamames, *China tercer milenio. El dragón omnipotente*, Planeta, Barcelona, 2013.

lo imposible, marcando una nueva senda en la que, en último extremo, únicamente podría hablarse de la humanidad como *especie privilegiada*; por las circunstancias en que se ha desarrollado en los últimos 10.000 años, por el dominio absoluto que ejerce sobre el planeta Tierra, como también por sus responsabilidades de preservación del mismo.

Es toda la humanidad la que ahora está ante las grandes cuestiones de la longevidad, la pretendida inmortalidad, e incluso la criogénesis para un resucitar que más bien parece impensable. Y está igualmente el reto de la Inteligencia Artificial, el conocimiento del cerebro y la idea de las máquinas pensantes. Un mundo el del futuro que puede ser prodigioso e inquietante a la vez.

Tercera parte

¿A dónde vamos?

Capítulo VI

Condición humana y designio

1. Una pregunta con más de tres respuestas

En los apartados anteriores -«¿Pueblo elegido y condición humana?»-, ya vimos que actualmente no puede hablarse de ningún pueblo especialmente seleccionado, sino de toda la humanidad. Como tampoco cabe considerar la idea de diferentes condiciones humanas sino de una sola. Por ello, en lo que queda de libro, su tercera parte, nos ocupamos del a dónde vamos de toda la humanidad como un todo.

Somos humanos, sabemos que existimos, pensamos y nos acosan inquietudes sin fin y no pocas veces angustiosas; entre ellas, la de no tener clara la razón última de nuestra propia existencia. Precisamente por esa incógnita inquirimos *a dónde vamos*, el tercer y último interrogante de este libro, que en este capítulo abordamos desde el enfoque de misterio de la condición humana y de su posible designio. Para luego, en los capítulos siguientes (7 a 9) buscar respuestas sobre las hipótesis y aspiraciones de trascendencia.

El caso es que tras debatir el origen del cosmos, de la vida y del desarrollo evolutivo hasta el momento de *qué somos*, es inevitable preguntarse: ¿qué nos depara el futuro? ¿Todo lo que ahora vemos a nuestro alrededor existirá para siempre o tiene fecha de caducidad? ¿Cuál es el papel de los humanos en el gran teatro del universo?

Vida indefinida o no de la humanidad

En un primer intento de contestar, podríamos recurrir a dos posicionamientos bien diferentes. El primero sería el planteado por

Adrian Berry, quien con el recuerdo del bíblico «creced y multiplicaos»[336], entiende que la especie humana estaría destinada a poblar el universo. Berry incluso asumió la *profecía* -con base en previsiones de la Sociedad Británica de Astronáutica en la década de 1970, que hoy nos parecen muy optimistas- de que a mediados del siglo XXI, el hombre, en naves tripuladas, saldría del sistema planetario para explorar el universo y establecer contactos con civilizaciones ahora desconocidas. Pero esa hipótesis hay que descartarla de momento y ya vimos por qué: la extrema dificultad de los viajes espaciales, de lo que hoy tenemos conciencia más clara que hace cuarenta años. Lo cual no se opone a la idea de un formidable progreso de magnitudes inimaginables... en los próximos 10.000 años que plantea Berry.

La segunda reflexión, no necesariamente contradictoria con la anterior -por las grandes holguras de tiempo-, se la debemos a Heinrich K. Erben, de la Universidad de Bonn, quien ve posible *un universo sin humanidad.* «La nuestra -viene a decir Erben-, como las demás especies, también podría tener su fin por un episodio autogenerado, o por razones hoy imprevisibles. De hecho, así sucedió ya con el 99 por 100 de las especies que teóricamente han existido desde el inicio de la vida orgánica»[337].

En la línea de H.K. Erben, cabe recurrir a fórmulas anticipatorias de las que se diseñan en la ciencia ficción (o mejor, como ya se ha dicho: *ficción científica*). Una de estas es la del novelista angloaustraliano Nevil Shute, el primero en referirse a un posible holocausto atómico en su obra *En la playa* (2000), donde explica cómo se produciría el fin del mundo para los seres humanos, tras una arrasante guerra nuclear, una hipótesis que no cabe descartar definitivamente hasta que no se firme un tratado universal de renuncia a las armas atómicas, cuestión que se trata ampliamente en el capítulo IX de este libro[338].

---

[336] Adrian Berry, *Los próximos diez mil años*, versión española, Alianza Editorial, Madrid, 1977.

[337] H.K. Erben, ¿Se extinguirá la raza humana?, versión española, Planeta, Barcelona, 1982.

[338] Nevil Shute, *On the beach*, William Morrow & Co. Inc., Reino Unido, 1957. El filme hecho a partir de esa novela -con Gregory Peck y Ava Gardner como protagonistas- se exhibió en España con el título de *La hora final*.

En la misma dirección, ¿resulta verosímil un final como el relatado en la película de Roland Emmerich *El día de mañana* (2004), de un mundo en el que en unos pocos miles de años no quedaría ninguna huella de una especie humana, tras haber deteriorado esta de forma inmisericorde la biosfera, hasta el punto de hacer inviable la supervivencia de la especie? Hipótesis también poco creíble, a poco que se piense que va tomándose conciencia de que el planeta Tierra hay que conservarlo en sus grandes equilibrios, y que disponemos ya de medios para ello; Aunque para mejorar en algunos aspectos -por ejemplo, frente al calentamiento global y el cambio climático-, tal vez será preciso que las cosas empeoren aún más.

Izquierda: Adrian Berry: después de los primeros 10.000 años de progreso, ¿dónde estará la humanidad hacia el año 12.000 de nuestra era? **Derecha:** Heinz R. Pagels: la entropía amenaza el planeta azul, como organismo global viviente y con el *Homo sapiens* depredador como protagonista.

Otra forma de terminación de la vida en el planeta Tierra es la que suscita Heinz R. Pagels en su libro *El código cósmico* (1982); basándose para ello en la *entropía*, concepto, derivado de la segunda ley de la termodinámica, que mide «el grado de desorden de un sistema físico cerrado». En ese sentido, el aumento de entropía se manifiesta en todo: las cosas acaban desintegrándose. Los edificios, si no reciben el imprescindible mantenimiento, acabarán en estado de ruina. Tal como también sucede con los propios humanos: a pesar de los progresos de la Medicina, envejecemos y morimos. Y lo mismo podría suceder con el planeta Tierra[339].

[339] Ramón Tamames, «Entropía y código cósmico», *La Razón*, 3.X.2010.

Lo que sí está claro es que Pagels no fue víctima de ninguna entropía: la muerte le llegó en un accidente de alpinismo, escalando en las Montañas Rocosas, tras una premonición espeluznante, hecha al final de su libro *El código del universo*, escrito seis años antes de su mortal accidente. La reproducción de ese texto merece la pena:

> A menudo sueño que me precipito al abismo, algo típico de gente ambiciosa y escaladora de montañas como yo mismo. Siendo el caso que al empezar la última de mis caídas oníricas, me agarré a una roca, pero se fue abajo conmigo. Y pronto me di cuenta de que estaba en un descenso muy especial: no tenía fin, no había fondo. Lo cual fue llenándome de un sentimiento de placer, y en un momento dado, supe que mi yo, el principio de mi propia vida, no podía destruirse, porque estaba inscrito en el código cósmico. Al continuar cayendo en el oscuro vacío, abrazado por la bóveda de los cielos, canté a la belleza de las estrellas e hice mis paces con la oscuridad[340].

Frenar el envejecimiento y alargar la vida, sin embargo, es un objetivo ambicioso. Requiere *jugar a Dios*, por emplear la frase preferida de los sectores críticos con la genética, o como ya vimos que planteaba Yuval Noah Harari.

Claro es que una cosa es la esperanza media de vida y otra muy distinta es la vida máxima que puede alcanzarse dentro de determinada especie. La primera se puede aumentar con vacunas, antibióticos y el saneamiento de las aguas, sobre todo al salvar la vida de los niños. Pero la segunda, la longevidad, es producto de la evolución y, por tanto, está inscrita en nuestros genes. Y, por fatalista que suene la palabra *gen*, esa es precisamente la gran esperanza de los investigadores: los genes son moléculas químicas, y tanto su actividad como sus efectos pueden modularse con otras moléculas químicas o candidatos a fármacos. Y casi todas las líneas de investigación convergen en qué tipo de fármacos deberían resultar más prometedores[341].

---

[340] Heinz R. Pagels, *El código del universo: un lenguaje de la naturaleza*, Pirámide, Madrid, 1990.

[341] Javier Sampedro, «Evolución hacia la longevidad», *El País*, 7.VI.2015.

Trasplantes para la inmortalidad

En general, se considera que las tortugas son los seres más longevos de la Tierra. Pero no es así, pues existen ciertas medusas (*Turritopsis nutricula*) y esponjas (*Cinachyra antárctica*) que, según se cree, pueden llegar a vivir en torno a 1.500 años. La almeja de Islandia es capaz de vivir, eso seguro, más de 500 años: se trata del organismo no colonial más longevo que ha podido ser datado con precisión[342].

¿Alcanzará la especie humana esa longevidad algún día? Algunos, ya lo vimos antes, piensan en la inmortalidad posible. Y en esa senda hay quienes lo fían todo a algo tan truculento como la continua carrera científica en pos de los trasplantes de cabeza. Y en esa dirección, un médico chino, el doctor Ren Xiaoping, ya trasplantó con éxito cabezas de ratones, que sobrevivieron un día entero tras la operación[343]. Y Ren Xiaoping no es el único cirujano en hacer tal cosa, pues, en Italia, el doctor Sergio Canavero, director del Grupo de Neuromodulación Avanzado de Turín, desarrolló un proyecto de trasplante de cuerpo entero[344].

De hecho, los primeros experimentos para el trasplante de cuerpo entero se remontan a mediados del siglo pasado. En 1954 el cirujano soviético Vladimir Demikhov ya hizo diversos intentos de trasplantar cabezas a perros, pero los animales solo sobrevivieron entre dos y seis días. Eran los inicios.

Más tarde, en los años setenta, el doctor estadounidense Robert White trasplantó con éxito la cabeza de un mono al cuerpo de otro, pero tuvo un importante problema: no logró conectar la médula espinal. Eso hizo que el primate no pudiera mover el cuerpo, aunque sí que consiguió respirar de forma asistida. Ahora, siempre según el médico italiano, este inconveniente ya no existe: en la actualidad es posible conectar partes seccionadas de la médula espinal utilizando polietilenglicol (PEG), un polímero que actúa como adhesivo, según relata Canavero. El resto de dificultades de la intervención también han quedado sobradamente

---

342 Teresa Guerrero, «Leen el clima en el animal más longevo», *El Mundo*, 7.XII.2016.

343 Pablo M. Díez, «China anuncia el éxito de un trasplante de cabeza en ratones», *ABC*, 9.VI.2015.

344 Mónica Bernabé, «La "locura" del trasplante de cuerpo entero» *El Mundo*, 27.II.2015.

superadas gracias a los muchos trasplantes de todo tipo que se han llevado a cabo en las últimas décadas, añade.

Medios para la supervivencia

Volviendo al tema del *envejecimiento* de la Tierra, claro que esta podrá hacerse inhabitable con el tiempo, por la acción de diversidad de impactos. Pero también la civilización humana, merced a su progreso científico y tecnológico imparable, podrá disponer de medios para afrontar tales eventualidades y garantizar que la estirpe humana continúe con su propia evolución.

Por otro lado, puede argüirse que las teorías de la desaparición de la especie humana, *a lo Erben*, están muy lejos de ser unánimes, muy contrarias a la sostenida por los que ven la Tierra como un *planeta de montaje* (Isaac Asimov *et alia*), basada en una especie de constante *teleológica*, de trascendencia de la especie humana. Que por ello mismo no podría desaparecer por un suceso de azar, al *estar previsto* en el ordenador cuántico lo que sucederá *hasta el día del punto omega*. Si se me permite la comparación, sería algo parecido a lo que sucede en las películas con el actor principal, que al buscarse el mayor *suspense* posible, pasa por los momentos más difíciles a lo largo del filme, pero a sabiendas por el espectador de que seguirá en escena hasta el final... sencillamente porque es el *protagonista de la peli*.

Una hipótesis intermedia de las planteadas hasta aquí nos la proporciona la *ficción científica*[345], y más concretamente Arthur C. Clarke, quien en su novela *Cita con Rama*[346] plantea una hipótesis interesante: la posibilidad de que una civilización humana de altos niveles técnicos se perpetúe *sine die*, para lo cual daría vida, a partir de un cierto momento, a una población de robots y otras máquinas inteligentes con capacidades reproductivas propias incluso en los medios más hostiles, lo cual cabe relacionar con la

[345] La expresión de *ciencia ficción* (CF) en español es una mala traducción (¡como tantas otras!) de la expresión inglesa *science fiction*, que más correctamente debería haberse vertido por *ficción científica* (FC). Porque, en realidad, la FC es una simulación basada en la ciencia; en vez de una visión ficticia que en tantas ocasiones va en contra de fundamentos científicos; tal como efectivamente sucede en muchos relatos de CF, que al no tener su base en hipótesis lógicas y creíbles, acaban por perder toda verosimilitud e interés.

[346] Versión española en Ultramar Editores, Madrid, 1975.

idea de los *andróginos* (no los de Platón, sino individuos mixtos, de hombre y máquina), a los que ya nos referimos anteriormente, al examinar las propuestas de Rai Kurzweil respecto de la inteligencia artificial.

En definitiva, el *a dónde vamos* puede responderse con optimismo (Berry: todo es posible en los próximos 10.000 años), con pesimismo (Erben: la especie humana está abocada a desaparecer), o con el tecnoingenierismo a lo Clarke/Kurzweil: nos heredarán las máquinas o, como poco, los andróginos. Una tripleta de eventualidades de la que el autor disiente, basándose en la idea central, o *hilo conductor* del presente libro: a lo largo de toda una senda crítica, la razón humana acabará consiguiendo un nuevo nivel que permitirá su elevación a un estadio superior de convivencia, que solo así podrá perpetuarse. De qué forma y con qué grado de evolución antrópica es todavía difícil de prever.

Arthur Clarke: un universo inverosímil, poblado de máquinas que heredaron a la desaparecida especie humana: *Cita con Rama*.

Una visión así es la única que puede dar sentido a la evolución, *más allá del azar y la necesidad*, al responder a la primera pregunta *de dónde venimos*: somos criaturas favorecidas seguramente por el *universo antrópico* y por su manejo. Y al estudiar el *qué somos*, surge la realidad de que la colectividad humana se halla en avance continuo hacia una integración plena, en un proyecto histórico común, con una meta, no explícita siempre, de paz universal y perpetua -tampoco garantizada en absoluto-, tema del que tendremos ocasión de ocuparnos en el capítulo VIII. Para al final, a la hora del *a dónde vamos*, pensar en que el progreso conduce a un punto omega, aún difícil de perfilar.

La evolución por selección innovadora

Pero además de esas dos ideas de lo antrópico y de la integración humana en un nivel superior de evolución todavía no imaginable -acompañada de técnicas de todas clases, incluso de transportes–, hay una componente de indudable importancia: la *evolución científica*, que podemos ilustrar tomando un ejemplo de lo que sucede en el área de la biotecnología, demostrativa de que en los reinos vegetal y animal, la evolución ya no se basa en el azar y la necesidad que supone la selección natural, sino en la selección artificial humana, fundada en la innovación propia de la sociedad del conocimiento. Se hacen nuevas semillas transgénicas, se generan animales de diseño, y el hombre –si persiste la especie– en unos milenios será bastante distinta de lo que es hoy; en gran parte por su propia evolución que ya ha pasado definitivamente a estar dominada por la estirpe humana. De modo que el *a dónde vamos*, cabe pensar que, en buena medida, va a estar controlado por la propia *humanidad evolutiva*.

En definitiva, al día de hoy, con la ingeniería genética, cabe expresarlo como sigue: los modestos y admirables porcinos producen hemoglobina humana, las vacas fabrican leche maternal también *humana*, o se puede generar cualquier prodigio con base en las *células madre*. De modo que, cuando puede conquistarse la utopía científico-técnica, ni siquiera la hipótesis de la quimera resulta ya enteramente descartable, habiendo *investigadores* dispuestos a fabricar verdaderos monstruos, como la propia quimera de la mitología grecorromana, «que vomitaba llamas y tenía cabeza de león, vientre de cabra y cola de dragón», según nos recuerda el *Diccionario de la lengua española* de la RAE[347].

En medio de tantas incertidumbres y posibles conjeturas, lo único que puede tener sentido, a la postre, es hacer una prospectiva de lo que está por venir según el método planteado, en lo económico, por Peter Drucker, esto es, prestando atención a las *nuevas realidades*, teniendo en cuenta los indicios y síntomas que ya están entre nosotros y que puedan tener un carácter premonitorio de cara al futuro imaginable. Eso es lo que precisamente haremos en las páginas siguientes.

---

[347] Ramón Tamames, *La reconquista del paraíso*, Temas de hoy, Madrid, 1993.

2. ¿Muerte apocalíptica del planeta...?

Aparte de las tendencias a muy largo plazo que acabamos de considerar de ir a un punto omega todavía poco especificable, ¿cabe la posibilidad de un definitivo ocaso de la humanidad por algún tipo de suceso al estilo de *Armaguedón*, por referencia a la batalla anunciada en el *Apocalipsis* de San Juan, que marcaría el fin del mundo? Al lado de esa predicción, cabe recordar una serie de mitos sobre el posible fin del planeta Tierra en que vivimos:

- *Choque planetario*. Procede de la mitología babilónica con la predicción de que en mayo de 2003 un supuesto planeta llamado Niburu chocaría contra la Tierra para destruirla por entero. No ocurrió nada.
- *Cambio del ciclo maya*. Según esa civilización, cada 13 periodos de 144.000 días se produce un cambio de ciclo. Y como los mayas fijaron su *punto cero* en el equivalente al 13 de agosto de 3114 a.C., el 21 de diciembre de 2012 el mundo tendría que haber cambiado o haberse destruido. El caso es que al llegar esa fecha no pasó nada, si bien hubo millones de *creyentes* que dieron verosimilitud a tal predicción.
- *Mortales tormentas solares*. El Sol es uno de los agentes preferidos a la hora de pronosticar el fin del mundo, según varias teorías que apuntan a inusitadas tormentas solares que asolarían por completo la Tierra. Al respecto, los astrónomos recuerdan que el Sol presenta fuertes picos de actividad en los que se desprenden grandes llamaradas. «Su máximo de actividad estuvo previsto hacia 2012-2014, pero no hubo catástrofes», aseveró Rafael Bachiller, director del Observatorio Astronómico Nacional de España: «En mi opinión, un riesgo mucho más cercano es el de la alteración del medio ambiente, que sí podría acabar con nuestra civilización en pocos siglos»[348].

[348] Teresa Gallego, «La tormenta magnética remite sin causar graves incidencias», *El Mundo*, 8.III.2012. Sobre el tema de los cambios en el medio ambiente, mi libro *¿Apocalipsis climática? Una profecía, para creyentes y negacionistas, sobre el calentamiento global que amenaza a la Tierra*, Madrid, 2016.

- *Finales de cine*. Hollywood ha exprimido el tema del fin del mundo desde diversos ángulos: cambio climático, meteoritos gigantes o plagas mortales. De momento, son solo películas[349].

En su momento, el propio Isaac Newton intentó dar una respuesta a la cuestión de *a dónde vamos*, y no a base de la acción de la omnipresente fuerza de la gravedad, sino intentando desentrañar los *mensajes ocultos* que pudiera haber en el Nuevo Testamento. Así, en sus *Escritos secretos*, que destilan erudición, centró sus indagaciones en el *Apocalipsis* de San Juan[350], con la siguiente predicción: los sucesos más dramáticos anunciados por el evangelista se materializarían en 2060[351]. El documento (pág. siguiente) en que se detalla el día del fin del mundo, según Newton, llegó a Madrid de manera virtual como parte de una exposición digital organizada por la Casa del Lector, para mostrar algunos de los tesoros de la Biblioteca Nacional de Israel (BNI)[352].

3. La amenaza de los meteoritos

En relación con los meteoritos, cabe decir que la NASA se ha convertido en una corporación multifacética, que tiene en su haber los viajes tripulados a la Luna, el envío de robots a ciertos planetas, con sondas dirigidas incluso para salir fuera del sistema solar, la gestión de telescopios de gran alcance, etc. Y últimamente, ha polarizado gran parte de su atención en el tema de los asteroides, que un *mal día* podrían incluso destruir la vida en la Tierra; se sospecha que esta última actividad de la Agencia Espacial de EE.UU. es fundamental a los efectos de seguir atrayendo recursos públicos, por su indudable posible utilidad pública en cuanto a aportación a la seguridad mundial, hasta ahora de forma casi exclusiva[353].

---

349 J.V. Echagüe - B.V. Conquero, «Desmontando el fin del mundo», *La Razón*, 15.XII.12.

350 Disponible *online* en www.newtonproject.ic.ac.uk.

351 James Gardner, *El universo inteligente*, ob. cit.

352 Susana Gaviña, «Llévese a casa el vaticinio del fin del mundo de Newton», *ABC*, 6.III.2014.

353 «Asteroid defence. The real star war», *The Economist*, 23.II.2013.

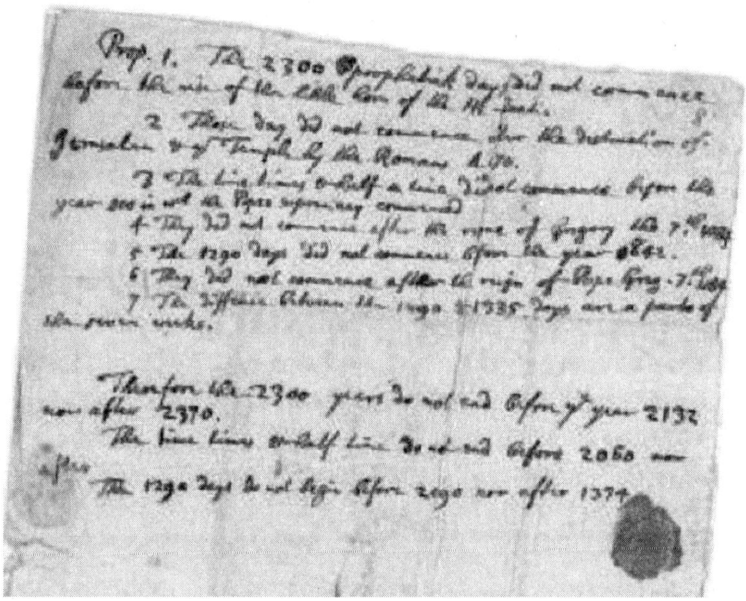

Prop. 1. The 2300 prophetick days did not commence before the rise of the little horn of the He Goat.
2 Those day did not commence after the destruction of Jerusalem & ye Temple by the Romans A.D. 70.
3 The time times & half a time did not commence before the year 800 in wch the Popes supremacy commenced
4 They did not commence after the reigne of Gregory the 7th 1084
5 The 1290 days did not commence before the year 842.
6 They did not commence after the reign of Pope Greg. 7th 1084
7 The diffence between the 1290 & 1335 days are a parts of the seven weeks.

Therefore the 2300 years do not end before ye year 2132 nor after 2370.
The time times & half time do not end before 2060 nor after
The 1290 days do not begin before 2090 nor after 1374

El célebre artículo de Newton sobre el fin del mundo. Fuente: «Los cálculos apocalípticos de Newton», *ABC*, 6.III.2014.

La preocupación no es para menos: el astrónomo Philip Plait prevé que a la Tierra le aguarda su Apocalipsis, en términos de un final violento. Por lo cual, estima, la vida del planeta solo podrá alargarse por mucho tiempo si se evitan los impactos de meteoritos, rayos gamma y efectos de supernovas que pudieran llegarnos. Con todo, al final, la destrucción total puede resultar inevitable, por lo que debemos preguntarnos entonces: ¿realmente cabe hacer algo para evitar esos potenciales desastres en la idea de mantener el objetivo del punto omega?

Sobre ese tema, el astronauta español Pedro Duque tiene observaciones de indudable interés[354]:

–Hace unos años nos angustiaba que un asteroide impactase en la Tierra. ¿Ya paso el peligro?

–No. Cada vez tenemos más preocupación: hubo un momento en que se detectó un asteroide que casi seguro iba a dar a

[354] Carlos Manuel Sánchez entrevista al astronauta español Pedro Duque, «Cada vez me preocupa más que un asteroide impacte contra la Tierra», *XL Semanal*, 22.XI.2015.

la Tierra. Se llama Apofis, y todavía está ahí: en 2029 va a pasar cerquísima de la Tierra. Pero ya hemos calculado que dar, no va a dar... Pero ese es uno. Cada año descubrimos muchos nuevos. En 2014 salió el último censo, y nos faltan por descubrir al menos cien mil asteroides, por lo que estamos jugando a la ruleta rusa. Para mí, es la investigación más importante que debería acometerse en tecnologías espaciales. Una línea de investigación debería centrarse en buscarlos a todos con telescopios espaciales específicos. Y otra línea, en moverlos, desviarlos, empujarlos, lo que sea.

En esa línea de inquietud creciente, en julio de 2015, la NASA actualizó las cuentas del número de objetos cercanos a la Tierra (NEO) catalogados, asteroides cuyas órbitas cruzan la del planeta Tierra. Hay 12.745 en el catálogo y, de ellos, 1.595 son potencialmente peligrosos. Y apenas constituyen una porción de los que realmente deben existir, aún no catalogados[355].

Haya muchos meteoritos, mayores o menores, lo cierto es que para valorar su peligrosidad ha de recordarse que seguramente fueron los causantes de la extinción de los dinosaurios. Esa fue la tesis de los Álvarez, padre e hijo, Luis y Walter, de la Universidad de Berkeley, quienes en 1980 descubrieron que entre los estratos geológicos marcadores del límite K-T (la *frontera* entre los periodos Cretácico y Terciario) había una fina capa de iridio, un elemento de color negruzco que en la Tierra solo se encuentra en determinados meteoritos. Los Álvarez llevaron a cabo prospecciones en varias regiones del mundo, y en todas ellas encontraron la misma capa, lo que les llevó a la conclusión de que hace unos 65 millones de años, al final del Cretácico, un enorme asteroide (lo suficientemente grande como para que sus restos se depositaran por todo el planeta) chocó contra la Tierra.

Ulteriormente, con ocasión de ciertas prospecciones petroleras en el Golfo de México, se descubrió un cráter submarino de casi 180 km de diámetro frente a las costas de Yucatán, de dimensiones relacionables con el impacto de un meteorito de diez kilómetros de diámetro, y se calculó que la antigüedad del cráter era

[355] Jorge Alcalde, «El cielo cayó sobre nuestras cabezas», *La Razón*, 19.VII.2015.

de 65 millones de años. Después, en 2013, un equipo de investigadores del Centro Geocronológico de Berkeley (BCG), Universidad de California, junto a otros científicos de Holanda y Reino Unido, consiguieron determinar, con exactitud sin precedentes, tanto la fecha del impacto como la de la desaparición de los dinosaurios: el resultado fue que ambos episodios acaecieron al mismo tiempo: hace 66 millones de años[356].

En 2016, con la coordinación del *Consorcio Europeo para la Perforación de Investigación Oceánica*, una treintena de investigadores de varios países excavaron una parte del entorno del cráter, a fin de desentrañar secretos que todavía encierra; bajo la dirección de Sean Gulick, de la Universidad de Texas, Joanna Morgan, del Imperial College de Londres, y Jaime Urrutia, del Instituto de Geofísicas de la Universidad Nacional Autónoma de México, además de tres paleontólogos españoles de la Universidad de Zaragoza: Laia Alegret, Ignacio Arenillas y José Antonio Arz[357].

La sonda Wise y el satélite Dawn

Para responder a su propia pregunta, Philip Plait combina alarmantes escenarios extraídos de investigaciones propias y de opiniones de expertos[358]. Y entre los sistemas de defensa frente a tales macroriesgos, destaca la función primordial de la pequeña sonda espacial WISE (literalmente *sabio*, y siglas inglesas de *Wide-Field Infrared Survey Explorer*), una auténtica *cazadora de imágenes de asteroides*; y primer gran vigilante de la Tierra, que fue lanzada al espacio el 14 de diciembre de 2009, desde la base aérea de Vandenberg (California), como respuesta de la NASA a las voces que criticaban la escasa atención que la agencia estaba prestando a la protección del planeta de graves amenazas exteriores[359].

Desde 2009, la sonda WISE ha detectado alrededor de 30.000 asteroides -un centenar de ellos cercanos a la Tierra, sin que representen peligro inminente-, así como 19 cometas jamás avista-

[356] José Manuel Nieves, «Caso cerrado: el meteorito mató a los dinosaurios», *ABC*, 9.II.2013.

[357] Yaiza Santos, «El meteorito que exterminó a los dinosaurios», *ABC*, 10.IV.2016.

[358] Philip Plait, *La muerte llega desde el cielo*, Robinbook, Barcelona, 2010.

[359] Un tema escenificado anticipadamente en el filme *Independence Day* (1996) por Roland Emmerich sobre la idea de destrucción de meteoritos.

dos antes. Y está nutriendo un catálogo de millones de objetos celestes, que están siendo analizados por los astrónomos con la idea de prevenir riesgos potenciales[360].

En poco tiempo, la sonda WISE ya no estará sola, como subraya Miguel Belló, director general de Deimos Space -empresa española especializada en satélites artificiales y colaboradora de la NASA en varios proyectos[361]-, «Obama apuesta políticamente por misiones a los asteroides, por el riesgo de que choquen con la Tierra en cualquier momento, en la seguridad de que antes de cien años se vivirá un suceso así... y además se trata de acciones de alta popularidad que, para muchos, dan un sentido a la NASA como gran defensa del plan».

El satélite Dawn[362] fue lanzado el 15.VII.2011 rumbo al asteroide Vesta, en cuya órbita se instaló por un año, a unos 16.000 kilómetros de distancia de la inmensa mole, y después de esos doce meses, entró en la órbita del asteroide. Más tarde, la NASA corrigió la trayectoria de Dawn hacia un segundo destino: el cuasi planeta enano Ceres, que gira alrededor del Sol a una distancia media de la Tierra de 267 millones de kilómetros (890 veces la distancia media Tierra/Luna). Allí estuvo Dawn, desde marzo de 2015 a julio de 2016, para vigilar a potenciales enemigos[363].

El observatorio LSST y el E-ELT

En definitiva, ¿los asteroides son tan peligrosos? Para Rafael Rebolo, del Instituto de Astrofísica de Canarias (IAC), «en el sistema solar hay millones de objetos de 20 kilómetros de diámetro que hoy no se detectan y que podrían ocasionar verdaderas catástro-

---

360 Judith de Jorge, «El gran cazador de asteroides», *ABC*, 16.X.2010.

361 Deimos Space nació de la ilusión y el entusiasmo de un equipo multidisciplinar de profesionales de elevada cualificación y experiencia contrastada dentro del sector aeroespacial, con el deseo de emprender un ambicioso proyecto empresarial español. En junio del año 2001, un grupo de algo más de veinte ingenieros, procedentes de diversos países y con amplia experiencia en el ámbito de la ingeniería aeroespacial, fundaron en Madrid Deimos Space S.L., con el propósito de ofrecer soluciones de ingeniería y sistemas de elevado contenido tecnológico.

362 B.V. Conquero, «La Tierra, amenazada por los asteroides», *La Razón*, 16.VII.2011. También *The Economist*, «Dawn's early light», 16.VII.2011.

363 David Alandete, «Una sonda orbita el megaasteroide Vesta tras viajar cuatro años», *El País*, 16.VII.2011.

fes»[364]. Un problema ante el cual, EE.UU. -tras las experiencias del Wise y del Dawn- promovió la construcción, en Chile, del telescopio LSST (*Large Synoptic Survey Telescope*, o gran telescopio para rastreos sinópticos), que ayudará a localizar gran número de asteroides que se mueven a gran velocidad, y cuyas órbitas han de ser estudiadas para, eventualmente, desviarlos de su ruta y evitar que colisionen con la Tierra.

El lugar escogido para erigir el LSST fue el Cerro Pachón, en la Región de Coquimbo, Chile, a 2.682 metros de altitud, una decisión que exigió dos años de estudio al objeto de explorar otras localizaciones, como Baja California e Islas Canarias, para al final llegar a la conclusión de que Cerro Pachón chileno cuenta con las mejores condiciones atmosféricas, número de noches despejadas por año, patrones climáticos estacionales y calidad de la nitidez astronómica. Por lo demás, el LSST recibió dos grandes donaciones: veinte millones de dólares del Fondo Charles Simonyi para las Artes y Ciencias, y diez millones del fundador de Microsoft, Bill Gates.

Philip Plait: en «La muerte llega desde el cielo» presenta todo un repertorio de posibles horrores para la Tierra

Al LSST de la NASA, hay que agregar el gigante E-ELT (*European Extremely Large Telescope* o telescopio europeo extremadamente grande), de la Agencia Europea del Espacio, también ubicado en el desierto de Atacama, en el llamado Cerro Armazones; a una altitud de 3.060 metros, en la cual se disfruta de las óptimas condiciones de visión estelar. La estructura del telescopio pesa 3.000 toneladas y está integrado por más de 700 sistemas ópticos, mecánicos y electrónicos.

Este reto de ingeniería ha exigido años de trabajo de decenas de científicos e ingenieros, hasta poner a punto el diseño final[365].

[364] Rosa M. Tristán, «La NASA contra el fin del mundo», *El Mundo*, 22.XII.2011.
[365] «800 espejos en uno», *El País*, 11.III.2013.

El diámetro del espejo es de 39,3 metros; no de pieza única, sino formado por 800 placas hexagonales de 1,4 metros de diámetro máximo cada una, con una superficie global captora de la luz de las estrellas que abarca un área del cielo de aproximadamente una décima parte de la superficie de la Luna llena vista por el ojo humano en la Tierra.

La red NEO

Otra área de actividad de la comunidad internacional de astrónomos, sobre la ubicación y movimiento de asteroides, es la conocida con las siglas NEO (*Near Earth Objects*, Objetos Cercanos a la Tierra). Se trata de una red internacional de observatorios que se dedica a rastrear asteroides y cometas en un horizonte estelar de 360°, y que han encontrado ya un gran número de especímenes, 900 (junio de 2012), que a lo largo del siglo XXI pasarán relativamente cerca de la Tierra. Se trata de objetos de más de 1 kilómetro de diámetro, y la lista crece a razón a un promedio de 80 nuevos cuerpos cada año. Entre ellos, 152 se consideran «potencialmente peligrosos», ya que sus órbitas les llevarán a violar en algún momento la «distancia de seguridad» de nuestro planeta: 7,5 millones de kilómetros (el 5 por 100 de la unidad astronómica que es la distancia media al Sol, de 150 millones de kilómetros).

Pero en las cifradas referencias solo se computan grandes asteroides. Además, hay otros 8.542 NEO, con tamaños que van desde 150 a 1.000 metros de diámetro, de los cuales 1.130 ya están en la *lista negra* de los científicos, por considerarse potencialmente peligrosos, aunque sus efectos en caso de colisión no tendrían consecuencias globales, sino regionales. Y bajando en la escala, también se han localizado 15.000 asteroides a nuestro alrededor, con dimensiones de entre 50 y 150 metros, cuyos movimientos resultan difíciles de predecir, ya que cualquier choque (con otro asteroide), o incluso la acción del viento solar puede hacerles cambiar de dirección, de manera que en un momento dado pongan rumbo a la Tierra.

Por último, la lista de *vecinos conocidos* se completa con otros 300.000 NEO pequeños, menores de 50 metros. Muchos de ellos se vaporizarían al cruzar la atmósfera, y los que llegaran solo podrían provocar daños muy localizados. En ese sentido, se calcula que cada año colisionan con la Tierra unos mil meteoritos de esta clase (más otros 100.000 de pocos kilos de peso, que arden en la atmósfera y caen en forma de polvo), una aportación de material extraterrestre que incrementa la masa de la Tierra entre tres y treinta millones de toneladas cada año[366].

La NASA actualizó su censo de asteroides potencialmente peligrosos en 2012, cifrándolos en 4.700, por extrapolación de 107 cuerpos realmente localizados. ¿Qué sucede entonces? Que la agencia espacial está gritando ¡que viene el lobo! tal vez para conseguir más financiación. Pero, ¿y si tuviese razón? ¿Qué hacer si efectivamente hay peligro de una colisión con la Tierra?

El Centro Goddard

En la página del Centro Goddard de la NASA se lee que la detección de un asteroide en rumbo a la Tierra sería «un gran acontecimiento unificador», puesto que requeriría la colaboración de todas las naciones. Predicción, por lo demás, para algunos harto discutible, ya que el cambio climático -nueva insistencia en el tema- es tan peligroso como un asteroide, y a pesar de ello no se está consiguiendo la menor unificación. Aunque ciertamente el asteroide tiene todo el morbo de un ataque instantáneo.

En el Centro Goddard se supone que tendrían tiempo suficiente para preparar un contraataque, según los métodos previstos por tres grupos de estudio (dos de la NASA y otro en la Universidad de Arizona) dedicados a la detección temprana.

En cuanto a la solución preferible en principio (la seguida por Hollywood en sus filmes *Armageddon* y *Deep Impact*), destruir al invasor mediante explosivos químicos o nucleares, ya se descarta por completo, por la sencilla razón de que podría generar un riesgo aún mayor, al convertir un asteroide en una lluvia de fragmentos de trayectorias absolutamente impredecibles, tanto más cuanto que muchos asteroides son cuerpos fragmentarios, con evidente tendencia a atomizarse. Por ello, la solución de hacer explotar ha sido relevada por otra, consistente en desviar el asteroi-

366 José Manuel Nieves, «Cazadores de asteroides», *ABC*, 5.II.2012.

de de su trayectoria peligrosa, algo en teoría posible incluso con sondas de bajo empuje. Los diseños existen ya y alguno podría probarse a lo largo de la década de 2010[367].

Los asteroides y meteoritos más peligrosos: DA 14, Cheliábinsk

Un asteroide de tamaño considerable -una roca de unos 60 metros de diámetro, con el nombre de 2012 DA14- se acercó a la Tierra el 15 de febrero de 2013 a 27.000 kilómetros de distancia; volando, pues, por debajo de los satélites de telecomunicaciones que están en órbita a 36.000 kilómetros de altura. Jaime Nomen, del Observatorio Astronómico de Mallorca (OAM), lo identificó como el objeto celeste que más se acercó a la Tierra hasta el momento en el último siglo[368].

Casi simultáneamente con el DA 14, un meteorito alcanzó la localidad de Cheliábinsk, en la región rusa de los Urales. De 17 metros de diámetro y con una masa de 10.000 Tm, entró en la atmósfera terrestre y se desintegró a una altura de entre 30 y 50 kilómetros, según la Academia de Ciencias de Rusia. La explosión liberó 450 kilotones de energía, 30 veces lo que la bomba lanzada por EE.UU. sobre Hiroshima en 1945, de 15 kilotones. No hubo grandes daños: el bólido estalló antes de llegar a la Tierra, y fue la energía liberada la que rompió cristales y causó la mayoría de los heridos (1.200)[369] y grandes destrozos, que el gobernador de la provincia, Mijaíl Yúrevich, cifró en 25 millones de euros.

Los expertos descartaron que los dos fenómenos (DA14 y Cheliábinsk) estuvieran relacionados, e inevitablemente se recordó el episodio de Tunguska, en Siberia, cuando una explosión en el cielo aplanó una gran extensión de bosque en una zona deshabitada en 1908[370].

La inevitable pregunta es por qué no se vio llegar la roca espacial de 17 metros. La explicación: «Vino por la cara diurna

[367] Francisco Anguita, «Asteroides: ¿principio y fin de la vida?», *El Cultural*, *El Mundo*, 2.XI.2012.

[368] Alicia Rivera, «Un asteroide de 60 metros volará bajo los satélites», *El País*, 23.I.2013.

[369] A. Rivera y R. Fernández, «El meteorito ruso tenía una masa de 10.000 toneladas», *El País*, 17.II.2013.

[370] Gonzalo Aragonés, «Rusia busca el meteorito y miles de voluntarios levantan Cheliábinsk», *La Vanguardia*, 17.II.2013.

de la Tierra», cuando los telescopios no operan. Los asteroides pequeños son invisibles hasta que están cerca; es virtualmente imposible verlos sin telescopio. En cuanto a los radares que vigilan el cielo, estaban demasiado lejos para haber podido dar la alerta. Podría haber sido ubicado con detectores especiales de infrarrojos en el espacio, pero por ahora no están disponibles. En ese sentido, es muy interesante esta entrevista a Don Yeomans -científico de la NASA y miembro del *Jet Propulsion Laboratory*- de cara al futuro:

–*Durante décadas, la idea de que un meteorito pudiera impactar contra la Tierra se consideró una teoría apocalíptica sin validez científica. ¿Cuándo cambió eso?*[371].

–Es cierto. En los años setenta, ochenta y hasta a principios de los noventa, este problema no recibía ningún tipo de respeto. Pero, en 1994, el cometa Shoemaker-Levy 9 impactó contra Júpiter y aquello sensibilizó a la comunidad científica sobre otros futuros impactos. Y, en 1998, la NASA decidió que era hora de descubrir qué objetos nos rodean.

–*¿Cree que ahora los gobiernos se están tomando la amenaza en serio?*

–Desde luego. Ahora, nadie se ríe de este problema. Y sucesos como el de Chelyábinsk, el año pasado, nos recuerdan que la posibilidad de un impacto es real. Si a finales de los noventa el presupuesto dedicado a detectar asteroides era de cuatro millones de dólares al año, ahora se están invirtiendo alrededor de 40.

¡Atrápame ese asteroide!

En materia de meteoritos, podría decirse, todo es posible. Tras el episodio de Chelyábinsk que acabamos de comentar, la NASA está a punto de intentar algo completamente nuevo: en lugar de simplemente visitar o aterrizar sobre un asteroide, pretende capturar uno en pleno vuelo y traerlo después a una órbita próxima a la Tierra.

Los detalles de lo que sería esa revolucionaria misión se anunciaron el 10 de abril de 2013: consistiría en localizar un pequeño

[371] Ixone Díaz Landaluce entrevista a Don Yeomans, «El guardián del planeta», *XL Semanal. ABC*, 24.VIII.2015.

asteroide (de entre 5 y 7 metros), para enviar hasta él una nave no tripulada capaz de capturarlo y de impulsarlo a las cercanías de la Tierra, al llamado *punto de Lagrange*; esto es, entre la Tierra y la Luna, en lugar orbital en el que las fuerzas gravitatorias de dos cuerpos (Tierra y Luna) se equilibran, de modo que un objeto pequeño (como el asteroide) puede mantenerse estacionario con respecto a los dos más grandes. Una vez al alcance de los astronautas, estos podrían visitar el asteroide y estudiarlo con cierta comodidad. Se calcula que el proyecto estará listo para 2017[372].

En el mismo sentido que la NASA, un grupo de jóvenes emprendedores del Silicon Valley de California, que ayudaron a crear empresas prósperas como eBay, Google o Facebook, han invertido millones de dólares en un proyecto sobre meteoritos. Sus razones: «¿No sería una estupidez que fuésemos barridos de la faz del planeta por no estar mirando a donde es preciso?», pregunta Edward Lu, ex astronauta de la NASA, ejecutivo de Google y cabeza visible de la iniciativa.

El grupo de Lu, con sede en Mountain View, California, que se autodenomina B612 -por el asteroide imaginario de *El principito* de Saint-Exupéry-, es uno de los varios equipos que buscan formas de protección contra las amenazas extraterrestres, para lo cual, tiene previsto enviar al espacio un gran telescopio conocido como *Sentinel*, capaz de ubicar el 90 por 100 de los asteroides de más de 140 metros de diámetro que orbitan dentro del sistema solar[373].

En línea con la inquietud creciente por el tema, en noviembre de 2016, la NASA lanzó al espacio desde el Centro John F. Kennedy de Cabo Cañaveral una misión de gran interés: la nave OSIRIS-REx inició un largo viaje de ida y vuelta de siete años en total, a un asteroide llamado Bennu, para recoger en él muestras de roca y traerlas a la Tierra a fin de estudiarlas en detalle. Se tratará de un material de gran valor científico que puede decir mucho sobre el origen del sistema solar. La trayectoria previsible del Bennu es considerada potencialmente peligrosa, pues tiene una probabilidad entre 3.000 de impactar con la Tierra, lo que exige sea vigilado atentamente. De ahí, que la sonda haya

[372] José Manuel Nieves, «A la caza del asteroide», *ABC*, 14.IV.2013.
[373] William J. Broad, «Los meteoritos, un enemigo a vigilar», *El País*, 28.II.2013.

sido bautizada con los dos sugerentes nombres que lleva de la mitología egipcia: la vida y la muerte[374].

La misma preocupación ha suscitado la *Misión para Desviar un Asteroide* (ARM, en inglés), que más bien parece de ciencia ficción. En ese sentido, en 2021, una sonda no tripulada saldrá al encuentro del cuerpo celeste 2008 EV5, un asteroide de unos 400 metros de diámetro que está catalogado como una posible amenaza para la Tierra[375]. La nave se acercaría lo suficiente como para desprender un pedazo de varias toneladas, usando unos brazos robóticos. El empuje gravitatorio de la sonda y su carga sería suficiente como para desviarlo de su órbita prevista. La nave regresaría después a la Tierra y el fragmento de roca quedaría *aparcado* en la órbita de la Luna. En 2026, un grupo de astronautas viajaría desde nuestro único satélite natural, para estudiar el fragmento, perforarlo y traer muestras de vuelta a la Tierra. Todo un logro sin precedentes en la investigación espacial.

4. Salir del planeta azul

Ahora volvemos a plantear un interrogante: si la Tierra se viera amenazada y se tuviera la seguridad de que va a ser destruida, y si el progreso tecnológico en materia espacial llegara al nivel más alto imaginable, ¿cabría la posibilidad de salir del planeta azul, para así perpetuar la especie en algún otro lugar del universo? ¿Será posible algún día que el hombre viaje sin el límite einsteniano de la velocidad de la luz?

«Los vehículos espaciales -se dice- son muy lentos y por eso mismo, las dos naves *Voyager* han tardado 35 años en llegar a la frontera del sistema solar». Observación ante la cual, el profesor Manuel Martínez Sánchez -responsable del Laboratorio de Propulsión Espacial del MIT, y que desde allí sigue manteniendo estrecho contacto de colaboración con su Escuela Técnica Superior de Ingenieros Aeronáuticos de Madrid- replica que «las naves van muy rápidas, lo que sucede es que las distancias son enormes.

[374] Judith de Jorge, «Viaje a Bennu, el asteroide "de la vida y la muerte"», *ABC*, 8.IX.2016.

[375] Nuño Domínguez, «La misión para traer un asteroide a la Tierra, en el aire», *El País*, 29.XII.2016.

Las Voyager viajan a 10 o 12 kilómetros por segundo y eso no es lentitud. Pero si uno piensa en ir a la estrella más cercana [Alpha Centauri] todo es relativo: la luz de esa estrella tarda cuatro años en llegar a la Tierra, lo que significa que estamos completamente aislados y viajar fuera del sistema solar es y será muy difícil[376].

El optimismo de Elon Musk y el no menor de Jeff Bezos

Elon Musk podría ser el emprendedor que cubra el hueco dejado por Steve Jobs, creador del iPhone. A sus 46 años (en 2017), Musk es un multimillonario hecho a sí mismo, que se embarcó en la creación del primer banco *online*, para luego, a finales de 2008, en un cuarto intento, poner un satélite artificial en la órbita de la Tierra, con un cohete configurado en su empresa Space X: la primera vez que una compañía privada lo conseguía[377].

En 2013 Musk ocupó el puesto número 66 entre las personalidades más influyentes del mundo, según *Forbes*, y de él se dice que en el trabajo es más simpático que Steve Jobs y más refinado que Bill Gates. Su fortuna en 2012 se estimó en 2.700 millones de dólares, que consiguió esencialmente cuando con eBay (empresa de subastas virtuales), compró la ya citada PayPal, momento a partir del cual decidió distanciarse de todo lo que tenía que ver con compañías en Internet; pasando a invertir todo en Tesla (para fabricar automóviles eléctricos), proyecto que estuvo a punto de llevarle a la ruina. A la postre lo salvó y puso la empresa en Bolsa[378].

Hace años, cualquiera se habría reído de una empresa desconocida que pretendía culminar misiones especiales en competencia con la NASA. Sin embargo, desde el principio, a Elon Musk se le vio con soltura en el tema, como pudo apreciarse en la visita que hizo en 2010 el presidente Obama a la plataforma que en Cabo Cañaveral ya ocupaba uno de los *cohetes Musk* de su empresa Space X, que en menos de una década dio una alternativa de carácter privado, seria y sólida, a los transbordadores

[376] Alicia Rivera, «No es que las naves espaciales sean lentas, es que todo está muy lejos», *El País*, 30.X.2013.

[377] Félix García, «Elon Musk, el genio visionario que huyó del "apartheid" para conquistar el espacio», *Expansión*, 31.VIII.2015.

[378] Sandro Pozzi, «El genio que quiso inventar el siglo XXI», *El País*, 13.IV.2013.

tipo *Challenger*, cuya última misión se produjo en julio de 2011. Ahora, más de 1.400 *spacexers* (como se llaman a sí mismos los trabajadores de la compañía) se afanan en lo que es una especie de NASA paralela, y se han comprometido a realizar 12 vuelos de carga no tripulados a la estación espacial internacional (ISS).

Izquierda: Elon Musk, fundador, entre otras empresas, de Space X, Tesla, PayPal... **Derecha:** Jeff Bezos, fundador y CEO de Amazon.

Por lo demás, Musk no siente nostalgia alguna por la vieja era del espacio. Es más, estima que los transbordadores espaciales (*spacial shuttles*) deberían haberse jubilado diez años antes. El tiempo apremia, y de ahí su empeño en simplificar y perfeccionar la tecnología (el motor *Merlin*), para construir cohetes cada vez más potentes (el *Falcon Heavy*) y abaratar los costes (a 20 millones de dólares el asiento con destino a la ISS en vez de los 43 millones que Rusia cobra a EE.UU. en los *Soyuz*).

Space X, lanzará una nueva versión de nave espacial, la Falcon 9, cuyo despegue no tendrá lugar en Cabo Cañaveral, sino que se hará desde la base militar de Vandenberg, en California. Y lo más importante: la Falcon 9 contará con nuevas tecnologías para reencender el motor en su etapa de regreso a la Tierra como vector reutilizable. Pero pese a que Space X se encuentra a la vanguardia de la innovación espacial, los riesgos del nuevo emprendimiento son muy altos. El propio Musk lo asumió así en su cuenta de Twitter: «el nuevo Falcon tiene mucha tecnología nueva, por lo tanto la probabilidad de un fallo es alta»[379].

[379] Juan Scaliter, «¿Le apetece ir a la Luna?», *La Razón*, 15.IX.2013.

Jeff Bezos es CEO de Amazon y acumuló una notable fortuna gracias a su librería digital, que fundó en 1995, para convertirse, con el paso del tiempo y el *boom* de Internet, en un gigante del comercio electrónico que en 2017 capitaliza ya 350.000 millones de dólares[380]. Y, análogamente a Musk, Bezos decidió invertir en múltiples sectores a través de su firma Bezos Expeditions, en la que el empresario gestiona su cartera personal formada hoy por cincuenta áreas de capital-riesgo, en una treintena de compañías como Twitter, el grupo de medios Business Insider, y otras empresas tecnológicas que ha ayudado a impulsar, como Google y los ya también gigantes Airbnb y Uber.

Con la misma idea de Musk, Bezos, a través de su instrumental Blue Origin, quiere enviar turistas al espacio en 2019. Una competencia a la que se ha unido Richard Branson, fundador del imperio Virgin. Para ello, la compañía está construyendo seis vehículos New Shepard, diseñados para volar con seis pasajeros a más de cien kilómetros por encima de la Tierra. En otras palabras, el trecho de la Tierra a la Luna va a convertirse, en poco tiempo, en una especie de *romería espacial*.

Arianespace, Protón, Virgin Galactics

Space X no es el único emprendedor espacial privado operativo actualmente. También está la compañía rusa Protón, que pone en órbita satélites de gran tamaño. A un precio más bajo que la entidad pública francesa Arianespace, que desde 1980 es la encargada del lanzamiento de muchas de las misiones científicas de la Agencia Espacial Europea (ESA) en Puerto de Kurú, Guayana Francesa. La última lanzada en 2013 fue *Gaia*, el telescopio que hará el censo de estrellas de la Vía Láctea[381].

Pero, además de los grandes lanzamientos de investigación, el turismo espacial está empezando a vislumbrarse como algo muy atractivo, para compañías como Virgin Galactic, de Richard Branson, y XCOR Aerospace, de Jeff Greasons, que persiguen el objetivo de ofrecer a los multimillonarios una muestra de lo que se siente al ser astronauta. Será una carrera de miles de millones

[380] C. Ruiz de Gauna, «Bezos irrumpe en la conquista del espacio», *Expansión*, 16.III.2016.
[381] Teresa Guerrero, «La nueva liga mundial de los cohetes», *El Mundo*, 24.II.2014.

de dólares para hacer posibles los viajes suborbitales primero, y a los puestos avanzados en la Luna después. Y un día... tal vez más allá. De hecho, un grupo de *astropreneurs* ya está pensando en esa nueva clase de turismo. Y Elon Musk, de Space X, tiene claro que «nosotros no competimos con compañías como Virgin Galactic. Están en la pequeña liga: nuestros cohetes son cien veces mayores»[382], con lo cual se da a entender que la referida firma estadounidense no tardará en apuntarse al nuevo turismo galáctico.

La dificultad de viajar a Marte

Relacionada con los proyectos de los viajes interestelares tenemos la Estación Espacial Internacional (ISS, como siglas de *International Space Station*), que lleva tres lustros en órbita alrededor de la Tierra, con cinco agencias espaciales implicadas en ella, y con 205 astronautas de dieciséis países que han vivido y trabajado a bordo desde 2008; en los trece módulos con que hoy cuenta. Ubicado a una altura aproximada de 400 kilómetros (que varía ligeramente a causa de la fricción y las correcciones de rumbo y altitud), da una vuelta completa a la Tierra cada 91 minutos, a una velocidad de 27.700 km/h. El complejo cumplió el 20 de noviembre de 2013 sus primeros quince años de existencia (se lanzó el 2 de noviembre de 2000) y, si todo funciona como está previsto, no se desmantelará antes de 2020.

Gracias a la ISS se ha aprendido a construir materiales más resistentes, se han calculado los límites físicos y mentales de los seres humanos en el ambiente espacial hostil para la vida, se han descubierto ciertos microorganismos capaces de sobrevivir en el exterior en las peores condiciones imaginables, y dentro de ella se está estudiando la utilidad de un robot humanoide, sin olvidar las investigaciones sobre la luz y la radiación que llega de los confines del universo, ni la esquiva materia oscura[383].

Para relativizar tales inquietudes cabe subrayar que, en materia de viajes espaciales, de momento, lo único que tenemos a la vista, después de la aventura de la Luna entre 1959 y la década de 1970,

[382] John Sunyer, «The new market space», *Financial Times*, 2.III.2014.
[383] José Manuel Nieves, «Y el hombre habitó el espacio», *ABC*, 24.XI.2013.

es el viaje al planeta Marte, sobre el cual, el cosmonauta soviético Alexéi Leónov se expresó en términos muy precautorios[384]:

–En Rusia hay un grupo trabajando en un viaje simulado, el que lleva por nombre Mars 500.

–Es un experimento para probar la resistencia psicológica humana a efectos de un largo viaje, pero no sabemos nada del sistema de protección de la vida en un vuelo a Marte. Una cosa es hacer un experimento en la Tierra y otra bien distinta es vivir sin gravedad durante dos años...

–¿Cree que el ser humano podrá colonizar otro planeta?

–El único posible de colonizar en el sistema solar es Marte. Para llegar a planetas de otras estrellas habrán de pasar 500 años, cuando quizá ya se tengan naves capaces de ello. Pero Marte está cerca, e incluso allí tendremos mejores condiciones para vivir que en la Luna[385].

Lo visto hasta aquí y las palabras de Leonov nos muestran que los viajes para salir de la Tierra tienen hasta ahora una faceta investigadora. Porque de momento no cabe pensar en otras metas con naves tripuladas que la Luna y, con mayores dificultades, Marte.

Menos optimista que Alexéi Leónov y mucho menos aún que Musk, es el ya mentado Martin Rees -profesor de Cosmología y Astrofísica de la Universidad de Cambridge y ex presidente de la Royal Society-, que en un artículo publicado en el número de mayo de 2011 de la revista *Prospect*, afirma que organizar un viaje al *planeta rojo* es tarea compleja y cara para, acto seguido, plantear que la única posibilidad de hacer efectivo un sueño así consistiría en enviar *misiones tripuladas sin billete de vuelta*: los astronautas se quedarían a vivir allí y pasarían a la historia como auténticos héroes.

Esa misma propuesta de *billete sencillo* la defienden Buzz Aldrin, el segundo astronauta que pisó la Luna, y el cosmólogo Paul

---

384 Rosa M. Tristán, Entrevista a Alexéi Leónov, «Rusia ya está diseñando naves para viajar a Marte», *Eureka*, *El Mundo*, 8.V.2011.

385 Carlos Fresneda, «Los pioneros de la nueva odisea en el espacio», *El Mundo*, 3.VII.2011.

Davies. Ambos sostienen que solo así podría simplificarse la preparación del largo viaje, para reducir la factura a base de enviar naves de menor potencia, y llevando solamente combustible para ir, sin pensar en el regreso. Sin embargo, por mucho que los dos científicos mencionados subrayen que una misión de ese tipo no sería suicida -porque no se abandonaría a los astronautas, que pasarían en Marte el resto de sus vidas, claro que en permanente contacto con la Tierra-, tanto la NASA como la Agencia Espacial Europea (ESA) rechazan semejante ida sin retorno: no es pensable por razones éticas[386].

Sobre el mismo tema del viaje solo de ida a Marte, es interesante lo dicho por el astronauta español Pedro Duque[387]:

–*¿Iría usted a Marte?*

–Depende de cómo...

–*Sin retorno.*

–Sin retorno es una tontería. Se necesitaría enviar una cantidad gigantesca de piezas de repuesto que, al final, costaría más dinero que ir con retorno. Esa es una idea de bombero. Cuando los ingenieros se han puesto con el tema, han visto que esa opción no existe. Solo se puede ir si se tiene la posibilidad de volver.

En relación con los que van a vivir en Marte, cabe recordar que la divergencia evolutiva a gran escala de la especie humana requiere que una población se aísle durante miles de años, algo que es ya muy difícil en la Tierra actualmente y de cara al futuro. Pero es posible que tengamos un pequeño asentamiento en Marte antes de que transcurra medio siglo, con actividad ya en el propio *planeta rojo*. ¿Podríamos entonces, en un tiempo determinado, contar con *marcianos ideales*? El experto en viajes espaciales Chris Impey, profesor de Astronomía en la Universidad de Arizona, prevé que efectivamente habrá una colonia de marcianos a los cuales los científicos podrían acelerar los procesos evolutivos naturales: los cuerpos se convertirían en altos y

[386] Teresa Guerrero, «Los primeros conquistadores de Marte no podrán volver a casa», *El Mundo*, *Eureka*, 1.V.11.

[387] Carlos Manuel Sánchez entrevista al astronauta español Pedro Duque, «Cada vez me preocupa más que un asteroide impacte contra la Tierra», *XL Semanal*, 22.XI.2015.

delgados en respuesta a una atmósfera con menos del 40% de la gravedad de la Tierra. Y serían personas sin pelo en un ambiente controlado (ciudades de cristal cerradas), donde no hay polvo[388].

Por su parte, a la pregunta de cuándo cree que el hombre podrá pisar Marte, el astronauta Fyodor Yurchikhin contesta[389]:

> Creo que tanto técnicamente como científicamente, el hombre puede acometer un viaje a Marte en muy poco tiempo, pero estoy categóricamente en contra de que se haga esta misión con fines propagandísticos, solo para demostrar que se ha pisado Marte, porque ya hemos enviado robots... La pregunta es si realmente resultaría rentable viajar a Marte. Hay muchas cuestiones que considerar y muchos robots que enviar.
>
> Hacer experimentos allí es muy caro; sería más barato hacerlos cerca de la órbita terrestre, en la ISS; o en la Luna, un lugar ideal para instalar aparatos y observar la Tierra. Y además, ante cualquier emergencia se puede regresar en poco tiempo. ¿Merece la pena, entonces, dedicar todos los recursos destinables a exploración espacial a un viaje tan problemático a Marte? Hay que establecer prioridades, analizar en qué tareas espaciales es imprescindible la presencia del ser humano, y cuáles pueden ser realizadas -mejor y más económicamente- mediante robots.

En definitiva, la pregunta es esta: ¿conquistar Marte o volver a la Luna para desarrollar y probar allí todo lo necesario de cara a futuros viajes más largos? Y parece claro que Washington y Moscú han tomado caminos opuestos. Han pasado 41 años desde que el ser humano caminó por última vez por la Luna, y es ahora cuando desde Rusia se planea enviar una misión tripulada allí para 2029, al objeto de situar en nuestro satélite una estación permanente de alta tecnología, con un observatorio y una plataforma de lanzamiento[390].

Al respecto, Dmitri Rogozin, viceprimer ministro ruso, manifestó que se está discutiendo la posibilidad de tener a China como «socio principal del proyecto de una base en la Luna», confirmán-

388 http://www.nationalgeographic.com/magazine/2017/04/evolution-genetics-medicine-brain-technology-cyborg/.

389 Entrevista de Teresa Guerrero a Fyodor Yurchikhin, *El Mundo*, 24.IV.2014.

390 Xavier Colás, «Rusia quiere pisar la Luna», *El Mundo*, 28.X.2015.

dose así la propuesta hecha en abril de 2015 por Moscú a Pekín. Y es que para Rusia la aventura de EE.UU. en la Luna ha sido y es un asunto controvertido. Vladimir Markin, portavoz del Comité de Investigaciones ruso (equivalente al FBI) incluso pone en duda que los estadounidenses estuviesen alguna vez en nuestro satélite. Y pidió una investigación sobre el famoso vídeo del alunizaje en 1969 y acerca de las rocas que se trajeron del satélite de la Tierra. En cualquier caso, ahora la prioridad rusa es la Luna y, con ese objetivo, Roscosmos se propone inaugurar el cosmódromo Vostochni, que, si no hay más retrasos, aligerará la carga que soporta el de Baikonur en Kazajistán.

También la Luna preocupa en la Agencia Espacial Europea (ESA), que está empeñada en ofrecer a las nuevas generaciones una base habitada por seres humanos en nuestro gran satélite. Y según el anuncio de Jan Wörner, director de la ESA, la referida base será «permanente, formando parte de la Estación Espacial Internacional». El móvil de ese proyecto: Rusia y China también van a estar pronto en la Luna y, según muchos científicos, el satélite está lleno de recursos. En los polos lunares existe hielo que puede proveer de suficiente agua y de sus componentes oxígeno e hidrógeno, al tiempo que hay zonas de la Luna expuestas a una fuerte radiación solar -lo que facilitaría la generación de energía- y cuenta con recursos minerales de gran interés[391].

5. Viajes imposibles

Si llegar a Marte será difícil, hablar de los exoplanetas como posibles destinos de viajes espaciales, a una gran distancia, es cosa aún más complicada, por mucho que diga el optimista y brillante físico Michio Kaku, quien en su libro *Física de lo imposible*[392] manifiesta que no existe ninguna limitación fundamental para viajar a tan lejanos cuerpos celestes.

Claro es que Kaku introduce dos condiciones difíciles de alcanzar: «un futuro lejano y grandes cantidades de energía». Por lo cual sus propias previsiones son de lo más ilusorias, a poco que

---

[391] Jorge Alcalde, «Europa quiere construir una colonia en la Luna», *La Razón*, 1.III.2016.
[392] Versión española en Debate, Madrid, 2009.

se recuerde que en estos momentos (2014)[393], EE.UU. no cuenta siquiera ni con la voluntad política ni los recursos para volver a la Luna; sin que tampoco se sepa demasiado del proyecto Marte, después de haberle pasado el relevo a la industria privada según vimos con el caso del empresario estadounidense Elon Musk, líder de la empresa de Space X.

Así pues, salir del sistema solar, hoy por hoy, no pasa de ser una fantasía, como lo demuestra la propia experiencia de la sonda Voyager 1, que está alejándose del sistema solar a una velocidad de 62.765 kilómetros por hora, la máxima conseguida hasta ahora, con la cual se necesitarían 300.000 años para viajar a uno de los sistemas exoplanetarios más cercanos, Gliese 581, que se encuentra a 20 años luz; cuando la inmensa mayoría de los exoplanetas hasta ahora detectados por el *Kepler* estarían a distancias de la Tierra de entre 500 y 3.000 años luz[394].

¿Lo más próximo, Alpha Centauri?

En definitiva, se habla y escribe mucho sobre extraterrestres, viajes interplanetarios y la ciencia ficción nos avasalla con toda suerte de excitantes aventuras más o menos imposibles, todo lo cual induce a plantear el tema con un cierto realismo, a partir de una consideración muy sencilla: ¿cuál es la estrella más próxima a la Tierra? La respuesta es inmediata: la Alfa de la constelación de Centauro, a cuatro años luz, a 630.720 millones de kilómetros, equivalentes a 4.204 unidades astronómicas (la distancia media de la Tierra al Sol, unos 150 millones de kilómetros). A la velocidad de la sonda Voyager ¡tardaría en llegarse 1.173 años! Cuando se llegara allí, ¿en qué condiciones estarían los tripulantes? Y si hubiera vuelta posible, ¿cómo sería el retorno casi 2.500 años después?

Y en estas meditaciones estaba el autor de este libro cuando, el 16 de octubre de 2012, llegó la noticia de que, a través del observatorio de La Silla (Chile), se había descubierto un exoplaneta del tamaño de la Tierra con 1,13 la masa de nuestro planeta, orbitando precisamente alrededor de la estrella Alpha Centauri B -que tiene una masa equivalente al 93 por 100 del Sol-, comple-

[393] Comentarios de José Ignacio Gavara a Ramón Tamames, 15.XI.2010.

[394] Dennis Overbye, «En busca de un nuevo hogar lejos de la Tierra», *El País*, 17.II.2011.

tando una órbita cada 3,2 días terrenos, frente a los 365 de la Tierra. Y un submúltiplo respecto de Mercurio, que es el planeta del sistema solar con órbita más corta, de solo 88 días. Otra notable característica del exoplaneta en cuestión es que gira en torno a su sol ofreciendo solo una cara[395], análogamente a lo que sucede con la Luna respecto a la Tierra.

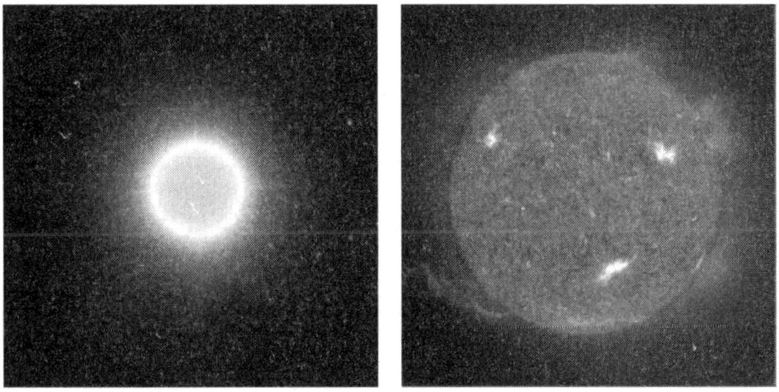

Izquierda: estrella Alpha Centauri: a *solo* cuatro años luz, pero distante como toda una vida humana... para no encontrar a nadie al llegar.
Derecha: el Sol: un globo de gas, hidrógeno cambiando al helio desde hace 4.500 millones de años. Imposible aterrizar en las estrellas...

El nuevo planeta podría dar alguna esperanza a los que sueñan con viajes espaciales fuera del sistema solar. Pero llegar a dicho exoplaneta viajando en un vehículo espacial a la velocidad de la luz, a 300.000 km/segundo, llevaría, obviamente, cuatro años. ¿Y esa velocidad se conseguirá alguna vez? Recordemos a tales efectos que para salir de la gravedad terrestre basta con una velocidad, ya conseguida hace tiempo de 11 km/segundo. Por ello, alcanzar la velocidad de 300.000 km/s, 27.272 veces la de escape de la gravedad es cosa bastante difícil.

Para viajar a la velocidad de la luz, la máxima teórica, a un punto del universo que estuviera a una distancia de 10.000 años luz, se necesitaría tanto tiempo como el transcurrido desde el comienzo del Neolítico. Y otra pregunta: ¿existiría aún el punto de destino en el momento de la arribada? Y otra más: si resultara factible el retorno a la Tierra, ¿qué habría por aquí para entonces? Las preguntas son abrumadoras, y las contestaciones aún

[395] «Un exoplaneta hermano», *El Mundo*, 18.X.2012.

más... y las que podrían basarse en el hipotético teletransporte, también lo serían, pues no cabría hacerlo a mayor velocidad que la luz. Y en cuanto a los agujeros de gusano, de momento no permiten forjarse muchas ilusiones.

No obstante todo lo anterior, un reciente comentario del astrofísico Stephen Hawking da esperanza a algunos, ya que ha apadrinado en Nueva York el programa Starshot de exploración espacial, impulsado por el multimillonario ruso Yuri Milner, quien aspira a lanzar al espacio micronaves espaciales, equipadas con nanorobots, con destino al sistema estelar Alfa Centauri, a cuatro años luz de la Tierra. Para ello habría un equipo de láseres que las catapultarían al espacio, serían del tamaño de una tarjeta de crédito e irían equipadas con micropropulsores de fotones, nanocámaras y sistemas de comunicación[396].

Las referidas naves serían capaces de viajar a un quinto de la velocidad de la luz y llegar al mencionado sistema estelar en el plazo de veinte años. El magnate de la tecnología ruso, fundador del citado Digital Sky Tecnologies, ha invertido cien millones de dólares en el proyecto, integrado en Breakthrough Initiatives, un programa para la búsqueda de vida extraterrestre ya respaldado desde sus orígenes (2015) por el propio Stephen Hawking y la Royal Society de Londres: ¿fantasías para que hablen de ti o previsiones con fundamento?

Las alejadas sondas Voyager y los agujeros de gusano

En el pasaje en que nos encontramos, será bueno recordar que lo más lejos que ha llegado del hombre fuera de la Tierra -insistimos en ello- ha sido a través de las sondas Voyager, que tras recorrer 18.000 millones de kilómetros, una, y 14.700 millones la otra, se situaban en agosto de 2012 a punto de abandonar el sistema solar, de salir de la zona de influencia del Sol y adentrarse en el medio interestelar. Esas primeras naves espaciales, obviamente no tripuladas, partieron de la Tierra en 1977, para explorar los planetas gigantes Júpiter y Saturno en un programa de cinco años conocido como Grand Tour espacial.

---

[396] Carlos Fresneda, «Hawking se lanza a buscar vida en el espacio», *El Mundo*, 13.IV.2016.

Para viajes más allá de Marte, algunos físicos, como David Hochberg y Thomas Kephart, sostienen que en un momento dado, la fuerza de la gravedad en el universo primitivo fue lo suficientemente fuerte como para generar gran número de agujeros de gusano[397] *autorregulados*. Esto es, túneles en el espacio-tiempo suficientemente grandes como para desplazarse por ellos a otras partes del universo, haciendo el trayecto posible, al realizarse fuera del espacio-tiempo[398].

Sin embargo, tales agujeros de gusano -análogamente a los que hace un gusano dentro de una manzana, según la imagen calificada de Wheeler- son altamente especulativos, y si realmente existiera un número importante de ellos, formando una red de corredores a lo largo y ancho del universo, aún habría que resolver los arduos problemas tecnológicos para navegar por tales conductos.

Eso es lo que plantea el astrofísico español Sebastián Sánchez al decir que «no pueden confundirse las especulaciones teóricas con la capacidad real de llevarlas a cabo. De existir realmente, los agujeros de gusano serían similares a los agujeros negros, pero en ningún caso podríamos enviar materia a través de ellos, y menos aún forma viva; es algo físicamente imposible». La controversia seguirá, sin duda, pero en cualquier caso, parece claro que los viajes interestelares serán harto difíciles[399]. De manera que incluso si la hipótesis de que no estuviéramos solos en el universo fuera cierta, sería muy difícil viajar por él con destinos prefijados para conocer a *nuestros lejanos vecinos*.

6. La filogenia cósmica

Como colofón de todo lo especificado en las últimas páginas, podríamos decir que mientras se mantengan las actuales circuns-

---

[397] El nombre de *agujero de gusano* proviene de la analogía que se estableció para que se comprendiera este tipo de fenómeno, a base de comparar el universo con una manzana donde un gusano hace su túnel o agujero acortando así distancias dentro del firmamento de la fruta. El término fue creado por John Wheeler en 1955 (Eduardo Punset, *El universo sin fin*, Planeta Agostini, Barcelona, 2011, pág. 113).

[398] *Diccionario de Astronomía de Oxford*, ob. cit.

[399] Comunicación a Ramón Tamames por correo electrónico de 9.VI.2010.

tancias, la humanidad parece ser la única especie inteligente en el universo, y por ello mismo ha de buscar el sentido de la vida dentro de su propio ámbito, en el navío espacial Tierra a que nos referiremos más adelante. Es, en cierto modo, la ya comentada paradoja de Fermi.

En otras palabras, nacimos en la Tierra y, tal vez por cientos de años, vamos a seguir en ella sin ninguna conexión extraterrestre. Por ello mismo, está claro que hemos de cuidar el planeta mejor, si es que realmente queremos saber a dónde vamos, planteándonos otras cuestiones, aparte de los obsesivos viajes fuera del sistema solar, que si llegan un día será en un tiempo seguramente muy lejano, con soluciones para lo que hoy todavía son misterios. Pero todo lo anterior no es óbice para que la humanidad se plantee su relación, perpetua y vinculante, con el universo, porque venimos de él y vivimos dentro de él; en una relación que cabe llamar *filogenia cósmica*.

Esa idea de la filogenia cósmica, desde el *Big Bang* hasta la configuración de la sociedad humana actual, tiene una gran variedad de expresiones, tal como planteó Carl Sagan en su libro *Cosmos*, de máximo impacto en decenas de millones de lectores, y con un múltiplo en cuanto a telespectadores, a quienes se dirigió con lenguaje bien claro y expresivo a la hora de explicar el devenir cósmico y sus grandes incógnitas[400].

En la misma dirección, habría que citar a Preston Cloud, profesor de Yale, quien con gran rigor científico supo examinar las secuencias de la evolución en el libro titulado *Cosmos, Tierra, vida y hombre*[401]. Y, asimismo, evocaremos a Eric Chaisson, profesor de Harvard, que incisivamente encadenó unas secuencias con otras, destacando la función de las estrellas como *fragua de los elementos* de los que fisicoquímicamente estamos constituidos todos los seres vivientes[402]. Y es que, como en frase muy poética propuso el astrónomo Harlow Shapley, «Somos hermanos de las rocas y primos de las nubes». Un tema que luego fue adquiriendo más y más complejidad, sobre todo a partir del estudio de las for-

[400] Carl Sagan, *Cosmos* (Random House, Nueva York, 1980), versión española Argos-Vergara, Barcelona, 1982.

[401] *Cosmos, Earth, Man*, Bantam, Nueva York, 1965, 2ª reimpresión en 1979.

[402] *Cosmic Dawn*, Fontana, Londres, 1978.

maciones elementales subatómicas -los quarks- desmenuzables a su vez en partículas menores, a las cuales Harald Fritzsch dio el nombre de «materia prima del universo»[403].

De esa filogenia cósmica podría ser representativo el circuito del recuadro (página 241) elaborado para el autor por el doctor Carlos Rodríguez Jiménez, en el que se expresan las sucesivas fases.

El fenómeno humano

Pierre Teilhard de Chardin, admirado por unos como un gran cosmólogo, y denostado por otros como un cristiano activo dentro de la ciencia, tiene lo que podríamos llamar una interpretación integral de la evolución. Y junto con Georges Lemaître, son los dos clérigos católicos que más han aportado a las concepciones sobre el origen y el destino del universo.

Las teorías de Teilhard sobre el fenómeno humano (venimos del punto alfa y nos dirigimos al punto omega en una evolución teleológica), son altamente controvertidas, por su presunta *insuficiente base científica*. Sin embargo, Teilhard sigue apareciendo en todos los grandes debates sobre el origen y el final del universo, y sobre el papel que desempeña nuestra especie, y su sentido de la vida. Y fue precisamente en su libro *El fenómeno humano* (1955)[404], donde principalmente expuso sus ideas sobre la filogenia cósmica, al enfocar la evolución del universo como un proceso de creciente *hominización*.

En el sentido que apuntamos, Teilhard contempló las tendencias básicas que afectan al mundo material -gravitación, inercia, electromagnetismo, etc.- como si estuvieran *dirigidas* a favorecer la existencia de agregados con cada vez mejor organización; en lo que fue todo un anticipo de la idea del *universo antrópico* de J.A. Wheeler, que estudiamos en el capítulo III de este libro. Ese escenario lo caracterizó Teilhard por lo infinitamente grande, el universo; lo infinitamente pequeño[405], más allá de lo que puede percibir el microscopio de mayor potencia imaginable o

[403] Puede verse su libro del mismo nombre; versión española, Alianza Editorial, Madrid, 1981.

[404] Versión española en Taurus, Madrid, 1965

[405] Comentario de Francisco Guzmán Vázquez al autor en correo electrónico de fecha 12.VII.2011.

los LHC del CERN o del Fermilab; y lo infinitamente complejo, la vida orgánica[406].

En el sentir de Teilhard, mientras ciertos evolucionistas consideran al ser humano como una especie más de la evolución, cierto que en el piso más alto del periodo terciario en la fauna del Plioceno, y desde luego con mayor éxito que la rata o incluso que el gorila o el chimpancé, Teilhard sostuvo que la aparición del hombre en la escala zoológica, surgió del planteamiento de una nueva dimensión para el mundo en clara significación de *salto cualitativo, verdaderamente decisivo* para que naciera *la capacidad de reflexionar.*

Porque si los otros animales saben, *el hombre sabe que sabe*, tiene conocimiento y se pregunta indefinidamente sobre su lugar en el universo y sobre el sentido de la vida misma, por lo cual va acumulando saberes indefinidamente a través de la memoria natural y escrita; actualmente, reforzada por la electrónica, con lo cual se potencian la ciencia y la técnica en todas sus manifestaciones.

Por lo demás, con el ascenso económico, social y técnico del hombre, el planeta ha experimentado y seguirá experimentando grandes cambios. De modo que con el tiempo, la propia Tierra como conjunto ha ido modificándose y eso seguirá sucediendo[407]. Hasta el punto de que ya vivimos en el Antropoceno[408], el estrato geológico que casi oficialmente ya se ubica al final del Holoceno. Porque todo en la biosfera está cambiando por la acción del hombre, hoy con 7.000 millones de habitantes (2011) y en 2100 previsiblemente con 10.100 millones.

La consecuencia del nuevo contexto configurado tenía que derivar a una nueva situación. Así, el 29 de agosto de 2016, Colin Waters, secretario del Grupo de Trabajo Antropoceno (AWG), un colectivo de geólogos, se dirigió al Congreso Geológico Internacional en la Ciudad del Cabo, señalando que había llegado el momento de *bajar el telón* del Holoceno -la era geológica actual, de los últimos 12.000 años- y reconocer que la Tierra ha entrado en una nueva era, el Antropoceno[409], debido al hecho de que los humanos, lejos de ser simples pasajeros del Navío Espacial Tie-

---

[406] Para una interpretación de Teilhard de Chardin, José Ferrater Mora, *Diccionario de Filosofía*, Alianza Editorial, Madrid, 1983.

[407] Al respecto, *The Economist* «Welcome to the Antropocene», 28.V.2011.

[408] Nombre propuesto por Paul J. Crutzen, premio Nobel de Química de 1995.

[409] «The Anthropocene. Dawn of a new epoch?», *The Economist*, 3.IX.2016.

rra (NET, Boulding *dixit*), ya incluso afectan al funcionamiento del planeta, según previeron por primera vez en el año 2000 Eugene Stoermer y Paul Crutzen.

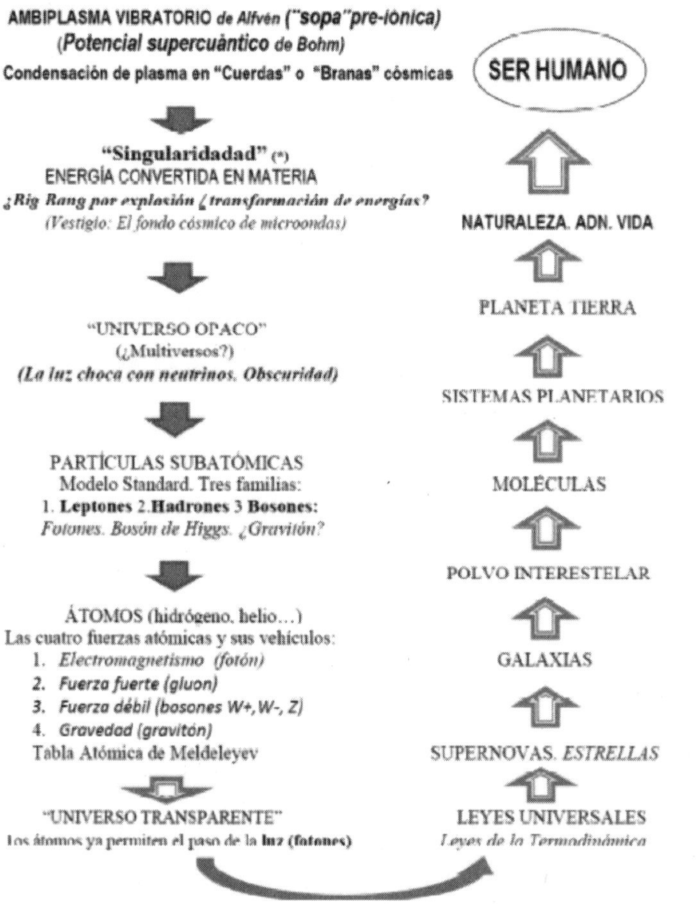

(*) Singularidad, en Física, es el punto ínfimo de condensación de energía, origen de la materia con una densidad infinita, donde todas las ecuaciones y conocimientos astrofísicos, supuestamente infalibles, fallas. Singularidad en Metafísica es Dios, Punto Omega, Realidad Absoluta, Verdad Absoluta, Acción Divina, *Ki* o *Chi*... *Brandon Carter sugiere que todo lo creado tiene una finalidad: El Ser Humano.*

Esquema de la filogenia cósmica.

Por su parte, Chris Rapley, climatólogo del University College de Londres, asegura que el reconocimiento de la nueva época geológica -originada por la especie humana- dejaría sin argumentos a los escépticos: «El Antropoceno marca un nuevo periodo en el que nuestras actividades colectivas ya dominan el funcionamiento de la máquina que es el planeta. Esencialmente, somos tripulantes del Navío Espacial Tierra (NET), y lo que estamos haciendo es, por tanto, interferir con los sistemas que nos proporcionan aire, agua y alimento y los que regulan el clima. El cambio al Antropoceno es una manera de admitir, *volis nolis*, que estamos jugando con fuego»... y nos podemos quemar[410].

Todo lo comentado en los últimos pasajes confiere a la humanidad el decisivo papel de un nuevo *deus ex machina*, como complemento a las hipótesis de Gaia-1 y Gaia-2, según vimos en el capítulo III. Al tiempo, y como planteó Teilhard, el mundo en que vivimos irá configurándose su propia envoltura, la noosfera, la del conocimiento de todos con todos.

Noosfera y punto omega

En las décadas de 1920 y 1930, Teilhard fue planteando sus teorías en una sucesión de libros, algunos publicados solo después de su muerte (1955), debido a las dificultades que interpuso la Iglesia Católica, que a punto estuvo de anatematizarlo por su intento de conjugar el evolucionismo con una idea teleológica: la evolución como una senda que diera sentido a la filogenia cósmica iniciada con el acto del *Big Bang* intuido en la Biblia con el momento del *fiat lux*[411].

Aceptando el *huevo cósmico* de Lemaître (recuérdese lo visto en el capítulo I) como principio de todo, el *Alfa*, Teilhard imaginó que la humanidad se dirige en su *evolución* a otro punto final y concreto (el *Omega*); a una integración de toda la sociedad en la que la ya mencionada noosfera, la envolvente del mundo de conexión de todos con todos en una comunicación permanente y total. Ante lo cual, hoy podemos preguntar: ¿y no es eso internet? ¿No es eso también lo que con indudable pragmatismo previó McLuhan, con su tesis de la *aldea global* como consecuencia del conocimiento recíproco y ubicuo vía los sistemas audiovisuales?

[410] Carlos Fresneda, «Atrapados en el Antropoceno», *El Mundo*, 31.VIII.2016.

[411] Algunos colegas, como Juan Arana, sostienen que más que por el evolucionismo, Teilhard fue puesto *sub iudice* por la jerarquía de la SJ -y no por el Vaticano- debido a su tendencia a un cierto panteísmo.

O, tal vez, algunos prefieran la telepatía más que internet. Pero, por mucho que lo diga Zuckerberg desde Facebook, el tema todavía puede estar lejano.

En Teilhard se intuye un *final del trayecto* de la humanidad, que se produciría en el aludido *punto omega*, con una serie de consecuencias filosóficas y religiosas, en una *irreversibilidad definitiva de la evolución*, según subrayó el filósofo Carlos París con el comentario que sigue:

> Esta actitud tan briosamente positiva de Teilhard frente al cosmos encuentra uno de sus desarrollos más lúcidos y sintéticos en un ensayo suyo de 1924, *Mon Univers*. En él se exponen las valoraciones y convicciones básicas que fundamentan su obra: el primado del ser y la conciencia, la fe en la finalidad del universo y su imposibilidad de extravío, la fe en lo absoluto, que nos lleva a la persuasión de la *irreversibilidad definitiva* de la evolución y sus conquistas... Se da así el salto hacia un superuniverso, una trascendencia sobre la multiplicidad inicial y la exterioridad, con la explosión de un nuevo orden de realidad íntima y simple; que se cumple en el hombre, en el cual la interiorización, el repliegue, proporciona trascendencia a la materia en la meta final del proceso cósmico en el *punto omega*[412].

Al referirse a si el universo tiene o no un cierto sentido, y fijándose en dos libros que representan posturas muy diferentes -*El fenómeno humano*, de Pierre Teilhard de Chardin, y *El azar y necesidad*, de Jacques Monod-, Christian de Duve, premio Nobel de Medicina, escribió:

> Podría parecer que he optado por Teilhard en contra de Monod, pero no es así; científicamente me siento mucho más cerca de Monod que de Teilhard. Sin embargo, he optado a favor de un universo con sentido en oposición a uno que no lo tenga. No porque quiero que así sea, sino porque así interpreto la evidencia científica disponible, que incluye mucho de lo que fue conocido por Monod, quien sabía mucho más que Teilhard.

[412] C. París en el libro colectivo *La Evolución*, coordinado por M. Crusafont, B. Meléndez, E. Aguirre, BAC, Madrid, 1966, pág. 785 y siguientes.

> Monod subrayó la improbabilidad de la vida y la mente y el papel preponderante del azar en su surgimiento, y por ende la falta de designio en el universo, su absurdo y su carencia de sentido. La manera en que interpreto los mismos hechos es diferente. Le doy el mismo papel al azar, pero actuando dentro de un conjunto tan estricto de restricciones que obligatoriamente debe producir la vida y la mente, no una sino muchas veces. A la famosa frase de Monod «El universo no estaba preñado con la vida, ni la biosfera con el hombre», yo respondo: «Falso. Sí que lo estaba»[413].

En la misma línea que Duve se mueve Hubert Reeves (astrofísico canadiense, ex director de investigación en el Centre National de la Recherche Scientifique), para quien Monod propone que la evolución biológica procede del azar y no tiene ninguna *intención*; por lo que denuncia como ilusoria la antigua *alianza del hombre con el universo*, para manifestar que la especie humana es un accidente del trayecto, en un cosmos vacío y frío. «Cierto -dice Reeves-, pero se trata de un *azar controlado,* ante el cual nos quitamos el sombrero, para hacer de él un admirable aliado». Así las cosas, a la frase de Monod «El universo no estaba preñado con la vida, ni la biosfera con el hombre», Reeves responde: «Falso. Sí que lo estaban». Para agregar:

> He enfrentado dos personalidades paradigmáticas: Monod y Teilhard; dos filosofías, una representativa del absurdo y la otra del sentido. Cada uno de nosotros debe escoger por su cuenta. Teilhard, el jesuita devoto, con todas sus fuerzas deseaba descubrir una evidencia objetiva que sustentara su fe; en tanto que Monod, el existencialista orgullosamente desesperado, deseaba con igual pasión que el mundo viviente apoyara su sentimiento de aislamiento y absurdo[414].

En Tournai (Bélgica) murió a los 92 años el cardenal Julien Ries, el gran antropólogo cristiano nacido en 1920, que se formó en la Universidad de Lovaina para luego dedicarse a la investigación

[413] Teilhard vs. Monod, «El pensamiento de Teilhard de Chardin», http://teilharddechardin2010.blogspot.com.es/.

[414] Hubert Reeves, *Paciencia en el azul del cielo*, Ediciones Juan Granica, S.A., Barcelona, 1952.

casi por completo, hasta ser considerado fundador de la antropología religiosa, empeño en que se libró de la garra inquisitorial. A diferencia de Pierre Teilhard de Chardin, proscrito por la jerarquía de la SJ, Ries no tuvo problemas con el Vaticano. Así, en una entrevista concedida al periódico italiano *Corriere della Sera*, al ser preguntado sobre si Teilhard «sigue siendo preocupante para la Iglesia», el Cardenal Ries contestó con una exclamación admirativa: «¡Al contrario, está volviendo! Las investigaciones actuales sobre la evolución demuestran la visión clara y previsora que tenía Teilhard. Se cometió un error grave al marginarlo»[415].

Por lo demás, Teilhard, aunque muy discutido y desdeñado por los científicos del ateísmo militante, llega a nuestro tiempo con gran ímpetu. Como subrayaron Ricardo Díez-Hochleitner y Daisaku Ikeda:

> Algunas de las mentes más importantes del mundo -Pierre Teilhard de Chardin, Rabindranath Tagore, Albert Einstein y Viktor Frankl, entre otros- han sugerido la existencia de una fuerza fundamental detrás del desarrollo cósmico. En ese sentido, conocer el lugar y la responsabilidad de la humanidad dentro de la evolución cósmica resulta fundamental. Nuestra responsabilidad es, sobre todo, para con los jóvenes y las generaciones futuras. Esto implica responsabilidad hacia nuestro planeta, hacia todas las especies que habitan en él[416].

Pierre Teilhard de Chardin (1881-1955). Una mente altamente especulativa en busca del sentido de la vida a través del fenómeno humano.

Se acepten o no los planteamientos de Teilhard, lo que no cabe duda es de que componen todo un sistema lógico y teleológico frente al *azar y la necesidad* a que nos referiremos más adelan-

[415] Del artículo de Juan G. Bedoya, «Julien Ries, el gran antropólogo cristiano», *El País*, 26.III.2013.

[416] Ricardo Díez-Hochleitner y Daisaku Ikeda, *Un dialogo entre Oriente y Occidente. En busca de la revolución humana*, Galaxia Gutenberg, Círculo de Lectores, Madrid, 2009.

te en este mismo capítulo. Y como final de este pasaje que evoca a un final trascendente, recuerdo la *Oda a la Resurrección*, de Friedrich Klopstock, que Gustav Mahler tomó como base para el quinto movimiento de su segunda sinfonía, *Resurrección*[417].

Y para terminar este pasaje, algunas reflexiones de Jaime González-Torres Domingo:

> Esto nos lleva a la pregunta de por qué hay tanto científico cabreado con Dios, para formular *el dogma de que Dios no puede existir ni a tiros*. Yo tengo una respuesta que se hunde en el siglo V, cuando la Iglesia hizo unas capitulaciones con Constantino y luego con Teodosio y formó una mezcla pegada con engrudo del malo entre cristianismo y paganismo grecoromano, a la que yo llamo *eurocristianismo* y que expulsó del cristianismo a todas las demás civilizaciones. Como todo lo falso no se propaga por su propia autoridad, de ahí en adelante hubo que propagar y mantener el «cristianismo» por la fuerza. Los hombres medievales, que tenían fe, estuvieron muy descontentos y clamaron durante toda la Edad Media por la reforma de la Iglesia. Cuando tanto la Reforma como la Contrarreforma acabaron en sendos y sonoros fracasos, los intelectuales se volvieron, de entrada, al paganismo grecoromano, pero como de ahí no podía salir nada y las guerras de religión del siglo XVI escandalizaron a toda Europa, los intelectuales y científicos apostataron del cristianismo y se pasaron al teísmo, lo que dio lugar a lo que Gustave Flaubert llamó «siglo de irreligión» (el XVIII).

7. ¿Inteligencia cósmica o azar y necesidad?

En su autobiografía, Lynne McTaggart informa que después de recuperarse de una enfermedad mediante enfoques médicos alternativos, su marido le sugirió que comenzara a publicar un boletín informativo sobre los riesgos de algunas prácticas. Y para ello ideó el título *Lo que los médicos no te dicen*. En 1996

[417] Debo el conocimiento de ese poema a Henning Wegener, por su invitación al Auditorio Nacional de Música, en Madrid, para escuchar la referida sinfonía de Mahler, en el otoño de 2009.

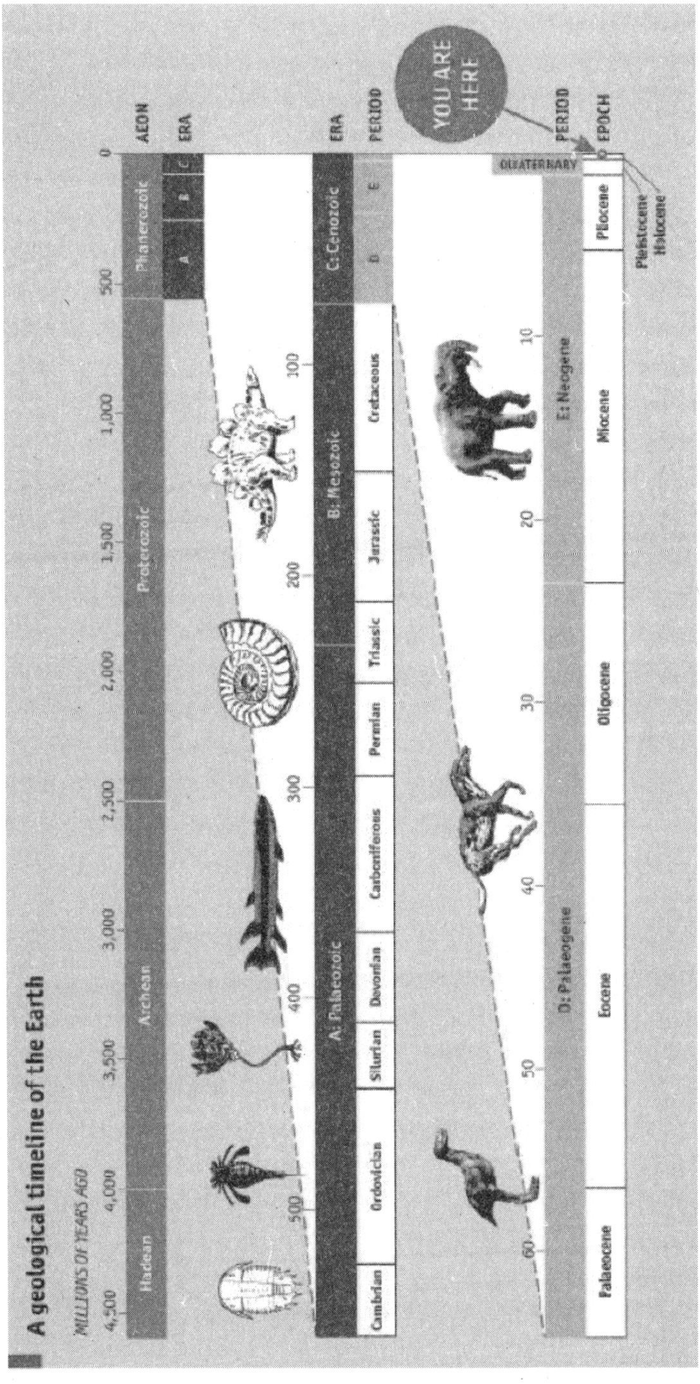

El Antropoceno en las eras geológicas: una visión casi fílmica de la sucesión de las edades del planeta Tierra. Fuente: *The Economist*, 28.V.2011.

McTaggart publicó un libro con el mismo nombre, y también un manual titulado *Lo que los médicos no le dicen*. Y en su libro *The Field*, McTaggart discute los descubrimientos científicos, manifestando que personalmente apoya la teoría de que «el universo está unificado por un campo interactivo: está conectado por un vasto campo de energía cuántica y puede estar influido por el pensamiento humano».

Siguiendo en nuestro recorrido, después de Teilhard y la Biblia, al autor le gustaría agregar algunas reflexiones sobre la evolución del hombre y su futuro. Y con ese norte se plantea la siguiente proposición: racionalmente, ¿es factible pensar que todo ha evolucionado por solo el impulso del *azar y la necesidad*? Si eso fuera totalmente cierto, entonces, en cuanto al *a dónde vamos*, habría de contestarse que, si venimos de la nada, volveremos *a la nada*, respuesta poco satisfactoria para muchos.

La reacción ante tal simplificación de todo es que muchas cosas resultan demasiado complejas para explicarlas como una sucesión de casualidades, de errores y mutaciones, según se vio en el capítulo III, al dar entrada en el libro a una serie de criterios evolucionistas, donde se dio *arte y parte*, a los neodarwinistas, y sobre todo al biólogo Richard Dawkins. Este estima, desde su ateísmo militante, que todo lo que no sea darwinismo es creacionismo puro, como tiene certificado en la sucesión de sus libros: *El relojero ciego*, *El gen egoísta* y *El espejismo de Dios*[418], donde reduce toda la filogenia cósmica a una especie de carrera en la oscuridad sin objetivo alguno, a pesar de la longitud del discurrir y de lo excelso de algunas secuencias en el íter de la humanidad.

Cabe dudar de los fundamentos de Dawkins, y así se lo expuso el autor de este libro al célebre biólogo en un debate celebrado en Madrid en 1976, en una cena-coloquio organizada por la empresa editora de *El gen egoísta* en versión española, a la que asistí personalmente invitado por el moderador del encuentro, el profesor José Antonio Jáuregui. Allí tuve ocasión de explicar que no entendía cómo era posible que el gen gobernara la conducta humana, cuando la mente resulta mucho más compleja que cualquier conjunto de genes; decisivos a la hora de la herencia, cier-

[418] Richard Dawkins, *El relojero ciego*, RBA, Barcelona, 1986; *El gen egoísta*, Salvat Ciencia, Barcelona, 1976; *The God Delusion*, Bantam, Londres, 2006.

tamente, pero no tanto para el pensamiento, ni para las grandes decisiones de los colectivos de hombres y mujeres, en las que prevalece la capacidad cerebral de cada uno y la fuerza de todos en la búsqueda colectiva de objetivos muy diversos.

Izquierda: Ricardo Díez-Hochleitner: una visión global premonitoria desde la presidencia del Club de Roma. **Derecha:** Oaisaku Ikeda: por un diálogo Oriente-Occidente sobre el universo y la trascendencia.

Tampoco es fácil estar de acuerdo con lo que machaconamente nos dice Jacques Monod, persona admirable por tantos conceptos: biólogo francés, luchador en la resistencia durante la Segunda Guerra Mundial frente a los invasores nazis y premio Nobel de Medicina de 1965. Se le conoce mundialmente por su libro *El azar y la necesidad*, en el cual, en la línea marcada 350 años a.C. por los filósofos griegos Leucipo y Demócrito, atribuye toda la fuerza de la creación y la evolución a los dos principios enunciados en el mismo título de su libro.

Jackes Monod (1910-1976): todo empieza y acaba en el azar y la necesidad, a partir de la nada y para volver a la nada.

André Mauriac, combativo escritor francés, católico, dijo de Monod: «Pienso que es más difícil creer lo que nos dice este inteligente joven, que lo que venimos creyendo los cristianos viejos desde hace tanto tiempo». Por lo demás, la base de las ideas de Monod, ya se dijo, están tomadas de los presocráticos Leucipo y Demócrito, que mencionaron el azar y la necesidad como las dos causas del todo. Y a ellos dedicó Aristóteles, en su *Metafísica*, el siguiente párrafo más que significativo:

> Alguien dijo [el aludido es Sócrates] que la razón está presente en los animales y en el universo entero, siendo la causa del orden y de la armonía de las cosas. Me parece, en cambio, que los contrarios a esas ideas [como Leucipo y Demócrito] parecería que se encontraban cuando todo lo atribuyen todo al azar y la necesidad[419].

Colofón del capítulo VI: ni venimos de la nada, ni vamos a la nada

En el horizonte que apuntamos de filogenia cósmica y de misterio sobre el sentido de la vida, a veces se tiene la sensación de que incluso los más escépticos y contrarios al principio antrópico finalista, no descartan la posibilidad de una evolución hacia un punto determinado, se le llame *omega*, o de cualquier otro modo. Se intuye el hecho de que, lo digan o no, ateos y agnósticos radicales pueden llegar a vislumbrar la idea de que la evolución tiene características teleológicas[420] que le dan un sentido. Y algo parecido sucede con la ciencia y la tecnología de la sociedad humana.

Dejar la cuestión abierta, a beneficio cuando menos de la duda, es lo más racional y lo único que puede darnos un margen de cierta esperanza… a quien la busque y desee encontrarla, claro está. Frente a lo cual, el partidario del azar y la necesidad, el *ateo perfecto*, nada acepta ni espera: y por ello mismo no busca y, en consecuencia, está seguro de que nada hallará.

La idea de que no hay un *más allá* podría ser cierta. Pero si se aspira a convencer definitivamente de eso, debería explicarse *de qué va* esta vida que disfrutamos aquí y ahora, pues no me negará que tiene poco de trivial y un mucho de extraordinaria e inexplicable. Tanto, por lo menos, como la que pudiera haber en un hipotético *más allá*…

[419] La cita de la *Ética* de Aristóteles no es textual, y me la facilitó José Antonio Jáuregui.
[420] Teleología: doctrina de las causas finales.

El colofón, *minimum minimorum* podría ser: ni venimos de la nada ni vamos a la nada, y existen indicios relevantes de que lo nuestro tiene alguna finalidad. Parafraseando el *Cogito, ergo sum* de Descartes, podríamos decir: *cogito, ergo spes habemus*. Por mucho que haya un el viejo aforismo totalmente en favor de lo contrario: *Nihil sibi de futuro promittere*, nadie debe prometerse nada del futuro[421].

Con todo, frente al *presente eterno*, cabe intuir la perspectiva del futuro; por mucho que dijera Esquilo «No podrás preverlo: un día llegará y solo entonces verás cómo es». Y podemos hacerlo sobre la base de la nueva creatividad, surgida a lo largo de la evolución social humana y basada sólidamente en los avances de la ciencia y de la técnica. En ese sentido, lo mucho y variado que hemos ido analizando sobre *de dónde venimos* y *qué somos*, creo que nos permite intuir *a dónde vamos*.

[421] Víctor José Herrero Llorente, *Diccionario de expresiones y frases latinas*, Gredos, 3ª edición, Madrid, 1992.

Capítulo VII
Ciencia y trascendencia

1. Platón: prevalencia de las ideas

No se sorprendan los lectores de las aparentemente extrañas inquietudes del autor sobre ciencia y trascendencia, pues datan de mucho tiempo atrás, y puedo recordar cómo en la década de 1980, en un viaje que un grupo de amigos hicimos a la Costa Brava, Salvador Pániker y yo hablamos continuamente de algunos de los temas tratados justamente en este pasaje del libro. Y fue Salvador quien me preguntó: «¿No crees, Ramón, que somos terminales de un superordenador que lo rige todo?». Mi contestación: «Es la posibilidad más verosímil». Y por entonces, no sé si ya alguien había hablado de la posibilidad de que el universo fuera un ordenador cuántico[422].

Lástima que tales reflexiones costabravinas y sus posibilidades colaterales no las desarrolláramos para publicarlas -con cierto aparato lógico- en alguna revista. Pero al menos, seguro que Pániker, tan helénico-hindú él, lo tiene todo archivado en su cerebro... como creo que también algo de eso le sucede al autor[423].

[422] Otra vez Juan Arana discrepa... a medias: «Me atrevo a disentir con la idea de que lo más verosímil es que el universo sea un universo cuántico y nosotros terminales del mismo, ya que según ha mostrado Penrose, si lo del ordenador cuántico llega a concretarse, siempre seguiría siendo un artefacto algorítmico (otra cosa es la idea que él tiene de una futura *teoría de gravedad cuántica*, que -esa sí- trascendería lo algorítmico)».

[423] Ese recuerdo que me vino a la memoria en un viaje más próximo en el tiempo, agosto de 2011, cuando íbamos por la misma Costa Brava en el barco *Comptal*, de José María Santacreu, un grupo de pasajeros, entre ellos un amigo común de Pániker y el autor, Manuel Milián.

Platón y el demiurgo

El caso, ahora, es que en el recinto de la tercera pregunta de este libro -¿a dónde vamos?-, hemos de tornar la vista atrás para ver qué sucedió al respecto en una de las fases culminantes del pensamiento humano, en el entorno del siglo de Pericles (IV a.C.), cuando los grandes filósofos griegos, empezando por Sócrates, expresaron preocupaciones muy parecidas a las que actualmente siguen inquietando a la misma especie humana; preguntas y respuestas que aún conservan todo su interés[424]. En esa dirección, y como subraya José Ferrater Mora en su *Diccionario de Filosofía*[425], en gran medida, la obra de Platón cabe estimarla como una interpretación del cosmos, impregnada, desde luego, de antecedentes presocráticos y socráticos, un contexto en el que, en su diálogo *La República*, surge la idea de que la *concordia social* solamente puede lograrse cuando hay acuerdo sobre quién debe regir el Estado, y del lugar que dentro del mismo corresponde a cada individuo y estamento. Estos *lugares*, en caso de duda, han de ser fijados con justicia, para así regir sabiamente las relaciones entre los diversos segmentos de la sociedad.

Y fue desde ese alto concepto de la política como Platón concibió que al máximo responsable del Estado (por entonces, la *polis*), había que educarlo en la Filosofía, al objeto de que llevara las riendas de la sociedad con todo el conocimiento disponible, recabando a los más sabios de su derredor el conocimiento de que hubiera menester. De manera que el rey-filósofo, al manejar sus naves, convocara al piloto más experto y, para batir al enemigo más terrible, recurriera al estratega más apto.

En pocas palabras, el *rector político tenía que saber de qué iba todo y cada cosa, amén de saber quién sabía de cada una de esas cosas.* Una doctrina formidable para recordar a tantos gobiernos actuales, repletos de incompetentes por el predominio de los intereses partidistas sobre los generales; y también, por qué no decirlo, por lo que se llama *Principio de Peter*, según el cual, la

[424] Sobre la importancia del legado de Grecia y sobre la admiración que ya en tiempos del emperador Adriano se sintió por esa herencia, Harry Eyres, «Our debt to Greek culture», *Financial Times*, 10.III.2012.

[425] Publicado en cuatro volúmenes por *Alianza Editorial*.

selección de dirigentes, a la postre, alcanza a los que están por debajo del propio nivel de competencia, algo que también ha tratado, en nuestro tiempo, George Akerlof -profesor de Economía de la Universidad de Berkeley y premio Nobel de Economía en 2001-, al sostener que los gobiernos, usualmente, no aprovechan los mejores recursos humanos disponibles[426].

Izquierda: Sócrates. Solo sé que no sé nada... conócete a ti mismo: dos máximas vigentes 2.400 años después. **Derecha:** Platón: el demiurgo en la cima... como bien supremo e inteligencia creadora de todo: el monoteísmo filosófico en acción.

En el contexto indicado, Platón situó al *Supremo Bien* por encima de la sapiencia del poder público, superando a los reyes-filósofos en la cúspide de la sabiduría y el poder: algo así como el Sol, que nos ilumina a todos, haciendo posible la verdadera belleza, la inteligencia y la bondad. Aún más, en palabras del propio filósofo: «La idea del bien [...] es la causa de todo lo bueno y bello que existe [...] es ella la que produce la luz y el astro de la que procede [...] es ella la que genera la verdad y la inteligencia [...] Es necesario mantener los ojos fijos en esta idea para conducirse con sabiduría, tanto en la vida privada como en la pública»[427].

En su penetrante línea de reflexión, Platón concibió que el cosmos se engendró por una *combinación de necesidad e inteligencia*; más por la segunda que por la primera, alejándose

[426] George A. Akerlof, *Explorations in pragmatic economics*, Oxford University Press, 2005.

[427] Del libro de Platón *La República*, Libro VII. Debo la referencia a mi hija Laura Tamames Prieto-Castro, jurista y filósofa.

de esa manera del binomio azar/necesidad de los presocráticos Leucipo y Demócrito, por entender que la inteligencia debe controlar la necesidad, *persuadiendo* a esta de que siempre busque, en cada espacio imaginable, el mejor resultado posible para las partes del todo.

La sabiduría que destila el diálogo platónico en *El simposio* (o *El banquete*), escrito hace casi 2.400 años, parece contradecir la general opinión de que cualquier cosa escrita hace tanto tiempo debería estar definitivamente obsoleta a los efectos de nuestras inquietudes actuales. Pues, releyendo ese diálogo, percibimos que, con todo nuestro maravilloso progreso técnico, se ha producido un extraño empobrecimiento en la manera en que analizamos muchas cosas públicas y privadas, o privadas dentro de lo público, como, por ejemplo, el amor. Eso dice Harry Eyres: «Me parece [usualmente] que no hablamos tanto sobre el amor como sobre relaciones sexuales, que es cosa diferente. Y a ese respecto, pueden tenerse relaciones de ese tipo y conseguir terapia sexual en el Servicio Nacional de Salud. Pero en cambio, a cualquier persona que pida *terapia de amor* [en ese mismo organismo] la mirarán con recelo»[428].

Inteligencia y necesidad

Frente a lo que hoy son doctrinas muy defendidas desde el cientifismo casi teológico -al estilo de Monod, Hawking, Dawkins, etc.-, Platón siempre se opuso a considerar que el todo era resultado de la nada y la incertidumbre. De hecho, el gran filósofo concibió la *necesidad de que cualquier cosa se inserte en un orden estricto,* proveniente de un *plan determinado* y con una *finalidad última,* lo que dio a la cosmogonía platónica un claro sentido *teleológico,* de finalidad prevista de antemano, desde el mismo comienzo del proceso que hoy consideramos creativo-evolutivo. En otras palabras, en la mente del gran pensador heleno, si la *necesidad* fuera el origen único del orden, este no tendría ni finalidad ni plan. Por el contrario, la *inteligencia persuasora, completando a la necesidad,* hace posible la sucesión ordenada de todas las cosas.

[428] Harry Eyres: «Lesson in love from the ancients», *Financial Times*, 11.I.2014.

Aristóteles: en contra del mero azar y necesidad y en pro de una teleología.

¿Y la *inteligencia* en Platón, qué es? No otra cosa que la norma en la que se basa el *demiurgo -el que hace milagros*, en traducción literal-; el equivalente al Dios creador de los judeocristianos y, en la filosofía de los gnósticos, al *alma universal* o principio activo de la creación evolutiva. Con otro nombre, también podría ser el *superordenador cuántico* a que nos referimos en el capítulo I de este libro.

En la misma línea que Platón se movió Aristóteles, que personalmente tuvo la gran experiencia de ser el excepcional maestro educador del mayor príncipe de la antigüedad, Alejandro Magno, rey de Macedonia, quien conquistó Asia para la cultura helénica.

2. Ciencia y religión: de Galileo a Einstein

Platón, alejándose de la intrincada y compleja mitología helénica -y bien que la conocía Hesiodo (*circa* 700 a.C.), autor de *Cosmogonía*-, concibió un sistema monoteísta, combinando creencias y actitudes -que hoy llamamos teístas- con ideas de la praxis política; con más suerte en sus experiencias que su maestro Sócrates, quien por su *escandalización* de la sociedad ateniense fue invitado a morir por la propia democracia ateniense; a pesar de la extraordinaria defensa que Platón hizo de él. Por lo demás, Platón llegó a su monoteísmo no por un imperativo religioso, sino por su libre reflexión lógica. Por entonces, la idea de trascendencia (religiosa) y lo que eran proposiciones próximas a lo que hoy llamamos *ciencia* iban juntas.

Pero esa tónica de entrelazado de ciencia y creencias no fue una constante para siempre; no se mantuvo la hipótesis de que todo hombre y toda civilización pueden perseguir el bien (religión), la verdad (ciencia), la belleza (arte), y pueden hacerlo a través de la voluntad, la inteligencia y la sensibilidad, respectivamente y de manera convergente[429].

En el sentido que hemos apuntado, en otros tiempos -que algunos niegan que realmente existieran-, se fusionaron en la cultura humana lo bueno, lo verdadero y lo bello. Pero muchos siglos después de aquella *edad de oro* (que tantas veces relacionamos con el mundo clásico griego), en la modernidad, lo verdadero pretendió separarse de lo bueno y de lo bello; y lo propio sucedió entre inteligencia, voluntad y sensibilidad. Así las cosas, en el posible binomio ciencia/creencias se produjo un distanciamiento cada vez mayor, para llegar a la confrontación. Y a no tardar, la ciencia se transformó muchas veces en *cientificismo*, a modo de ideología para postergar de su campo cualquier atisbo de ideas sobre la trascendencia más allá de la materia y la energía.

Simbólicamente -en el mundo occidental en el que invariablemente nos movemos casi siempre-, la primera gran fisura entre ciencia y creencias se produjo por la postura que la Iglesia católica adoptó frente a Galileo Galilei en 1633, un tema al que ya tuvimos ocasión de referimos en el capítulo I. Hasta entonces, la convivencia entre conocimiento y religión se había desenvuelto de manera más o menos pacífica, y fue precisamente en el ámbito de lo religioso donde las elaboraciones mentales y los descubrimientos respecto de la naturaleza fueron más notables, sobre todo durante la Edad Media, cuando los monasterios eran el archivo del saber en la *noche oscura de los tiempos*.

Pero está claro que desde el momento en que la Inquisición se impuso a Galileo -desde una Iglesia que no supo adaptarse a la emergencia de las realidades científicas- en 1633, nació el recelo entre ciencia y religión, que se ampliaría por las actitudes de los maldefensores de la fe, que alimentaron la desconfianza con su dogmatismo, algo que se manifestó con gran relevancia cuando muchos cristianos del siglo XIX rechazaron, en sus inicios, la teoría de la evolución de Wallace y Darwin. Y ya a mediados del siglo XX, la propia Santa Sede estuvo a punto de con-

[429] Isaías Díez del Río, «Ciencia, religión y moral católica», *Altar Mayor*, marzo-abril, 2010.

denar las ideas de Teilhard de Chardin, a las que hemos dedicado un cierto espacio en el capítulo V.

Isaak Newton (según William Blake): con la ciencia la humanidad se acerca a Dios.

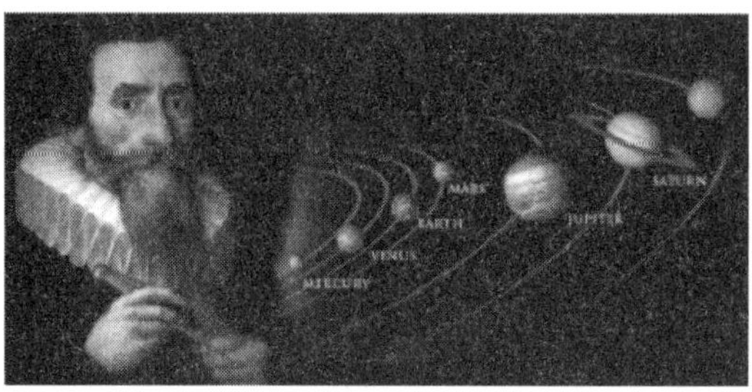

Johannes Kepler (1571-1630): el universo y su orden matemático son manifestaciones del Creador.

No conviene olvidar, sin embargo, que en el mismo siglo XVII, cuando los avances científicos empezaron a acelerarse, muchos relevantes científicos de la época eran creyentes. Y en países no católicos, resultaron ser figuras estelares. Así, Newton y Kepler, pensaban que el progreso no solo no se oponía a la fe, sino que acabaría siendo un factor de fortalecimiento de ella, merced al mejor conocimiento del universo, al iluminar y ensalzar la obra del Creador[430], algo que siguen planteando no pocos científicos

[430] Collins, F.S., *¿Cómo habla Dios? La evidencia científica de la fe*, Temas de hoy, Madrid, 2007. También, D.G. Frank «A Credible Faith», *Perspectives in Science and Christian Faith 46*, 1996.

de renombre, como Arne Wyller con su visión del *universo antrópico*, y Francis S. Collins con su referencia al *lenguaje de Dios* al ocuparse del ADN.

A propósito del tema que nos ocupa, Einstein -lo recuerdan Hawking y Mlodinow[431]- planteó en cierta ocasión a su ayudante Ernst Strauss la siguiente pregunta: «¿Tuvo Dios elección cuando creó el universo?». Una interrogación con ciertas reminiscencias de Johannes Kepler, quien siempre estuvo convencido de que Dios había creado el universo conforme a un principio matemático perfecto, pensamiento kepleriano que fue asumido por Newton, tras demostrar la existencia de las leyes gravitatorias.

En la misma dirección de pensamiento, cabe preguntar: ¿es el universo en que vivimos producto del mero accidente? Esa cuestión torturó al físico más grande de la historia, Albert Einstein, quien en cierta ocasión llegó a afirmar que Dios «no juega a los dados con el universo», aunque no pensando en un Dios judeocristiano. Sin embargo, comentó que el aspecto «más incomprensible del universo es que resulta comprensible», lo cual, para Lawrence Krauss -doctor en Física Teórica por el MIT y director de la Origins Initiativek de la Arizona State University- fue casi una declaración de fervor religioso. Y en cualquier caso, los que le presentaron como un ateo convencido se equivocaron. «Lo que me diferencia de los llamados ateos es un sentimiento de absoluta humildad ante los inalcanzables secretos de la armonía del cosmos», dijo el gran sabio, según se recoge en su biografía debida a Walter Isaacson[432].

Los ateos fanáticos, explicó Einstein en una de sus cartas, «son como los esclavos que todavía sienten el peso de sus cadenas a pesar de que se han despojado de ellas tras una dura lucha. Son criaturas que, en su resentimiento contra la religión tradicional como opio de las masas, son incapaces de oír la música de las esferas»[433].

---

[431] En *El gran diseño*, Crítica, Barcelona, 2010.

[432] Walter Isaacson, *Einstein. Su vida y su universo*, De Bolsillo, Madrid, 2009.

[433] Luis Miguel Ariza, «La chispa de Dios, ¿qué pasó al principio de todo?», *El País*, 15.II.2009.

3. La ruptura de la convivencia entre ciencia y religión

Las ideas religiosas del siglo XVII evolucionaron en la línea de Baruch de Spinoza, panteísta; un Leibniz ídem de ídem más escéptico pero dando siempre una visión del mundo como creación; y con un Voltaire en apariencia descreído, pero claramente teísta y a la postre cristiano. La ruptura, aunque fuera por su carácter simbólico, llegó con el barón Holbach, según pasamos a ver.

El barón Holbach

El barón Holbach, nacido en 1723 en Alemania, de una rica familia católica de Renania-Palatinado, fue cristianado como Paul Heinrich Dietrich. Estudió en la Universidad de Leiden (Países Bajos) y hacia 1749 se instaló definitivamente en París, protegido por un rico tío suyo, de quien heredó una inmensa fortuna, así como el propio título de barón Holbach, con el que generalmente es conocido[434].

Paul Henri Thiri d'Holbach: el barón descreído, fundador del ateísmo filosófico moderno.

Holbach vivió en el apogeo del *Siglo de las Luces*, de la Ilustración; el tiempo de la razón y el librepensamiento, cuando el abate Meslier publicó *Memoria contra la religión*[435], a la que siguió otra obra de gran éxito del filósofo francés Helvetius: *Del espíritu*.

Los hombres no son más que «niños grandes -escribió el célebre barón-, y confían en un Dios que no existe más que en su imaginación, y que se ha dado a conocer únicamente por los estragos, disputas y locuras que ha causado sobre la Tierra» [436]. Y mayormente todo eso, porque el barón debió entender la Historia humana, llena de atrocidades de ateos e incrédulos; y después de él, las cifras de crímenes serían astronómicas, con Hitler y Stalin para no ir más lejos.

---

434 Manuel Hidalgo, «El ateísmo ilustrado», *El Mundo*, 13.V.2011.

435 Que salió a la luz con carácter póstumo en 1762.

436 Ricardo R. de Querol, «Por qué chocan ciencia y fe», *Babelia. El País*, 19.III.2016.

Holbach se convirtió no solo en uno de los primeros ateos radicales de la historia, sino, además, en uno de los más implacables *razonadores* de la imposibilidad de la existencia de Dios, al nivel del ulterior Ludwig Feuerbach, poniendo de relieve las contradicciones del relato bíblico y evangélico con la realidad percibible a través de los sentidos. De modo que, amén de haber contribuido al materialismo de Karl Marx, la obra de Holbach continúa siendo hoy un referente de la militancia atea de divulgadores como Michel Onfray, Richard Dawkins o Christopher Hitchens.

Y si hemos citado a Holbach, no cabe olvidar a David Hume, quien como dice Carlos Rodríguez Jiménez, en uno de los muchos debates en que participamos él y el autor de este libro:

> Dios creó al hombre a su imagen y semejanza o... ¿el hombre creó un dios a su imagen y semejanza? Es lógico quedar atónitos y fascinados ante la belleza y grandiosidad del mundo invisible y misterioso en el que buceamos Y *sensu contrario*, ¿es lógico pensar que todo eso no es consecuencia de una arquitectura inteligente, sino que brotó de una casualidad o de una autoselección? Personalmente disiento. No me rindo a pensar que estemos aquí por un capricho o necesidad autoprogramada, o por una conspiración cuántica. A ese respecto, David Hume estableció las bases del pensamiento laico pero me pregunto si hubiera conocido al profesor Frank Tipler, físico matemático y autor de *Matemática de la Inmortalidad*, con sus respetables y sabias conclusiones del *astuto* Hume -como de él decía Kant-, tal vez habrían discurrido dentro de otro marco[437].

Y eso, en otro marco, es lo que precisamente vamos a discutir en lo que sigue del presente capítulo.

Pero ciertamente, aparte del barón Holbach, el rechazo de la religión se produce con la tesis de que las religiones muestran la necesidad psicológica de creer en un destino más allá de la muerte, y recuperar a los seres queridos con la esperanza de reencontrarse con ellos en un tiempo ulterior. De lo que, ciertamente, no hay demostración definitiva, por mucho que se postulen

[437] Carlos E. Rodríguez Jiménez, *Un cocinero en el universo*, P. Martins, Madrid, 2013.

revelaciones e ideas para satisfacer las más entrañables inquietudes emocionales[438]. En esa línea crítica se pronunció Bertrand Russell en 1925, cuando manifestó:

> Cuando muera me pudriré y nada de mi yo sobrevivirá. No soy joven y amo la vida. Pero despreciaría temblar de terror por el pensamiento de la aniquilación. Por lo demás, la felicidad no es menos verdadera porque pueda venir y marcharse, ni el pensamiento y el amor pierden su valor porque no sean eternos. Incluso aunque al principio las *ventanas abiertas* de la ciencia nos hagan estremecer de frío al perder los mitos humanos tradicionales, al final el aire fresco nos da vigor y los grandes espacios son esplendorosos por derecho propio[439].

Reflexiones libres las de Russell, maestro en tantas cosas, pero que tienen un marcado deje de haber perdido por entero el principio de esperanza. Y que a pesar de negarlo, conllevan no poco de nostalgia.

«El opio del pueblo»

Después de Holbach, y seguramente cuando todavía era creyente, Karl Marx dijo que «la religión es el suspiro de la criatura oprimida, el sentimiento de un mundo despiadado», en el cual la religión aparece como un alcaloide para mitigar el dolor[440]. Pero con el tiempo, al adentrarse en el estudio de la estructura económica y en la teoría de la lucha de clases sociales, esa referencia cambiaría a otra mucho más conocida. Concretamente, Karl Marx escribió en 1843 que «die Religion... sie ist das opium des Volkes» (la religión es el opio del pueblo).

La frase ha sido muy manipulada, pues en realidad lo que Marx quiso decir con esas palabras[441] fue que «la miseria religiosa es a la vez la expresión de la miseria real y la protesta contra ella».

---

[438] José Manuel Sánchez Ron, «Laicismo y búsqueda de la verdad», *El País*, 23.IX.2011.

[439] Bertrand Russell, *Religión y ciencia*, Fondo de Cultura Económica de España, Madrid, 1956.

[440] Karl Marx, *Early writings*, McGraw-Hill, 1964.

[441] En su obra *Contribución a la Crítica de la Filosofía del Derecho de Hegel,* Editorial Progreso, México, 1989.

Para inmediatamente añadir: «La religión es el sentimiento de un mundo sin corazón, es el opio del pueblo. Se necesita la abolición de la religión entendida como felicidad ilusoria del pueblo para que pueda darse su felicidad real».

En definitiva, Marx entendió la religión como un sueño feliz frente a la más dura realidad, para acto seguido exigir su erradicación en busca de la verdadera felicidad, no en el otro mundo, sino en este. Después, Karl Marx, en su doble faceta de joven filósofo y pensador maduro, en sus *Tesis sobre Feuerbach* (1845), llegó a la conclusión de que no hay ningún *Supremo Hacedor*, cuya imagen pueda identificarse[442], en la misma línea de lo que unas décadas antes había planteado el científico ilustrado Pierre Simon Laplace, quien preguntado por Napoleón Bonaparte sobre el orden natural y el papel que en él le correspondía a Dios, contestó lacónicamente: «*Siré*, no necesito de esa hipótesis».

Benedicto XVI, 122 años después de las anteriores aseveraciones de Marx, proclamó en su visita a México, en marzo de 2012 -que fue donde al parecer decidió renunciar al papado un año después-, «la muerte de la doctrina marxista», sobre la que él mismo había escrito en 1975, cuando era un simple teólogo llamado Joseph Ratzinger, aclarando que en la historia del desarrollo de las ideas, la palabra *felicidad* presente en Marx se había sobrepuesto a la palabra *salvación*. Ratzinger entendió que la palabra felicidad «reduce todo a un mero bienestar individual», sin más propósito moral ni de salvación del alma. Una oposición de creencias nítida, que todavía muchos plantean como la gran polémica.

En cuanto al siempre polémico Stephen Hawking, en torno a la idea de Dios no se ha progresado mucho desde los tiempos decimonónicos de Augusto Compte -estados teológico, metafísico y positivo-, según contestó en una entrevista de 2014:

---

[442] Una apostilla de Pío Baroja a Feuerbach, «El hombre primitivo, que hace su casa, sus armas y sus instrumentos de trabajo, no tiene más remedio que pensar que un ser parecido y superior a él fue quien hizo el mundo. Para Feuerbach, el secreto de la religión y de la teología es la antropología; mejor dicho, la antropolatría. Cuando el hombre adora a Dios, no hace más que adorarse a sí mismo en su imagen refleja, amplificada y embellecida. Para Feuerbach, los dioses son los deseos humanos libertados de los lazos de la necesidad». Pío Baroja, *El cura de Monleón*, *Obras Completas,* Biblioteca Nueva, Madrid, 1948.

Karl Marx, el filósofo, sociólogo y economista que vio la religión como *opio del pueblo.*

–Al final de Historia del tiempo, *escribió que si algún día lográramos una «Teoría del Todo» para comprender el universo, sería como conocer «la mente de Dios». Pero posteriormente en su último libro,* El gran diseño, *afirmó que Dios no es necesario para explicar el universo. ¿Cambió su opinión sobre la idea de Dios? ¿Se considera agnóstico o ateo?*[443]

–En el pasado, antes de que entendiéramos la ciencia, lo lógico era creer que Dios creó el universo. Pero ahora la ciencia ofrece una explicación más convincente. Lo que quise decir cuando afirmé que conoceríamos «la mente de Dios» era que comprenderíamos todo lo que Dios sería capaz de comprender si acaso existiera. Pero no hay ningún Dios. Soy ateo. La religión cree en los milagros, pero estos no son compatibles con la ciencia.

–¿Sigue creyendo, como dijo en Historia del tiempo, *que lograremos esa «Teoría del Todo», o hay aspectos de la realidad que nunca podrá comprender el ser humano?*

–Creo que sí conseguiremos entender el origen y la estructura del universo. De hecho, ahora mismo ya estamos cerca de lograr este objetivo. En mi opinión, no hay ningún aspecto de la realidad fuera del alcance de la mente humana.

No hay un Dios Sigma

Un científico británico como Harold Kroto, premio Nobel de Química 1996, se pronuncia sobre Dios:

–¿Hay algún lugar para Dios en la ciencia?

–Yo creo que no. Nueve de cada diez científicos de élite son

[443] Pablo Jáuregui entrevista a Stephen Hawking, «No hay ningún Dios. Soy ateo», *El Mundo*, 21.IX.2014.

escépticos, solo aceptan evidencias, pruebas. Depende de a qué llames Dios. Si dices que es la naturaleza entonces sí, pero si quieres que sea el concepto de la Iglesia, no hay ninguna prueba. La ciencia se basa en probar si las cosas funcionan y, si lo hacen, entonces tu móvil funciona. Si fuese tan efectivo como rezar, no lo comprarías. Las ecuaciones de Maxwell están probadas y funcionan cada vez que enciendes tu teléfono, cada vez. Billones y billones y billones de pruebas a favor de esas ecuaciones[444].

Evidentemente, no se puede demostrar que Dios existe, pero algunos entienden que en este mundo tan bien organizado tiene que haber una mano invisible actuando. En ese sentido, hasta Voltaire era deísta, al admitir que si detrás de un reloj hay un relojero, detrás del mundo tiene que haber un Creador. Otra cosa es cómo puede manifestarse Dios a unos seres racionales y con sentimientos y conciencia. ¿Con historias inverosímiles como las del hinduismo, el budismo y otras religiones?

Pero aparte de que Dios exista o no, lo que resulta difícil es creer en la trampa del diseño inteligente, de que el Todopoderoso tenga su propio *laboratorio* para crear los ácidos nucleicos, el genoma, configurar seres vivos, etc. Ese *Dios con bata* cabría llamarlo *Dios Sigma*, en la imposible situación intermedia de un Dios que actúa según los principios de la divinidad: el *Alfa*, al crear *ex nihilo*, y el *Omega*, como ser infinitamente perfecto y que impulsa todo hacia la perfección[445].

En línea con lo anterior, está claro que en el pasado siempre se invocaba la obra de Dios para expresar lo que no tenía explicación. De manera que desde el siglo XVII, cuando la ciencia fue encontrando los *porqués* de una serie de cosas, los ateos se apuntaban sistemáticamente un tanto. Eso es lo que sucedió -solo en cierto modo- a partir de la propuesta de Darwin y Wallace del evolucionismo. «Pero como las leyes de la probabilística hacen imposible la explicación darwinista -dice Jaime González-Torres- muchos se entusiasman ahora con el *diseño inteligente*», algo que la física cuántica y de la relatividad, o de su síntesis, segu-

[444] Nuño Domínguez, «La ciencia es una forma de pensar que solo cuenta lo que es verdad», entrevista a Harold Kroto, *El País*, 29.XII.2015.

[445] Jaime González-Torres Domingo, en correo electrónico de 10 de noviembre de 2011.

ramente, conseguirá desbaratar en el futuro, o que de hecho ya está haciendo. De manera que los ateos volverían a decir: «¿Veis como Dios no hace falta?». Según González-Torres:

> Los dos argumentos -el del diseño y el de los ateos- yerran, porque como ya se dijo antes, *no hay un Dios Sigma* que esté haciéndolo todo (tesis de *diseño*): desde ajustar las constantes cosmológicas en la sopa de partículas tras el *Big Bang*, hasta los seres vivos o cualquier otra cosa. Lejos de todo eso, Dios es, como dirían los budistas, la fuerza metafísica que va impulsando hacia lo más perfecto; algo que se evidencia en el desorden más absoluto, que ha ido cediendo terreno a organizaciones cada vez más perfeccionadas, y en ciertos casos inteligentes.
>
> Y en el sentido apuntado, cabe preguntar: ¿es cierto o no que lo desordenado es infinitamente más improbable que lo ordenado? Parece que sí. Y lo decimos porque si detrás de unas manchitas de tinta ordenadas hubo una inteligencia (la de Cervantes) de la que surgió *El Quijote*, también podría haber habido una inteligencia, mucho mayor, que de una u otra forma venció la probabilidad de que tras el *Big Bang* todo se quedara en la sopa de partículas.
>
> Por lo demás, decir que algo -aunque sea la letal caída de una teja-, ha ocurrido por azar es una burda confusión entre causalidad y teoría del conocimiento. *Azar* quiere decir *no sabemos*, y cuando se afirma que la teja se ha caído al azar, en realidad estamos reconociendo no saber por qué cayó. Pero, en realidad, esa teja no la tiró *el azar*, sino la lluvia persistente, un terremoto minúsculo, el viento, la disolución por causas fisicoquímicas de la argamasa que la sujetaba, o cualquier otra cosa. Análogamente, no tiene sentido decir que la evolución se produce por cambios al azar, porque eso es decir «no sabemos cómo se ha producido la evolución» y, para eso no habría hecho falta el viaje del *Beagle* con Darwin a bordo de tan legendario navío[446].

¿De dónde venimos? ¿Qué somos? ¿A dónde vamos? Son nuestras tres preguntas en este libro. Pero la pregunta decisiva para el ser humano es esta: «¿Estás enfocado a lo infinito o no?», lo que

[446] Correo electrónico al autor de Jaime González-Torres Domingo, de 14 de mayo de 2014.

se planteó a sí mismo el psiquiatra austriaco Carl G. Jung. Y en ese contexto de interrogantes, y de cara a la evolución futura, el astrofísico inglés Martin Rees dijo, con no poca solemnidad: «Deberíamos pensar que el ser humano no es el broche de oro de la evolución... Si dentro de cinco mil millones de años unas criaturas permanentes asisten a la muerte del Sol, con seguridad no serán seres humanos. Esas criaturas serán tan diferentes de nosotros como nosotros de las primeras bacterias. Más allá del estadio humano existe un potencial enorme para el desarrollo de la vida, de la complejidad y de la inteligencia». Por su parte, Yamada Koun Roshi (1907-1989), líder que fue del budismo Zen, decía:

> Considerada en su conjunto, la humanidad se encuentra todavía en la edad infantil. Algunas personas siguen siendo párvulos, otras ya están en secundaria, otras en el bachillerato o en la universidad. La humanidad como un todo aún no ha alcanzado la edad adulta. Por ese motivo no es ninguna exageración afirmar que las religiones siguen siendo religiones para niños. Sin embargo, creo que la humanidad se encuentra en un crecimiento espiritual que resulta imparable. Paso a paso, la humanidad se va desarrollando desde la edad infantil a la edad adulta. Por consiguiente, también la religión se encuentra en un proceso de desarrollo ineludible que pasa de la religión infantil a la religión de adultos. La religión está creciendo espiritualmente y esto no se puede parar[447].

La *odiosa* religión

En línea con el *segundo Marx,* menos humanista y más agresivo, podríamos decir, el científico Steven Weinberg (1933) -físico estadounidense, que en 1979 ganó el Premio Nobel de Física, junto con Abdus Salam y Sheldon Lee Glashow, al vincular electromagnetismo y fuerza nuclear débil-, es un enconado defensor del materialismo científico puro y duro; alineado con neodarwinistas como Richard Dawkins, se ha convertido en gran activista contra la religión, como se vio en 1999, en un discurso que pronunció en Washington D.C.:

[447] *Barrera sin puerta*, Zendo Betania, Madrid, 1986.

> La religión es un insulto a la dignidad humana. Con o sin religión siempre habrá buena gente haciendo cosas buenas, y mala gente haciendo cosas malas. Sin embargo, para que la buena gente haga cosas malas hace falta la religión[448].

Por su parte, *sir* Peter Brian Medawar (1915-1987), científico británico que en 1960 recibió el Premio Nobel de Medicina por sus trabajos sobre el sistema inmunitario, distinguió en su libro *The Limits of Science*[449] entre las cuestiones trascendentes -que se dejan a la religión y a la metafísica- y las investigaciones sobre la organización y estructura del universo, que son propiamente objeto de la ciencia. Y hecha esa distinción, Medawar expresó su convicción de que Dios solo existe en el mundo de las ideas de los hombres; con una opinión realmente muy dura sobre lo religioso:

> El precio en sangre y lágrimas que la humanidad en general ha tenido que pagar por el aliento y el consuelo espiritual que la religión ha dado a unos cuantos ha sido excesivo, lo que no justifica la posibilidad de basar nuestra moralidad en una creencia religiosa[450].

Lo dicho por Weinberg y Medawar no pasan de ser apreciaciones, pues atribuyendo los peores males imaginables a la religión, no se ocuparon para nada de sus posibles efectos benéficos. Y además desconocen que las peores persecuciones -aparte de las acaecidas en la Roma Imperial contra los cristianos-, fueron las que promovieron determinados regímenes políticos que se proclamaron ateos de solemnidad (Stalin) o *de facto* (Hitler); que practicaron el genocidio de millones y millones de inocentes. Sin olvidar el caso del también ateo Mao, sobre todo en los primeros tiempos de la *Revolución Cultural*[451].

---

[448] *Plantar cara: la ciencia y sus adversarios culturales*, Paidós, Barcelona, 2002.

[449] Peter Brian Medawar, *The Limits of Science*, HarperCollins Publishers, Nueva York, 1984.

[450] *La singularidad del individuo*, Editorial Acribia, Zaragoza, 1960.

[451] No obstante, Mao, en alguna ocasión no descartó la idea de la existencia de Dios. Eso sucedió en 1972 con ocasión de la entrevista que tuvo con el Presidente Nixon.

4. Científicos creyentes

Pero ni todos los científicos son ateos, ni todos ven la religión como un recurso al que se agarran de por vida ignorantes y desesperados. Hay una posición de equilibrio en la que se encuentran profesionales de la investigación que se mueven a favor de la idea de que puede haber una verdadera armonía entre ciencia y religión.

En ese sentido, Elaine Howard Ecklund, investigadora principal de la Universidad de Rice, Texas, informó sobre una encuesta acerca de las creencias de los sabios: «Nadie puede negar que hoy en día haya una situación de guerra entre ciencia y religión; una contienda dialéctica, avivada por científicos, instituciones religiosas y público general». Ecklund manifestó que en algunos países como Italia o Taiwán, los científicos creyentes superan la proporción que se da en la sociedad civil general: la mayor parte de los científicos reconoció no encontrar ninguna incompatibilidad entre ambos cauces de pensamiento[452].

Francisco Ayala y Josh Frieman

Entre los que así opinan, destaca Francisco Ayala, nacido en Madrid en 1933 -como el autor de este libro, de la misma *quinta*-, y que estudió Ciencias Físicas, en contra de la opinión de su familia que quería encauzarle hacia la Economía o el Derecho. En 1961, ordenado presbítero, se especializó en Genética en la Universidad de Columbia, y centró su atención en temas relacionados con la teoría de la evolución, área en la que llegó a la conclusión de que la tasa de variabilidad genética depende del grado de estabilidad del ecosistema[453].

Luego, Ayala se ocupó de enfermedades tropicales, habiendo investigado sobre el hecho histórico de que la malaria en África es «una enfermedad hecha posible por el hombre», desde el punto y hora en que la referida dolencia llegó al continente negro hace 5.000 años, siendo el vehículo de su difusión

[452] Jorge Alcalde, «¿Los científicos son ateos? Pues no, son creyentes», *La Razón*, 5.XII.2015.

[453] Pablo Pardo, «El biólogo Francisco Ayala gana el premio mejor dotado del mundo», *El Mundo*, 26.III.2010.

la progresiva extensión de la agricultura; como también abrió el camino para la cura del *mal de chagas*, una muy extendida enfermedad parasitaria tropical. Por lo demás, Ayala no *descubrió* la evolución directamente a partir de Darwin/Wallace, sino a través de Pierre Teilhard de Chardin, quien le hizo pensar en toda una serie de cuestiones; a raíz del libro *El fenómeno humano*, de 1956, en el que Teilhard afirmó que materia y vida evolucionaron, y siguen evolucionando, según pudimos observar en el capítulo V de este libro.

Izquierda: Francisco Ayala: un biólogo español, premio Templeton al entendimiento entre religión y ciencia. **Derecha:** Francis S. Collins: el ex ateo recreyente, desde el lenguaje de Dios que aprecia en la lectura del ADN.

En sus planteamientos sobre ciencia/creencias, Ayala sostiene que «las explicaciones científicas excluyen a Dios, porque la ciencia no tiene nada que ver con Dios. Pero no porque se trate de temas antagónicos, sino porque la religión se ocupa de la relación del hombre con Dios y con las demás personas a efectos de moral y propósito de la vida. En tanto que la ciencia trata del mundo físico y los organismos». Ayala expuso estas ideas en multitud de escritos y conferencias, que a la postre le valieron el Premio Templeton-2010, dotado con algo más de un millón de euros, un galardón para distinguir a quienes *construyen puentes entre ciencia y religión.* Y en una entrevista que le hicieron tras recibir ese reconocimiento, se produjo el siguiente diálogo:

–¿En quién cree más, en Darwin o en Dios?

–No creo en Darwin en absoluto. Si creo en Dios, no es asunto importante. La ciencia no es materia de creencias, es materia de vivencia. La religión sí es materia de creencia; la fe es afirmar cosas para las cuales no hay evidencia empírica, y la ciencia trata precisamente de encontrar esa evidencia empírica[454].

En 1981, Ayala testificó ante un tribunal federal de EE.UU. en contra de que el Estado de Arkansas obligara a la enseñanza del creacionismo en las aulas escolares, actuando desde entonces como una de las voces más autorizadas para que muchos creyentes aceptaran a Darwin[455]. Y en el capítulo III, ya vimos cómo combatió a fondo las apreciaciones del *diseño inteligente.*

Francisco J. Ayala publicó en 2015 un libro de ensayos sobre problemática antropológica, política, ética y religión, con un sugestivo título -tomado del conocido cuadro de Gauguin-: *¿De dónde vengo? ¿Quién soy? ¿A dónde voy?*[456] Y nadie más indicado que el profesor Ayala para abordar reflexiones e investigaciones de ese tipo, por su calidad de hombre de ciencia, espíritu indagador, una amplia cultura y sensatos criterios sobre el sentido de la vida. El libro al que nos referimos es un mosaico de trabajos de alta difusión científica, género que verdaderamente domina Ayala[457], y que requiere dialogar con otros saberes, lo cual solo resulta posible con un acervo de conocimientos históricos (y no solo de historia de la ciencia), así como formación filosófica poco frecuente. Todo ello desde un enfoque de biología evolutiva, que es, probablemente, la rama de las ciencias de la naturaleza que posee una dimensión interdisciplinar más acusada, ya que por fuerza han de combinarse especialidades tales como geología, paleontología, genética, botánica, zoología, microbiología, biogeografía y biología molecular.

---

[454] Entrevista de Francesc Peiró a Francisco José Ayala: «Si la mandíbula humana la diseña un ingeniero, lo despiden», en *La Vanguardia*, 28.III.10.

[455] Entrevista de David Alandete a Francisco Ayala, «Si el creacionismo fuera verdad, Dios sería un abortista», *El País*, 26.III.2010.

[456] Francisco J. Ayala, *¿De dónde vengo? ¿Quién soy? ¿A dónde voy? Ensayos sobre la naturaleza humana, la ética y la religión*, Alianza, Madrid, 2015. 407 pp. Un título gaugueniano que también ha inspirado a Ramón Tamames con este libro que en sus inicios se llamó *¿De dónde venimos? ¿Qué somos? ¿A dónde vamos?*

[457] Ramón Tamames y Juan Arana, «Paz entre ciencia y religión», *Leer*, febrero, 2016.

Uno de los objetivos de Ayala en la obra que nos ocupa consiste en poner paz entre la ciencia y la religión, entre lo teórico y lo práctico, entre la ética y el saber de los hechos. Y para conseguirlo, el autor apela a la tesis de la *separación*: entre la ciencia y la religión -así como entre la ciencia y la ética- hay fronteras claramente delimitadas que deberían respetarse, de modo que todo podría quedar resuelto mediante una especie de sabia decisión salomónica, tal como el propio Ayala aconseja:

> La conclusión que quiero proponer a este ensayo es que los conocimientos científicos y las creencias religiosas no tienen por qué estar en contradicción. Si se los evalúa de forma correcta, no pueden estar en contradicción, porque ciencia y religión se ocupan de campos de conocimiento que no se superponen (pág. 220).

Por su parte, Josh Frieman, investigador implicado en misiones espaciales para explorar la radiación de fondo del universo, también manifiesta que su existencia queda fuera del ámbito de la ciencia, para luego seguir: «Por la energía que llena todo el espacio, sabemos que el universo empezó a expandirse tras el *Big Bang* hace 13.800 millones de años, y ante tal hecho singular, las creencias de los cosmólogos no son relevantes para su trabajo como investigadores: muchos cosmólogos tienen creencias religiosas, y muchos otros no las tienen, simplemente»[458].

Francis S. Collins y el lenguaje de la vida

«La fe no puede ocuparse de cuestiones materiales, ni la ciencia debe inmiscuirse en las creencias... salvo que estas, por aberrantes, sean contrarias a la evidencia». Esa es la tesis, en principio, de Francis S. Collins, director que fue del Programa Nacional de EE.UU. de Investigación del Genoma Humano, así como premio Príncipe de Asturias a la Investigación Científica y Técnica en 2001. Al respecto, ha de recordarse que Collins fue ateo hasta sus 27 años de edad, momento en que le llamó la atención la fuerza de varios de sus pacientes, que en los momentos más delicados

[458] *Dark Energy Survey*, www.astro.uchicago.edu.

de su salud, en vez de quejarse irremediablemente, agravando su situación, extraían fuerzas de flaqueza a partir de su fe. Ese y otros factores le llevaron a la conclusión de que realmente pueden operarse milagros, para seguidamente concluir que la ciencia no puede refutar la existencia de Dios. Tras lo cual se unió a otros científicos cuyos descubrimientos han contribuido a que se defienda la idea de una inteligencia superior.

Collins estaba en el *Ala Este* de la Casa Blanca[459], cuando el presidente Clinton hizo la presentación oficial del genoma humano con palabras bien significativas: «Sin duda, este es el más importante descubrimiento jamás realizado por la humanidad... hoy estamos aprendiendo el lenguaje que utilizó Dios para crear la vida que nos llena de asombro por la complejidad, belleza y maravilla del más divino y sagrado regalo divino». Luego, al llegarle el turno de palabra, en su calidad de líder del Proyecto Internacional Genoma Humano, Collins no fue menos expresivo: «Es un día feliz para el mundo. Me llena de humildad, de sobrecogimiento, darme cuenta de que hemos tenido una primera visión de nuestro propio *libro de instrucciones*, que previamente solo conocía Dios». En cierto modo, fue una evocación del *código secreto* de Galileo Galilei para entender el universo, según vimos en el capítulo I.

Tiempo después, al evocar el referido encuentro en la Casa Blanca, Collins manifestó: «Muchos se sentirán desconcertados por esos sentimientos míos, al expresarme en el sentido de que un científico riguroso no pueda ser creyente en un Dios trascendente. Y se trata de una creencia elegida de forma enteramente racional: los principios de la fe son, de hecho, complementarios a los principios de la ciencia»[460].

Por tanto, cabe decir que Collins va mucho más allá que Ayala; tal como vino a confirmar plenamente en su libro *The Language of God*[461], donde estima que el genoma humano es «demasiado complejo para ser fruto del azar y la necesidad», estimando así que hay bases racionales para defender la idea de un Creador.

---

[459] También estaba Craig Venter, a quien nos hemos referido en el capítulo II.

[460] Francis S. Collins, *¿Cómo habla Dios? La evidencia científica de la fe*, Temas de Hoy, Madrid, 2010. El original en inglés llevó por título *The lenguaje of God,* Free Press, Nueva York, 2006.

[461] El *¿Cómo habla Dios?* de la nota anterior.

Generalizando, Collins llegó a estimar que los avances científicos, además de un momento de gran alegría intelectual, permiten sentir la cercanía de una *inteligencia superior*[462].

Sobre la base en tales percepciones, Collins promovió la Biologos Foundation, que se financia con una donación de la Fundación Templeton, desde la cual, como pasamos a ver, se busca la armonía de la ciencia con la religión, haciendo hincapié en la compatibilidad del cristianismo con los descubrimientos científicos sobre el origen del universo y de la vida.

Otros científicos

Con un sentido claramente religioso, Albert Einstein se confesaba perplejo ante el hecho de que la naturaleza tenga orden, y escribió: «Uno debería esperar un mundo caótico, que de ningún modo pueda ser aprehendido por la mente»[463]. Y prosiguió diciendo que, en contra de sus expectativas, «lo más incomprensible del universo es que sea comprensible»[464], y sin decirlo expresamente, atribuye esa situación a Dios, por lo que tiene en todo su historial, *un inmenso respeto*.

En cuanto a Max Planck, que fue el primero en introducir la mecánica cuántica, sostuvo inequívocamente que ciencia y religión son complementarias, y declaró que[465]: «No puede haber nunca una oposición real entre ciencia y religión, pues la una es el complemento de la otra»[466]. Como también dijo: «La religión y la ciencia natural luchan juntas en una incesante e indesmayable batalla contra el escepticismo y el dogmatismo, contra la increencia y la superstición... Por tanto, ¡adelante hacia Dios!»[467].

[462] Francis S. Collins, Karin G. Jegalian, «El código de la vida, descifrado», revista *Investigación y Ciencia*, Barcelona, 2000.

[463] Albert Einstein a Maurice Solovine, 30 de marzo de 1952, *Letters to Solovine*, Philosophical Library, Nueva York, 1987, p. 117. Citado por Leonard Mlodinow, *Las lagartijas no se hacen preguntas*, Crítica, Barcelona, 2106.

[464] Albert Einstein, «Physics and Reality» en *Ideas and Opinions*, trad. Sonja Bargmann, Bonanza, Nueva York, 1954, p. 292 (hay trad. Cast.: *Mis ideas y opiniones*, Antoni Bosch, Barcelona, 2011). Citado por Leonard Mlodinow, *Las lagartijas no se hacen preguntas*, Crítica, Barcelona, 2106.

[465] Antony Flew, *Dios existe*, p. 97 y siguientes, Editorial Trotta, Madrid, 2012.

[466] Max Planck, *Where is Science Going?*, p. 168, trad. James Murphy, Norton, Nueva York, 1977.

[467] Max Planck, citado en Charles C. Gillespie (ed.), *Dictionary of Scientific Biography*, Scribner, Nueva York, 1975, p. 15.

Por su parte, Paul A.M. Dirac, que completó las aportaciones de Heisenberg y Schrödinger con una tercera formulación de la teoría cuántica, observó que «Dios es un matemático de muy alto nivel, y usó las matemáticas superiores al construir el universo»[468]. Generaciones atrás, Charles Darwin ya había expresado una opinión similar:

> [La razón me indica la] extrema dificultad, o, más bien, la imposibilidad de concebir este inmenso y maravilloso universo -que incluye al hombre y su capacidad de mirar muy lejos tanto hacia el pasado como hacia el futuro- como el resultado del azar ciego o de la necesidad. Cuando reflexiono sobre esto, me siento obligado a volverme hacia una Primera Causa dotada de una mente inteligente y análoga en cierta medida a la del hombre; y merezco, por tanto, ser llamado teísta[469].

Finalmente, recordemos el argumento de Paul Davies -con sus *tres sombreros*-, quien llamó la atención sobre el hecho de que las leyes de la naturaleza que subyacen en los fenómenos no son encontradas mediante la observación directa, sino más bien son extraídas mediante experimentos y se formulan con la teorización matemática[470]. Y es que las leyes, están escritas en un código cósmico que los científicos deben descifrar para revelar ese mensaje que -según Antony Flew- es «el mensaje de la naturaleza, el mensaje de Dios, como prefieran, pero en todo caso, no nuestro mensaje».

La Fundación Templeton en busca de grandes respuestas

No está exento de ironía el hecho de que la mayor cantidad asignada a un premio a escala internacional sea al dedicado a las áreas de religión y espiritualidad. Concretamente, la Fundación Templeton -fundada por el filántropo creador del galardón que lleva ese nombre-, otorgó su premio de 2014 al teólogo checo

[468] Paul A.M. Dirac, «The Evolution of the Physicist's Picture of Nature», *Scientific American*, 208/5 (1963), p. 53.

[469] Charles Darwin, *The Autobiography of Charles Darwin 1809-1882*, ed. Nora Barlow, Collins, Londres, 1958, pp. 92-93.

[470] Antony Flew, *Dios existe*, Editorial Trotta, Madrid, 2012.

Tomas Halik, cifrado en 1,1 millones de libras esterlinas; un monto ligeramente superior al Nobel, por mucho que este último tenga más relevancia a todos los efectos.

Harry Eyres, el sugestivo columnista de pensamiento de *Financial Times*, le preguntó al premiado Tomas Halik, sobre si la noción de progreso en el marco de la religión y la espiritualidad tenía algún sentido. Y recibió una respuesta muy sutil: «la sociedad seglar infraestima el poder de la religión, desde la cual, en efecto, puede abusarse, llegando en los peores casos a la violencia; pero también es una energía positiva. Todo depende de la personalidad de las gentes»[471].

Richard Dawkins (¿cómo no?) es uno de los científicos que se ha mostrado en contra del referido premio; entre otras cosas, tal vez, porque no se lo pueden dar a él por su ateísmo militante. Y en cierta ocasión, ofendió al astrónomo Martin Rees, acusándole de ser un complaciente *Quisling* por aceptarlo, en lo que fue un exabrupto considerable[472]. Sobre todo si se tiene en cuenta que el premio en cuestión lo han recibido personas como el obispo Desmond Tutu -un predecesor de Mandela-, y el Dalái Lama[473].

Y a propósito de la Fundación Templeton, surgen muchas preguntas desde sus planteamientos, como por ejemplo, ¿cuál fue el estadio más primitivo del universo? ¿Es nuestro cosmos único o lo que conocemos constituye solamente una parte de algo mucho mayor? ¿Cuál es el origen de tanta complejidad? ¿Estamos solos en el universo, o hay otras formas de vida y de inteligencia más allá del sistema solar?

Con estas inquietudes en forma de preguntas que van más allá de la frontera de la ciencia para entrar en el terreno de las creencias, la Fundación Templeton retó en 2012 a una serie de expertos y estudiosos incipientes de todo el mundo con una convocatoria para

---

471 Harry Eyres, «Defender of the faith», *Financial Times*, 22.III.2014.

472 *Quisling* fue el cabeza del gobierno títere de Hitler en Noruega, durante la ocupación nazi del país entre 1940 y 1945.

473 Martin John Rees, astrónomo británico, ha estudiado el papel desempeñado por la materia oscura en la formación de las galaxias; mediante simulación informática, y teniendo en cuenta la distribución de los cuásares y su relación con los agujeros negros. En 2011 fue galardonado con el Premio Templeton. Para mayor información, Martin Rees, *universo: la guía visual definitiva*, Pearson Alhambra, Madrid, 2006. John Gribbin y Martin Rees, *Coincidencias cósmicas: materia oculta, especie humana y cosmología antrópica*, Ediciones Pirámide, Barcelona, 1991.

hallar respuestas a sus inquietudes. El resultado fue la selección de veinte propuestas de científicos, a los que por su interés, calidad y oportunidad se les asignaron cantidades de hasta 230.000 dólares para trabajos teóricos, y de 385.000 para los experimentales, a lo largo de dos años de trabajo[474].

«Puede que haya civilizaciones tecnológicas que se comuniquen con sus sondas espaciales distribuidas por toda la galaxia mediante haces láser, ya sean de luz visible o de infrarrojos», explicó uno de los científicos seleccionados por la Fundación, Geof Marcy, de la Universidad de California Berkeley (UCB) y experto mundial en la búsqueda de exoplanetas: «La luz láser puede ser detectada desde otra civilización avanzada, porque su potencia se concentra en un fino haz». Y en ese contexto de reflexiones, Marcy recibió 200.000 dólares para lucubrar sobre dos temas: analizar mil espectros de luz de estrellas con planetas rotando en su torno, para saber si ha habido o no, desde ellos, emisiones de haces de láser. Y, en segundo término, para *escarbar* en los archivos y ver si es posible detectar indicios de civilizaciones suficientemente avanzadas como para haber construido enormes centrales eléctricas solares en órbita. Como se ve, una especie de resurrección del Programa SETI con nuevos enfoques.

Por su parte, el físico teórico Raphael Bousso, también de la UCB, recibió 125.000 dólares en dos años para indagar formas de detección de otros universos distintos del nuestro: «Estamos dando los primeros pasos en la teoría del multiverso», manifestó el subvencionado en lo que debió ser un momento de indudable autosatisfacción.

A Parampreet Singh (Universidad de Luisiana) también se le asignó financiación de la Fundación Templeton para un tema relacionado con el *Big Bang*: explorar la génesis del espacio-tiempo, tema en el que hará uso de supercomputadoras. Como se ve, algo muy conexo con lo que en 2014 tuvo su consagración, a través del observatorio polar BICEP2, que consagró las previsiones de Guth y Linde sobre la inflación cósmica, tema al que nos referimos en el capítulo I de este libro.

Finalmente, señalemos que Marcelo Gleiser (Dartmouth College, Nuevo Hampshire, EE.UU.) se dedicará a la complejidad

[474] *Informe* de la Templeton Foundation, 2012.

emergente desde el mismo origen del universo; en tanto que Lucianne Walkowicz (Universidad de Princeton) se referirá a *faros estelares* y decodificación de civilizaciones avanzadas en fotometría estelar de precisión.

«Con esas importantes asignaciones económicas, la Fundación Templeton mostró que aspira a apoyar toda una serie de investigaciones atrevidas e innovadoras con verdadero potencial, que pueden traspasar las fronteras y lograr descubrimientos rompedores; así como inspirar a los estudiantes para que persigan el conocimiento científico y lleguen a ser pensadores originales sobre las grandes preguntas.» Eso es lo que dijo Donald York, profesor de Astronomía y Astrofísica en la Universidad de Chicago, y responsable del programa especial de la Fundación para 2012.

Además de los proyectos reseñados, en el programa 2012 se incluyó una categoría para estudiantes: 21 galardones (por un total de 200.000 dólares) para financiar ensayos sobre dos temas: ¿Cuál es el origen de la complejidad del universo? y ¿Estamos solos en el universo o hay otras formas de vida y de inteligencia más allá del sistema b?[475].

Conocido es el enigmático aserto de Heráclito: «A los hombres, tras la muerte, les aguardan cosas que ni esperan ni imaginan». Dejando a Heráclito, los argumentos a favor de la inmortalidad del alma se adueñaron durante muchos siglos de la filosofía.

Platón aseguró -lo subraya Manuel Fraijó- que no todo lo nuestro perece: perdura -según el gran filósofo- el alma inmortal, una gran obsesión que siempre le acompañó con la idea de la filosofía occidental. Solo lo compuesto, lo que consta de partes, se corrompe, como es el caso del cuerpo humano; pero el alma -creía Platón-, al ser una unidad simple, es inmortal: «Si las ideas que capta el alma son eternas, también esta lo será. El alma y las ideas que esta contempla son simples e inmortales»[476].

---

[475] Las veinte propuestas científicas seleccionadas, más los trabajos de los estudiantes ganadores se presentaron los días 19 y 20 de octubre de 2012 en una conferencia celebrada en el Instituto Franklin de Filadelfia. Sobre la vida y actividad de John Marks Templeton, creador de la Fundación, www.templeton.or/sir-john-templeton/life-story. Comunicación por correo electrónico de Laura Tamames al autor, el 12.X.2012.

[476] Véase, sobre todo, «Fedón, o la inmortalidad del alma», en C. García Gual, *Platón. Diálogos*, Espasa-Calpe, Madrid, 1990. Citado por Manuel Fraijó, *Avatares de la Ciencia en Dios*, Trotta, Madrid, 2016, pág. 149.

Por su parte, Spinoza se fijó en el afán por «durar» y apreció el hecho de que la esperanza de algún género de futuro tras la muerte parece haber acompañado desde muy tempranamente a los seres humanos.

No de incredulidad, sino de duda, es la posición de Blaise Pascal, de quien son las siguientes palabras: «... esta vida que es la esperanza de otra vida; que no se es feliz sino en la medida en que uno se acerca a esa otra vida; y que, como no habrá infelicidad para aquellos que tienen una entera confianza en la eternidad, no habrá felicidad para aquellos que no tienen luz alguna que provenga de ella»[477]. Y de Blaise Pascal son también las reflexiones personales e íntimas que reproducimos seguidamente, por lo estremecedor que resulta:

> [...] Veo esos espantosos espacios del universo que me envuelven, y me encuentro atado a un rincón de esta vasta extensión sin saber por qué estoy situado en este lugar en vez de en otro, ni por qué este poco tiempo que me es dado para vivir me ha sido asignado en este momento, más que en otro de toda la eternidad que me ha precedido y de la eternidad que me seguirá. No veo más que infinitudes por todas partes, que me encierran como un átomo o como una sombra que dura solo un instante sin retorno. Lo único que sé es que pronto debo morir, pero ignoro todo sobre esa muerte que no puedo evitar[478].
>
> No sé de dónde vengo, tampoco sé a dónde voy. Sé solo que, saliendo de este mundo, caigo para siempre o en la nada o en las manos de un Dios irritado, sin conocer a cuál de estas condiciones estaré eternamente sometido. Ese es mi estado, lleno de debilidad y de incertidumbre. Y de todo eso concluyo que deben pasar todos los días de mi vida sin pretender saber lo que me sucederá. Quizá podría encontrar alguna luz en mis dudas, pero no quiero tomarme ese trabajo, ni dar un paso para buscarla. Después, despreciando a quienes trabajan en ese sentido, quiero ir sin previsión y sin miedo a probar qué es ese gran suceso y dejarme conducir blandamente a la muerte, en la incertidumbre de la eternidad y de mi condición futura.

---

[477] Blaise Pascal, *Pensamientos (selección)*, Rialp, Madrid, 2014, p. 66.

[478] Blaise Pascal, *Pensamientos (selección)*, Rialp, Madrid, 2014, p. 67 y 68.

Y en este pasaje será bueno señalar que, sin Confucio, la historia y la cultura de China serían tan incomprensibles como Europa sin filosofía griega y cristianismo. A ese respecto, para apreciar mejor a Confucio, los historiadores de las religiones las dividen en tres grandes familias: proféticas (judaísmo, cristianismo e islam), místicas (hinduismo y budismo) y sapienciales (confucionismo y taoísmo). Se suele aceptar que en este último grupo, más que de religiones habría de hablarse de sabiduría, de filosofía, de formas de vivir buenamente. Esto es lo que sería Confucio: un filósofo itinerante, rodeado de un puñado de discípulos que recogerían posteriormente sus enseñanzas en las *Analectas*[479].

La respuesta a Horkheimer la ofreció Walter Benjamin en sus *Tesis de filosofía de la Historia*[480], en las que se resiste a admitir que las víctimas carezcan por completo de futuro, de una cierta salvación. Y es por eso por lo que se sigue alentando una «débil esperanza mesiánica»[481].

En la Escuela de Fráncfort se reflexionó aún más sobre el tema. Y lo vemos en la respuesta que Horkheimer ofreció a Walter Benjamin en sus *Tesis de filosofía de la Historia*, en las que se resiste a admitir que las víctimas carezcan por completo de futuro, de una cierta salvación. Y es por eso por lo que se sigue alentando una «débil esperanza mesiánica»[482]. De modo que, si bien análogamente a Bloch, Benjamin solo estaba dispuesto a «trascender sin Trascendencia». Rechazó, por principio, todo atisbo teológico, y pertrechado solo con su arsenal filosófico -el que le ofrecía el materialismo histórico-, no veía forma de ganarle la última batalla a la muerte. Esa fue su lucha. «Y en ella estaba cuando -nos recuerda Manuel Fraijó- un 25 de septiembre de 1940, en una pequeña fonda de Port Bou, machacado por muchos avatares, decidió poner fin a su vida. Su último ruego fue que le hicieran saber a su hijo y a Adorno que *no podía más*. Tenía cuarenta y ocho años».

---

[479] «Maestros de la sabiduría», tríptico de un ciclo de la Fundación Juan March, 10-24.I.2017.

[480] W. Benjamin, *Discursos interrumpidos* I, Taurus, Madrid, 1989, pp. 175-191. Citado por Manuel Fraijó, *Avatares de la Ciencia en Dios*, Trotta, Madrid, 2016, pág. 149.

[481] Ibíd., p. 178.

[482] Ibíd., p. 178.

La resurrección a la otra vida no se acopla, desde luego, con evidencia alguna. Y por ello, a falta de fe, es esperanza, teniendo un cierto sabor a Pascal, que se aprecia en el siguiente aserto de Eugenio Trías: «La vida no se desvanece con la muerte: más que de fe, mi postura es de apuesta». En esa dirección, Trías lamentaba que se hubiera ido imponiendo, «como si fuese una evidencia, la convicción de que tras esta vida nada existe. O que la nada es lo único que nos espera», a pesar de todos los avances científicos. Por ello, Trías entendió que la muerte seguía siendo «el inicio del más arriesgado, inquietante y sorprendente de todos los viajes»[483].

Por otra parte, ya en nuestro tiempo, es interesante la respuesta de K. Rahner a la pregunta de por qué aceptaba la promesa cristiana de que hay un más allá. Por un momento pareció desprenderse de su inmenso saber teológico -dice Manuel Fraijó- y, tras un breve silencio reflexivo, contestó: «porque no conozco nada mejor, y porque me lo dijo mi madre de pequeño». En ese sentido, el mismo Fraijó subraya que todas las religiones anuncian un «más allá, otra vida». Se trata de una vida futura de la que todos hablan, pero que nadie conoce, por lo cual cabe decir que de sus principales características, una es la invisibilidad: «el más allá no es perceptible ni, por tanto, refutable. Tiene *larga vida* asegurada. No puede extrañar que una mente tan sagaz como la de Feuerbach viese en la *invisibilidad* el secreto último de las religiones»[484].

Kant sostuvo que un mundo que niega la felicidad a seres dignos de ella, y se la otorga a otros que no la merecen, no puede ser la expresión de lo que cabe esperar: es lícito, obligado incluso, soñar con escenarios más justos. Kant, afirma Adorno, postuló la inmortalidad para huir de la «desesperación»[485].

---

[483] Véase la entrevista que le hizo el diario *ABC*, el miércoles 13 de mayo de 2009, con motivo de la concesión del Premio Mariano de Cavia por su artículo «El Gran Viaje», publicado en La Tercera de dicho periódico el 4 de noviembre de 2008. Citado por Manuel Fraijó, *Avatares de la Ciencia en Dios*, Trotta, Madrid, 2016, pág. 149.

[484] Manuel Fraijo, *Avatares de la creencia en Dios*, Editorial Trotta, Madrid, 2016.

[485] Manuel Fraijo, «¿Solo una hamaca vacía?», *El País*, 13.VIII.2016.

5. La religión no se ha barrido: ¿es posible una senda hacia Dios?

Edward J. Larson (Universidad de Georgia, EE.UU.) realizó en 1998 una encuesta entre científicos, reproduciendo un cuestionario similar al circulado en 1914, con resultados muy parecidos[486]. Pero a diferencia de 1914, ahora son más los científicos de prestigio que no solo se declaran creyentes, sino que consideran que hacerlo es casi un acto de rebeldía ante lo *políticamente correcto,* de pensar que la ciencia lo resuelve o resolverá todo. De manera que *ser ateo* es algo que ha dejado de estar de *moda* entre muchos investigadores de primera fila, que pensaban que la ciencia es incompatible con creer en algo que vaya más allá de los aparatos y experimentos de laboratorio.

A ese respecto, el jesuita Juan Antonio Estrada, catedrático de Filosofía de la Religión en la Universidad de Granada, manifiesta que «La ciencia es metodológicamente atea». Pero frente a esa actitud, el premio Nobel de Física de 1988, el ya citado Leon Lederman -coautor del nombre de la *partícula de Dios*-, del Fermilab, manifestó lo siguiente: «¿El origen del mundo? Puuuf, qué difícil. ¡Solo Dios sabe qué pasó!»[487]. En la misma dirección, Charles Townes, inventor del rayo láser, estima que «la regularidad que muestra la naturaleza refleja la existencia de un esquema inteligente»[488].

Esa y otras actitudes prociencia en busca de Dios se manifiestan de manera relevante en la figura de Nicola Cabibbo, presidente de la Academia Pontificia de Ciencias, un católico declarado que participa frecuentemente en debates sobre ciencia y religión. Así, en 2009, en Roma, en un coloquio con Arno Penzias, premio Nobel de Física por su contribución a las pruebas de la resonancia del *Big Bang* -recuérdese el capítulo I-, hablaron sobre si la ciencia podría llegar a excluir o a probar la existencia de Dios. La posición de Cabibbo fue que Dios y la ciencia no solo no eran incompatibles, sino que para un cristiano la búsqueda del conoci-

[486] Edward J. Larson y Larry Witham, «Leading scientists still reject God» [Los principales científicos aún rechazan a Dios», *Nature,* vol. 394, 1998.

[487] http://nobelprize.org/nobel_prizes/physics /laurealtes/19688/lederman.html.

[488] Isabel Urrutia, «La ciencia va más allá», *ABC,* 11.XI.2010.

miento del universo es un imperativo que no tiene limitaciones[489]; una posición muy similar, pues, a la visión de Collins y también a la de Arne Wyller, el teórico del universo antrópico al que tuvimos ocasión de referirnos al final del capítulo III de este libro[490].

Análogamente, Eduardo Battaner, astrofísico de la Universidad de Granada, se pronuncia en la línea que Cabibbo, para subrayar la actitud de que «la ciencia no puede responder si Dios existe, pues, de hecho, hoy sigue discutiéndose si la cosmología apoya la creación o no. Y el *Big Bang*, aunque no demuestre ni refute la existencia de Dios, sí que abre un debate interesante y pertinente. No estoy de acuerdo con que la ciencia y la religión vayan por caminos distintos. Lo considero una *pose*: la cabeza es una sola y todo, Dios y la ciencia, pasan por la misma cabeza»[491].

Avanzando en su tesis, Battaner ve a Dios «como una especie de razonamiento que puede salir de la ciencia», para atender una necesidad racional muy sentida; no necesariamente para castigar a los malos y recompensar a los buenos, sino como una necesidad científica. Y concluye con estas palabras: «Me convence el argumento de lo contingente: el universo podría no existir, yo podría no existir... es decir, hay entidades contingentes; debe de haber algo que no lo sea».

El punto de vista del científico Allan Rex Sandage (1926-2010), también es interesante. De origen judío, a los 60 años se convirtió al cristianismo, y al ser preguntado si se puede ser científico y cristiano a la vez, respondió: «Sí, el mundo es demasiado complejo y sus partes están demasiado interconectadas como para aceptar que todo sea debido al azar»[492]. Señalemos que Sandage, sobre la base de sus investigaciones en el observatorio es-

---

489 Carlos Pajares, «Nicola Cabibbo, figura de la gran tradición italiana de física», *El País*, 7.IX.2010.

490 Los estudios del profesor Cabibbo sobre las interacciones débiles permitieron explicar el comportamiento de los llamados *quarks extraños*, lo que en 1963, hizo posible formular la hipótesis de existencia de por lo menos tres familias de quarks. Hipótesis que poco después fue utilizada para exponer la Matriz Cabibbo-Kobayashi-Maskawa (Matriz CKM), a partir de la cual ya resultó posible demostrar la efectiva existencia de seis diferentes clases de quarks; trabajo por el cual Kobayashi y Maskawa fueron laureados con el Nobel de Física en 2008. Ante lo cual, algunos físicos, especialmente los italianos, criticaron que el comité del Nobel no incluyera a Cabibbo en el reconocimiento. Cabibbo nunca comentó nada al respecto.

491 Eduardo Battaner, *Un físico en la calle: fluidos, entropía y antropía*, Universidad de Granada, 2010.

492 http://es.wikipedia.org/wiki/Allan_Rex_Sandage.

pacial Hubble -demostrativas de la existencia de otras galaxias de dimensiones comparables a la *Vía Láctea*-, hizo la primera estimación del llamado parámetro de Hubble (de expansión del universo); con un cálculo de su valor final muy cercano al hoy plenamente aceptado de 13.800 millones de años transcurridos desde el *Big Bang*.

Frente al activismo ateo, un laicismo que considera agresivo y los crecientes recelos contra el islam, Karen Armstrong defiende una visión comprensiva del hecho religioso y, sobre todo, de la tendencia humana a la búsqueda de la espiritualidad[493]. Autora de veinticinco libros sobre este tema, a continuación van algunas de sus opiniones a este respecto:

–*La religión, ¿es una creación humana?*

–Sí.

–*¿Y está perdiendo terreno según avanza la ciencia y el racionalismo?*

–Está perdiendo terreno en Europa, pero Europa se está quedando muy pasada de moda en su secularismo. En otros lugares la gente se está haciendo más religiosa, para bien o para mal. En la religión hay de todo, como en el arte, el sexo o la gastronomía. Hay excelente arte, o sexo, y muy malo. La idea de que la religión es dañina no es muy inteligente. En el mundo moderno tenemos una idea muy primitiva de Dios. La gente oye hablar de él la primera vez como de Papá Noel.

–*Richard Dawkins nos dijo que no debemos educar a los niños en el pensamiento mágico, ni en dioses ni en hadas.*

–Dawkins tiene una idea muy equivocada de la religión. Creo que los chicos deben ser educados no de una forma sectaria, pero sí para entender la religión porque es un hecho en la vida humana. Igual que la cultura o la economía.

«Yo solo sé que no sé nada... [Sócrates]. La duda metódica... [Descartes]. La razón suficiente... [Leibniz]. El mar de dudas... [metáfora popular]. La vida es sueño... [Calderón]. La única certeza es la certeza de la incertidumbre... [Bauman]...» Y tras esa serie de

493 Karen Armstrong, «Nuestro laicismo está pasado de moda», *El País*, 20.VI.2015.

referencias, Carlos Rodríguez Jiménez (endocrinólogo de la Escuela del doctor Marañón), llega a la conclusión de que:

> Dios es, en buena parte, la sabiduría interior que todos los seres humanos poseemos (*entusiasmo* significa *en theos*, que llevamos *un dios dentro*), y por eso mismo, lo hemos desalojado de todo para esperar que hable *desde fuera*. Pero Dios, *el Hablador*, está dentro, no fuera. Así pues, sea usted eremita, místico, matón, criminal o ladrón, Dios es fundamentalmente interior. Y obviamente no existe un Dios bueno (el de los seres buenos) o un Dios malo (el de los malos). Dios es Uno y no es contable, con toda seguridad.
>
> El ingenuo ser humano se merece un respeto. Es capaz de tolerar a Dawkins y algún otro descreído, porque ellos hacen uso legítimo del libre albedrío para opinar. Pero más certero es usufructuar ese albedrío, como hace Francis S. Collins cuando se manifiesta creyente tras el descubrimiento del genoma humano, que le permitió vislumbrar *la escritura de Dios*[494].

Y sin pararse en barras, el doctor propone su propio cuadro de evolución del universo desde el *Big Bang* a la aparición de los seres humanos.

Javier Marías reflexiona sobre las actitudes actuales más convencionales, que se resisten a profundizar en las cuestiones que precisamente pueden tener más sentido:

> Tengo la sensación de que nos vamos adentrando en una de esas épocas en las que se tiende a juzgar superfluo cuanto no trae provecho inmediato y tangible... Son tiempos en los que todo lo artístico y especulativo se considera prescindible, y no son raras las frases del tipo: «Miren, no estamos para refinamientos», o «Hay cosas más importantes que el teatro, el cine y la música, que acostumbran a necesitar subvenciones», o «Déjense de los recovecos del alma, que los cuerpos pasan hambre». Quienes dicen estas cosas olvidan que la literatura y las artes ofrecen *también*, entre otras riquezas, lecciones para

[494] Comentarios de Carlos Enrique Rodríguez Jiménez, al autor en escrito de 1.XI.2010.

sobrellevar las adversidades, para no perder de vista a los semejantes, para saber cómo relacionarse con ellos en periodos de dificultades, a veces para vencer estas[495].

Izquierda: Allan Rex Sandage: el mundo y el universo son demasiado complejos para que todo se deba al azar; hay un diseño inteligente. **Derecha:** Carlos Rodríguez Jiménez, presidente de Silos Punto de Encuentro: el entusiasmo, una fuerza divina (*en theos*) que nos impulsa desde dentro.

6. El ateísmo militante: una nueva religión de descreídos

El zoólogo Richard Dawkins y el físico Steven Weinberg, a quienes ya nos referimos en la sección 3 de este mismo capítulo, consideran la religión como verdadera enemiga de la razón y del progreso. Y desde un enfoque de auténticos ateos proselitistas, junto con Sam Harris y Christopher Hitchens, y sus seguidores, difunden un mensaje contundente: la religión, en todas sus formas, es una masa confusa de creencias irracionales, y entre ellas la más importante -la creencia en un Dios creador- es incompatible con la ciencia moderna. Además, según esos mismos ateos triunfalistas, tales creencias son peligrosas, ya que empujan a las personas a excesos de entusiasmo que, precisamente por estar inspirados en creencias irracionales, no pueden ser rebatidos con argumentos racionales.

Las visiones expuestas se basan fundamentalmente en dos proposiciones. La primera: todo ocurre según las leyes de la na-

[495] Javier Marías, «Las lecciones de la imaginación», *El País Semanal*, 27.IV.2014.

turaleza, que teorizan las cosas, pero sin explicación. La segunda ley: el universo no responde a un plan y carece de meta. Porque nada que la ciencia pudiera descubrir daría razón a que existiera ese plan o esa meta[496].

A propósito de las dos proposiciones anteriores, cabe decir que no hay superstición tan nefasta como la creencia de que la religiosidad es enemiga de la razón e hija de la ignorancia; creencia en la que radica en parte la crisis intelectual y moral que padece Occidente. De modo que la disminución de la vigencia social del cristianismo, y el habitual y extendido resentimiento hacia lo que se supone más elevado, llevan a la generalización de la falsa idea de que el cristianismo es ajeno a la Ilustración y a la Modernidad: lo que forma parte esencial de la cultura europea se pretende convertirlo ahora en una *antigualla de la que hay que desprenderse* para vivir mejor; sin más reflexión sobre el arte del románico, el gótico y del Renacimiento, la música de Palestrina y Haendel, y con el desprecio más absoluto por figuras históricas desde Cristo y sus apóstoles, hasta Francisco de Asís o Vasco de Quiroga.

Con ese ateísmo olvidadizo de tantas cosas, lo que se defiende es el humanismo moderno, que en realidad es una idea de fondo del propio cristianismo. Por ello mismo, resulta extraño y paradójico que haya pensadores que pretendan recuperar la racionalidad y la universalidad, repudiando precisamente lo que mejor les sirve de fundamento: pretenden que el pensamiento racional y crítico sea hostil a la religión, olvidando el pensamiento cristiano de casi todos los grandes filósofos hasta el siglo XVIII[497].

En esa misma dirección, parece claro que el ateísmo carece de todo sentido si se convierte en una especie de religión, hasta con sus propios ritos. Y eso es lo que sucede en la Europa de hoy, en la que se observan pautas de un nuevo *evangelismo ateo*, cuando se expresa hasta en los autobuses la creciente intolerancia hacia la libertad religiosa, con un ritualismo que adquiere formas como la edición de *misales laicos* y la celebración, con solemnidades imitadas de las de la Iglesia, de *bautismos* y *bodas* civiles. Y es que parece como si el ateísmo estuviera convirtiéndose en una

[496] Roger Scruton, «La religión ante la ciencia moderna», FAES, *Cuadernos de pensamiento político n° 31*, julio 2011.

[497] Ignacio Sánchez Cámara, «Las razones de la fe», *www.capital.es*.

religión, con muchos ateos que reconocen el anhelo ritual, que es parte de la naturaleza del ser humano: en la falta de la creencia en Dios quieren disfrutar, sin embargo, de una máscara de maquillaje religioso, e inventar ritos advenedizos para suplantar las tradicionales, que no pueden controlar[498].

Izquierda: R. Dawkins: el gen egoísta del biodeterminismo que lo rige todo... ¿es posible? **Derecha:** S. Weinberg: convocante de la Asamblea Atea de Sidney y coautor de la frase «Dios probablemente no existe, disfruta de la vida».

Los autobuses de Londres... contra Dios

El activismo proateo adquirió su máximo esplendor en la campaña publicitaria que se realizó en los autobuses de Londres en 2009, con el lema «Probablemente, Dios no existe. Disfruta de la vida». Lamentable en verdad, porque si el ateísmo acepta el *probablemente*, es porque carece de pruebas sobre la inexistencia que en principio pregona. Al tiempo, se recomienda disfrutar de la vida, porque se supone que Dios no existe... Y si existe, ¿qué más le daría a Dios que unos u otros se diviertan o no? Frente a un planteamiento así, la respuesta de Jaime González-Torres Domingo resulta contundente:

> El eslogan «Dios probablemente no existe, disfruta de la vida». No sé cómo nadie ha caído en la cuenta de que hay que contestar lo que dijo el Emperador Marco Aurelio: «Una de dos: o los

[498] Felipe Fernández-Armesto, «La nueva religión de los ateos», *El Mundo*, 30.VI.2009.

> dioses son bondadosos, luego no hay que temerlos, o no existen; en cuyo caso tampoco hay que temerlos». Luego: disfrute de la vida, porque al Dios que existe no solo no le molesta que usted disfrute, sino que sus mandamientos son precisamente para que todos podamos disfrutarla.
>
> El tema es grave, porque revela que algo fundamentalmente malo o equivocado hay en las religiones, para que alguien pueda pensar que Dios estorba para disfrutar de la vida. Mi respuesta es: eso malo es el sometimiento del cristianismo a Roma y Grecia, civilizaciones esclavistas, que transformaron el cristianismo al servicio de sus clases dominantes, expulsando así del cristianismo a las otras civilizaciones y al pueblo llano[499].

Después del ya mencionado episodio de los autobuses de Londres, a quienes le acusan de *intolerante* y de *ateo militante*, Dawkins, replica: «Aún hoy sigue habiendo confusión en torno al término *ateo*, que para unos significa alguien que está positivamente convencido de que no hay dios [...] y para otros significa alguien que no encuentra ninguna razón para creer en un dios, y por lo tanto vive su vida sin tenerlo en cuenta [en general, eso es un agnóstico].

»Probablemente muy pocos científicos adoptarían la primera acepción; aunque podría añadir que el resquicio que dejan para un dios apenas es más ancho que el que conceden a duendes o teteras en órbita o conejos de Pascua [despectivamente para Dawkins, agnóstico]. [...] Darwin estaría de acuerdo conmigo en que el peso de la prueba recae sobre el teísta», escribe Dawkins[500]. La tesitura de Dawkins revela un espíritu *retorcido*, porque un ateo sigue siendo algo muy diferente de un agnóstico, no es necesariamente un ateo de segundas.

Autobuses teístas

En enero de 2009 tres autobuses de tres líneas distintas de Barcelona portaron publicidad pegada con el lema: «Cuando todos te abandonan, Dios sigue contigo». Una fase ubicada sobre un

---

499 Jaime González-Torres Domingo, correo electrónico al autor del 13.VII.2013.

500 Ricardo de Querol, «Por qué chocan ciencia y fe», *Babelia. El País*, 19.III.2016.

evocativo fondo púrpura, con peces bíblicos. La frase es de Mahatma Gandhi y se adoptó como réplica de los *E-Cristians* frente a Dawkins y los suyos. Esos autobuses coincidieron en el tiempo y en el espacio con algunos de los buses ateos... hasta casi «chocar». Y en una misma línea, la 14, hubo un autobús ateo y otro religioso, circulando a la vez. En Madrid también hubo autobuses teístas[501].

Benedicto XVI: vituperado por los ateos militantes, promovió el reencuentro con el anglicanismo en el propio Reino Unido.

En relación con los autobuses teístas y la antítesis de la *muerte de Dios*, Benjamín Prado[502] ideó la figura de un tal *Juan Urbano*, que en las calles de Madrid reflexionó en los siguientes términos:

> Mientras desayunaba [Juan], vio pasar el 201, que es la línea de la EMT donde los evangélicos han puesto un anuncio que dice que Dios existe, y mientras lo veía perderse por Arturo Soria, rumbo a Hortaleza y la Gran Vía, se dijo: «Claro que sí, no faltaría más, si existen el okapi, la ONU y la onyanga, por qué no iba a existir Dios, sobre todo para quien pueda pagárselo, como hace la gente de esa asociación llamada Alternativa Española (AES), cuyos responsables han afirmado que por cada autobús ateo que salga a la calle, ellos contratarán dos».
>
> El okapi es ese animal de las selvas del Congo que parece una mezcla de jirafa, caballo y canguro; la ONU es ese organismo internacional que mira para otra parte cuando los genocidios los cometen sus amigos; y la onyanga, que significa «cebolla del desierto», es una flor del periodo jurásico que crece en Namibia, vive hasta 1.200 años, tiene aspecto de molusco con las pinzas rojas y puesto boca arriba y se come asada.
>
> Pero, ¿y Dios? ¿Cómo es y dónde está? ¿Por qué no le tiró un rayo a Nietzsche, que lo acusó de haberse muerto? Para entrete-

[501] Janot Guil, «Gandhi contra los autobuses ateos», *ABC*, 17.I.2009.

[502] Benjamín Prado (1961-) es un novelista, ensayista y poeta español, que recibió los premios Hiperión, el Internacional de Poesía Ciudad de Melilla, el Premio Andalucía de Novela, y también el de la Generación del 27.

> nerse y dar tiempo a que se enfriara el café, Juan Urbano se hizo el cura, levantó las manos y se respondió: «¿Pero es que no te das cuenta, hijo mío, de que reconocer su muerte es reconocer su existencia? ¿Y no ves que si reconoces que existe reconoces que no puede morir, puesto que es inmortal?». Claro, claro, se dijo, volviendo a ser él, y por eso quieren que la religión se imparta en los colegios y las matemáticas en las iglesias: para decir que Dios existe y que dos más dos es igual a depende[503].

Pocos meses después del episodio *autobuses de Londres*, la Universidad de Oxford reeditó la controversia y lo hizo convocando un debate, en febrero de 2012, entre el neodarwinista y ateo militante Richard Dawkins, y el obispo de Canterbury, Rowan Williams. Controversia que tuvo lugar en el salón de actos de la Facultad de Teología de la Universidad de Oxford, con un título muy pertinente en la convocatoria: «La naturaleza del ser humano y la cuestión de su origen último».

Dawkins no dijo que la existencia de un Creador sobrenatural fuera imposible, sino que era «extremadamente improbable». Y según algunos comentarios, su mejor momento en la controversia fue cuando el obispo de Canterbury le preguntó: «¿Acaso el conocimiento humano se puede explicar por la evolución?», a lo que respondió: «Mire usted, no entiendo ni la pregunta»[504]. En cierto modo, más que una genialidad, esa fue *una gracia* más de Dawkins frente a un prelado que llegó al debate poco preparado ante la esperable petulancia de su ateísta contrincante.

Por lo demás, Richard Dawkins necesita la polémica *como el aire que respira*, o al menos eso es lo que parece, pues en una entrevista para promocionar su autobiografía, *An Appetite for Wonder*[505], el controvertido autor de *El gen egoísta* y *El espejismo de Dios*, volvió a asombrar a propios y extraños con ciertas declaraciones sobre la pedofilia: «Los recientes escándalos de abusos infantiles son desproporcionados -declaró el biólogo al semanario de *The Times*-. Yo mismo sufrí una pedofilia leve cuando estaba en la escuela en los años cincuenta. El profesor me tocó la rodilla

[503] Benjamín Prado, «Dios no existe, pero ha muerto», *El País*, 15.I.2009.
[504] Javier Sampedro, «El obispo también viene del mono», *El País*, 24.II.2012.
[505] Richard Dawkins, *An Appetite for Wonder*, Bantam Press, Gran Bretaña, 2013.

y metió la mano en el interior de mis pantalones cortos. Pero no creo que casos así puedan causar daños duraderos. No podemos condenar a la gente de otra época con los criterios que tenemos ahora». De modo que el denunciante de Benedicto XVI por pedofilia acabó confesando que es un tema no tan horrible.

Richard Dawkins y su autobús de ateo declarado... *ma non troppo.*

Un autobús muestra en Madrid el anuncio contratado por los evangelistas para responder a la campaña Dawkins.

Las declaraciones de Dawkins, cuando aún coleaba el escándalo de James Savile (un presentador de la BBC acusado de 450 abusos sexuales), disparó las alarmas, y provocó la protesta airada de la Asociación Nacional para la Prevención de Crueldad en los Niños: «Sus palabras son un terrible menosprecio contra las víctimas de los abusos sexuales. El señor Dawkins es de los que piensan que un delito cometido hace tiempo debe ser juzgado de una manera diferente. Pero todos sabemos que las víctimas de los abusos sufren los mismos efectos hoy que hace 50 años»[506].

Un teísta converso contra los ateos

Frente a Richard Dawkins, Robert Sheldrake -bioquímico británico de la Universidad de Cambridge-, que arrastra la vitola del *científico hereje*, manifiesta que el biólogo inglés, en su libro *El espejismo de la ciencia*[507] defiende fundamentalismos científicos no tan distintos de los religiosos: «muchos han convertido la ciencia -dice- en un dogma para justificar su ateísmo, Dawkins, entre ellos». Y es que, para Sheldrake, Hawking y Dawkins son ateos y tienen una visión materialista de la naturaleza. Aunque de ese dúo, al menos, Hawking es más sofisticado, porque deja la puerta abierta al misterio, a la materia oscura, a los multiuniversos; de los cuales, al menos de momento, no existe evidencia empírica.

Sheldrake es cristiano, anglicano, y reconoce que pasó por una fase atea en su vida, tras la cual se planteó la fe como esperanza de que las cosas puedan ir a mejor: «Yo profeso esa fe y rezo la plegaria que me conecta con un poder superior. Hay evidencia de que si se reza se es más feliz y menos proclive a la depresión. Mis amigos ateos dicen que es un espejismo, pero a mí me sienta bien y me ayuda... La meditación es otra cosa: es una forma de explorar la mente y la naturaleza de la conciencia. Un ateo dirá que es una manera de indagar en los intersticios del cerebro...».

En cuanto a la idea de Dios, Sheldrake la ve como una fuente de creatividad, como una presencia interactiva en la naturaleza y el cosmos. No cree en un Dios «sentado en algún lugar y frotándose las manos después del *Big Bang*». Cree en un cosmos

[506] Carlos Fresneda, «Dawkins hace apología de la pederastia leve», *El Mundo*, 12.IX.2013.

[507] Versión española en Kairós, Barcelona, mayo de 2013. Ficha de Rupert Sheldrake: lugar de nacimiento, Newark-on-Trent (Inglaterra); edad, 70 años; formación, doctor en Bioquímica por la Universidad de Cambridge y licenciado en Filosofía e Historia en Harvard; ocupación, bioquímico y escritor; aficiones, tocar y oír el órgano y pasear por la naturaleza; sueño, liberar a la ciencia de toda clase de dogmas.

creativo, de animales, plantas, gente, estrellas, galaxias..., sin un *Gran Diseñador*, ni un plan preconcebido, pero sí con una fuerza creativa e interactiva. Y en ese contexto, estima que la evolución incluye precisamente lo que cabe llamar «leyes de la naturaleza, que no son fijas sino que también evolucionan»[508].

Entre las cada vez más frecuentes iniciativas ateístas, la Asociación Humanista Británica (BHA, por sus siglas en inglés) distribuirá de forma gratuita una *biblia para ateos* en las escuelas de secundaria de Inglaterra y Gales, con lo que se pretende «ofrecer a los adolescentes un proyecto de vida sin recurrir a la religión». En el referido *Manual del joven ateo*, el profesor de ciencias, Alom Shaha (bangladeshí de origen) relata su experiencia personal con la fe musulmana, que progresivamente fue relegando a un segundo plano, hasta que decidió «regir su propia vida sin necesidad de ningún principio religioso».

Shaha espera que, con su relato, los adolescentes puedan tomar decisiones propias «sin verse salpicadas por el entorno específico o la comunidad en que se han criado. Aunque los jóvenes no compran libros, este lo he escrito con la esperanza de que sea leído. Quiero dejar muy claro que no se trata de proselitismo, ni de convertir a la gente. Lo que exclusivamente quiero es dar a los más influenciables la oportunidad de contemplar otro punto de vista», declaró Shaha al diario británico *The Independent*[509].

Ateos contra teístas

Después de su campaña ateísta, Dawkins y Winberg convocaron en Melbourne, en marzo de 2009, una Convención Global Atea, que no tuvo el éxito esperado. Y ulteriormente Dawkins, en 2010, cuando empezó a organizarse la visita del Papa Benedicto XVI al Reino Unido -preparada detalladamente por el Gobierno británico y el Vaticano, con actos a celebrar en Londres para la beatificación del Cardenal Newman-, pasó a la acción de la manera más contundente (y zafia a la vez), al coincidir la gira británica del Papa con

[508] Carlos Fresneda, entrevista a Rupert Sheldrake, «Hay quienes convierten la ciencia en un dogma para justificar su ateísmo», *El Mundo*, 18.V.2013.

[509] A. Mellado, «Polémica en el Reino Unido por las "biblias para ateos" en las escuelas», *ABC*, 2.V.2014.

toda una larga estela de escándalos de pederastia dentro de la Iglesia Católica[510]. Concretamente, Dawkins y otros preconizaron que el titular de cátedra de Pedro debería ser juzgado en el Reino Unido[511]. Pero, frente a esa y otras manifestaciones de ruin hostilidad, lo cierto es que la visita papal a la Gran Bretaña resultó mucho mejor de lo esperado: una reconciliación de anglicanos y católicos... sin que la justicia británica se hiciera eco de las penosas pretensiones de Dawkins *et alia*.

Jerry Coyne[512], profesor en la Universidad de Chicago, en su Departamento de Ecología y Evolución, es también un encendido defensor de ateísmo, al afirmar que la religión y la ciencia son incompatibles, y que solo la ciencia puede revelar la verdad. De modo que los científicos con creencias religiosas son un reflejo de la idea de «que las personas pueden tener en sus cabezas dos ideas en conflicto al mismo tiempo», para acto seguido aseverar que «la incompatibilidad de la ciencia y la fe está ampliamente demostrada, pues de acuerdo con Elaine Howard Ecklund, el 64 por 100 de los científicos americanos son ateos o agnósticos». Lo cual no es sino una reiteración de tantas observaciones similares que no concuerdan con la realidad, como hemos visto al comentar la encuesta de E.J. Larson en este mismo capítulo.

Por su parte, Paul Kurtz publicó en 1973 el *Humanist Manifesto II*, criticando el teísmo desde una perspectiva humanista, un ejercicio de su ideología que se basó en un trabajo suyo de 1933, al que incorporó algunas de las cuestiones candentes de la década de los setenta, como armas nucleares, control de la población, racismo o sexismo, etc. El manifiesto lo firmaron 120

---

[510] La pederastia de clérigos o no clérigos. Lo que no se dice es que el ratio de religiosos pederastas es del 1,2 por 100 frente a una proporción mucho más elevada de carácter general, lo cual no significa defender a los clérigos -que tienen una relación docente mucho más estrecha con la infancia- sino poner las cosas en su escenario estadístico.

[511] Dawkins explicó así la iniciativa: «El Papa es un hombre que, cuando cogieron a sus curas con los pantalones bajados, procuró encubrir el escándalo y condenar al silencio a sus jóvenes víctimas». Palabras que se vieron remachadas por su colega Christopher Hitchens, al afirmar que «el Papa no es un hombre por encima de la Ley. El encubrimiento institucionalizado es un delito en cualquier ordenamiento legal; y no demanda de ceremonias de arrepentimiento, sino de justicia y castigo». El 11 de abril de 2010 *The Sunday Times* se hizo eco de que se había abierto una serie de consultas con distintos expertos en derechos humanos, para inculpar al Sumo Pontífice, explotando el mismo principio legal que propició el arresto de Pinochet durante su visita al Reino Unido en 1998 (Eduardo Suárez, «El ateo inquisidor lanza una cruzada contra el Papa», *El Mundo*, 12.IV.2010.

[512] «Darwinism and the Impoverishment of Beauty», www.evolutionnews.org, 14.VI.2011.

importantes personalidades del mundo de la ciencia y la cultura, entre ellas Andréi Sájarov, Francis Crick e Isaac Asimov. Aunque ciertamente, esa irrupción antiteísta tuvo reacciones muy contrarias, como el caso del evangelista Edward Rowe, autor del libro *Save America*[513]; lejos de arredrarse, Kurtz respondió a sus contrincantes con un nuevo trabajo, *In Eupraxophy: living without religion*[514], publicado en 1989, donde les propuso a los ateos una moral alternativa laica prescindiendo de lo religioso, basada en el derecho natural.

Ante ese nuevo posicionamiento moralizador, el ateísmo más militante echó en cara a Kurtz *su mesura y falta de agresividad* en la crítica a los credos y creencias, lo cual le hizo abandonar, en 2010, la asociación *Ateos Enfadados*, por estar en desacuerdo con sus últimos proyectos que incluían, entre otros, el *Día Internacional del Derecho a la Blasfemia*[515].

Best sellers del ateísmo

Además de en internet y la prensa escrita, los nuevos ateos se manifiestan a través de libros, con *bestsellers* de no ficción en países como Inglaterra y EE.UU., análogamente a lo que antes sucedía con lecturas sobre dietas milagrosas y autoayudas varías.

Incuestionablemente, los ateos han creado un nuevo nicho de mercado donde cuestionar la existencia de Dios, triunfando en las listas de ventas. Títulos como *El espejismo de Dios*[516], de Richard Dawkins, se sitúa entre los diez libros más vendidos en la librería global *Amazon.com*; de modo que el biólogo conocido por su aportaciones al neodarwinismo, se ha convertido en el *jefe de la banda de los ateos*. Con otros cabecillas a su lado, como el filósofo Sam Harris, autor de *El fin de la fe*[517], y de *Carta a una nación cristiana*[518], en donde explora la influencia del fundamentalismo cristiano en la política de George W. Bush. En tanto que

---

513 Edward Rowe, «Save America», F.H. Revell Co, 1976.

514 Paul Kurtz, *Living Without Religion*: Eupraxophy, *Prometheus books*, Nueva York, 1994.

515 Joaquín Pi Yagüe, «Paul Kurtz, el filósofo que se independizó de Dios», *El País*, 20.X.2012.

516 Richard Dawkins, *El espejismo de Dios*, Bantam Press, Boston y Nueva York, 2007.

517 Sam Harris, *El fin de la fe*, Paradigma, Valencia, 2007.

518 Sam Harris, *Carta a una nación cristiana*, Paradigma, Valencia, 2007.

el filósofo Daniel Dennett, con *Romper el hechizo*[519] ve la religión como un producto tan natural y nocivo como un virus. Y el periodista Christopher Hitchens, en *Dios no es bueno*[520], imputa a Dios, para él inexistente, todos los males imaginables del mundo.

En general, un rasgo distintivo del nuevo ateísmo en busca del *bestseller*, frente al viejo negacionismo, es que su discurso procede más del campo científico que de las humanidades. Por lo demás, el nuevo ateísmo no se limita a defender la tolerancia religiosa -aquello de que cada cual haga lo que quiera mientras no moleste a los demás-, sino que propugna el combate, la crítica y la argumentación racional contra los credos religiosos, en cualquier lugar donde estos surjan. En analogía a los primeros tiempos de los soviets (1917-1941) cuando los *sindiós* combatían los credos religiosos en la URSS. Y disgregada esta, en 1991, el retorno de la religión -incluso a escala oficial- está todavía por explicar con los criterios que alimentan el ateísmo[521].

Los ateos de ahora, incluso han decidido crear campamentos para niños ateos, donde jovencitos de entre los 8 y los 17 años comparten alojamientos, muchas veces en medio de los bosques, donde durante el día disparan flechas con arco, se bañan en lagos y ríos, navegan en pequeñas embarcaciones y, por la noche, conversan bajo las estrellas. De todo lo cual hay una fuerte demanda en EE.UU., al combinarse las largas vacaciones infantiles en el país con las muy cortas de los padres.

En esos campamentos, a nadie se le dice que Dios no existe; se trata de mostrar el lado amable de los ateos, que en EE.UU. representan el 5 por 100, lo cual hace que los políticos en general se manifiesten como creyentes, hasta el punto de que solamente un congresista, Pete Stark, de California, admite abiertamente no ser creyente. Por su parte, el presidente Barack Obama, en su discurso inaugural de 2009, manifestó que EE.UU. es una nación de cristianos y musulmanes, judíos e hindúes... y no creyentes[522].

---

519 Daniel Dennett, *Romper el hechizo*, Katz Editores, Buenos Aires, 2007.
520 Christopher Hitchens, *Dios no es bueno*, Debolsillo, Barcelona, 2009.
521 Xavi Ayén, «El ateísmo sale del armario», *La Vanguardia*, 18.I.2009.
522 «Lexington. Glad to be godless», *The Economist*, 18.VII.2009.

El laicismo radical como problema

Un caso muy renombrado, por el impacto que tuvo en todo el mundo, fue el atentado yihadista de París -por una serie de caricaturas de Mahoma-, el 7 de enero de 2015, con doce muertos, en la revista de humor *Charlie Hebdo*, que provocó una serie de comentarios críticos, entre ellos, el siguiente: «El laicismo radical es la nueva amenaza a la libertad de creencia, y el sistema político galo de hoy se parece demasiado al Gobierno de Vichy, títere de Berlín. El nuevo *Charlie* no está en la tradición cultural francesa y es islamófobo, cosa que defiendo desde antes de los atentados. El derecho a caricaturizar y a blasfemar es sagrado, pero también debe existir el derecho a decir que no vale para nada. Me acusan de complicidad con el terrorismo por decir esto»[523]. Eso es lo que dijo Emmanuel Todd -historiador del Instituto Nacional de Estudios Demográficos de París-, a propósito de los ultras... de *Charlie*. Y dijo más en una entrevista:

–*¿Acaso la religión es una necesidad intrínseca del ser humano?*

–La gente no puede vivir sin una creencia colectiva. El individuo es otra cosa. El neoliberalismo es para mí una concepción religiosa sobre el mercado absoluto. El fracaso económico, el fracaso del mercado y del euro ha producido una crisis metafísica. Hemos elegido el islam como objetivo de todos nuestros males. Eso nos permite comprender esa movilización increíble, de fe colectiva...

–*En su libro critica duramente el «laicismo radical».*

–El laicismo radical no es laicidad. Cuando yo era niño, en la escuela laica había capellanes católicos y los viernes se comía pescado aunque nadie supiera por qué. Era una escuela relajada respecto al hecho religioso. Porque la laicidad no es una creencia negativa. Es más bien indiferencia. La situación es hoy muy distinta y acusamos constantemente a los militantes del islam.

«Cada uno tiene el derecho de practicar su propia religión, pero matar en nombre de Dios es una aberración», manifestó el

---

[523] Gabriela Cañas entrevista a Emmanuel Todd, «El catolicismo ha muerto y es su fantasma el que habita en la izquierda», *Babelia, El País*, 23.V.2015.

14.I.2015 el papa Francisco, quien con gestos muy expresivos -en conversación con periodistas en su vuelo de retorno a Roma de un viaje a Filipinas-, y sin mencionar expresamente a *Charlie Hebdo*, manifestó:

> En cuanto a la libertad de expresión: cada persona no solo tiene la libertad, sino también la obligación de decir lo que piensa para apoyar el bien común... Pero sin ofender, porque es cierto que no se puede reaccionar con violencia. En esa dirección, si el doctor Gasbarri [organizador de los viajes papales], que es un gran amigo mío, dice una grosería contra mi mamá (sic), le espera un puñetazo. No se puede provocar, no se puede insultar la fe de los demás... Hay mucha gente que habla mal, que se burla de la religión de los demás[524].

Posteriormente, al cumplirse un año del ataque islamista a *Charlie Hebdo* (enero de 2016), el Vaticano criticó los enfoques un tanto beligerantes de la citada revista, que presumió eran derivaciones de un laicismo radical, nada conveniente.

Finalmente, la opinión sobre el laicismo de la ya antes citada Karen Armstrong:

> –*¿El laicismo puede ser intolerante?*
> –Sí puede serlo, como la religión, porque somos gente agresiva. Hay quien dice que la religión está detrás de todas las guerras, pero aquí en Occidente tuvimos dos guerras mundiales, el Holocausto, el Gulag, Hiroshima. La Revolución Francesa fue un gran momento en la historia europea pero causó miles de muertes[525].

7. Una religión sin Dios

Alain de Botton (Zúrich, 1969) procede de una familia sefardí, con raíces en Botón, un pueblo español de Castilla que ya no existe. A los ocho años ingresó en un internado de Oxford, y luego pasó por

---

[524] Pablo Ordaz, «El Pontífice argentino dice que no se puede «ofender» la religión: «Si insulta a mi madre puede llevarse un puñetado», *El País*, 15.I.2015.

[525] Karen Armstrong, «Nuestro laicismo está pasado de moda», ob. cit.

Cambridge y el King's College de Londres, donde cursó Historia y Filosofía. Debutó como escritor en 1993 con el libro *Ensayos sobre el amor*, aunque su labor como divulgador y «filósofo del día a día» arrancó en 1997, con una obra sobre *Cómo Proust cambió mi vida*. Su último libro, *Religión para Ateos* (Penguin), figura en la lista de los más vendidos en la categoría de ensayo en el Reino Unido[526].

Para su proyecto de templo, De Botton asegura contar ya con medio millón de libras esterlinas de donaciones y con un solar cedido para erigir el templo, junto al centro financiero de la City de Londres: «porque es allí donde necesitan más perspectiva sobre las prioridades de la vida».

De Botton, afincado en Londres, insiste en que uno puede ser «genuinamente ateo», como él, y necesitar sin embargo de un espacio para meditar, dar gracias a la vida o experimentar el asombro ante la arquitectura: «Normalmente un templo se dedica a Jesús, a la Virgen o a Buda, pero tendría que ser posible erigirlo también dedicado a cualquier cosa que sea buena o positiva», alegó en el rotativo *The Guardian*. «¿Por qué no dedicarle un templo al amor, a la amistad, a la quietud o a la perspectiva?». Desde su posicionamiento, De Botton arremete contra el «ateísmo destructivo» que preconizaba el fallecido ensayista Christopher Hitchens (*Dios no es bueno*[527]) y en el que se mantiene Richard Dawkins en *El espejismo de Dios*: «Hay mucha gente que no creemos, pero que consideramos que no hay por qué ser agresivos contra las religiones», asegura De Botton. Con todas esas características, no sería extraño que un buen día tuviéramos noticias de que De Botton se ha hecho creyente.

Ernst Bloch (1885-1977) es el filósofo de las utopías, de las ensoñaciones, de las esperanzas, pues, para él, está claro que en el centro del pensamiento se yergue el hombre que se concibe a sí mismo, que tiene conciencia. Además, ese efecto que incide en el propio ser no termina en él, sino que globalmente genera un *excedente*; que halla su expresión en las utopías sociales, económicas y religiosas, el arte en general, la música, etc.

Aparte de lo cual, con su enfoque marxista -si bien muy decepcionado por el socialismo real del bloque soviético-, Bloch veía el socialismo como sistema para difundir el excedente entre

[526] Carlos Fresneda, «Una catedral atea en la City de Londres», *El Mundo*, 31.I.2012.
[527] Christopher Hitchens, *Dios no es bueno*, Debate, Barcelona, 2007.

las masas, en pro de una humanidad más rica en creatividad, y contraria a la cosificación de los humanos, en la idea de apostar más por el ser que no por el tener. Si hoy *resucitara*, tal vez Bloch adoptaría otros puntos de vista.

Para el teólogo Miguel Fraijó, el principal «hallazgo filosófico» durante sus estudios en Tubinga fue Ernst Bloch: filósofo marxista y ateo, autor de la obra *El principio esperanza*, en la que ofrece un tratamiento de ese concepto desde perspectivas tan diversas como ricas[528]. Contemporáneo de Heidegger, Bloch se propuso ofrecer un cuadro de la vida opuesto al controvertido filósofo -al que fundadamente se atribuye una larga colaboración con el nazismo-, que plantea la vida como algo esencialmente dramático, hasta el punto de que llega a definir al hombre como *un ser para la muerte*, y que, por tanto, tiene como destino lidiar permanentemente con la angustia, *eternamente preocupado*.

Frente al dramatismo de Heidegger, la visión blochiana de la vida y de la historia es utópica y esperanzada, sobre la base de que «Lo importante es aprender a esperar» Así las cosas, en un tiempo dominado por el pesimismo y la resignación, y aturdido por el miedo y el tedio, Bloch insiste en su gran alternativa: transformar el mundo en hogar, en tierra cálida, en salvación; por ejemplo, con la eliminación del hambre sobre la tierra: «el estómago es la primera lámpara que reclama su aceite». Los sueños, las utopías, las esperanzas son el tema central de su obra, en el sentido de que es preciso ayudar al hombre a que desentrañe lo mejor de sí mismo, en sus brillantes posibilidades ocultas. El auténtico hombre está aún por descubrir: solo somos un fragmento de lo que podríamos llegar a ser[529].

8. *Is there a God?*

Antony Garrard Newton Flew (1923-2010) fue un notable filósofo inglés, que centró sus investigaciones en el estudio de la religión. Hijo de un pastor metodista, sirvió en la RAF durante la

[528] Para el autor del presente libro, el descubrimiento de Bloch se lo debe a Emerit Bono, catedrático de Política Económica de la Universidad de Valencia y lector asiduo de Filosofía. Bono fue quien primero, y profundamente, me habló de Bloch.

[529] Manuel Fraijó, «Autobiografía intelectual», en *Pensando la religión*, homenaje a Manuel Fraijó, Edición de Javier San Martín y Juan José Sánchez, Editorial Trotta, Madrid, 2013.

Segunda Guerra Mundial y estudió japonés para incorporarse a su servicio de inteligencia, hasta el cese de hostilidades. Después de la guerra, se graduó y doctoró en Oxford, y trabajó allí como profesor de Filosofía Moral, asentándose más tarde en la Universidad de Keele, Staffordshire, donde permaneció hasta su retiro académico en 1983.

Durante la mayor parte de su vida, Flew se manifestó como gran defensor del ateísmo, argumentando que no había evidencia empírica de la existencia de Dios. Sin embargo, a lo largo de 2000 comenzaron los rumores sobre su conversión al teísmo; en razón a que «los hallazgos realizados durante más de cincuenta años de investigación del ADN sirven de base para nuevos y poderosísimos argumentos a favor del diseño del ser humano»[530]; muy en línea, pues, a lo que le sucedió a Francis S. Collins.

En una entrevista que le hizo en 2004 el filósofo alemán Habermas[531], Flew manifestó que los argumentos más impresionantes de la existencia de Dios son los apoyados por recientes descubrimientos científicos, y subrayó que «el argumento del diseño inteligente es mucho más fuerte de lo que era cuando lo conocí por primera vez». También apoyó la idea de un Dios aristotélico poderoso e inteligente.

En octubre de 2004 (antes de la publicación en diciembre de la entrevista Flew-Jürgen Habermas), en carta escrita a Richard Carrier del *Secular Web*, Flew planteó que se consideraba teísta, puntualizando que «necesitamos una distinción fundamental entre el Dios de Aristóteles o Spinoza y los dioses de las revelaciones cristiana y musulmana»[532].

En otra carta, del 29 de diciembre de 2004, Flew manifestó que «una deidad o una superinteligencia es la única buena explicación del origen de la vida y de la complejidad de la naturaleza. Ahora me doy cuenta de que me he engañado a mí mismo,

530 Nuria Escur, «La conversión de un ateo», *La Vanguardia*, 17.IV.2010.

531 En diciembre de 2004, una entrevista a Flew realizada por Habermas fue publicada en la revista *Philosophia Christi* (publicada por la sociedad Filosófica Evangélica, con el título *Atheist Becomes Theist. Exclusive Interview with Former Atheist Antony Flew* (*Ateo se vuelve teísta. Exclusiva con el ex ateo Antony Flew*). Y Flew estuvo de acuerdo con este título. R. Habermas, «My Pilgrimage from Atheism to Theism An Exclusive Interview with Former British Atheist Professor Antony Flew» (http://www.biola.edu/antonyflew/pa-ge6.cfm#8) Gary R. Habermas, *Biola*, 9, december, 2004, pp 6.

532 Richard Carrier: «Antony Flew Considers God», Sort Of SecWeb, 10.X.2004.

creyendo que había teorías aceptables del desarrollo desde la materia inanimada hasta la primera criatura viva capaz de reproducirse». Tras esto, culpó de su largo error al *engaño* propiciado por Richard Dawkins en sus obras sucesivas; alegando que el biólogo británico «nunca ha sido un verdadero especialista de talla suficiente como para generar una verdadera teoría del desarrollo de la materia viva».

Así las cosas, en 2004 Flew escribió el libro *There is a God*, en el que explicó en detalle su nueva visión; refiriéndose no al Dios bíblico, sino a la existencia de algún tipo de estructura superior conforme a cuyos principios se creó el universo, con un código para su posterior evolución[533]. Ciertamente, ese giro total despertó toda clase de reacciones, e incluso llegó a decirse que Flew no era el autor verdadero del citado libro, sino que lo era su coautor: Roy Abraham Varghese, circunstancia que en declaraciones ulteriores descartó por completo el propio Flew.

9. El gran diseño: Hawking, gravedad y teleología

Y entrando ya en el segundo ateo tal vez más relevante de nuestro tiempo, haremos una reflexión a propósito del libro *El gran diseño*, de Stephen Hawking, escrito en colaboración con Leonard Mlodinow[534], publicado en 2010, y que tuvo un gran impacto internacional. Sobre todo, porque Hawking se consideraba a sí mismo teísta cósmico, tal como manifestó en una obra anterior, *Historia del tiempo*[535]. Por lo cual sorprendió a todos cuando, sin previo aviso, pasó a manifestarse como ateo convencido, recurriendo a la teoría definitiva de un *campo unificado* que relacione la gravedad con las demás fuerzas, a pesar de lo cual, Hawking y Mlodinow concluyen que el *Big Bang* tiene su explicación en la fuerza de la gravedad, sin solucionar, desde luego, el porqué existe la propia gravedad y en definitiva el universo.

---

[533] *There is a God: How the world most notorius atheist changed his Mind.* Coautor Roy Abraham Varghese, Prometheus, Amherst, Nueva York, 2006.

[534] Versión española de Crítica, Barcelona, 2010.

[535] Stephen Hawking, *Historia del tiempo*, versión española, Crítica, 2005.

Por eso, en un artículo publicado a propósito de *El gran diseño*[536], me atreví a plantear: «Elijan ustedes mismos, señoras y señores, entre el azar, que inevitablemente no podrá ser tan azaroso porque también tiene sus propias leyes, o la teleología, según la cual todo tiene una finalidad en una línea de perfección evolutiva. Y además si les ven en Cambridge, pregúntenles a Hawking y Mlodinow: "Por cierto: ¿quién estableció la Ley de la gravedad?". Y si la respuesta fuera que "todo viene de la nada", habría que preguntar, como *El Roto*, "¿quién creó la nada?"».

Izquierda: Stephen Hawking: de teísta a adorador de la fuerza de la gravedad y de la nada. **Derecha:** Albert Einstein: «Dios no juega a los dados con el universo».

Todo tiene sus antecedentes. Y de entre ellos, podemos referirnos a Eckhart de Hochheim O.P., más conocido como el Maestro Eckhart (1260-1328), dominico alemán que se hizo famoso por sus pretendidas visiones místicas, y que en una ocasión se refirió al tema de ateísmo: «Dios se ha convertido para algunos en una vaca de la que se puede conseguir leche y queso»; refiriéndose a quienes lo utilizaban para destacar en las más diferentes controversias sobre su existencia y poderes.

Eckhart fue uno de los más influyentes teólogos del Medioevo y enseñó en las escuelas más prestigiosas de su orden, hasta ser acusado de herejía por el papa Juan XXII (1329); a pesar de lo cual, a la hora de su muerte estuvo en paz con la Iglesia. Su idea central fue la *fertilidad de Dios*, origen mismo de la creación del

[536] Revista *Leer*, marzo 2011.

mundo, según el concepto neoplatónico de emanación, como acto de clara voluntad divina; proposición que, junto con otras, caracterizó a Eckhart como defensor de un cierto panteísmo[537]. Y como dice Isabel Urrutia, siguiendo en esto a Eckhart y en relación con *El gran diseño* de Hawking, «Dios continúa dando mucho juego a Hawking a la hora de vender libros»[538].

Pero naturalmente hay muchos más científicos y filósofos contrarios a Hawking que los citados hasta aquí. Empezando por el biólogo Francisco José Ayala. En en una entrevista a este, concedida a Pablo Pardo, se sucedieron las siguientes preguntas y respuestas[539]:

–*¿Qué le han parecido las declaraciones de Hawking?*

–Muy típicas de él. Hawking sabe cómo manipular los medios de comunicación para llamar la atención, está bien dotado para ello. Tiene gran personalidad y su figura está marcada por la admirable actitud frente a la vida con la que ha logrado derrotar una enfermedad física tremenda. Sabe utilizar todos esos factores para vender libros.

–*Supongo que usted discrepa de lo que ha dicho sobre la inexistencia de Dios.*

–Desde luego. Yo creo que la ciencia y la religión son ventanas distintas para mirar el mundo; cada una permite ver cosas distintas. En otras palabras, la ciencia trata de explicar el origen de las galaxias y del universo, como es el caso de Hawking, y de la vida, como es el mío. En cambio, la religión relaciona al ser humano con el Creador, y habla del sentido de la vida, de la moral... Salvo cuando se traspasa el límite [como ha sucedido con Hawking], no hay contradicción entre ambas formas de ver las cosas.

Precisamente, en el ateísmo del intelectual se plantea un reto -dice Juan Antonio Herrero Brasas-, pero a mi modo de ver es más un reto aparente que real[540]. En ese sentido, Alfred Hoyle, otro prestigioso científico, también ateo militante, y británico

[537] http:/es.wikipedia.org/wiki/Maestro_Eckhart.

[538] Isabel Urrutia, «La ciencia va más allá», *ABC*, 11.XI.2010.

[539] Pablo Pardo, Entrevista a Francisco Ayala: «Dios no es necesario para explicar el origen de la vida, pero aun así se puede creer en Él», *ABC*, 11.IX.2010.

[540] Juan A. Herrero Brasas, «Hawking y el problema de Dios», *El Mundo*, 25.IX.2014.

como Hawking y Dawkins, montó a mediados del siglo pasado su campaña personal contra lo que él veía como una teoría con un claro trasfondo religioso: el *Big Bang*; pues dicha teoría parecía indicar que el universo había surgido instantáneamente de la nada en un acto de creación. Era, además, demasiada casualidad que la teoría fuera propuesta ni más ni menos que por un sacerdote católico (Georges Lemaître). Hoyle hacía burla de la teoría en entrevistas y conferencias llamándola, «el petardazo» (*Big Bang*). Cuando Einstein y Hubble confirmaron la existencia del *Big Bang*, Hoyle tuvo que tragarse sus palabras.

Si todo lo que existe es el universo y antes de su nacimiento no existía, solo nos queda la nada. La nada es un concepto difícil de entender. No hay nadie para imaginar nada, ni ninguna posibilidad de existencia. De la nada no sale nada. En la nada -cuando sabemos de lo que estamos hablando- no hay nada posible, ni la fluctuación cuántica que propone Hawking, ni nada.

Izquierda: El Roto y la nada: a propósito de Stephen Hawking...
Derecha: Juan Antonio Herrero Brasas: es más fácil creer en la Virgen de Fátima que en lo dicho por Stephen Hawking.

Por su parte, el ya citado Juan Antonio Herrero Brasas, profesor de Ética y Religión de la Universidad del Estado de California, estima que Hawking no ofrece argumentos de peso para apoyar su afirmación de que todo ha surgido de la nada, como por generación espontánea de la gravedad: «Para creer eso, hace falta más fe en la ciencia que para creer en la Virgen de Fátima o en los ángeles de la guarda. Así, Hawking convierte la ciencia en un instrumento de fe, de fe en la religión del ateísmo militante».

Por ello mismo, lo que Hawking ofrece en su libro *El gran diseño*, no es para Herrero un argumentario científico propiamente dicho, sino un posicionamiento ideológico: una instrumentalización de su prestigio como científico para promover convicciones desde su fuerza personal[541]. Por otro lado, en ese debate en un editorial de *El Mundo* -que tal vez suscitó el propio Herrero-, se dijo que «no cabe arrogarse la pretendida autoridad científica de quien, desde la torre de marfil de lo complejo, se digna arrojar unas migajas de conocimiento al vulgo»[542].

Finalmente, según Pablo Jáuregui, director de Ciencia del diario *El Mundo*, Stephen Hawking, con *El gran diseño*, contribuyó a reavivar la guerra cultural en contra de las creencias religiosas. Y de todo lo escrito sobre la cuestión, Jáuregui se queda con la postura defendida por el neurocientífico estadounidense David Eagleman, quien en un artículo publicado en *New Scientist*, sostiene la tesis de que «el problema de los *nuevos ateos* como Hawking y Dawkins es que dan la falsa impresión de que la ciencia ya ha resuelto todo, o que muy pronto se despejarán las incertidumbres que desde siempre acosan a la humanidad. Cuando la verdad es que la lección principal de la ciencia es la misma de siempre: *nuestra ignorancia es mucho mayor que nuestro conocimiento*. Por eso, Eagleman no acepta la supuesta verdad de ninguna religión, pero tampoco se considera ateo, «sencillamente porque no existen suficientes datos para descartar otras posibilidades interesantes»[543].

El hecho irrefutable, insiste Pablo Jáuregui es que «sabemos demasiado como para ser religiosos, pero a la vez sabemos muy poco como para ser ateos». Así que frente a la dicotomía de los dogmáticos de ambos bandos, que pugnan por la existencia o la inexistencia de Dios -o de si hay o no hay vida después de la muerte-, Eagleman defiende la postura que él mismo denomina

---

[541] Juan Antonio Herrero Brasas, «Hawking y el problema de Dios», *El Mundo*, 6.IX.2010.

[542] Artículo editorial, «Hawking o la indemostrable inexistencia de Dios», *El Mundo*, 5.IV.2010.

[543] Pablo Jáuregui, «La certeza de la incertidumbre», *El Mundo Eureka*, 31.X.2010.

posibilismo, basado en una frase de Voltaire: «La duda no es una condición placentera, pero la certeza es absurda». Así las cosas, el mensaje de Eagleman es que la vida, antes y después de la muerte, sigue siendo un misterio enigmático, un rompecabezas al que todavía le faltan muchas piezas, sin que quepa descartar ninguna hipótesis. Y por ello mismo, sostiene la necesidad de seguir en las eternas posibilidades de explorar lo desconocido[544].

Izquierda: David Eagleman: no existen datos para descartar que Dios no existe. **Derecha:** Pablo Jáuregui: un difusor de la ciencia, que siempre necesita pruebas del sí o del no.

Y por último, la opinión de David Jou -físico, profesor de la Universidad Autónoma de Barcelona-, que a preguntas sobre la forma tajante en que Hawking rechaza la existencia de Dios, respondió:

> Admiro mucho su obra científica, pero, en cierto modo, él y otros científicos también tienen un Creador, porque divinizan las leyes físicas. Por otro lado, sus conocimientos de la religión son muy escasos: la presentan como algo sin elucubración intelectual, cuando históricamente llevamos más de 2.000 años de teología. Para ellos, que haya existido o no un Concilio Vaticano II no tiene

[544] Esas son las razones por las que Eagleman se considera un posibilista, según explica en su ensayo «Beyond God and atheism: why I am a posibilitan», en *New Scientist*, 27.IX.2010.

> ninguna importancia: sus consideraciones sobre la religión son excesivamente frívolas[545].

Precisamente esas cuestiones las abordamos en el siguiente capítulo de este libro, sobre el hecho religioso, un tema tan complejo y del que generalmente no se tiene la suficiente perspectiva para abordarlo y tratarlo adecuadamente.

Colofón del capítulo VII: la ciencia puede llevar a la trascendencia

La preocupación desde la ciencia, en sus primeros atisbos entre los filósofos griegos, y los últimos investigadores avezados en la cosmología y sus ciencias ribereñas, han demostrado siempre una preocupación mayor o menor por la trascendencia: Platón con el demiurgo ya propuso una gran solución al tema, con el monoteísmo avanzado en medio de la mitología helénica de Hesiodo prevaleciente. Y frente a la cerrazón de los más dogmáticos de la cristiandad, Galileo vio en el cielo una ventana al universo, para aprender su lenguaje y estudiar directamente los misterios del universo sin los dogmas dominantes. En lo que siguió el propio Einstein, con algunas vacilaciones, estimando que «Dios no juega a los dados con el universo».

El distanciamiento entre ciencia y religión se abrió, sin duda, de manera solemne, con el *eppur si muove*, lo pronunciara o no el más iniciático de los astrónomos científicos. Pero filosóficamente fue el barón Holchbach en el Siglo de las Luces quien difundió en los círculos pensantes de París la idea de una existencia desprovista de un marco divino; al igual que el científico Lavoisier le dijo a Napoleón.

Después ha habido de todo: científicos creyentes, científicos en la trascendencia o no. Pero lo que está claro es que no se ha cumplido la profecía de Karl Marx, de mediados del siglo XIX, cuando predijo que en una centuria más no habría religión, y que la ciencia lo ocuparía todo. Hoy sigue, en algunos lugares, más activa

---

545 Judith de Jorge, «Hawking y otros científicos frivolizan la religión y divinizan las leyes físicas», *ABC*, 9.III.2013

que nunca, si bien es cierto que hay un declive de la práctica religiosa en la antigua cristiandad, en la Europa que culmina su ateísmo en la República Checa. Los filósofos más descreídos recurren frecuentemente a un Ernst Bloch que llegó a prever una religión sin Dios, volviendo así en cierto modo al derecho natural, al que siempre han renunciado las principales religiones monoteístas.

En última instancia, el misterio de la creación evolutiva, desde el *Big Bang* hasta ahora, encierra suficientes misterios, como para buscar a través de las creencias filosóficas y religiosas, una explicación que no está, por lo menos todavía, en la ciencia, a fin de dar un sentido de la vida en el universo antrópico.

Capítulo VIII
El hecho religioso

1. La religión desde un enfoque científico

Como ya se vio en el capítulo anterior, las ideas religiosas fueron puestas en duda en Europa de manera ostensible e influyente, desde los tiempos del baron de Holbach y otros *descreídos* del *Siglo de las Luces*. A partir de entonces, él, con ciertos altibajos, no dejó de progresar, y acabó haciéndose especialmente virulento con la llegada del neodarwinismo y del ulterior ateísmo militante.

El instinto y la persistencia de la religión

Nicholas Wade publicó en 2009 *El instinto de fe: cómo la religión evolucionó y por qué sobrevive*[546], un libro en el que el prestigioso periodista científico de *The New York Times* expresa cómo el nacimiento y desarrollo del hecho religioso se relaciona con la evolución de la especie humana en términos biológicos. En la idea de que la consolidación de unas creencias en lo sobrenatural, así como la aparición de rituales, jerarquías, etc., han sido fundamentales en el progreso del hombre, de lo cual infieren Wade y otros científicos que la creencia en la trascendencia humana constituye un instinto natural que tiene mucho que ver con la propia selección natural.

Wade cita a Thomas Hobbes por su frase de que «la religión nunca podrá ser abolida de la naturaleza humana. Cualquier intento en esa dirección conduce a que nazcan otras religiones

[546] *The faith Instinct: How religion evolved and why it endures*, The Penguin Press, Nueva York, 2009.

nuevas a partir de las antiguas». Y concluye que «la religión traduce los deseos colectivos de la sociedad, pasados y presentes, en cuanto a cómo sus miembros deben comportarse, a fin de garantizar la supervivencia de la propia sociedad: durante los 50.000 años transcurridos desde que el hombre abandonara su tierra natal en África oriental, la religión ha guiado las acciones de los hombres».

Más aún, para Wade, el elemento esencial del conocimiento religioso, desde una perspectiva evolutiva, no es un resultado meramente teológico: está relacionado con reglas prácticas morales, militares y de reproducción, que se dan en la configuración del tejido social para perpetuarse. Y por eso mismo, las religiones que más duran no son las más crueles y belicistas (caso de la azteca), sino las que ofrecen preceptos compasivos. En ese sentido, el hecho de que *las tres religiones del Libro* hayan sobrevivido «corrobora la verdad emocional de sus mensajes y es muestra indeclinable del alto valor de las civilizaciones construidas en torno a ellas».

Solo en los últimos 350 años, apenas el 0,7 por 100 de la historia de la humanidad, concluye Wade, la religión ha comenzado a decaer. En parte, por el efecto «de las instituciones de los Estados laicos, y también por la erosión de sus premisas merced al avance del conocimiento; de modo que la fe se desploma sobre todo en los países más avanzados y muy especialmente entre sus clases más educadas». El libro de Wade lo saludó con alborozo James D. Watson, codescubridor del genoma con Francis Crick, para quien se trata de un triunfo: «un relato inteligentísimo y muy necesario sobre por qué las religiones han sido esenciales para el éxito de la humanidad»[547].

Reforzando las ideas anteriores, el filósofo español Javier Sádaba sostiene que la religión *goza de buena salud*, si por ello se entiende la aparición de libros a favor o en contra de la existencia de Dios, incluso con *slogans* que se utilizan con carácter publicitario, como puede apreciarse en las interminables discusiones sobre el tema, teñidas muchas veces de una insoportable emotividad fanática. Si a eso se añaden los enfrentamientos, disturbios, e incluso

[547] Julio Valdeón Blanco, «El instinto de la religión», *El Mundo*, 24.XII.2009

guerras religiosas del presente, las justificaciones políticas en nombre de Dios, no hay más remedio que conceder que, contra lo que pensaron tantos espíritus ilustrados, el hecho religioso se mantiene firme, sin indicios generalizados de desfallecimiento.

«El gen de Dios», por usar la extravagante expresión, luego convertida en libro por Dean Hamer, sigue activo. Y según la *World Christianity Enciclopedy*, en la actualidad se contabilizan 10.000 religiones, casi el doble de las lenguas que se estima se hablan en el mundo. Por ello, es lógico que se investigue el hecho religioso como algo importante. Y uno de los instrumentos para tal cosa lo constituye la *filosofía de la religión*; o, lo que es lo mismo, la reflexión filosófica que se hace de un importante aspecto de la actividad humana[548].

Motivos para creer

¿Y cuáles son los motivos para creer? Como dice el profesor Manuel Martín Loeches, de la Universidad Complutense, los sueños siempre han sido importantes para explicar la emergencia de la religiosidad, pues tales vivencias oníricas siempre resultan inquietantes (¡que se lo digan a Freud!). Como también los fenómenos de la naturaleza contribuyeron a desarrollar creencias religiosas: el arco iris, las tormentas de gran aparato eléctrico, los tornados, el estallido de los truenos, los eclipses, las estrellas fugaces, los temblores sísmicos, etc.

De manera que «el pensamiento y el comportamiento religioso son consecuencias de la forma de procesar la información en nuestro cerebro en un primer estadio, es algo enteramente lógico y esperable del sistema cognitivo»[549]. Por otro lado, las historias de espíritus y otros presuntos seres superiores, cautivaban a los primeros seres humanos para explicar lo entonces ignorado, algo que supieron aprovechar los hechiceros de las tribus, en beneficio propio, consiguiendo así la satisfacción de su ego; y para encontrar también un *modus vivendi*.

---

[548] Javier Sádaba, «Por qué interesa a un agnóstico la filosofía de la religión», en *Pensando la religión*, homenaje a Manuel Fraijó, Edición de Javier San Martín y Juan José Sánchez, Editorial Trotta, Madrid, 2013, pág. 297.

[549] Martín-Loeches, «Todo, absolutamente todo, está en el cerebro», www.tendencias21.com, 28.VII.2011.

Por otra parte, Daniel Dennett -uno de los filósofos estadounidenses más destacados en el ámbito de las ciencias cognitivas, especialmente en las áreas de la conciencia, intencionalidad, e inteligencia artificial- sostiene que la religión es un *meme*[550] que busca replicarse y multiplicarse; y que además existen las personas sugestionables con mucha facilidad para ello, lo que justifica por el VWAT2, bautizado como «el gen de Dios», con capacidad de comunicación neuronal que según investigaciones concretas facilita la sugestión y el trance en que entran los *mediums*. Para el genetista Dean Hamer, «estamos ante el responsable, en gran medida, de la existencia de la religión»[551].

Pero, sobre todo, podría decirse, el hecho religioso surge de una serie de preguntas que se imaginan inquietantes en el cerebro: ¿Qué significa estar vivos? ¿Qué representamos en el universo? ¿Por qué morimos? ¿Qué será de todos nuestros conocimientos una vez que nuestras moléculas se desconecten entre sí? ¿Somos solamente átomos y moléculas configurados por simples fuerzas físicas? ¿Con la muerte volveremos a ser lo que fuimos antes de nacer o volvemos a la nada? Indudablemente, al formular tales interrogantes, el ser humano se acongoja, sufre, se angustia por la muerte, un hecho ante el cual todos nos sentimos impotentes. Por ello, se recurre a las creencias religiosas, para así calmar la angustia cerebral, la ansiedad, en busca de un sentido de la vida. Y al final, ¿ayuda la religión a sentirse más seguros, creyendo en un ser supremo que forma parte de nuestro marco de vida?[552].

2. Sentido y funcionalismo de la religión

Para pasar a una segunda parte de este capítulo sobre el hecho religioso, incluimos seguidamente una serie de cuestiones que al

[550] Un *meme* es, en las teorías sobre la difusión cultural, la unidad teórica de información cultural transmisible de un individuo a otro, o de una mente a otra, o de una generación a la siguiente. Es un neologismo acuñado por Richard Dawkins en *El gen egoísta* (*The Selfish Gene*), por la semejanza fonética con *gene* -*gen* en idioma inglés- y para señalar la similitud con «memoria» y «mimesis».

[551] Jorge Blaschke, *Los gatos sueñan con física cuántica y los perros con universos paralelos*, Ediciones Robinbook, Barcelona, 2012.

[552] Jorge Blaschke, *Cerebro 2.0*, Robinbook, Barcelona, 2013.

autor le parecen interesantes como expresión ilustrativa de cara a diversos aspectos de la religiosidad.

La religión: cooperativa o adaptiva

Desde el campo de la psicología evolucionista, autores como Scott Atran o Pascal Boyer han defendido -en línea argumental similar a la de Darwin y Wallace-, que el sentimiento religioso está en consonancia con la evolución de otros rasgos cognitivos, que hacen posible la interacción cooperativa del mundo físico con la conducta social. Otros, en cambio, como David Sloan Wilson[553] o Richard Sosis[554], sostienen la tesis contraria: el sentimiento religioso es un valor adaptativo, relacionado con el mantenimiento de la cohesión y el buen funcionamiento de las sociedades humanas[555].

Por su parte, en su libro *The Evolution of God*, Robert Wright, defiende que la religiosidad es un subproducto de algunos rasgos propios de la naturaleza del hombre, que se explican por la tendencia de los seres humanos a amoldarse a las creencias y valores del grupo social del que depende su supervivencia. Más en concreto, Wright estima que la evolución de la mente humana está marcada por la necesidad de establecer relaciones cooperativas, pro beneficio mutuo de los grupos en que se integran individuos de la especie, algo que permite practicar el altruismo recíproco y colaborar en *interacciones de suma no cero*, como las que se estudian en la *teoría de juegos*; cuando las ganancias de un individuo no se producen a expensas de otro, sino que ambos resultan beneficiados (juego *win win*)[556].

En torno al mismo tema, Jesse M. Bering, profesor de la Universidad de Arkansas y director del Institute of Cognition and Culture de la Universidad Queens de Belfast, amén de autor del libro *The Belief Instinct*[557], sostiene que las creencias religiosas

---

[553] David Sloan Wilson y Elliott Sober, *El comportamiento altruista. Evolución y psicología*, Siglo XXI de España Editores, Madrid, 2000.

[554] Richard Sosis, «Una interpretación darwinista del fenómeno religioso», Revista *Mente y Cerebro* (*Investigación y Ciencia*), mayo de 2005.

[555] El origen de Dios, *Revista de Libros*, *ABC*, 28.IV.2012.

[556] Robert Wright, *The evolution of god*, Little, Brown and Company, Boston.

[557] Jesse M. Bering, *The Belief Instinct: The Psychology of Souls, Destiny, and the Meaning of Life*, W.W. Norton & Company Inc., Nueva York, 2011.

refuerzan al progreso evolutivo de la selección natural, y ayudan a generar el sentimiento -o instinto- de que si a lo largo de su propia vida no se comporta con honestidad, tendrá algún tipo de castigo sobrenatural[558].

Fuegos y ritos

Los arqueólogos destacan el hecho de que el fuego y los ritos religiosos aparecieron simultáneamente, evidenciando que las sucesivas experiencias de los individuos, en su proceso de hominización han exigido la creencia en algo transcendente[559].

Esas nuevas adquisiciones humanas contribuyeron a facilitar el tránsito de las sucesivas especies *Homo*, alejándose de los niveles de los chimpancés y de los pitecántropos; merced a una selección que ya tuvo mucho de artificial y no natural: sobre la base de creencias que cambiaron determinadas inercias que eran todavía de origen claramente animal. Entre ellas, el tema del incesto. ¡Qué cosa más cómoda para una familia de pitecántropos, que sus hijos se apareasen con sus hijas, sin necesidad de recurrir a otras familias! Pero frente a esa opción surgió otra mucho mejor: el surgimiento del *tabú del incesto*; explicable por la hipótesis de que a lo largo de las luchas caníbales, para comerse unos a otros, algunos machos triunfantes guardaban para sí las hembras raptadas; y al tener descendencia de ellas, *observaron* que los hijos habidos con sus *enemigas* eran más inteligentes, bellos y sanos que los habidos por la vía endogámica con sus hermanas. Esa fue la razón de fondo de que el incesto se consagrara como pecado y delito; para el buen curso de la selección natural.

«Somos pitecántropos superinteligentes con bombas atómicas en la edad del uranio -dice Jaime González-Torres Domingo- y sin la hipótesis de Dios, seguramente no habríamos empezado a existir como especie inteligente. *Ergo*, cabe pensar que Dios existe; como existe el resto de la realidad en muchas cosas nada visible»[560]. Es una opinión, pero no precisamente sin lógica.

---

[558] Jesse Bering, *The belief instinct: The psychology of soulds, destiny and meaning of life*, W.W. Norton & Company, Nueva York.

[559] Jaime González-Torres Domingo, en correo electrónico de 10.XI.2011.

[560] Jaime González-Torres Domingo, en correo electrónico de 10.XI.2011.

La senda al monoteísmo

Una cuestión también interesante dentro del tema de la religión es cómo se llegó del politeísmo al monoteísmo. A ese respecto, uno de los primeros profetas israelitas, Hosea -de quien se dice que escribió en el siglo VIII a.C., rechazando el punto de vista de mayor rigor, que el politeísmo podría hacer a Israel más rico-, sostuvo la tesis de que «cuando el país se mezcla con otros pueblos, los extranjeros devoran su fuerza».

Un centenar largo de años después, en el 640 a.C., el rey de Israel Josiah apoyó la causa *monolatrista,* conduciendo así a su pueblo a un comienzo de monoteísmo, para lo cual retiró del templo las figuras de dioses fenicios y de otras procedencias. Y en el 588 a.C., al ser llevadas por la fuerza las elites israelitas a Babilonia, donde la práctica idolátrica era total, los sacerdotes judíos defendieron el lema de que «aparte de Yaveh, no hay otro dios». Si bien con el dominio de los persas, que habían sustituido a los prepotentes babilonios, cuando los judíos pudieron volver a su tierra, el monoteísmo se había hecho más tolerante.

Pasando del mundo judío al islámico, Robert Wright -editor de *Time*, escritor y finalista del Pulitzer Prize for General Non-Fiction en 2010- sostiene que estando de prédica en La Meca, alrededor del año 613 de la Era cristiana, Mahoma manifestó su esperanza de conseguir un encuentro de los judíos y los cristianos en una sola fe con los islámicos, a través del *Corán*, con el lema «nuestro Dios es el vuestro». E incluso llegó a plantear que Jesús era el verdadero Mesías (que significa el *mensajero de Dios*) y que fue Alá quien le dio a Jesús los evangelios. De ese modo, los tres monoteísmos podrían haber convergido en un único *pueblo del Libro*[561].

Sin embargo, la inmediata expansión imperial de los árabes ya definitivamente islamizados, dio origen a la doctrina de la *Yihad*, de la lucha contra los infieles con el ánimo de convertirlos. Y de ese modo, el sueño de Mahoma acabó haciéndose imposible de todo punto. De ahí que subsistan hoy tres monoteísmos emparentados pero diferentes.

---

[561] Robert Wright, «Decoding God´s Changing Moods», *Time*, 15.VI.2009.

Dentro del cristianismo «se conocen muchas versiones manuscritas del Nuevo Testamento, pero solo unas pocas son idénticas entre sí», explica Steve Jones en su nuevo libro *The Serpent's Promise: The Bible Retold as Science*[562], en el que se recurre a la geomitología, la disciplina que utiliza la ciencia para buscar los orígenes de las leyendas religiosas.

En el caso del Diluvio Universal y el Arca de Noé, Jones recuerda que hay 300 relatos similares sobre inundaciones en todo el mundo. Uno de ellos surgió en Babilonia, en el actual Irak. Su dios decidió exterminar a toda la humanidad excepto a un gobernante llamado Atrahasis, a quien avisó para que construyera un barco para su familia y los animales. Atrahasis existió y fue señor de Sumeria 3.000 años antes del presunto nacimiento de Jesucristo. Y las excavaciones en los restos de su ciudad muestran las huellas de una gigantesca crecida del río Éufrates en aquella época[563].

Hoy, expone Jones, dos tercios de los estadounidenses confían en Dios con absoluta certeza y la mitad de ellos asevera que Jesucristo no tardará en volver. La mayor parte de los ciudadanos preferiría votar para presidente a un mormón, a un judío o a un homosexual antes que a un ateo. Y un tercio de la población cree que la Biblia ha de interpretarse de manera literal. La zarza en llamas hablaba y la mujer surgió de la costilla del hombre.

3. Declive de la fe

Hoy, la falta de creencias (más que el ataque a las mismas) discurre sobre todo por el cauce del hedonismo. Nuestra época es de verdadera distensión internacional, por comparación con la Guerra Fría (1947-1991). Y por ello mismo, se han mitigado los dramáticos temores de otros tiempos a un conflicto nuclear, algo que se presentaba como inevitable.

562 Doubleday Canada, 2013. Versión española en Turner, *Ciencia y creencia. La promesa de la serpiente.*

563 Manuel Ansede, «La biblia destripada por un científico», *El País. Domingo*, 22.II.2015.

Pérdida de valores, consumismo

Hoy existe, a escala mundial y en el medio y largo plazo -crisis 2007-2013 aparte-, una notoria prosperidad económica por comparación con tiempos anteriores; y en general la sociedad es mucho más abierta y libre. En ese contexto, la práctica religiosa ha entrado en declive, sobre todo en los países europeos, en un ambiente de pérdida de valores en torno a la institución matrimonial y la familia; algo que se relaciona con la revolución sexual que se inició en los años 60 del pasado siglo, al socaire de la *píldora* anticonceptiva. Puede decirse, en definitiva, que la *nueva religión* para una buena parte de los ciudadanos de los países afluentes -incluso cuando desde 2007 a 2014 se vieron sacudidos por la *Gran Recesión*-, ha pasado a ser el culto al dinero y la autogratificación inmediata. Esto redunda en una fuerte extensión del agnosticismo, más que del ateísmo, seguramente, porque este requiere una mayor inquietud intelectual.

El fenómeno de desacralización de la sociedad coincide con otras autogratificaciones: el consumismo, el rechazo de la cultura del esfuerzo y la búsqueda del máximo goce de los sentidos. Aunque hay, desde luego, excepciones a todo lo dicho en áreas concretas, y sobre todo en el mundo islámico, que pasa por una fase muy distinta de exaltación religiosa, que llega al fanatismo o al yihadismo: la *guerra santa* contra todo lo que signifique un Estado laico. E incluso, esa radicalización se traduce en terrorismos *a lo Al Qaeda*. Por lo demás, en África compiten cristianismo e islam, con clara ventaja del segundo, en tanto que en Asia oriental se observa una clara recuperación de la espiritualidad, especialmente en China, después de atenuarse el ateísmo oficial y perder significación los ideales marxistas de un igualitarismo que ya no se persigue oficialmente.

En cualquier caso, lo que parece claro es que el abandono de la idea de pecado -y su consecuencia, el castigo divino más o menos severo-, desinhibe a una parte de la sociedad para pronunciarse sobre el bien y el mal, con notables consecuencias en la *salud social* en términos de seguridad ciudadana; podemos recordar al respecto la frase atribuida a Napoleón: «Por cada cura que quitéis, tendréis que poner diez policías». Y en ese sentido, no cabe duda de que la frecuente e indefinida referencia a la *pérdida de valores* que se manifiesta por doquier, y que se relaciona casi siempre -insistimos- con la caída de la cultura religiosa que preconiza «amar a padre y madre, respetar al prójimo y practicar la caridad». Hoy, a muchos jóvenes, los padres no les entienden -ni pretenden hacerlo-, en lo del prójimo reparan poco y buscan el propio provecho por encima de todo; y de la caridad, como dice la frase castiza, «empieza por uno mismo».

Felipe Fernández-Armesto -profesor de la Universidad de Indiana-, se lamenta, y no sin razón según se verá, sobre el cambio de actitudes y comportamientos en la sociedad actual en relación con el pasado reciente: toda una mutación de costumbres, que tiene mucho que ver con el declive de lo religioso, asociado al relajo del sentido de las jerarquías familiares y sociales:

> Habitamos un mundo de autoridades en decadencia. Los padres han dejado de disciplinar a sus hijos y prefieren calificarse de amigos relativamente maduros. Los profesores de *cole* -que en mi niñez se comportaban como reyes en sus aulas, donde había que obedecerles o sufrir consecuencias graves- se han convertido en pequeños funcionarios mal pagados y moralmente desdeñables, a quienes no se les permite ni sancionar a los alumnos. Ya no tenemos respeto. A los ancianos, antiguamente reverenciados por la madurez de sus conocimientos del mundo, les proponemos ahora la eutanasia o el suicidio asistido.
>
> Descartamos las tradiciones. De los sacerdotes, ni hablar: hasta el sacramento de confesión, si se practica, ya se parece más a una conversación entre iguales que al juicio portentoso que solía infligirse en el confesionario. Los expertos académicos han sacrificado su propia credibilidad, vendiendo sus opiniones en el mercado. El debate entre intelectuales se ha transformado en una especie de entretenimiento, al nivel de una telenovela o un partido de fútbol. Seguimos consultando a médicos, pero sin fiarnos de su diagnóstico, que se corrige consultando sitios web. No respetamos a los políticos, ni a los oficiales de las fuerzas armadas, ni siquiera a las familias reales... ¿Qué será de un mundo desprovisto de autoridad?[564].

---

564 Felipe Fernández-Armesto, «No me encantan los cuentos de hadas», *El Mundo*, 28.III.2014.

Las lamentaciones de Fernández-Armesto podrán parecer, desde una óptica de los tiempos que ahora corren, casi como una provocación ultraconservadora. Pero de lo que no cabe duda es de que esas evocaciones están muy en relación con otro lamento que se oye por doquier y a todas horas, sobre la falta de valores que hoy afecta a la sociedad; que casi nunca se citan, y que muy en general, podríamos decir, coinciden con los que suscita el profesor de Indiana, muy relacionados con la presencia o ausencia de práctica religiosa... o de civismo.

Sobre el declive de la fe, ha habido planteamientos; también literarios ya lejanos en el tiempo, muy notables, como los de Pío Baroja, en 1936, en voz de su personaje, Javier, que era el *Cura de Monleón*:

> El desmoronamiento de su fe y el comienzo de su irreligión no era un fenómeno improvisado en su alma, como le pareció al principio. Se había ido preparando poco a poco; habían colaborado en él las enseñanzas del confesionario, las conversaciones con Basterreche y los socialistas, el viaje a Lourdes y al monte Aralar, la actitud de los curas del pueblo; y hasta el hablar con [el pastor] Shagua. Por todas partes le había llegado la incredulidad y el escepticismo. ¿Cómo a los demás curas no les llegaba? ¿Era la fortaleza de su fe o era, sencillamente, su interés? No lo sabía, pero podía comprender claramente que la duda se cernía por todos los ámbitos de la sociedad española. La gente obrera, socialista o revolucionaria, no era religiosa; la burguesía radical tampoco lo era, y el resto de la clase media se mostraba indiferente. El porvenir le parecía bastante negro para el cristianismo.
>
> [...] «¿Podré vivir así, sin una ilusión, sin una esperanza en nada?», se preguntaba Javier. Se veía mucho más duro y energético de lo que él había supuesto. El porvenir era negro para él y no comprendía manera de modificarlo. Después del fruto tormentoso de su corazón (*tormenta parturientis cordis mei*, que dice San Agustín), no le quedaba más que algo de lo que dice este autor que él padecía: *Taedium vivendi, metus moriendi* (tedio de la vida y miedo de morir)[565].

[565] Pío Baroja, *El cura de Monleón*, *Obras Completas,* Biblioteca Nueva, Madrid (1936), 1948.

Y sobre Baroja también se recordará aquí que el autor de este libro mantuvo una buena relación personal, a la que me refiero en mi libro *Más que unas memorias*[566].

Y sobre el mismo entorno de cuestiones, una muestra más de cierto escepticismo pasajero: con el paso del tiempo, muchas cosas cambiaron, y como subraya Manuel Fraijó, no es de extrañar que dos grandes maestros de la teología cristiana, Karl Rahner y Karl Barth, se mostrasen menos seguros sobre la discutida existencia. Así las cosas, preguntado en una ocasión el primero de esos maestros, si de veras se consideraba creyente cristiano, respondió con aire taciturno: «Sí, pero no a tiempo completo». Y en cuanto a Rahner, calificado por H. Fries como «el mayor testigo de la fe del siglo XX», resulta que solo se consideraba creyente a intervalos. Es más: dejó escrito que lo de ser cristiano no es un «estado», sino una meta, un ideal: propiamente no es correcto decir «soy cristiano», sino «aspiro a ser cristiano». Y esa actitud no es solamente de Rahner, sino de una alta y creciente proporción de cristianizados[567].

Y para cerrar el tema con aportaciones muy recientes, traemos a colación al filósofo canadiense Charles Taylor, que es uno de los analistas de la decadencia de la religión. Como puede apreciarse en las siguientes preguntas y respuestas:

–Usted ha estudiado el declive de las creencias religiosas, convencido de que ese es un cambio central en la sociedad actual. ¿Es así?[568]

–He intentado dar una perspectiva sobre uno de los cambios de era vividos durante los últimos doscientos años. Hemos pasado de una sociedad marcada por la cristiandad a otra abierta y diversificada. Ahora hay distintas formas de ser cristiano o ateo. Es una situación completamente nueva en la historia de la humanidad. Mi idea era describir el presente y comprender cómo se ha pasado de la fe a la falta de fe.

–Y, ¿qué ha pasado?

---

566 RBA, Barcelona, 2013.

567 Manuel Fraijó, «Avatares de la creencia en Dios», *El País*, 31.X.2015. Fraijó es catedrático emérito de la Facultad de Filosofía de la UNED.

568 Francesc Arroyo entrevista al filósofo Charles Taylor, «Las personas no tienen claro hoy el sentido de la vida», *El País*, 9.VIII.2015.

–Al analizar la situación de la espiritualidad y de la religión compruebo que hay muchas personas que buscan algo, sea una concepción atea o religiosa. Hay también muchas personas que lamentan la erosión de la cristiandad y se resisten a su desaparición. El desafío es entender a las dos partes, creyentes y no creyentes, y que convivan.

–Usted asocia la idea de la muerte a la percepción de una pérdida del sentido de la vida.

–Hoy las personas no tienen claro el sentido de la vida. Hace siglos sabían que cada cual tenía que ganarse la salvación -como se decía en Quebec- obedeciendo a la Iglesia, siendo un buen cristiano. Y se tenía un temor inmenso a ser condenado. El significado de la vida era tan claro que nadie se quejaba de la falta de sentido. Con los cambios, hay quien cree que la vida no tiene sentido.

En la misma dirección, Pedro G. Cuartango[569] filosofa a propósito del escritor sueco Henning Mankell -autor de libros como *Asesinos sin rostro* y *Los perros de Riga*–, quien tuvo un grave accidente en 2013: su vehículo quedó destrozado, pero él salió ileso, solo le dolía el cuello y fue al hospital. Allí, lo que en realidad le diagnosticaron fue un cáncer de pulmón avanzado. Y es que nada es previsible en esta vida. Pasamos el tiempo haciendo planes, pero el azar decide por nosotros:

> Lo cierto es que nos dejamos llevar por preocupaciones nimias y no somos capaces de discernir lo esencial de lo accesorio. Vivimos anestesiados por las rutinas hasta que una desgracia nos hace valorar el hecho de existir.

La razón de ello está a la vista: el ser humano está dotado de un instinto de supervivencia que le empuja a sobrellevar las situaciones más adversas. Incluso cuando está desesperado, busca un rayo de luz. Todos queremos vivir y tenemos un miedo innato a la muerte, seguramente grabada en nuestro código genético.

---

[569] Pedro G. Cuartango, «Voluntad de vivir», *El Mundo*, 27.VII.2015.

Menor práctica religiosa... y persistencia de las creencias

En cualquier caso, la decadencia de las iglesias cristianas es manifiesta en Europa. En Alemania se han vendido templos, casas parroquiales y terrenos, tanto de propiedad de entidades católicas como protestantes, por la falta de fieles. Más en concreto, las iglesias evangélicas clausuraron, entre 1990 y 2010, 340 casas de oración, y es muy posible que hayan de cerrarse otras mil en las próximas dos décadas.

El pastor Reinhardt Maiwack resumió así el año 2012: «Entre 120.000 y 150.000 personas abandonaron la Iglesia católica, y lo mismo sucedió con las iglesias luteranas de las que se marcharon 126.488 personas»[570]. ¿Es esta una tendencia marcadamente europea o universal? ¿Es la desacralización de la sociedad una inercia ya imparable? ¿Son responsables de ello los dirigentes religiosos que no saben ponerse al día, o es algo inevitable en la nueva sociedad cada vez más tecnologizada? Dejamos esas preguntas sin contestar ahora, para apreciar cómo, a pesar de todo, lo religioso prevalece.

Pero si hay una caída de la religiosidad, lo cierto es que una serie de teorías consideradas en su momento como propiamente científicas, anunciando la desaparición de la religión para finales del siglo XX, se han revelado erróneas. El propio Marx predijo que la religión moriría de *muerte natural*; mientras que Freud se permitió la previsión de que en el siglo XXI ya sería un objeto de museo. Paradójicamente -subraya Juan A. Herrero Brasas- son el marxismo y el freudianismo las teorías que, hasta cierto punto, han muerto, «mientras que aquel predicador galileo itinerante, cuyo nacimiento seguimos celebrando después de más de 2.000 años, y el propio fenómeno religioso con sus múltiples ramificaciones aún seguirán siendo objeto de curiosidad científica y controversia por mucho tiempo»[571].

4. Evocaciones de infancia y juventud, teología de la liberación y Vaticano II

El autor recuerda sus tiempos de infancia, cuando buena parte de la gente creía «a pies juntillas», y con una idea consistente del pe-

---

570 Enrique Müller, «Alemania vende sus iglesias», *El País*, 29.III.2013.

571 Juan A. Herrero Brasas, «Navidad bajo la lupa de la ciencia», *El Mundo*, 24.XII.2012.

cado en la mayoría de los jóvenes y entre las personas mayores, lo cual no es óbice para constatar que la religión fue utilizada como instrumento de dominio político en países como España entre 1939 y 1975, tanto por los poderes públicos, como por una complaciente mayoría dentro de la organización eclesiástica, cómplice de un régimen que negaba libertades esenciales, en actitud análoga a la de los tiempos de Voltaire, quien no extrañaba para nada la irreligiosidad al alza, «por el abominable comportamiento de la Iglesia Católica». En tiempos del nacionalcatolicismo sucedía algo parecido.

En cualquier caso, la mayor parte de la infancia y juventud del autor (de las que no dirá si fue más o menos feliz que en los tiempos actuales) se contaba con una idea de Dios, padre de todos, juez no exento de amor, y figura relevante de ecuanimidad para observar nuestras actuaciones personales de cara a padres, hermanos y semejantes.

Era como un *imperativo categórico* kantiano, que hoy brilla cada vez más por su ausencia; con unas iglesias -repito, sobre todo en los países occidentales más desarrollados- que han perdido incluso la noción de *marketing* para atraer nuevos adeptos o para afianzar a los fieles que van reteniendo; y que en su mayor parte discurren desconcertados por comportamientos eclesiásticos poco admisibles, perpetuación de enfoques dogmáticos, y todo ello sin un mensaje claro de esperanza.

Frente a ese estado de cosas lucharon, desde luego, muchos cristianos de base y los *curas obreros*, que se vieron apoyados en su esperanza por el Concilio Vaticano II. Como sucede actualmente con los partidarios de la *Teología de Liberación* al estilo de Helder Cámara (obispo de Recife), Ignacio Ellacuría y Leonardo Boff en Sudamérica; el padre Llanos, Díez Alegría, Gómez Caffarena[572] y Benjamín Forcano, con todos los cuales tuve muy buena relación de amistad y dialéctica, al igual que sucedió respecto a Helder Cámara.

---

[572] José Gómez Caffarena (1925-2013) ayudó a muchas personas, incluidos algunos intelectuales como Aranguren, a caminar hacia una fe adulta. Para evitar tres escollos en ese camino: «La ingenuidad precrítica, el criticismo desarraigado y las vías medidas de componendas timoratas bajo capa de prudencia». De José Manuel Vidal, «José Gómez Caffarena. Audaz pensador jesuíta», *El Mundo*, 10.II.2013.

Las anteriores observaciones nos llevan a plantear una pregunta: ¿qué significó realmente el Vaticano II? Para algunos constituyó el mayor acontecimiento del siglo XX (De Gaulle), el paso del anatema al diálogo (Garaudy), un acto profético para su tiempo (Chenu), el paso de la Iglesia occidental a una Iglesia universal (Rahner), o la gracia del Espíritu para la Iglesia (Juan Pablo II). Mientras que para otros, el concilio constituyó una especie de pesadilla o incluso «una cloaca», según afirmó un seguidor del obispo Lefebvre?[573] Por lo demás, tras la renuncia de Benedicto XVI en 2013, fueron muchos los obispos que reclaman un Concilio Vaticano III para actualizar la Iglesia después de treinta años del II... O bien piden que las decisiones adoptadas en el Vaticano II se apliquen realmente en los muchos aspectos en que han sido postergadas.

5. El cristianismo... ¿Creación de Pablo de Tarso?

Retornando ahora a los orígenes de la religión más difundida a escala mundial, el cristianismo, desde luego hay muchos interrogantes ante los cuales caben múltiples respuestas, empezando por la figura de Jesús.

Jesús, ¿un predicador más entre los judíos?

Con toda una larga serie de antecedentes, Selina O'Grady, en su libro *Y el hombre creó a Dios: reyes, cultos y conquistas en los tiempos de Jesús*[574], sostiene que Cristo fue uno de los muchos predicadores y milagreros ambulantes de su tiempo en Palestina. Y como los demás, nunca pretendió ser de origen divino: más bien lo que difundía era una cierta forma de nacionalismo judío, como pudo apreciarse en la propia frase evangélica de «a Dios lo que es de Dios, y a César lo que es del César». Pero aparte de que fue Jesús quien lanzó el mensaje, *la buena nueva* (eso es lo que significa *Evangelio*), hay numerosos autores que realzan la figura del apóstol san Pablo en la configuración del primer cristianismo.

---

[573] Víctor Codina, «Hace 50 años hubo un concilio... significado del Vaticano II, *CJ*, n.° 82, Barcelona, 2013.

[574] Editorial Atlantic, Londres, 2012.

En el sentido apuntado, san Pablo vio la inscripción de un altar dedicado a *Agnosto Theo* -es decir, «a un dios desconocido»- en el ágora de Atenas, como se narra en los *Hechos de los Apóstoles* (17, 28):

> En pie, Pablo, en medio de Areópago, dijo: «Atenienses, veo que sois sobremanera religiosos; porque al pasar y contemplar los objetos de vuestro culto he hallado un altar en el cual está escrito: "Al dios desconocido" (*Agnosto Theo*). Pues ese que sin conocerle veneráis es el que yo os anuncio: el Dios que hizo el mundo y todas las cosas que hay en él, y que siendo Señor del cielo y de la tierra, no habita en templos hechos por mano del hombre, ni por manos humanas es servido, siendo Él mismo quien da a todos la vida, el aliento y todas las cosas. Él hizo de uno todo el linaje humano para poblar toda la faz de la tierra. Él fijó las estaciones y los confines de los pueblos para que busquen a Dios, que no está lejos de nosotros, porque en Él vivimos y nos movemos y existimos, como algunos de vuestros poetas han dicho: "porque somos linaje suyo"»[575].

Y *Agnosto Theo* puede relacionarse con *agnóstico*: aquel que ni cree ni deja de creer en Dios, que para él es un *dios desconocido*[576]. Y ese dios desconocido es lo que permite a Selina O'Grady minorar a Jesús y magnificar a Pablo de Tarso, sosteniendo que fue a partir de las *mimbres* proporcionadas por el primero como el segundo -judío también pero ciudadano romano- construyó el primer armazón de la religión cristina, planteando la posibilidad de que una creencia hasta entonces muy local pudiera llegar a ser universal, lo cual acabó haciéndose real cuando Constantino (330 d.C.) proclamó que la católica sería la religión oficial del Imperio romano.

---

[575] Efectivamente, los atenienses se distinguían por su religiosidad. Para que ningún dios quedase sin ser honrado en Atenas y, enojado por esta preterición, los castigase, se había erigido este altar. San Pablo, considerando que entre tantos dioses el único desconocido y sin culto era el Dios verdadero, el que creó el cielo y la tierra, toma ocasión de aquí para anunciarlo a los atenienses. Su discurso se diferencia de los predicados a los judíos. Aquí empieza predicando al Dios creador del cielo y de la tierra, conservador y proveedor de todo, para venir a hablar del juicio por Jesucristo, resucitado de entre los muertos. Este comentario figura en la versión Nacar-Colunga de la Biblia, BAC, Madrid, 1952.

[576] Desde luego la etimología (DRAE) de *agnóstico* viene de *agnosia*, desconocimiento. Pero tampoco cabe pensar que un agnóstico tiene un dios desconocido por él mismo.

En cierto modo, lo que Selina O'Grady viene a decir -y no es ningún descubrimiento, pues hay bastantes antecedentes de ello- es que Pablo fue el verdadero creador de Cristo, haciéndole hijo de Dios. Y no cabe duda de que en buena medida esa fue la intención pauliana; con las muy elaboradas epístolas sobre tantas cosas de creencias y organización; el único Apóstol que no conoció a Jesús se reveló como el más influyente de todos[577]. El comentario de Jaime González-Torres:

> El que san Pablo se inventó a Cristo es la mayor sandez que he oído en mi vida. Es como decir que Xabier Cugat se inventó a Beethoven. O sea, que firmó con su nombre su *chunda tachunda*, la mejor música de todos los tiempos. Aparte de que cualquier libro religioso, leído unos años (por no decir siglos) después, resulta siempre apolillado y ridículo, menos el Evangelio. En cambio, san Pablo tiene varias cosas que solo son válidas en Roma y Grecia, por ejemplo, su justificación de la esclavitud, que los padres decidan si las mujeres pueden casarse, la justificación por la fe (ante la que tienen que reaccionar Santiago y san Juan)[578].

En la misma dirección de Selina O'Grady se ha expresado Geza Vermes (1925-2013), cuya vida estuvo llena de *accidentes providenciales* -precisamente el título de su autobiografía publicada en 1998[579]-. Nacido en la ciudad húngara de Makó, dentro de una familia judía, su madre era maestra y el padre periodista y poeta. Ambos se convirtieron al catolicismo y bautizaron a su hijo a principios de la década de 1930, confiando en que así, dentro de la Iglesia católica, se vería protegido del creciente antisemitismo nazi. Presunción que efectivamente le libró del Holocausto, al hacerse sacerdote de la Orden de los Padres de Nuestra Señora de Sión; ordenación que no le impidió estudiar Filosofía en la Universidad de Lovaina, donde se doctoró con una tesis pionera sobre los Manuscritos del Mar Muerto[580], estudio que se convirtió en referencia obligada para los ulteriores investigadores del tema.

---

577 «The origins of Christianity. An atheist's guide», *The Economist*, 15.IX.2012.

578 Jaime González-Torres Domingo, en correo electrónico de 10.XI.2011.

579 *Providential Accidents: an autobiography*, SCM Press, Londres, 1998.

580 Geza Vermes, *Los manuscritos del mar muerto,* El Aleph, Barcelona, 1994.

En el referido trabajo, Geza Vermes citó a Martin Buber con su frase más contundente: «Nosotros los judíos conocemos [a Jesús] de un modo -en los impulsos y emociones de su judeidad esencial- que permanece inaccesible a los gentiles que se vieron sometidos a él»[581]. Y al respecto, Vermes presentó a Jesús de Nazaret en un pretendido contexto vital, liberándolo de lo que él llama *su cristianización y dogmatización ulteriores*. El resultado fue una aproximación, siempre según Vermes, históricamente liberada de las distorsiones de los mitos judíos y cristianos: un Cristo que no es el de la Iglesia, y que tampoco es el apóstata de la tradición popular judía.

Esa visión del Mesías estuvo influida por las vivencias del propio Vermes durante sus estudios de los Manuscritos del Mar Muerto, a partir de 1947; estos trabajos le llevaron a la conclusión de que Jesús es una auténtica figura histórica, pero a definir de manera bien distinta de la convencional, definición que fue adoptada por el *Shorter Oxford Dictionary* en términos de «Predicador judío (del año 5 a.C. al año 30 de nuestra era), considerado por sus seguidores como el *hijo de Dios*». Reemplazó así la anterior definición de que había sido el «fundador del cristianismo».

Las observaciones de Vermes, aunque brillantes en su exposición, no tienen en cuenta lo que sobre Jesús se dice en el Evangelio de san Juan y en los escritos de san Pablo, en el sentido de que el pretendido nuevo concepto de Jesús de Vermes y otros podría ser reduccionista a la mera figura de un *galileo carismático*, por mucho que Vermes considerase a Cristo como un «insuperable maestro que supo definir lo principal de las verdades espirituales, a pesar de lo cual no pasó de ser un hombre que murió y que nunca resucitó»[582].

Finalmente, destaquemos que en su libro *El resplandor de Damasco. Pablo de Tarso, el apóstol de las naciones*[583], Pedro Miguel Lamet se ocupa a fondo del apóstol. Y a preguntas de Juan G. Bedoya, responde muy claramente:

---

[581] Juan José Tamayo, «Geza Vermes, una visión de Jesús desde el judaísmo», *El País*, 26.V.2013.

[582] «Geza Vermes, a Jew, ex priest and translator of the Dead Sea Scrolls, died on May 8th aged 88», *The Economist*, 18.V.2013.

[583] Pedro Miguel Lamet, *El resplandor de Damasco. Pablo de Tarso, el apóstol de las naciones*, se publicó por La Esfera de los Libros, Madrid, 2015. Véase también Emmanuel Carrere, *El Reino*, versión española, Anagrama, Madrid, 2015.

–¿Tiene sentido calificar a Pablo de Tarso como el primer secretario de organización del cristianismo?[584]

–Sin Pablo no habría cristianismo. Se habría reducido a una secta judía. Jesús es un predicador rural que solo se dirige «a las ovejas de Israel». El nombre de cristianos es acuñado por los romanos en Antioquía y gracias a cómo Pablo contestó a la Iglesia de Jerusalén se rompió el gueto judío, y merced a su independencia creativa se produjo la expansión universal. Pablo fue el creador de un *marketing* muy eficaz. Frente a las aburridas y complicadas religiones mistéricas de Grecia y Roma, ofrece dos ideas sencillas: el hombre se salva mediante el asentimiento de la fe y la praxis del amor, y el único rito requerido es bien humano: una comida [ágape] entre hermanos [que fue el precedente del sacrificio de la misa].

Yo soy Gabriel...

Sobre la figura de Jesús, históricamente hablando, todavía no está todo dicho; como se revela en las siguientes cinco palabras: «¿Quién eres? Yo soy Gabriel». Dos breves frases que pudieron leerse en hebreo sobre una lápida de la época del segundo templo de Jerusalén, de hace unos 2.000 años, encontrada en la década de 1990 por beduinos en el área del Mar Muerto, en Jordania. Un texto escrito con tinta sobre una loseta, que durante siglos permaneció semihundida en el suelo, en una caverna. Sus 87 líneas, de las que solo puede leerse un 40%, narran la aparición del arcángel Gabriel a una figura humana a la que el arcángel advierte de la ulterior destrucción de Jerusalén: «Pronto todas las naciones lucharán contra Jerusalén», asevera. Debiendo recordarse aquí que el segundo templo fue destruido por los romanos en el año 70 de nuestra era.

«En realidad, la roca es un rollo del Mar Muerto pero sobre piedra. Sigue la misma técnica de escritura, de líneas y columnas, y también está escrita con tinta», explica Adolf Roitman, comisario de la exposición Yo soy Gabriel, que se hizo en Je-

[584] Juan G. Bedoya, «Sin Pablo, el cristianismo habría sido una secta judía», *El País*, 18.VIII.2015.

rusalén[585]. «Es una muestra -dice Adolf Roitman- de que las palabras son eternas, frente a las ruinas de edificios de aquella época. La palabra se mantiene en el tiempo».

El hallazgo generó una animada controversia, sobre todo por la línea número 80 de la piedra, incompleta, donde se registra un plazo de tres días, frase que el profesor y jefe de estudios bíblicos de la Universidad Hebrea de Jerusalén, Israel Knohl, se atrevió a traducir con las siguientes palabras: «En tres días vivirás». Una frase que convulsionó a todos los ocupados en estudios bíblicos, por si realmente podría tratarse de un texto anterior a los tiempos de Jesucristo, avanzando el concepto de la resurrección del Mesías. En ese sentido, algunos se preguntan si los primeros cristianos disponían ya de un paradigma previo, judío, anunciador de que el hijo de Dios en la Tierra resucitaría al tercer día. En ese supuesto, el cristianismo habría hecho suya una naciente tradición judía[586].

El cristianismo, religión oficial: ¿la descristianización?

Y sobre la difusión del cristianismo como religión universal por el vasto Imperio romano, se ha sostenido la tesis de que la corta vida de Alejandro Magno y la rápida desintegración de su vasto Imperio euroasiático fue una de las mayores tragedias de la humanidad, pues de haberse perpetuado la presencia helénica en Asia, se habría consolidado un puente de unión Oriente-Occidente.

De ese modo -dice Jaime González-Torres Domingo- se habría humanizado la feroz civilización esclavista de Grecia y Roma, y el cristianismo no habría tenido que desnaturalizarse tanto para adaptarse a la civilización dominadora de Occidente, cuando Constantino oficializó el cristianismo el año 380[587], imponiéndolo de hecho, frente a lo cual comenzó a surgir la idea de la necesaria «libertad de religión», ya acuñada por Tertuliano en los inicios del siglo III.

---

[585] El Museo de Israel expuso en 2013, por primera vez, una excepcional tablilla de piedra del siglo I a.C. conocida como la «Revelación de Gabriel», que arroja nueva luz sobre el mundo espiritual de los judíos en los materialistas días del rey Herodes y refleja uno de los nexos entre judaísmo, cristianismo e islam. http://www.aurora-israel.co.il/articulos/israel/Mundo-Judio/51434/.

[586] David Alandete, «La roca de la discordia», *El País*, 31.V.2013.

[587] J. González-Torres Domingo, en correo electrónico de 10.XI.2011.

Hay una larga historia en la cual la posición de la Iglesia católica fue muy dura; prácticamente hasta la declaración *Dignitatis humanae* del Concilio Vaticano II y la encíclica *Pacem in terris* de Juan XXIII, quien introdujo la nueva fórmula según la cual «cada uno tiene derecho a honrar a Dios según el dictamen de su conciencia recta, y a profesar la religión tanto en la vida privada como en la pública, siendo este un derecho humano»[588].

Sin caer en ucronías, se ha sostenido también que la oficialización constantiniana-teodosiana del cristianismo produjo la desnaturalización de sus esencias originarias, al desaparecer algunos de los mejores rasgos de la religión de Cristo en sus primeros tiempos, como la igualdad y la libertad de los hombres, lo cual explica que a lo largo de la Edad Media se suspirara de continuo -y Francisco de Asís fue el paradigma- por la reforma de la Iglesia, en pro de su renaturalización.

Pero la reforma tardó mucho en llegar y cuando se hizo realidad, en el siglo XVI, tanto el luteranismo como la contrarreforma fueron sendos fracasos: los partidarios de uno y otra se enzarzaron en criminales guerras de religión, lo que condujo al ateísmo del siglo XVIII (a lo barón de Holbach), tras el vano intento de masones y jacobinos de convertir a la ciencia en un *religionersatz*, como sucedáneo de la religión más enraizada en Europa.

Francisco y la teología de la liberación

El papa Francisco es a la vez el jefe de la Iglesia católica, una autoridad moral y una celebridad por elección propia. Benedicto XVI, su predecesor, optó por la teología y la discreción, lejos de las candilejas, y era poco político. En cambio, el papa Francisco elige expresarse sobre los asuntos del mundo, juzgando políticamente sus declaraciones desde enfoques que frecuentemente no conciernen a los Evangelios, sino a circunstancias e ideologías de nuestro tiempo[589].

¿Un papa rojo? Francisco multiplica las declaraciones contrarias a la economía de mercado (que Juan Pablo II había calificado de «economía libre»), y al hacerlo abraza tesis muy en boga en

588 Cardenal Tauran, «Un mundo sin Dios es inhumano», *L´Osservatore romano*, 9.IX.2012.
589 Guy Sorman, «Un papa rojo y verde», *ABC*, 11.V.2015.

Iberoamérica, de la que es originario. Tal como fueron formuladas por Helder Cámara, el «cardenal rojo» de Recife, o por el escritor uruguayo Eduardo Galeano o el brasileño Leonardo Boff, teóricos de la denominada teología de la liberación[590].

Esa teología, que data de las décadas de 1970 y 1980, según Guy Sorman, fue repudiada por los hechos y por sus mismos autores. ¿Los hechos? Latinoamérica ha empezado a librarse de la pobreza de masas al rechazar el marxismo, con excepción de Argentina (el país del papa Francisco), que sigue siendo anticapitalista, y está sumida en la corrupción y la miseria de masas. ¿Sabe el papa Francisco que, poco antes de morir, Eduardo Galeano reconoció que se había equivocado, que su «Biblia» económica, *Las venas abiertas de América Latina* (1971), que achacaba la pobreza al imperialismo, no fue más que un error de juventud? El papa Francisco permanece anclado en esta ideología. ¿Es inadmisible la confesión de Galeano? ¿Es más sano, o santo, perseverar en el error?

La verdad es que el papa Francisco no está anclado en nada, y se manifiesta con puntos de vista bastante comunes, pero a los que siempre da un aire de filosofía: «la esperanza es la auténtica fuente de la vida, que no consiste en la ausencia de problemas, sino en la seguridad de que Cristo, que venció al pecado, siempre nos ama y nos perdona. Esa es la fiesta de nuestra esperanza... que el Señor nos libre de la terrible trampa de ser cristianos sin esperanza, que viven como si el Señor no hubiese resucitado y como si nuestros problemas personales fueran el centro de la vida»[591].

6. Muerte y resurrección de Dios

Y de si existe o no Dios, pasamos a la pretendida *muerte de Dios*. Pero antes, debemos preguntarnos qué hacía Dios previamente a la creación. A ese respecto, será bueno subrayar que en el *Ma-*

---

590 El autor conoció a Helder Cámara en Recife, en 1968, y a Leonardo Boff en 1990 en Madrid. Con Helder mantuvo una cierta correspondencia, y con Leonardo una continua amistad a través del *enlace* de Benjamín Forcano.

591 Juan Vicente Boo, «El Papa afirma que "la esperanza es la auténtica fuente de la vida"», *ABC*, 27.III.2016.

hapurana -un texto religioso hindú del siglo IX- se dice lo siguiente: «si Dios creó el mundo, ¿dónde estaba antes de la creación? Pero sabedlo todos: el mundo es increado, como lo es el propio tiempo, sin principio ni fin». Y ahora, en términos de ciencia más desarrollada, cabe preguntar: ¿dónde estaba Dios antes del *Big Bang*? Un interrogante que implica profundas reflexiones, aparte de la conocida de: «estaba preparando el infierno para gente que hace preguntas como esa».

En cualquier caso, si los teólogos son consecuentes, lo tienen que tener muy claro: Dios es lo único que no necesita del espacio-tiempo. Existió siempre y seguirá existiendo: es eterno y no está sometido a ninguna Ley. Por todo ello es un misterio.

En 1880, en su obra *Así habló Zaratustra*, Nietzsche hace proclamar al *hombre loco* la muerte de Dios: «¿A dónde fue Dios? ¡Os lo diré! Le hemos matado, vosotros y yo. Somos sus asesinos». Al principio la gente se rió, pero poco a poco comprendieron que estaban realmente matando a Dios; y de repente, se dieron cuenta de las alarmantes proporciones que estaba adquiriendo el proceso. Entonces comprendieron hasta qué punto la ética y el orden mundial obligatorio estaban ligados al concepto de Dios[592].

Poco menos de un siglo después de Nietzsche, William Hamilton (1924-2012) fue el teólogo con las ideas más contundentes en la *teología de la muerte de Dios*; seguido de Thomas Altizer, Paul van Buren y Gabriel Vahanian. Y precisamente con Altizer firmó Hamilton en 1966 un libro de gran éxito: *Radical Theology and the Death of God*[593].

La pretendida muerte...

De la gran difusión del *movimiento muerte de Dios* da idea el sonado artículo de portada de Hamilton en el *Time Magazine* (3.IV.1994), en el que se manifestó: «Decir que Dios ha muerto es decir que ha dejado de existir como ser trascendental y se ha vuelto inmanente al mundo. Las explicaciones no teístas han sustituido a las teístas,

---

592 Willigis Jäger, *Sabiduría de Occidente y Oriente. Visiones de una espiritualidad integral*, Desclée de Brouwer, Bilbao, 2008.

593 Thomas J.J. Altizer, William Hamilton, *Teología radical y la muerte de Dios*, versión española, *Grijalbo*, 1967.

en lo que es una tendencia irreversible; hay que hacerse, pues, a la idea del deceso histórico-cultural de Dios, y aceptar que Dios se ha ido, pasando a considerar el mundo secular como normativo intelectualmente y bueno éticamente»[594]. Sin embargo, a Hamilton nunca le gustaron las estridencias de ateos como Richard Dawkins. «No soporto esas acusaciones sin matices contra la religión: en sus escritos percibo mucha superioridad. Están demasiado seguros de sí mismos y hablan en un tono fundamentalista»[595].

Claro es que la muerte de Dios, decretada por una parte de la ciencia, no es una constatación de evidencia, ni está aceptada por la generalidad de los científicos y menos aún de la gente en general. Es una opinión sin mayor fundamento, como puso de relieve Peter Higgs -el del célebre bosón- en una entrevista concedida al diario *El Mundo*, al manifestar que «es peligroso dedicar atención desmedida a las celebridades, a las que se pide opinión sobre temas de los que no se tiene ni idea». Y a ese respecto, Juan Antonio Herrero Brasas recuerda que la ciencia y la religión son dos áreas de conocimiento separadas y compatibles entre sí, sin que quepa aceptar la pretensión de objetividad e imparcialidad invocada por el *culto al científico*:

> Siguiendo la acertada línea de pensamiento de Higgs, propongo que la próxima vez que tengamos un debate sobre Dios y la religión invitemos a un decorador, a un paracaidista o a un chef de alta cocina. Les aseguro que sus opiniones tendrán igual validez que las de Dawkins o cualquier otro científico de moda[596].

Le hicieron la consabida pregunta a Albert Einstein: «¿Cree usted en Dios?»; él respondió: «Dígame lo que entiende usted por Dios y yo le diré si creo en él». Cuando decimos «Dios», ¿de qué hablamos? ¿Del dios al que los aztecas sacrificaban niños? ¿Del dios personal de la Biblia que habló a Moisés en el Sinaí? ¿Del dios de Spinoza que se identifica con la Naturaleza? ¿Del *gran relojero* de Voltaire? ¿De lo divino impersonal de los estoicos o los sabios de Asia?

---

594 Juan Bedoya, «Hamilton, teólogo de la muerte de Dios», *El País*, 23.III.2012.
595 Eduardo Suárez, «El teólogo que mató a Dios», *El Mundo*, 17.III.2012.
596 Juan Antonio Herrero Brasas, «Dos campos compatibles», *El Mundo*, 28.XII.2012.

Incluso en el seno de una tradición como el cristianismo, los rostros de Dios son innumerables: ¿qué tienen en común el Padre amante de Jesús y el Padre castigador del Antiguo Testamento? ¿El Dios de la madre Teresa y el del Gran Inquisidor? Dios es un concepto saturado. Se ha hablado demasiado de Dios, demasiado en nombre de Dios, y de modo muy contradictorio. Hasta el punto de que la propia palabra ha perdido casi todo significado. Hannah Arendt lo escribió muy bien en *La vida del espíritu*[597] (1978): «Ciertamente no es que Dios haya muerto, pues sabemos tan poco sobre ello como sobre su existencia, pero sucede, sin duda, que el modo como se ha pensado a Dios durante siglos no convence ya a nadie: si algo ha muerto, solo puede ser el modo tradicional de pensarlo»[598]. Y, por último, traemos a colación un testimonio de nuestro *habitual* Pedro García Cuartango, con sus decepciones sobre la religión, evocando sus tiempos juveniles:

> Leía, anotaba y pensaba en voz alta la *Ética* de Spinoza hasta recitar de memoria sus proposiciones, demostraciones, corolarios y escolios. El universo era la extensión de un libro en el que estaban escondidas las claves secretas para descifrar esa sustancia única de la que todos formamos parte.
>
> Spinoza había sido expulsado de la comunidad judía, anatemizado por sus ideas, pero admirado por Leibniz y las grandes cabezas de su tiempo. ¿Acaso su soledad y su pobreza no demostraban un compromiso irreductible con la verdad?
>
> Ahora me doy cuenta de qué equivocado estaba y del peligro que encierran los grandes maestros. Maldigo a Spinoza por haberme engañado con sus brillantes razonamientos, por haberme mostrado un mundo ilusorio, por hacerme confiar en la existencia del bien y por inducirme a aceptar la noción de una armonía universal.
>
> Yo quería creer y creí que el mundo era una emanación de Dios y ello me condujo a cerrar los ojos ante el obsceno triunfo del mal. Pero ya no me puedo seguir engañando. No cabe ninguna esperanza en la justicia, la virtud, la piedad y el resto de los atributos del Ser Supremo.

[597] Hannah Arendt, *La vida del espíritu,* Paidós Ibérica, Barcelona, 2002.
[598] Frédéric Lenoir, *Dios*, Kairos, Barcelona, 2012.

> La triste realidad es que el hombre es un lobo para el hombre y que las utopías nos llevan a la desolación, al igual que los esfuerzos inútiles producen melancolía. La prueba más concluyente de que el Dios spinoziano no existe, es el sufrimiento moral y material que se extiende como una inmensa mancha de aceite y lo contamina todo[599].

Si tuviera delante a Pedro, le diría: «no exageres, porque no es para tanto: la maldad del mundo es compatible con la ética general e incluso con una inteligencia superior. Volverás en algún momento a recuperar el optimismo perdido. Y lo de que el hombre es un lobo para el hombre (Hobbes *dixit*), olvídalo: hay mucho odio en el mundo, pero también hay mucho amor. Y en ese sentido, Spinoza inspiró a Einstein sobre que, seguramente, hay un Dios del universo..., y el hecho de que no sea beatífico para todos y en todo momento, no es una calamidad, sino que más bien es el resultado de que tenemos un libre albedrío en el que ni siquiera Dios puede interferir».

Y como última referencia al tema, la de Javier Gomá, cuando dice «lo que significa no tener señor: ninguna civilización, ni la más desarrollada, nos emancipa de ese último amo siniestro, tirano y usurero que es nuestra muerte. Tal prerrogativa pertenece a la esperanza. Porque, para quien espera en un *Dios de vivos*, la muerte pierde su aguijón, relativizada como etapa intermedia dentro de una historia más extensa de lo humano. De manera que esperar no estorba, sino, al contrario, perfecciona el ideal de emancipación cívica, porque solo ese ciudadano esperanzado se hallará definitivamente libre de todos los amos»[600].

La posible resurrección...

Si en esta última sección del presente capítulo hacemos referencia a la muerte y resurrección de Dios, es por el libro de Frank J. Tipler *La física de la inmortalidad*[601], del que extraigo algunos párrafos bien expresivos, que resumen sus reflexiones y cálculos a lo largo de 598 páginas de gran densidad:

---

599 Pedro G. Cuartango, «¡Maldito Spinoza!», *El Mundo*, 6.VI.2012.
600 Javier Gomá Lanzón, «Para besar hay que cerrar los ojos», *ABC*, 24.XII.2013.
601 Versión española, Alianza Editorial, 2ª reimpresión, Madrid, 2001.

> No es habitual encontrarse actualmente con un libro que abogue por la unificación de la ciencia y la religión. Resulta fuera de lo común que una obra afirme -como yo voy a hacer en las próximas páginas- que la teología es una rama de la física; y que los investigadores de la física podrán deducir la existencia de Dios y la plausibilidad de la resurrección de los muertos a la vida eterna mediante los cálculos apropiados, de la misma forma que calculan las propiedades del electrón. Naturalmente el lector podrá preguntarse si estoy hablando en serio...
>
> Desde luego, hablo en serio, pero me encuentro tan perplejo como el lector. Hace veinte años, al principio de mi carrera académica en el ámbito de la cosmología, mi actitud era explícitamente atea. Jamás en mis sueños más descabellados pude imaginar que llegaría el día en que escribiría un libro para mostrar que las afirmaciones básicas de la teología judeocristiana son verdaderas, pues se deducen sin trabas de las leyes físicas tal y como las conocemos actualmente. La lógica aplastante de la rama especializada de la física en la que yo trabajo me ha llevado a extraer estas conclusiones...
>
> Ya es hora de que los científicos reexaminemos la hipótesis de la existencia de Dios. Espero que este libro les convenza para ese fin. Ha llegado el momento de incorporar la teología a la física; de que el cielo sea algo tan tangible como el electrón...

En análoga línea a Tipler, perora Ruiz Soroa desde otro enfoque, planteando la idea de Dios, como antítesis a muchos científicos que se oponen a mencionarlo. No les resulta *conveniente*, pues como dice:

> ¿Por qué se rechaza, desde la modernidad, que se piense acerca de la inmortalidad del hombre y sobre la posibilidad de Dios? Que de Dios se haya usado y abusado y que se nos lo presente en Occidente como un *paquete cerrado* -de «ser supremo-revelación-verdad monopolizada-institución guía», en donde se toma o se deja el lote completo-, todo ello es histórico y cultural y no dice nada a favor o en contra de la cuestión misma de Dios... Pero está claro que hablar de Dios en la sociedad actual parece contradecir el principio ilustrado de «hacerse de una vez mayor de

> edad». Pero si ya lo somos, si nadie nos encadenará de nuevo a la superstición, ¿cómo es que no podemos hablar de la cuestión? ¿Tan inseguros estamos de esa nuestra mayoría de edad?[602]

En sentido convergente con Ruiz Soroa, Javier Gomá, estima que «la ausencia de esperanza -ateísmo, agnosticismo, increencia- fue para muchos, durante los últimos siglos una forma de honestidad intelectual, incluso de decencia y de higiene». ¿Y no lo es? ¿Es que ya no puede serlo? Dos preguntas a las que Gomá contesta así:

> El agnóstico y el ateo ya no deben reivindicar para ellos el monopolio de la realidad. Yo creo que durante ese proceso de emancipación del individuo, el ateísmo y el agnosticismo podían ser una prueba de honestidad intelectual, pero ahora lo que ha ocurrido es que esa emancipación respecto a la tutela celeste medieval ha llevado a una no pregunta. Entonces parece como que estamos todos imbuidos de un positivismo decimonónico en el que la simple pregunta por una continuidad de lo humano más allá de la muerte ha dejado de ser filosófica, y eso es lo que me parece mal. Puede ser perfectamente honesto el ateo o el agnóstico, siempre y cuando no me prohíban la pregunta sobre si la realidad y la experiencia coinciden o no[603].

Y por último, la opinión de nuestro filósofo preferido, Pedro G. Cuartango:

> Cuando se cumplen 60 años, uno se da cuenta de las cosas que ha dejado atrás y toma conciencia de que ha pasado a ser el último de la fila tras la desaparición de padres, abuelos y tíos. La infancia parece un sueño remoto y el futuro se revela corto y poco alentador. Aparecen las limitaciones físicas y se acrecientan las dudas sobre si hemos sido capaces de aprovechar bien el tiempo[604].

---

[602] José María Ruiz Soroa, «La cuestión de Dios», *El País*, 16.III.2013.

[603] Alfonso Armada «Javier Gomá. Ante la injusticia de la muerte es natural preguntarse si lo humano continúa después», *ABC*, 10.II.2013.

[604] Pedro G. Cuartango, «La resurrección y la vida», *El Mundo*, 11.I.2016.

> Curiosamente, a medida que me hago viejo, siento una mayor perplejidad sobre la vida. Tengo la impresión de que la película está a punto de acabar y de que no me he enterado de la trama. No creo en la resurrección de los muertos, pero admito que podría estar equivocado porque nada es como parece. Alguien dijo que el hombre es una pasión inútil y creo que tenía razón.

¿Pruebas de resurrección? De Jesucristo a Eben Alexander

Retrocediendo hasta los orígenes humanos más primitivos, cabe encontrar historias del más allá, llenas de luz, de miedo o de descensos a lugares infernales. Muchas veces asociadas con la muerte o con lo que hay después de ella. Historias que se dan en todas las regiones del globo terráqueo, como si los humanos se hubiesen puesto de acuerdo: Grecia, Egipto, Mesopotamia, Asia, África, muchos países de Europa, la América prehispánica... Y los viajeros que retornan de ese mundo transvida son de muchos tipos. Hay personajes en los textos sagrados de todas las culturas, y otros que aparecen en los escritos de la literatura universal: Jesucristo, Krishna, Perséfone, Hércules, Orfeo, Eneas...

En ese contexto -dice José Miguel Gaona Cartolano-, los que han acudido a una conferencia de Raymond Moody observan que una de sus principales referencias cuando habla de las experiencias cercanas a la muerte (ECM) es el filósofo Platón. Este, en el diálogo *La república,* relata el mito de Er, un soldado griego que supuestamente había fallecido junto a otros compatriotas en una batalla. Sin embargo, sucedió que al recogerse los cadáveres, su cuerpo fue colocado sobre una pira funeraria para ser incinerado, y en ese momento volvió a la vida, para describir en detalle su viaje al más allá. Al principio su alma salió del cuerpo y se unió a un grupo de otros espíritus que iban desplazándose a través de túneles y pasadizos... paulatinamente esos espíritus eran detenidos y juzgados por entidades divinas por los actos de su vida terrenal. Er, sin embargo, no fue juzgado, ya que estos seres le dijeron que debía regresar a la Tierra para informar a los hombres acerca del otro mundo[605].

[605] Doctor José Miguel Gaona Cartolano, *Al otro lado del túnel*, La esfera de los libros, Madrid, 2012.

Claro es que, después de Platón, ha habido cientos de testimonios como el del soldado Er, pero todos ellos disfrutan por igual de la incredulidad generalizada. Haría falta un certificado del mismo Dios diciendo que *Él* existe, y que «el portador de este documento pudo verificarlo». Pero mientras no llega ese documento, José Miguel Gaona Cartolano viajó a EE.UU. para conocer al doctor Eben Alexander, el médico neurocirujano que trabajó en la Facultad de Medicina de la Universidad de Harvard, donde estudió miles de casos de pacientes que sufrieron tumores cerebrales, aneurismas, infecciones o accidentes cerebrovasculares, muchos de los cuales cayeron en estados comatosos.

Y el mismo doctor Alexander, paradójicamente, el 10 de noviembre de 2008 entró en coma, debido a una infección de meninges, y así permaneció, en la unidad de cuidados intensivos, con respiración asistida y atendido por sus propios compañeros. Fue tratado con cantidades ingentes de antibióticos, a los cuales no respondió, de tal forma que los médicos comenzaron a perder las esperanzas respecto a su vida y más aún sobre su recuperación. Sin embargo, siete días después le fue retirada la ventilación asistida y, poco a poco, el doctor Alexander comenzó a recuperar la consciencia y reveló los recuerdos de lo que él dice haber vivido durante el coma[606].

> He estado sumido en un profundo coma durante una semana en el que viajé a otra dimensión del universo, que nunca pude llegar a soñar que existiese, y sé que esto es tan extraordinario como increíble. Otros médicos me dicen que todo eso es cosa de mi mente, pero yo sé que está lejos de ser una alucinación porque fue tan real o más que cualquier otro acontecimiento vital anterior...

Así se expresó Eben Alexander en su relato, en primera persona, sobre la vida después de la muerte. Tras una experiencia que le llevó a creer en la vida eterna, según expuso en detalle en su libro *Proof of Heaven: A Neurosurgeon's Journey into the Afterlife*[607].

---

[606] Doctor José Miguel Gaona Cartolano, *ibidem*.

[607] *La prueba del cielo: el viaje de un neurocirujano a la vida después de la muerte*. Hay versión española de Zenith/Planeta, Barcelona, 2013.

La ortodoxia médica suele explicar casos como el de Alexander como meras alucinaciones causadas por la anoxia (carencia de oxígeno). Tesis que el experto en experiencias cercanas a la muerte (ECM), Pim van Lommel, pone en entredicho: «porque si la causa fuera la anoxia, todos los que vuelven a la vida tras estar cerca de la muerte tendrían ECM porque todos sufren de la anoxia». Pero lo cierto es que solo el 18 por 100 tienen esa clase de experiencia.

Van Lommel, después de analizar a cientos de pacientes con ECM, ha llegado a la conclusión de que la conciencia «no es más que un retransmisor de la dimensión de nuestro yo, a modo de radio que mientras vivimos aquí, sintoniza con el universo. Nuestra muerte -añade- solamente es un cambio de conciencia, una transición, porque morimos en una dimensión para pasar a otra:[608]

> Antes de mi experiencia era muy escéptico con las experiencias cercanas a la muerte, pero hoy en día sé que son una realidad. Durante toda mi carrera de más de 30 años fui defensor, al igual que la mayoría de mis compañeros, de que el cerebro genera conciencia y de que vivimos en un universo desprovisto de cualquier tipo de emoción. Sin embargo, lo que me ha ocurrido cambió todas mis creencias y teorías, por lo que tengo la intención de pasar el resto de mi vida investigando la verdadera naturaleza de la conciencia.

Las tesis del doctor Alexander han generado intensa polémica en Estados Unidos a partir del momento en que la revista *Newsweek* publicó varios extractos del texto del neurocirujano. Y el debate sobre el tema está adquiriendo creciente auge, sobre todo desde que la Fundación John Templeton donase cinco millones de dólares al profesor de filosofía de la Universidad de Riverside John Martin Fischer, para que estudie en profundidad las ECM en lo que se ha dado en llamar Proyecto Inmortalidad[609].

Un precedente de visiones del más allá es el de William Blake (1757-1827), a quien tomaron por loco la mayoría de sus contemporáneos; poco o mal comprendido por su carácter místico y a

---

608 Laura Tamames en correo electrónico de 4.V.2013.

609 L.D., «Cuatro millones de euros para investigar si existe la vida eterna», www.libertaddigital.com, 27.III.2013.

veces colérico, acabó aislándose de su entorno. Desde muy niño, Blake aseguraba ver ángeles en los árboles y sostenía que se comunicaba con presencias que nadie fuera de él percibía. Sus mitos, extraídos de la Biblia, de la mitología celta y de las leyendas artúricas y orientales, cobraron nuevo y profundo sentido en la imaginación de Blake, frente al racionalismo que reducía la fantasía a la pura ficción.

Para el gran poeta y dibujante, el mundo que se percibe en general, es tan solo una ventana que no permite contemplar el reino de la imaginación, hirviente de vida y habitado por dioses, ángeles y demonios. Blake, en lugar de contemplar el tiempo a través del cristal de una ventana, dedicó toda su vida a la invocación poética de un mundo desterrado por la modernidad materialista[610].

Colofón del capítulo VIII: el principio esperanza: entre Rahner y Heine...

La fe es un raro privilegio. La esperanza es más frecuente y alcanzable. Y en ese sentido, algunas de las más lúcidas reflexiones sobre la esperanza nacieron precisamente entre los escombros de la Segunda Guerra Mundial. Son los años en los que Bloch -a quien alguien ha llamado «catedral laica de la esperanza»- escribió su gran libro *El principio esperanza*[611].

En sentido contrario, Albert Camus dejo escrito: «Lo importante es pensar con claridad y abandonar toda esperanza». Obviamente, no es la tesis de estas líneas -como dice Manuel Fraijó- porque sin esperanza todo se seca, la vida se torna lánguida e imposible.

Y pensando en todas estas cosas, viene a la memoria la relación entre las tres preguntas de mi libro y las cuatro que hace dos siglos y medio formuló Kant[612]. Cuando esperamos el placer inmediato, la propuesta del filósofo es contestar las preguntas -que formuló Kant-: ¿qué puedo saber?, ¿qué debo hacer?, ¿qué me cabe esperar?, ¿qué es el hombre?[613]

---

610 Jesús García Calero, «William Blake. El hombre que vio el lado oscuro de la modernidad», *ABC*, 17.XI.2013.

611 Manuel Fraijó, «A vueltas con la esperanza», *El País*, 2.IV.2015.

612 Inmanuel Kant, *Crítica de la razón pura* y *Crítica de la razón práctica*, versión española en Tecnos, Madrid, 2004.

613 Francisco Rodríguez, «Las preguntas de Kant», *Diario Siglo XXI*, 26.VII.2006.

¿Qué me cabe esperar? es la tercera cuestión que planteó Kant, y desde un principio está claro que no es lo mismo vivir con esperanza que sin ella, y sobre el tema cabe indagar más: si no se espera nada, qué consistencia puede tener la vida. Si no hay algo que estimule y propicie el esfuerzo, indudablemente flaquearemos. De ahí la búsqueda, muchas veces angustiosa y compulsiva, de la diversión, del placer; el aturdimiento es el síntoma de la falta de esperanza, de algo que nos compense. Y también de ahí la pesquisa por lo infinito, sea en el amor, el conocimiento de la ciencia o en la propia idea de Dios. De modo que algunos encuentran el sentido de la vida en la vida correctamente con un cierto escepticismo (estoicos), en el objetivo del placer (hedonismo), en la ciencia (cientifismo) o en la religión (fe, o al menos principio de esperanza). Son cuatro destinos diferentes con incluso un mix que puede resultar de lo más interesante.

¿Qué es el hombre? es la última interrogación kantiana, equivalente al *qué somos* y *a dónde vamos* de Gauguin. ¿Es el hombre un animal evolucionado, o resulta ser más bien una pasión inútil, un simple elemento de producción, la unidad mínima de consumo en el economicismo que nos rodea? ¿Sigue siendo el hombre un misterio insondable, el embrión del superhombre del futuro? ¿O somos simplemente un ser existente cuyo sentido es precisamente buscar el propio sentido de la vida? Es lo que preocupó al gran poeta alemán Heine:

> Y seguimos preguntando,
> una y otra vez,
> hasta que un puñado de tierra
> nos calle la boca.
> ¿Pero es eso una respuesta?

También podría plantearse, como en aquel Congreso de Teología, en Ginebra, sobre «La muerte de Dios», en el que, al final, el presidente manifestó con solemnidad: «Señores, la conclusión es clara: Dios ha muerto». Y a continuación, uno de los asistentes pregunto: «Y ahora, ¿qué hacemos con su cadáver?

Capítulo IX
La comunidad humana y su futuro

1. El evolutivo concepto de soberanía

Para tener instituciones globales que puedan regir mejor la globalización económica presente, tenemos un problema de soberanía: el sistema de Estados nacionales *a palo seco* ya no es el mejor para resolver los problemas de una economía global. Y para aclarar lo que eso significa, inevitablemente hemos de remontarnos a las concepciones de soberanía surgidas en la Edad Moderna, con una primera y señalada manifestación en Juan Bodino (1530-1596), para quien la potestad del soberano consistía en «hacer leyes para sus súbditos, desde su poder total», un pronunciamiento favorable al absolutismo, que facilitaría la transición del feudalismo al Estado Nacional[614].

Posteriormente a Bodino, Thomas Hobbes argumentó que en cualquier Estado debe haber una autoridad omnipotente para dictar la ley, pues de otra manera se destruiría la unidad política, lo que en ausencia ya del ungimiento divino de los reyes, obligaría, inexorablemente, a conseguir un *pacto de sumisión* de los súbditos ante el soberano. Un *trade off* de pérdida de la libertad del pueblo, a cambio de la seguridad dispensada por todo un *pantocrator*. Todo ello, según Hobbes, evitaría los calamitosos efectos de la guerra y el desorden, propios del *Estado de naturaleza hostil entre los hombres:* el célebre *homo homini lupus*. Solo la autoridad del Estado-Leviatán sería capaz de procurar paz y seguridad. Un mensaje que el último estudioso de Hobbes, Trevor

---

[614] Jean Bodin, *Six Books of the Commonwealth*, arreglado y traducción de M.J. Tooley, Basil Blackwell, Nueva York, 1995. También, Roger Chauviré, *Jean Bodin, auteur de la République*, La Flèche, Besnier, París, 1914.

Roper, caracterizó de manera contundente: «el axioma, el miedo; el método, la lógica; el resultado, el despotismo»[615].

Frente a Bodino y Hobbes, John Locke, anticipándose a Montesquieu fue el primero en teorizar la apertura del Estado al aire refrescante de la libertad, empezando por esquematizar la separación de poderes en legislativo, judicial y ejecutivo; dentro de un Estado cuya misión principal consistiría en proteger los derechos individuales de los ciudadanos. De forma y manera que la conducción política del país pasaría a estar en manos del monarca, pero también, y sobre todo, del parlamento, este como expresión de la soberanía popular, con capacidad para promulgar leyes, a acatar por igual por parte del rey y de la ciudadanía.

Dando un paso más, Jean-Jacques Rousseau resumió el desiderátum político en dos célebres frases. La primera, contenida en *El contrato social*: «El hombre nace libre, y es la sociedad la que lo encadena»[616]. Por lo cual es esa misma sociedad la que ha de reformarse, como se expresa en el segundo de los axiomas, contenido en el *Emilio*: «El hombre es bueno por naturaleza»[617], y de ahí la idea de que la educación puede perfeccionarlo para impedir que la sociedad lo encadene.

Con esas proposiciones básicas, Rousseau abrió el paso teórico a la democracia moderna, en la que todos reconocen la autoridad de la razón para unirse en una ley común y en un mismo cuerpo político, a partir de un *contrato social*, del que nace la ley para gobernarse todos, en una sociedad en la que cada uno ya puede vivir, si no feliz, sí más de acuerdo y en armonía con los demás. Un contexto nuevo en el que la soberanía popular es expresión de la *voluntad general*[618], lo que Rousseau supo sintetizar en su mejor lema: «Libertad, igualdad y fraternidad», que años después asumiría la propia Revolución francesa.

---

[615] *The Economist*, «Britain´s first modern philosopher», artículo en el que se hace el comentario del libro de Noel Malcom, *Thomas Hobbes: Leviathan,* Oxford University Press, Londres, 2012.

[616] Jean-Jacques Rousseau, *El contrato social*, versión española, Espasa Calpe (traducción de Fernando de los Ríos, 1ª edición en 1921), 2ª edición, Madrid, 1972.

[617] Jean-Jacques Rousseau, *Emilio*, EDAF, 8ª edición, Madrid, 1982.

[618] John W. Chapman, *Rousseau, Totalitarian or Liberal?* Nueva York, 1956; Fredrick C. Green, *Rousseau and the Idea of Progress,* Oxford, University Press, 1950; Frederick C. Green, *Jean-Jacques Rousseau: A Critical Study of His Life and Writings*, Cambridge University Press, 1955.

Y pasando de la teoría política a la práctica efectiva, el decisivo *impulso democrático* se dio con la *Declaración de Independencia* de EE.UU. de 1776, de la que fue uno de los principales redactores Benjamin Franklin. En ella se estableció de manera contundente que «la soberanía es una, indivisible, inalienable e imprescriptible; pertenece a la nación y ningún grupo ni individuo puede atribuírsela», un principio que se vio confirmado después con la Constitución de 1787, de siete artículos y reformada sucesivamente por 27 enmiendas.

Izquierda: John Locke (1632-1704): separación de poderes y parlamento libremente elegido por el pueblo. **Derecha:** Jean Jacques Rousseau (1712-1778): Contrato social y lema revolucionario: libertad, igualdad y fraternidad.

Lógicamente, el recorrido que hemos hecho hasta aquí sobre el evolutivo concepto de soberanía no es otra cosa que el íter previo al nacimiento de una soberanía internacional, o mundial. Que cada vez más está más cerca gracias a toda una serie de convenciones de carácter multilateral. En este proceso cabe enfatizar la figura de Francis Lieber[619], quien llamado por Lincoln en 1863 a EE.UU., en plena Guerra de Secesión, fue el promotor del primer *código* de trato humanitario para los prisioneros de guerra, con una serie de principios que después derivarían a las Convenciones Internacionales de La Haya de 1899 y 1907. Fueron estos los primeros acuerdos de ámbito internacional, a los que luego seguirían las primeras organizaciones a escala mundial: la Sociedad de Naciones (1920-1945) y las Naciones Unidas (1945-).

[619] *A Manual of Political Ethics*, Charles C. Little and James Brown, Boston, 1838.

2. Cuatro grandes retos para la comunidad internacional

Pero, no obstante la existencia actual de las Naciones Unidas, aún son muchas las barreras existentes para asegurar un *final feliz* al empeño de una verdadera soberanía mundial, que pueda convertir la *Prehistoria* de la humanidad en verdadera *Historia.* Aún son manifiestas las pugnas por la hegemonía de una superpotencia sobre las demás naciones, y resulta que, por la falta de una soberanía mundial, las instituciones globales no son capaces de responder a los cuatro grandes retos que acosan a la comunidad internacional, que a juicio del autor son los siguientes:

- *Globalización económica* en peligro, pues en manera alguna cabe dar por seguro que el proteccionismo no vuelva a ser una amenaza para el comercio internacional, verdadera fuente de creación de riqueza, empleo y paz. Y por eso mismo, es preciso asegurar la continuidad de las relaciones económicas internacionales en su plenitud, en vez de caer nuevamente en un proteccionismo, que sería nefasto.
- *Peligro nuclear y armamentismo.* ¿Por cuánto tiempo más va a seguir el dispendio colosal que comporta tan graves riesgos para la paz y la seguridad y tal derroche de recursos en todos los países que impide abordar los problemas globales más perentorios? Hay que dar respuesta a ese interrogante, antes de que deje de ser posible.
- *Deterioro de la biosfera.* Cuando ya el cambio climático se hace más que evidente, ¿seguirá sin reconocerse la gravedad de un problema que pesará más y más para nuestros hijos y nietos, y las generaciones venideras? No hay otra alternativa que intentar una nueva concepción para preservar el planeta azul.
- *Pobreza de masas, hambre y malnutrición endémicas.* ¿Será factible superar las trabas para resolver un problema que es la vergüenza de todas las políticas económicas y todas las sensibilidades? Cualquier enunciado ético obliga a ello.

Progresivamente veremos cómo cabe afrontar esos cuatro grandes retos.

Izquierda: Benjamin Franklin (1706-1790): autor principal de la Declaración de Independencia de EE.UU. en 1787. **Derecha:** James Madison (1751-1809): padre fundador, promotor de la Constitución de EE.UU.

Primer reto: desglobalización económica

La globalización de la que tanto se habla y tanto se predica, atraviesa hoy una serie de problemas por la crisis mundial y sus posibles consecuencias. En esa dirección, recordaremos que en la Organización Mundial de Comercio (OMC)[620], la llamada Ronda Doha de negociaciones globales, iniciada en 2001, trece años después se ve amenazada de fracaso por numerosas dificultades políticas y falta de decisión en sus principales segmentos: agricultura, productos industriales, propiedad intelectual, comercio y medio ambiente, y comercio y desarrollo, a lo cual no es ajena la proliferación de acuerdos bilaterales de libre comercio (TLCAN de EE.UU., Canadá y México; de China, Corea del Sur y Japón con la Asean; el posible tratado futuro de la UE con EE.UU., etc.).

De cara al futuro, es necesario alejar del horizonte las graves consecuencias que comportaría el retroceso del libre comercio internacional, lo que ya se denomina *disgregación de la globalización*[621] (Mark Leonard *dixit*), que nos devolvería a un mundo de bloques y tensiones de todas clases.

---

[620] Mercancías (Tratado GATT clásico, renovado), GATS (la *S* por *servicios*), TRIMS (la *I* y la *M* por movimientos internacionales de capital), TRIPS (la *I* y la *P* por propiedad intelectual); además de toda una normativa internacional referente a tecnologías de comunicaciones e información (TIC) y servicios financieros (FS). Ramón Tamames, «Este mundo en que vivimos: globalización y ecoparadigma», *Institució Alfons el Magnànim*, Valencia, 2003.

[621] Mark Leonard, «La gran disgregación global», *El País*, 14.I.2013.

Por otra parte, ha de subrayarse que a la incertidumbre que genera el proteccionismo latente, también contribuyen los problemas monetarios y financieros: crisis cambiarias, tensiones financieras y falta de una normativa global, a pesar de los esfuerzos (nunca suficientes) por parte del G-20, el FMI, etc.

De ahí que, dentro de cualquier referencia a la globalización, haya de plantearse la necesidad de disponer nuevamente de un *verdadero sistema monetario internacional* (SMI), del que ya tuvimos un valioso antecedente en el patrón cambios oro-dólar del FMI, entre 1944 y 1971, pudiendo afirmarse, pues, que solo a través de una segunda conferencia de Bretton Woods innovadora podrá reconstruirse un sistema monetario común, o incluso una moneda global, para la que el autor propone el nombre de *cosmos*. Estas ideas aún generan amplio escepticismo, del que muchas veces se hace gala, sin vislumbrar una serie de tendencias que ya presagian una posible moneda global en un futuro no tan lejano:

- La *simplificación monetaria* por la progresiva difusión de las tres principales monedas -dólar, euro y renminbi-, como cabalmente supo apreciar Stanley Fisher; en un hecho que cada vez se pone más de manifiesto por la internacionalización de la moneda china.
- La *pérdida previsible de la posición monetaria hegemónica de EE.UU.*, por las crecientes críticas al señoriaje del dólar, que desde los BRICS se hace a la prevalencia del *billete verde*.
- La *experiencia de la Eurozona* con su unión monetaria (formulada en el Tratado de Maastricht de 1993 y que se hizo real en 1998), que no obstante una serie de problemas en vías de superación (con la unión fiscal, unión bancaria, etc.), están convirtiendo el euro en la moneda más competitiva frente al dólar, en el duro trance de fortalecimiento de sus instituciones para convertirse en un área monetaria óptima, en la expresión de Robert Mundell[622].
- Y como mera pregunta: ¿Es tan difícil plantear efectivamente un SMI nuevo? ¿No es eso lo que en cierta medida hace

[622] Robert Mundell, «A Theory of Optimum Currency Areas», *American Economic Review*, nº 51, 1961.

ya una multinacional muy conocida con su dinero plástico? ¿Y no hay un intento en la misma línea con el tantas veces vituperado *bitcoin*?

Además de lo dicho, está perfectamente claro que ya nadie piensa en posibles monedas regionales: el *peso común*, concebido en Centroamérica, es un proyecto olvidado desde largos años atrás. La unidad monetaria preconizada en tiempos por el *Consejo de Cooperación del Golfo*, dejó de estudiarse cuando Kuwait y Omán se retiraron del proyecto, en tanto que los países del Mercosur, que preconizaron ir a un «pequeño Maastricht» en pos de una posible moneda común, han olvidado definitivamente esa idea.

Izquierda: J.M. Keynes (1883-1946): en Bretton Woods (1944) defendió una moneda global distinta del dólar. **Derecha:** Robert Mundell: premio Nobel de Economía de 1999, impulsor de una moneda global en nuestro tiempo.

Actualmente, ni siquiera los diez países de la Asociación de Naciones del Sudeste Asiático más China, Japón y Corea del Sur, la ASEAN+3, con algo más de 2.000 millones de personas, siete veces la población de EE.UU. y cuatro la que tiene la UE[623], se plantea la posibilidad de una moneda propia de ámbito regional. Porque están a favor de reformas de gran envergadura en el FMI, para poner fin al ya injustificable señoriaje mundial del dólar, o al que mañana pudiera tener el euro... o al gran peso de la moneda china.

[623] Stephem Grenville, «A currency union is not what Asia needs», *Financial Times*, 30.VIII.04.

Segundo reto: amenaza nuclear, armamentismo, terrorismos

Tras examinar los problemas de la globalización económica en su doble vertiente comercial y monetaria, nos adentramos en el segundo reto que hemos identificado: el peligro atómico y el armamentismo, una cuestión en la que resulta necesario evocar al general Eisenhower, quien al transferir sus poderes presidenciales a John F. Kennedy, en 1960, llamó la atención del nuevo y joven presidente sobre los peligros del *complejo industrial militar*, que hacía crecer sin límite los presupuestos bélicos de las dos grandes potencias de entonces (EE.UU. y la URSS), por la posible superioridad de una sobre otra y con el trasfondo de la amenaza de una guerra nuclear de devastación total.

Ese complejo industrial militar sigue hoy vivo. Rusia se plantea el rearme como fuerza motriz de su futuro crecimiento económico, dedicando más del 5 por 100 del PIB al esfuerzo bélico; se pueden apreciar tendencias armamentistas preocupantes en China, en su aspiración de ser primera potencia en sus mares costeros y en el océano Pacífico, y se dan pautas similares en otras potencias y en países que quieren hacerse con el arma atómica. Surgen, además, nuevos ingenios más destructores y peligrosos que nunca en la potencial guerra espacial, sin olvidar los drones (aviación no tripulada), etc.

Esa situación es producto de la actitud antihistórica de querer la hegemonía mundial, o de seguir acariciando sueños imperiales que pertenecen al pasado, lo que impide verdaderos acuerdos resolutorios del problema de fondo, como se revela al examinar los convenios EE.UU. / URSS / Rusia logrados hasta ahora (SALT, INF, SORT, nuevo START), así como los entes surgidos en el plano multilateral: Tratado de No Proliferación, Conferencia de Seguridad Nuclear, Organismo Internacional de Energía Atómica, etc. Dispositivos, todos ellos, que tienen un campo limitado, lejos de cualquier efectivo proyecto de verdadero y definitivo desarme, sin que haya habido grandes cambios con el presidente Obama, que durante su campaña electoral de 2008 prometió trabajar a fondo por el desarme (por lo cual recibió el Premio Nobel de la Paz), sin que su agenda nuclear de 2008 se haya hecho realidad.

Izquierda: Dwigth Eisenhower (1890-1969), presidente de EE.UU. (1952-1960): ojo con el complejo industrial-militar. **Derecha:** John F. Kennedy (1917-1963), presidente de EE.UU. Lo más próximo a una guerra nuclear: la crisis de los misiles de Cuba (1962).

Para abordar y resolver el problema del armamentismo, se cuenta ya con la meritoria propuesta formulada en 2008 por el Secretario General de las Naciones Unidas -basándose en los trabajos previos de la Comisión Blix de Suecia-, en pro de una convención para librar al mundo entero del peligro atómico. Pero en esa propuesta se ignora el principal obstáculo para el desarme nuclear: el hecho de que los cinco países del club atómico inicial siguen con poderes exclusivos y antidemocráticos, como miembros permanentes que son del Consejo de Seguridad de la ONU[624]. Por ello mismo, resulta decisiva la reforma de la Carta de las Naciones Unidas, para sustituir el llamado *derecho de veto* (expresión antitética) por el voto ponderado, con mayorías adecuadas para las grandes decisiones[625]. Solo eso podría hacer factible un verdadero acuerdo para suprimir el arma nuclear[626].

---

[624] Ramón Tamames, «En pro de un tratado mundial de supresión de armas nucleares», conferencia dictada en el CESEDEN-Fundación Sagardoy, 20.VI.2012.

[625] Lo cual sería la base para una nueva conciencia universal en la línea del aforismo *si vis pacem, para pacem*; en contra de la vieja proclama de *si vis pacem, para bellum*. Hay que prepararse para la paz, esa es la mayor responsabilidad de todos los líderes políticos y los ciudadanos de hoy, prescindiendo de obsoletas soberanías nacionales, en un planeta que nos hace ver que todos vivimos en *un solo mundo*, como ya en el siglo XVI dijo el Inca Garcilaso. Como se planteó por Barbara Ward y René Dubos, en su libro *Only one Earth: The care and Maintenance of a Small Planet*. Versión española: *Una sola Tierra. El cuidado y conservación de un pequeño planeta*, Fondo de Cultura Económica, México, 1972.

[626] Sobre la reforma de la Carta, Modesto Seara Vázquez (compilador), *Las Naciones Unidas a los cincuenta años*, FCE, México, 1995.

Por lo demás, el desarme nuclear y convencional también es una cuestión económica de primer orden, pues en 2012 -último año con datos completos- se afectaron a gastos militares 1,8 billones de dólares (el 2,5 por 100 del PIB global) por los casi 190 presupuestos llamados de defensa en el mundo, con un predominio claro de EE.UU. y un crecimiento vertiginoso de China. Estos guarismos suscitan la idea de que es *imposible seguir así*, sobre todo si se recuerda el hecho de que, en 2010, el total de la ayuda oficial al desarrollo de los países más avanzados al Tercer Mundo (si cabe continuar empleando esa expresión) no superó el nivel de los 150.000 millones de dólares. En otras palabras, lo gastado en armamento, municiones, etc., resultó ser 12 veces lo que se canalizó a favor del desarrollo.

Todas las cuantificaciones anteriores resultan útiles para establecer lo que cabe denominar *Modelo Pax in Terra-20*, ya en la última parte de este capítulo. De manera que, en la senda hacia el desarme, los gastos militares deberían empezar por limitarse en todos los países a un máximo del 1 por 100 de los respectivos PIB. Y no es una proporción cabalística, sino lo que todavía es norma de Japón, la tercera economía mundial, un criterio de mínima afectación de recursos a la defensa nacional según la OTAN[627]. Los recursos así ahorrados serían suficientes para dar solución a los grandes problemas que afectan a la inmensa mayoría de la comunidad internacional.

Y dentro de los anteriores conceptos bélicos, o muy próximos a él, está el tema del terrorismo, que es ahora el problema más preocupante en el mundo, en lo que concierne a la seguridad y cuyas causas es preciso reconocer para buscar verdaderas soluciones. Y en ese sentido, el terrorismo islámico hunde sus raíces en la frustración de árabes y demás islámicos, por su papel secundario en la paz mundial.

[627] El 1 de julio de 2014, y debido a las fuertes tensiones por litigios marítimos en la orilla china del Pacífico, el primer ministro de Japón, Shinzo Abe, dio a entender la proximidad de un cambio en la política de defensa de su país, lo cual podría suponer la quiebra del referido criterio del 1 por 100 del PIB.

Izquierda: Kenneth E. Boulding (1910-1993): la visión del *Navío Espacial Tierra*. **Derecha:** René Dubos (1901-1982): autor, con Bárbara Ward, de la tesis de Un solo mundo desde el punto de vista ecologista.

Tercer reto: deterioro de la biosfera

Vivimos sobre una capa bien estrecha del planeta Tierra, de no más de 50 kilómetros de espesor, tan solo el 0,9 por 100 de su radio de 6.500 kilómetros, donde se desenvuelve toda la vida conocida[628]. Y desde un enfoque dinámico, ese espacio vital puede concebirse como lo esencial del Navío Espacial Tierra (NET), esto es, el vector que transporta en un *viaje indefinido a toda la humanidad* y las demás especies a través de un universo en apariencia infinito, símil que pioneramente propuso, en 1966, el economista Kenneth Boulding, al considerar que la Tierra es un todo en movimiento, que funciona merced a una serie de circuitos cerrados; con un solo *input* exterior, energía solar y un solo motor, la gravedad[629].

[628] Sobre el tema, además del excelente libro de Ramón Margalef del mismo nombre en Planeta, Barcelona, 1978. También es de interés, Joseph Goodavage -autor de un libro que tituló *El planeta amenazado-*, *Storm on the Sun. How the Sun affects Life on Earth*, Sphere Books, Londres, 1980. Precisamente, «El planeta amenazado» fue el título del ciclo que dirigí en los cursos de verano de la Complutense en El Escorial, teniendo como secretario del curso a David Rivas, profesor titular de Economía Ecológica en la UAM, en 1989.

[629] En su artículo «The Economics of the Coming Spaceship Earth», en *Environmental Quality in a Growing Economy*, editado por H. Harret, John Hopkins University Press, 1966. Es asimismo del máximo interés el libro de R. Buckminster Fuller *Operating Manual for Spaceship Earth*, Aeonian Press, 1969, reimpreso en 1976. Para una visión general del tema demográfico en relación con la naturaleza, Ramón Tamames, *El grito de la tierra. Biosfera y cambio climático*, 2ª ed., RBA, Barcelona, 2011.

¿Y qué problemas hay a la vista para que el NET siga en su navegación indefinida en condiciones adecuadas? Sin duda, la magnitud y forma de comportarse de su pasaje, que a finales del siglo XXI se estima será de 10.100 millones de personas, poseedoras de técnicas altamente agresivas en términos de contaminación y deterioro.

A propósito de todas esas amenazas depredadoras de la biosfera, Jay Forrester, al aplicar su *teoría de sistemas* al planeta Tierra, previó un progresivo deterioro, en lo que mucho después coincidió James Lovelock con su tesis de *La venganza de Gaia*: «La madre naturaleza será implacable con quienes la agreden para destruirla». Algo que se pone de manifiesto igualmente en un dicho muy extendido entre los ecólogos y ecologistas creyentes: «Dios perdona siempre. El hombre, a veces. La naturaleza, nunca»[630].

En el sentido que apuntamos, la síntesis de los muchos males que hoy se ciernen sobre la biosfera, con tendencia a seguir creciendo, son las emisiones de CO_2 y otros gases de efecto invernadero, que originan el calentamiento global, un tema controvertido pero en el que la ciencia va ganando al escepticismo. A pesar de lo cual, y de la Convención Marco de las Naciones Unidas sobre Cambio Climático y su derivación del Protocolo de Kioto, las amenazas siguen en rápido ascenso, como va poniéndose de relieve en las sucesivas conferencias sobre el clima, y señaladamente en las últimas, de Copenhague 2009 a Doha 2012; y como se percibió escandalosamente en la Cumbre Río+20 de 2012.

Por consiguiente, y como síntesis, será preciso que la comunidad internacional despierte de su letargo y tome las medidas necesarias para, con un modelo de *soberanía planetaria* (vivimos en un *solo mundo*, como en 1972 proclamaron en Estocolmo Barbara Ward y René Dubos), configurar un verdadero *Gobierno de la Biosfera*, pensando en las generaciones venideras y en la idea de hacer del planeta Tierra *un hábitat hospitalario para todos*. Con base en una ética ecológica, que ha de marcar las pautas esenciales de comportamiento de los humanos consigo mismos, con su navío espacial, y con su futuro; esto es, una política de sostenibilidad como la preconizada por la Comisión Brundtland. Y que en 2015 tuvo

[630] Ramón Tamames, *El grito de la Tierra*, ob. cit., págs. 74 y sigs.

una manifestación muy promisoria con el Acuerdo de París para reducir emisiones de GEI (gases de efecto invernadero), y una serie de adaptaciones para combatir el cambio climático. Ese acuerdo entró en vigor el 4 de noviembre de 2016, con la penosa eventualidad de que Trump podría plantear, parece difícil, su retirada de un texto tan fundamental para el futuro del planeta, con el que se aspira a no superar la temperatura media de la Tierra en más de dos grados centígrados por encima de la situación preindustrial.

Cuarto reto: miseria de masas

Abate Saint Pierre (1658-1743): el primero en hablar de una posible Liga de las Naciones pacificadora.

Nos adentramos ahora en el último gran reto de la sociedad humana: el atraso, el subdesarrollo y la malnutrición, que persisten en amplias áreas que abarcan más del 50 por 100 de la población mundial, cuestión de la que John Kenneth Galbraith[631] se ocupó pioneramente con su libro *Pobreza de masas*[632] (1978), donde criticó la imputación malthusiana de que los indigentes son los propios responsables de su condición.

El número de personas que viven en la pobreza extrema según las Naciones Unidas en los países en desarrollo (menos de 1,25 dólares al día) fue en 2012 aproximadamente el mismo que en 1981: unos 1.100 millones de personas. Pero si asumimos una definición más realista de la pobreza, la verdadera situación resultaría ser muy distinta, mucho peor: la *línea roja* del subdesarrollo, tal como la fija el Social Watch[633] con su Índice de capacidades

[631] John Kenneth Galbraith, «El arte de ignorar a los pobres», *Le Monde Diplomatique*, octubre, 2005.

[632] Original en inglés, 1978. Versión española en Plaza & Janés, Barcelona, 1982.

[633] Social Watch es una red internacional de organizaciones de base que trabaja en la defensa de las políticas contra la pobreza y por la igualdad de género. Se encuentra presente en más de 70 países. La red vigila el cumplimiento de los compromisos contraídos en la Cumbre de Desarrollo Social de Copenhague y la Cuarta Conferencia Internacional de las Mujeres en 1995, así como en la Cumbre del Milenio de Nueva York en 2000, con especial énfasis en asuntos de desarrollo, justicia social, género y recientemente también cambio climático. La sede de su Secretariado Internacional se encuentra en Montevideo, Uruguay. Se le reconoce especialmente por la publicación de su informe anual mundial sobre políticas sociales, así como por el desarrollo del Índice de Capacidades Básicas (ICB) y el Índice de Equidad de Género (IEG).

básicas, podría alcanzar a la mayoría de la población de los PVD, unos 4.000 millones de personas, a lo que habría de agregarse la pobreza en los países ricos: casi una de cada cuatro personas en la Unión Europea, según un informe oficial de la Comisión presentado en diciembre de 2012[634].

Y la pobreza significa también hambre: el mal que castiga más duramente a los desposeídos, con los efectos más negativos de la propensión a enfermedades, pérdida de energía, incapacidades... Con la medición hoy consagrada del Índice Global (GHI, por sus siglas en inglés de Global Hunger Index)[635], se sitúa a los hambrientos y malnutridos del mundo en 1.100 millones.

Y como con los otros tres retos ya examinados, el problema para acabar con la pobreza y el hambre no es la falta de recursos globales, como lo demuestran los miles de millones de dólares que según hemos visto que se gastan en armamentos, amén de los capitales que escapan a la fiscalidad en paraísos fiscales, los presupuestos que se asignan a proyectos faraónicos, o los que se diluyen en organizaciones burocráticas y empresas públicas ineficientes, amén de una corrupción ubicua.

Frente a esa situación hay, desde luego, ciertas iniciativas. Entre ellas, los Objetivos del Milenio, las acciones de la FAO, etc., pero con planteamientos paliativos y no curativos, sin que se hayan preconizado acciones cabales y en plazos determinados, de las que, a la postre, saldrían gananciosos los países más ricos, que tendrían mucho más volumen de negocio si asumieran el principio de la *generosidad filantrópica*, o de la *solidaridad egoísta* para que el número de pobres no deje de disminuir.

---

[634] Debe destacarse que uno de los grandes alegatos contra la pobreza en un país desarrollado lo dio Michael Harrington con su libro *La cultura de la pobreza*, versión española, FCE, México, 1963.

[635] *Welthungerhilfe*, antes conocida como «Agro Acción Alemana», es una organización no gubernamental dedicada a la cooperación para el desarrollo y la asistencia en casos de emergencia. Fue constituida en 1962 en Alemania como Comité Nacional apoyando la FAO. Actualmente es una de las más importantes organizaciones privadas de cooperación en Alemania. Con carácter de utilidad pública, política y religiosamente independiente, la organización actúa bajo el patrocinio del presidente federal alemán. Financia la labor con donaciones privadas y subvenciones públicas.

3. La senda en busca de la soberanía mundial y la paz perpetua

Immanuel Kant (1724-1804): primero en referirse a un gobierno mundial cosmopolita.

En la última parte de este discurso, debe recapitularse el histórico avance hacia una verdadera globalización política, de lo que hubo un primer importante paso en Tomás Moro, con su *Utopía*, de 1516, en la que se apostó por un sistema político en que prevalecieran los derechos políticos y la justicia, y también la equidad y el bienestar de los ciudadanos[636].

Posteriormente, los efectos catastróficos de las guerras de religión y específicamente la de los Treinta Años (1618-1648), y la devastadora contienda intraeuropea que supuso la Guerra de Sucesión Española (1701-1714), llevó al Abate Saint Pierre a publicar su *Projet de traité pour rendre la paix perpétuelle entre les souverains chrétiens*[637], cuyas ideas[638] incidieron en Montesquieu y Rousseau, difundiéndose ampliamente a través de numerosas ediciones del *Projet*, que tenía su núcleo central en la idea de crear una *Liga de las Naciones*, concepto que resurgiría dos siglos después.

Woodrow Wilson (1856-1924): la Liga de las Naciones nacería de la guerra «para acabar con todas las guerras».

Con todo, el empeño de mayor trascendencia en pro de una organización internacional con soberanía de alcance mundial después de la Edad Contemporánea fue el formulado por Inmanuel Kant, lleno de inspiración y racionalidad. Expuesto en su opúsculo «Hacia la paz perpetua. Un proyec-

636 Tomás Moro, *Utopía*, Alianza Editorial, Madrid, 1992.
637 A. Schouten, *Projet pour rendre la paix perpétuelle en Europe*, Utrecht, París, 1713.
638 Phillips Walter A., *The Confederation of Europe*, Londres, Longmans, Green & Co., 1914.

to filosófico», *Zum ewigen Frieden. Ein philosophischer Entwurf* (1795)[639], basándose para ello en la idea de un *Estado mundial, cosmopolítico*, como instrumento regulador internacional para prevenir las guerras.

¿Y cuál era para Kant la fuerza de atracción nuclear que aglutinaría las piezas del Estado mundial? «El espíritu del comercio, que no puede coexistir con el de la guerra». En línea, pues, con las ideas de lo que modernamente llamamos integración económica; en el sentido de que una vez puesto en marcha y superado un cierto *punto de no retorno*, no cabe romper los procesos integratorios, por los enormes perjuicios que se derivarían de ello, precisamente por la existencia de un poder supranacional soberano en una serie de ámbitos.

Kant presumía que, más pronto o más tarde, ese *espíritu* de estrecha relación económica se apoderaría de los pueblos, creándose entre ellos un vínculo basado en los propios intereses, de suerte que se garantizaría el *estado de no guerra*, a cuyo objeto, Kant redactó sus conocidos «Artículos preliminares para la paz perpetua», en los que subyace todo un sentido ético en contra de lo que era y todavía es normal en la perversidad política convencional: «actúa primero y justifícalo después»; «si has hecho algo incorrecto, niégalo»; «divide a tus adversarios y vencerás».

[639] Immanuel Kant, *La paz perpetua,* sección segunda, proemio. He utilizado la traducción de J. Abellán, Tecnos, Madrid, 1985. Por aquello de que *nihil novum sub sole*, cabe recordar que en los tiempos de Kant, las discusiones sobre un posible gobierno mundial eran muchas e intensas; con argumentos radicales por parte de cosmopolitas como Anarcharsis Cloots (Jean Baptiste Cloots, Barón du Val-de-Grâce, 1755-1794), que recurrió a la teoría del contrato social para plantear la abolición del sistema de Estados soberanos, en favor de una república universal. Citado por P. Kleingeld y E. Brown, 2006, «Cosmopolitanism» en *The Stanford Encyclopedia of Philosophy*, Edward N. Zalta (ed.), 2006, http://plato.stanford.edu/archives /fall2006/entries/cosmopolitanism/&gt. Sobre el tema, Antonio Truyol Serra, «La Guerra y la Paz en Rousseau y Kant», *Revista de Estudios Políticos*, Madrid, 8 (nueva época), marzo-abril de 1979, págs. 47 a 62. También Teresa Barrio Traspaderne, «¿Hacia la paz perpetua? Repercusiones en política internacional de las ideas kantianas», cerrarlosojosypoderver.blogspot.com, diciembre, 2011.

4. Las naciones unidas y la nueva estructura política global

El concepto de soberanía kantiano, con toda una serie de factores adicionales, fue tomando forma en las postrimerías del siglo XIX y en el primer tercio del XX, cuando se introdujeron las primeras restricciones importantes a la soberanía de los Estados, en las ya citadas convenciones de la Haya de 1899 y 1907[640], para luego llegar la Sociedad de Naciones (SDN), con base en los Catorce Puntos de Wilson (enero de 1918), en los que el presidente de EE.UU. propuso «la constitución de una Liga de las Naciones para ofrecer garantías mutuas de independencia política y de integridad territorial a todos los Estados, grandes y pequeños». Esta ensoñación no prosperó por razones bien conocidas: la Gran Depresión, el avance de los fascismos y la Segunda Guerra Mundial.

Franklin D. Roosewelt (1882-1945): del *New Deal* al nuevo orden de las Naciones Unidas comenzado a diseñar en 1941.

Tampoco prosperó el Pacto Briand/Kellogg (por los nombres del ministro de Asuntos Exteriores francés y el secretario del Foreign Office del Reino Unido) en el que se planteó, en 1928, la renuncia a la guerra como instrumento de política exterior, un documento firmado por casi todas las naciones, entre ellas Alemania, y que en 1945 sirvió de base para los procesos de Núremberg contra los jerarcas nazis.

Pero la idea revivió como nuevo Ave Fénix -impulsada por el presidente F.D. Roosevelt-, a la vista de las devastaciones de la contienda, entre 1939 y 1945, que evidenciaron otra vez la necesidad de una organización universal, menos laxa y de mayor ámbito en sus cometidos. Y con fórmulas más eficaces que la SDN, a fin de evitar nuevas macroconfrontaciones, surgieron las Naciones Unidas, que ciertamente no han conseguido acabar con las gue-

[640] A. Pearce Higgins, *The Hague Peace Conferences and Other International Conferences concerning the Laws and Usages of War. Texts of Conventions with Commentaries*, Cambridge University Press, 1909.

rras -desde 1945 a 2012, en un periodo de 67 años, ha habido más de un centenar de conflictos-, pero que sí han contribuido a que no se haya producido una Tercera Guerra Mundial.

A raíz de crearse las Naciones Unidas, ha de ser mencionada la propuesta que en 1947 planteó Albert Einstein ante la Asamblea General, al exponer su inquietud por las dificultades de la ya iniciada Guerra Fría[641]. Lo que fue el punto de arranque de una serie de organizaciones, y entre ellas la United World Federalist (UWF), en apoyo de la transformación de las Naciones Unidas en una Federación de Estados, con poderes suficientes para el control de los armamentos, a fin de actuar con mayor eficacia en todas las áreas del nuevo escenario mundial[642]; en definitiva, en un ente con mayores capacidades, superador de ideas poco realistas de gobiernos mundiales más o menos quiméricos[643].

Pero las Naciones Unidas, lo reiteramos, no han resuelto las graves cuestiones de su estructura no democrática, en contra de lo que se preconizó en la propia Carta de San Francisco de 1945. En ella se anunciaba la reforma del texto fundamental en un plazo no mayor de diez años, a pesar de lo cual, persiste el antitético *derecho de veto* de los cinco miembros permanentes del Consejo de Seguridad, a lo que se agrega la circunstancia de que en la Asamblea General están representadas naciones que no cumplen el requisito de ser Estados de Derecho, ni verdaderas democracias. En síntesis, la reforma de la Carta resulta esencial para democratizar y dignificar las Naciones Unidas.

---

641 Texto completo en http://neutrino.aquaphoenix.com/un-esa/ws1997-letter-einstein.html.

642 Una línea de pensamiento y acción que alcanzó no poca relevancia, como ha puesto de relieve Joseph Preston Baratta en su libro *The Politics of World Federation* Praeger, West Port, 2004, un trabajo en el que se destacan sobre todo las propuestas de Emery Reves, autor de *The Anatomy of Peace* y de Clarence Streit, promotor del *Atlantic Union Comitee*.

643 Entre ellas, las de R. Falk, *On Humane Governance: Toward a New Global Politics*, University Park, Pennsylvania, Pennsylvania State University Press, 1995. También Kenneth N. Waltz, *Theory of International Politics*, McGraw-Hill, Nueva York, 1979; Michael Walzer, *Arguing About War*, Yale University Press, New Haven, 2004. Porque incluso cuando ya se habla de un Estado mundial, como lo hace Alexander E. Wendt («Why a World State is Inevitable», *European Journal of International Relations*, vol. 9, nº 4, 2003, págs. 491-542), no se hace referencia a un gobierno convencional para todo el planeta («World Government», *Stanford Encyclopedia of Philosophy*, http://plato.stanford.edu/entries/world-gobernment/), sino a una estructura de decisiones de cierta complejidad (tratados, organismos, compromisos, etc.) en la idea de reforzar la ONU.

Pero no todo hay que esperarlo de la organización mundial, pues no cabe olvidar el gran valor de otra visión universalista, que se expresó con perfecta claridad en el diálogo que en 1950 se produjo entre el canciller Adenauer y Jean Monnet, cuando este último presentó el texto de la Declaración Schumann a la consideración del anciano canciller, quien dijo esperanzado:

> –Señor Monnet, si estos propósitos prevalecen en el futuro, significarán que las guerras entre Alemania y Francia se habrán acabado para siempre.
> –Sí, señor canciller –fue la respuesta de Monnet–, y también habremos puesto el primer eslabón del Gobierno Mundial[644].

Jean Monnet (1888-1979): padre fundador de la Europa integrada y pensador de un gobierno mundial.

De ese universalismo inicial de la integración europea, que de seis Estados miembros ha pasado a veintiocho en cincuenta y seis años, se deriva también la necesidad de que la UE, patria de Kant y Monnet, haya de ser la máxima valedora de la idea de la paz perpetua y del desarrollo global en el siglo XXI, una cuestión en la que todavía los dirigentes europeos están muy lejos de haberse posicionado con verdadera visión de futuro, quedando Europa relegada frente al poder creciente del llamado G-2 (EE.UU. y China), o también ChinUSA o Chimérica.

5. El modelo Pax in terra-20: cuatro solidaridades para los cuatro retos

La síntesis cuantitativa de lo aquí planteado traté de traducirla en un sistema de 12 ecuaciones, en el Modelo Pax in terra-20[645], con

[644] Jean Monnet, *Memorias*, versión española en Editorial Encuentro, Madrid, 2011.

[645] Puede verse íntegro el sistema, con amplios comentarios, en mi discurso de ingreso en la Real Academia de Ciencias Morales y Políticas: «Globalización y soberanía mundial. Un ensayo sobre la paz perpetua en el siglo XXI», edición de la Academia, enero de 2013.

seis grupos de ecuaciones: datos de partida sobre PIB mundial presente y futuro, cálculo de las transferencias para erradicar la pobreza, presupuesto de conservación de la biosfera, coste total del cambio de modelo, recursos necesarios y efectivamente disponibles, y ecuaciones de ajuste para flexibilizar flujos y resultados[646].

Esas 12 ecuaciones permiten plantear, en un íter racional, un flujo de fondos, de manera que reduciendo los gastos militares, se dispondría de recursos más que suficientes para preservar la biosfera y erradicar la pobreza en un lapso previsiblemente no tan largo, y con un crecimiento más equilibrado que hasta ahora.

Sería factible, de esa manera, dar respuesta con toda coherencia a los cuatro grandes retos detectados a base de cuatro solidaridades que funcionarían sobre la base de la verdadera soberanía mundial:

- *Solidaridad anticrónica,* de lucha contra el ciclo, para superar los peligros en que se halla la globalización económica, en busca de una *globalización de plenitud*, con un nuevo *sistema monetario mundial.*
- *Solidaridad pancrónica,* esto es, para todo momento y *erga omnes* contra los peligros permanentes que significan el arma nuclear y las demás formas de armamentismo. Esto requiere la ya mentada reforma de la Carta de las Naciones Unidas, para hacer posible, al suprimirse el derecho de veto, un *tratado mundial de desarme nuclear* y de control del armamentismo.
- *Solidaridad diacrónica,* a través del tiempo, pensando que el mundo en que vivimos es un patrimonio no solo de las generaciones que en él vivimos actualmente, sino también de las generaciones venideras; y que, por tanto, los humanos de hoy solo tenemos derecho al usufructo, sin dilapidar el futuro.
- *Solidaridad sincrónica.* La que podría asegurar la convivencia entre coetáneos, para *acabar con el fuerte dualismo de la pobreza y el hambre* de masas, erradicando la miseria.

[646] El modelo, con todo su desarrollo, está a disposición de quienes lo soliciten por correo electrónico a castecien@bitmailer.net.

Colofón del capítulo IX: la comunidad humana y su futuro

Todo el libro que ahora termina lo ha preparado el autor con no poco *entusiasmo*, debiendo recordar aquí que tal palabra procede del griego: *en-theos*, significativa de que *llevamos un Dios dentro* de nosotros, que nos impulsa a proponer soluciones que pueden parecer utópicas pero que, a la postre, como vino a decir Erasmo en su *Elogio de la locura*, resultan las más razonables.

En esa línea de inquietud, ¿cabe imaginar cómo podría ser la sociedad humana dentro de mil años? Si para entonces pervive la especie, todo será diferente. Y si en vez de un milenio hablamos de un millón de años, ¿qué cabe esperar? Ni la mente más prodigiosa de ahora podría hacer una predicción. Por ello, tenemos la obligación de plantear una serie de acuerdos para la comunidad humana en los próximos tiempos que son absolutamente necesarios:

- Desarmes nuclear y convencional definitivos, con una sola fuerza de poder para todos los terrícolas, gobernada por las Naciones Unidas.
- La globalización económica cabal, moderando los extremismos del mercado con principios sociales ubicuamente válidos.
- La lucha definitiva contra la pobreza, sobre la base del principio de igualdad de oportunidades en la educación, junto a la cultura del esfuerzo.
- La preservación de la biosfera y la lucha contra el cambio climático que haría invivible el planeta si no se toman las medidas adecuadas.
- Una sociedad humana en concordia, más ecológica y solidaria.

Y siendo una utopía que de cara al porvenir se diseñe la solución final de una verdadera paz perpetua, recordaremos ciertas palabras de Victor Hugo: «La utopía es la verdad de mañana». Y evocaremos a Lamartine, cuando percibió que «las utopías no son sino las verdades prematuras». Como también lo utópico y lo racional se interconectan de la forma suscitada por Sigmund Freud en su libro *El futuro de una ilusión*, donde subrayó que «todos los terrores, sufrimientos y crueldades de la vida se alejarán cuando se perciba la visión de la *ciudad radiante*; junto a las promesas de la ciencia, en una componente utópica. Elementos que pueden permitir restablecer una cierta armonía para situar al hombre en un horizonte de serenidad».

Y repetiremos también unas palabras de Nicolái Berdiáyev, llenas de esperanza: «Cuando se hayan resuelto los problemas angustiosos de la infraalimentación, de la pobreza y del dolor físico, estaremos acercándonos a la solución del problema existencial», que es precisamente el del sentido de la vida.

En el contexto así definido, lejos de la idea de que la Economía es una ciencia lúgubre -al modo en que con todo pesimismo significó Carlyle-, la realidad es que sus instrumentos constituyen la llave para que pueda superarse la pobreza y la ignorancia. Como vino a decir Schumpeter, al referirse al papel de los economistas: «Hay que abrir el camino a la verdad, por muy cruda que esta sea; y por muy utópica que también pueda parecer esa meta, siempre debe ser ambiciosa: revelar a la humanidad el sentido oculto de sus luchas».

Y con ese trasfondo, la comunidad humana tendrá la posibilidad de resolver los problemas globales con instituciones igualmente globales; que aseguren en el siglo XXI la *paz perpetua* que desde 1795 preconizó Kant con su célebre ensayo. Y de asegurarse esa paz, indefinida, el universo será más antrópico y mejor podremos responder a las tres célebres preguntas.

Cuarta parte

Decálogo y ocho sabios

Capítulo X

Síntesis final de *Buscando a Dios en el universo*: un decálogo

En este libro, *Buscando a Dios en el universo*, he tratado de desvelar por qué una serie de eventos cosmológicos podrían favorecer la idea de una Inteligencia Superior (IS, el Dios posible), que en momentos determinados habría intervenido en la triple evolución a la que vamos a referirnos y a través de la cual sintetizaremos esa idea.

La primera de ellas, la propia creación del espacio-tiempo a partir del *Big Bang*. Segundo, la diversificación de la materia desde el plasma originario hasta concretarse en un centenar de elementos químicos, sin olvidar las enigmáticas materia y energía oscuras. En tanto que la tercera evolución, la biológica, se desarrolló desde la primera bacteria viviente hasta el *Homo sapiens*.

En la dirección que apuntamos, se trata de intuir –conocerlo cabalmente resulta imposible– si pudo haber intervención de la IS, sin que pueda sustanciarse esa incógnita, salvo que se acepte la revelación o algún tipo de misticismo. Pero precisamente el objetivo de este ensayo no es ir por las sendas de la revelación o el misticismo, con todos los respetos debidos, desde luego, a ambas manifestaciones. Se trata de buscar la IS a través de hechos científicos, hasta ahora no suficientemente explicados. Y, por ello mismo, examinaremos las diez cuestiones que siguen.

Real Academia de Ciencias Morales y Políticas
19 de febrero de 2019

Intervención del Prof. RAMÓN TAMAMES

CIENCIA Y PENSAMIENTO TRASCENDENTE
ANTE ALGUNAS INCERTIDUMBRES COSMOLÓGICAS
EN EL UNIVERSO ANTRÓPICO

UN DECÁLOGO PARA LA REFLEXIÓN
a propósito del libro
***BUSCANDO A DIOS EN EL UNIVERSO* (ERASMUS)**

1. El *Big Bang*

Es una teoría que parece perfectamente confirmada (Lemaître, Hubble, Gamow), excepto que no se sabe qué sucedió hace 13.800 millones de años. ¿Fue espontánea la que llamamos explosión o «gran petardazo», que dijo despectivamente Fred Hoyle? ¿Tuvo un detonante concreto aún no explicado? Debemos preguntarnos si realmente atribuir ese acto fundacional del todo al azar y la necesidad -o a una fluctuación cuántica, que dijo Stephen Hawking-, es lo mismo que reconocer la más notoria incertidumbre en contra de la precisión que está en el espíritu propio de la ciencia. También hay que preguntarse por qué desde entonces hay algo en vez de la nada. A ese respecto, el universo era para Galileo un libro abierto que habríamos de saber leer e interpretar.

Con el *Big Bang* nació el espacio-tiempo (Einstein), con un impulso expansivo que se desarrolló por lo que ahora se llama gravitación negativa. No para formar una sola masa inmensa, sino para llegar a lo que luego se llamarían galaxias y otras realidades cósmicas, cada vez más alejadas entre sí y en expansión continua, según las observaciones pioneras del gran astrofísico Edwin Hubble.

En ese sentido, el desarrollo a partir del *Big Bang* podría ser un proceso organizado, que para James Gardner siguió las pautas de un programa de ordenador, que luego Seth Lloyd elevaría al superior nivel de una computadora cuántica, por razón de las iniciales partículas subatómicas, radiaciones, neutrinos, etc. Ese presunto programa implica que hubo todo un proyecto, no simplemente surgido del azar, sino que tal vez un gran programador (¿la IS?) proveyó el oportuno *software* antes del propio *Big Bang*.

2. Primera evolución: cómo será el final de la gran expansión

Desde luego ha habido grandes avances en la cosmología, pero aún no sabemos si el proceso expansivo del universo terminará en un caos frío e inerte de partículas subatómicas, según la *slowing down theory*, desaceleración, *big rip*, o gran desintegración: todo se dispersaría, ya inerte, al agotarse la energía creacional. Si bien

Edwin Hubble: las galaxias son como pequeños universos dentro del cosmos.

también se especula con la idea de un retorno al principio: el *big crunch* (gran contracción), en función de efectos gravitacionales inducidos por la fuerza de las llamadas materia y energía oscuras.

Esa enigmática fuerza fue planteada en 1937 por el astrónomo Fritz Zwicky y confirmada por Vera Rubin en 1976. Para, décadas más tarde, avanzar con los trabajos de Perlmutter, Schmidt y Riess, premios Nobel de Física de 2011, quienes calcularon las proporciones de la composición del universo: 68% de energía oscura, 27% de materia oscura y 5% de materia normal a la vista, la que realmente se conoce.

Se trata de algo todavía misterioso, que se espera que pueda ser investigado a fondo con la futura ampliación de las instalaciones del Centro Europeo de Investigación Nuclear (CERN, por su sigla francesa), a base del nuevo colisionador de hadrones, con mucha mayor potencia para instrumentar el choque de partículas subatómicas a casi la velocidad de la luz, a fin de desintegrarlas y progresar en el conocimiento de su composición última. Para ello será necesario un tubo-anillo subterráneo guarnecido de imanes, de 100 km de longitud en vez de los 27 actuales, con un coste de 9.000 millones de euros y que podría funcionar en 2040.

En cualquier caso, de haber al final un *big crunch*, tendríamos un universo latente, al modo de sístole y diástole. Con una total amnesia cósmica entre los sucesivos ciclos de unos 40.000 millones de años cada uno: todo sería borrado, no quedaría memoria de nada, salvo que la IS mantuviera registros de las sucesivas fases, en un lapso virtualmente eterno.

3. Segunda evolución: de la materia

Durante 300.000 años, desde el *Big Bang*, la única materia del universo -además de hidrógeno y helio- fue el plasma de partículas subatómicas, con el cual luego se configuraron los átomos de los diversos elementos, por las trasmutaciones producidas dentro de los hornos de las estrellas a temperaturas muy elevadas, materia que luego se difundió por la explosión de las supernovas. Por ello, cabe decir que, en última instancia, los humanos somos polvo estelar (*stardust*).

Por ulteriores combinaciones atómicas, surgieron las moléculas para luego generarse cualquier cosa, desde el aire y el agua hasta el comienzo de la vida y su ulterior evolución. En términos de materia, esa evolución quedó registrada en la línea del creciente peso atómico de los elementos de la tabla periódica -del hidrógeno al uranio-, una idea desarrollada por Dmitri Mendeléyev (1834-1907), en un encasillado de elementos naturales, que después fue continuada por el propio hombre, con la creación de especímenes artificiales, como el plutonio y otros.

Rafael Bachiller, director del Observatorio Astronómico Nacional de España, con ocasión de los 150 años de la tabla periódica, dijo de esta: «Es una ilustración de que en la Naturaleza subyace un orden estricto y maravilloso. El comprender, aunque solo sea de manera fragmentaria e insuficiente, ese orden y las leyes que lo rigen, hace al universo aún más misterioso y fascinante».

Ese orden y las leyes que lo rigen plantean la siguiente pregunta: ¿existía la tabla periódica en el programa de ordenador de la IS antes del *Big Bang*? ¿Será esa estructura evolutiva de la materia la misma en otros universos, de haber un multiverso?

Por lo demás, y según planteó el también ruso Vladimir Ivanovich Vernadsky (1863-1945), se desarrolló el concepto de evolución vernadiana; esto es, en el medio abiótico creció la masa de organismos vivos, naciendo así la biosfera, esa mezcla de vida y materia, de la que, al final, surgiría el pensamiento global (noosfera).

4. Tercera evolución: la senda biológica

Esa tercera evolución es hoy certeza científica inicialmente basada en el evolucionismo de Wallace y Darwin, con un controvertido avance teleológico hacia la máxima perfección de los seres vivos. Con su especie final que es el *Homo sapiens*. En ese sentido, Russell Wallace apreció que la evolución seguía las reglas de la selección natural, pero con la salvedad de que, al llegar al cerebro humano, con sus neuronas, axones, sinapsis, etc., la mayor complejidad conocida, tuvo que haber una intervención de Dios, en el que Wallace siempre creyó. Y lo mismo casi le sucedió, en duda final, al propio Darwin al considerar la extraordinaria complejidad del ojo humano.

Dmitri Mendeléyev: el milagro de la Tabla, una clasificación eterna.

Desde Santiago Ramón y Cajal hasta Rafael Yuste -director del Proyecto BRAIN auspiciado por EE.UU.-, la referida imperante función cerebral produce asombro. Hasta el punto de que el ya citado Fred Hoyle, en su *Matemática de la evolución,* sostiene que la probabilística no basta para explicar esa evolución hasta llegar a la mente humana.

Algo análogo sucedió con el desarrollo del ADN, de modo que, en presencia del presidente Bill Clinton, Francis Collins, director del Programa Genoma Humano, manifestó que las cuatro letras -A, C, G y T- son el alfabeto de Dios, con el que se configuran prácticamente todas las manifestaciones de vida. Hay que recordar aquí que la doble hélice de ADN dentro de las células del cuerpo humano tiene un total de 7.500 millones de kilómetros de longitud, algo así como la distancia de la Tierra a Plutón.

5. Un planeta antrópico: acogiendo lo humano

Hay muchas indicaciones de que el universo, y más aún el planeta Tierra, son formaciones antrópicas, esto es, con toda una serie de circunstancias favorables a la acogida del hombre (como plantearon Wheeler, Rees, Bryson y otros).

Para empezar, en el planeta Tierra hubo tranquilidad para la evolución, al situarse nuestro sistema solar en un ramal calmoso de la Vía Láctea, lejos de las incidencias explosivas de supernovas y sus rayos gamma, agujeros negros, etc.

En segundo término, la Tierra se configuró como planeta rocoso -y no gaseoso, como el inhabitable Júpiter-, donde la vida se hizo posible con gran disponibilidad de agua líquida (hidrosfera) y atmósfera respirable, dos necesidades básicas.

Además, con la rotación de la Tierra, se nos brindó el ritmo cotidiano de la noche y el día. Y situado el Sol a la distancia de 150 millones de kilómetros (unidad astronómica), nos proporciona luz y energía suficientes, a modo de una central nuclear que quema hidrógeno transformándolo en helio, y de cuyas radiaciones más peligrosas quedamos a salvo gracias a su gran lejanía, tal vez calculada.

Por otra parte, la Luna, a 384.000 km de distancia media y con sus 1.737 km de radio (6.378 el ecuador de la Tierra), es el mayor satélite conocido en proporción a su planeta propio, lo que asegura una estabilidad orbital portentosa para nuestro hábitat.

Adicionalmente, disfrutamos de un calentamiento global apropiado para permitir la vida, que solo ahora, con los gases de efecto invernadero, puede llegar a hacerse excesivo con su incidencia en el traumático cambio climático. Dicho de otra forma, si pasáramos de los actuales 15°C de temperatura media de la Tierra a cinco o seis grados más, la vida se haría imposible, tal como hoy la conocemos. Por eso tiene tanta importancia el Acuerdo del Clima de París de 2015, que aún habrá de ser fortalecido para viabilizar la efectiva descarbonización del hábitat de la sociedad humana y de las demás especies.

Nos favorece también el complejo dispositivo magnético del interior de la Tierra, que nos defiende de toda clase de radiaciones exteriores -de lo que va teniéndose mayor conocimiento, rompiéndose así la paradoja de que estando todo tan próximo bajo nuestros pies, conocemos menos el interior de la Tierra que el Universo mismo-. En cualquier caso, el campo magnético nos da un arropamiento que parece ideado para evolucionar hacia la humanidad.

6. La doble adaptación: el factor-dador-de-vida

Frente a algunas de las reflexiones que aquí se han hecho sobre el factor antrópico, diversos científicos plantean que no hay nada de eso y sostienen que cada vez parece más verosímil la aparición espontánea de la vida y, consecuentemente, menos se necesita de la existencia de una IS o un Dios. Como dijo el gran científico, premio Nobel de Física, Steven Weinberg, «cuanto más comprensible se hace el universo, más sin sentido resulta».

John A. Wheeler: el universo antrópico.

Pero como no hay una demostración negativa del principio antrópico, y sus notables premoniciones son importantes, sí tiene sentido la idea de Isaac Asimov de que la Tierra es un planeta de montaje, instalado para observar desde algún lugar virtual cómo funcionamos la especie más destacada.

En esa dirección, el padre de la idea antrópica, John Archibald Wheeler -gran astrofísico, autor de expresiones hoy tan populares como *agujero negro*, *agujero de gusano*, etc.- se pronunció, en el prefacio de su libro *El principio cosmológico antrópico*, en términos de asombro: «NFo es únicamente que el hombre esté adaptado al universo. El universo está adaptado al hombre. ¿Imaginan un universo en el cual una u otra de las constantes físicas fundamentales sin dimensiones se alterase en un pequeño porcentaje en uno u otro sentido? En ese universo el hombre nunca hubiera existido. Eso es lo decisivo del principio antrópico: en el centro de toda la maquinaria y diseño del mundo, subyace un factor-dador-de-vida...».

7. Sobre otra posible civilización avanzada en el universo

¿Se encuentra la humanidad sola en un cosmos que tiende a la infinitud? ¿Vendrá con el progreso de la cosmología y de la astrofísica la posible respuesta a esa pregunta? En cualquier caso, la escala de distancias del universo es más que desmesurada, como creo que se aprecia en el siguiente símil: «Si el Sol fuese una naranja, la Tierra sería una cabeza de alfiler dándole vueltas en una órbita a 15 metros; Júpiter sería una cereza girando a 77 metros; Plutón, un grano de arena rotando a 580 metros; y Alfa de Centauro, la estrella más cercana a la Tierra (a cuatro años luz), sería otra naranja situada a 4.000 kilómetros de nosotros».

Esas enormes distancias entre los cuerpos celestes harían muy difícil, por no decir imposible, convivir e incluso comunicarse con otras posibles inteligencias avanzadas del universo si las hubiere. Así se genera la llamada paradoja de Fermi, físico nuclear y premio Nobel, partícipe del Proyecto Manhattan para la bomba atómica, que se dirigió un día a un grupo de sus discípulos y les preguntó con ironía: «¿Qué se sabe de esos hombrecillos verdes de otros planetas...? Difícilmente los veremos...» por la escala de distancias antes mencionada, que hará difícil la comunicación y aún más la convivencia.

8. Todo está muy lejos

Avi Loeb, de la Universidad de Harvard, duda de que sean posibles los viajes tripulados a Marte, no por las distancias dentro del sistema solar, sino por los rayos gamma atacantes durante el vuelo necesario, por lo que será aún más difícil conectar con las eventuales civilizaciones alienígenas, que para Loeb se hicieron más creíbles desde el 19 de octubre de 2017, cuando el telescopio Pan-STARRS, de Hawái, detectó un objeto extraño en el firmamento del que se dijo que podía ser artificial, que solo podía proceder de fuera del sistema solar y al que se bautizó con el nombre hawaiano de *Oumuamua* («El explorador»).

Sin embargo, la NASA pronto desentrañó el misterio: Oumuamua no era ni un asteroide ni una nave espacial alienígena, sino -lo más probable- restos de un cometa interestelar ya sin cola, con forma de cigarro puro de gran tamaño y ya apagado.

En definitiva, pese a lo que Adrian Berry escribió en 1973 en su sugerente libro *Los próximos 10.000 años*, cuando ahora nos preguntamos ¿a dónde podemos ir?, actualmente resulta impensable que la humanidad pueda trasladarse a cualquier otro planeta. De tal manera, resulta igualmente inverosímil la idea de Stephen Hawking al respecto: «En 600 años más -dijo- la Tierra será una bola de fuego y los que puedan tendrán que irse».

En esa bola de fuego nos podemos llegar a convertir mucho antes: en menos de cien años si no se descarboniza la atmósfera. Pero el presunto éxodo en una especie de macro-Arca de Noé –para la que ya existe el proyecto Horizon de la NASA–, resulta técnicamente imposible incluso a muy largo plazo: un viaje de generaciones, con necesidad de una propulsión por ahora imposible en pos de un submúltiplo de la velocidad de la luz.

9. La armonía global y el punto omega

En la dirección apuntada, ¿podremos suponer que el más alto nivel de evolución humana puede significar que se logre algún día una especie de armonía universal?

Y de ser alcanzado ese nivel, ¿sería factible poner fin a los peligros propios de la confrontación dentro de la humanidad, en forma de guerras cada vez más aniquiladoras? La cuestión es decisiva e Immanuel Kant previó esa posibilidad en su ensayo, de 1795, *Sobre la paz perpetua*, como un momento en el que la humanidad sería gobernada en la paz, desde un centro global de decisión cosmopolita. Así se llegaría al punto omega previsto por algunos (Teilhard de Chardin), como culmen de la especie. Lo cual serviría como plataforma de derivaciones religiosas: el momento del retorno del Mesías, la Parusía anunciada, etc. Un tema en el que no vamos a entrar, por su carácter profético.

Enrico Fermi: paradoja de distancias: ¿dónde están los «hombrecillos verdes»?

De lo que no cabe duda es de que, transcurridos siete millones de años de vida desde el momento en que los homínidos (el primero, el *Australopithecus erectus*) se separaron de los demás primates superiores, ahora hay dos grandes peligros: uno ecológico; y bélico, el otro. Ambos no podrán ser conjurados sino con la mencionada armonía universal, de la que podrían ser heraldos, aún con toda clase de insuficiencias, el Acuerdo de París de 2015 frente al cambio climático, y el de la ONU de 2017 para la supresión de las armas nucleares. En otras palabras, sin el alto nivel de concordia planteado, la prosecución de la vida de la humanidad en el planeta no estaría garantizada.

10. El sentido de la vida

Entre actitudes pesimistas (a lo Kierkegaard o Camus) u optimistas (el principio esperanza), los seres humanos, hoy y especialmente en los países más desarrollados, pueden elegir su propio itinerario personal para aumentar su nivel de conocimiento sobre la creación evolutiva a través de la ciencia.

Desde los tiempos del gran obispo de Hipona, san Agustín, se piensa que el supremo objetivo del intelecto consiste en conocer cada vez más a fondo el universo en que vivimos, así como el cuerpo humano en que nos guarecemos, el asno que soporta nuestra alma, en frase de Francisco de Asís.

En el más alto nivel de la humanidad, cabe plantearse por la meta en una realidad cognitiva máxima, lo que físicamente sería la fórmula de confluencia de gravedad, relatividad y mecánica cuántica para la explicación del todo. Según lo previsto por Einstein y otros, en lo que sería un sistema de ecuaciones conectando las cuatro fuerzas del universo: gravedad, electromagnetismo y las nucleares débil y fuerte.

11. Ciencia y religión

Ludwig Andreas Feuerbach, uno de los grandes maestros de Marx, dijo que Dios es un invento del hombre. Y el propio Marx agregó que «la religión es el opio del pueblo», en la idea de buscar un paliativo a los sufrimientos por la explotación capitalista. Ante lo cual cabe reflexionar que, en la hipótesis de que Feuerbach tuviera razón y de que la religión tuviera un sentido lógico, Dios sería el mayor y mejor invento del hombre, por su representación del amor,

Ludwig Feuerbach: un invento, Dios, a imagen y semejanza del hombre.

la justicia, la bondad y tantas otras cosas buenas. Sería el Dios creador, ecuánime, y protector de sus hijos.

Es la búsqueda de Dios se reconoció, por muchos, una senda histórico-filosófica muy larga, desde los tiempos de los griegos (Sócrates, Platón, Aristóteles) hasta hoy. Una senda que aquí solo esquematizamos, muy elementalmente, a partir de Anselmo de Canterbury (Aosta, 1033-Canterbury, 1109), quien trató de forma argumentativa y racional los misterios suscitados, sin recurrir a la autoridad de las Sagradas Escrituras. Algo que le fue muy criticado por la ortodoxia, al defender el argumento ontológico: «Dios es el ser que no puede ser más».

Y algo parecido sugirió Spinoza (1632-1677), quien propuso, ante todo, buscar en la filosofía el bien supremo «que temple el ánimo y proporcione una serena y eterna bienaventuranza, como unidad del conjunto del universo». No se trataba de una identificación mística, sino de algo más inscrito en un conocimiento racional, que debía comenzar por eliminar todo motivo de error, así como toda representación confusa y vaga.

Immanuel Kant fue mucho más allá, al subrayar que todo conocimiento comienza con la experiencia, sin que esta, por sí sola, pueda otorgar necesidad y universalidad a todas las proposiciones de que se compone la ciencia. Y siempre sin caer en intentos probatorios a favor de la existencia de Dios, al estilo de Tomás de Aquino. No hay necesidad de poner de lado a Dios -dijo el maestro de Königsberg-, la libertad o la inmortalidad, que son postulados de la razón práctica, firmemente arraigados en la existencia humana. Fue así como Kant llegó a sus célebres cuatro preguntas, a las que supo dar respuestas iniciales:

- ¿Qué puedo saber?: responde la metafísica.
- ¿Qué debo hacer?: contesta la ética.
- ¿Qué cabe esperar?: la respuesta viene de la religión.
- ¿Qué es el hombre?: la antropología entiende en la cuestión.

En el contexto así planteado, propio del tiempo de la Ilustración -la mayoría de edad de la humanidad-, la ciencia busca explicaciones racionales de la creación evolutiva en medio de la cual nos hallamos. Por su parte, la religión podrá encajar filosóficamente, cada vez más con la ciencia, si en sus centros de difusión se explica cómo es y cómo funciona el cosmos.

12. Un momento sublime

El ser humano tiene el instinto de la felicidad, que se alcanza de tiempo en tiempo, en los más raros momentos en que sentimos un equilibrio casi perfecto, en circunstancias que nos hacen intuir la grandeza de la propia vida, del privilegio de haber nacido.

Creo haber tenido esa sensación algunas veces, y la última de ellas hace bien poco, el 5 de diciembre de 2018, víspera de los 40 años del referéndum de la Constitución Española. Fue escuchando en el Auditorio Nacional de Madrid la Novena Sinfonía de Beethoven y, más en concreto, su tercer movimiento.

En esa ocasión, en mi cerebro, se unieron el recuerdo del momento histórico del referéndum constitucional de hace cuatro décadas junto con la alegría de intuir el hecho de que muchos quisimos cumplir con el deber. Ese pensamiento convergió con el *adagio maestoso* previo al Himno a la Alegría (letra de Schiller).

Fue un momento perfecto, no exento tal vez de algún tipo de relación cósmica indescifrable. Me sentí transportado al nivel de lo sublime.

Luego, al salir a la calle, ya era otra cosa.

Capítulo XI

La ciencia no aleja de Dios. Qué dicen ocho científicos premios Nobel de Física

Los libros tienen vida propia. Cuando el autor los ve ya publicados, empiezan su andadura, y si hay un cierto éxito, las ediciones se suceden, las presentaciones ganan en interés según los sitios y los debatientes y, lo que es más importante, se van perfilando tesis sobre el propio libro con opiniones que no se veían al principio tan claramente... o aparecen puntos flacos que cubrir.

Eso es lo que sucede -y perdonen que me ponga algunas medallas- con mi última obra, *Buscando a Dios en el universo*.

Ahora llega un segundo *addendum* a la que es -no por mucho tiempo- mi última obra: es el texto que expongo en este artículo de Republica.com: un resumen que he hecho con las creencias de siete científicos muy destacados, todos ellos premios Nobel de Física. La recopilación inicial se hizo por Catholic Link (https://catholic-link.com), ajustada por mí según fecha de nacimiento de los autores en cuestión. En cuanto a los complementos biográficos de cada uno de ellos, básicamente proceden de Wikipedia. Y ahí va lo que piensan siete sabios muy importantes, haciendo convivir Física avanzada con un posible Demiurgo, que habría dicho Platón.

1. Max Karl Ernst Ludwig Planck (Kiel, Alemania, 23 de abril de 1858 - Gotinga, Alemania, 4 de octubre de 1947).

Considerado como el fundador de la teoría de la mecánica cuántica, pasó en Kiel sus primeros años para pasar después a Múnich. Allí, bajo la tutela del profesor Jolly, el joven Planck condujo sus propios experimentos.

Desde 1905 hasta 1909, Planck encabezó la Deutsche Physikalische Gesellschaft (Sociedad Alemana de Física), y en 1913, cambió a la universidad de Berlín. En 1918 recibió el Premio Nobel de Física por la mecánica cuántica, lo que no le exoneró de una doble tragedia: perdió a su hijo Erwin Planck, asesinado por los nazis el 3 de enero de 1945, a pesar de las peticiones de indulto y clemencia que él mismo hizo al propio Hitler. Por lo demás, su casa de Berlín-Grunewald (y con ella toda su biblioteca, con miles de volúmenes e irrecuperables manuscritos) fue completamente destruida por un bombardeo aéreo en febrero de 1944. Su actitud sobre las últimas cosas se registró así:

> «Detrás de la fuerza que hace vibrar las partículas atómicas debemos suponer un espíritu inteligente y consciente» (conferencia en Florencia, 1944).

2. Albert Einstein (Ulm, Alemania, 14 de marzo de 1879 - Princeton, Nueva Jersey, EE.UU., 18 de abril de 1935).

Primogénito de Hermann Einstein y de Pauline Koch, judíos alemanes cuyas familias procedían de Suabia, en el otoño de 1896 inició sus estudios superiores en el Instituto Tecnológico de Zúrich, donde fue alumno del matemático Hermann Minkowski.

El esfuerzo de teorización de Einstein lo situó entre los más eminentes físicos europeos, y el reconocimiento público y el Premio Nobel de Física le llegó en 1921, concedido «por sus trabajos sobre el movimiento browniano y su interpretación del efecto fotoeléctrico».

En el plano científico, su investigación más reconocida se produjo entre 1914 y 1916, con el perfeccionamiento de la teoría general de la relatividad, basada en el postulado de que la gravedad es un campo creado por la presencia de masa en el continuo espacio-tiempo.

Firmante principal del Proyecto Manhattan, tras las explosiones de Hiroshima y Nagasaki, que pusieran fin a la Segunda Guerra Mundial, Einstein se unió a los científicos que buscaban la manera de impedir el uso futuro de la bomba: propuso la formación de un gobierno mundial a partir del embrión constituido por las Naciones Unidas. Su actitud ante una posible inteligencia superior, muy conocida, se resume así:

Max Planck: debemos suponer un espíritu inteligente y consciente...

> «Todo el que está involucrado en la búsqueda de la ciencia se convence de que en ella se manifiesta un espíritu muy superior al del hombre, frente al cual debemos sentirnos humildes» (*Dear Professor Einstein: Albert Einstein's letters to and from children*, 2002).

3. Arthur Holly Compton (Wooster, Ohio, 1892 - Berkeley, California, 1962).

En 1923 fue profesor de Física en la Universidad de Chicago, donde dirigió el laboratorio en el que se produjo la primera reacción nuclear en cadena, lo que provocó que tuviera un papel relevante en el Proyecto Manhattan.

Sus estudios de los rayos X le llevaron a descubrir en 1923 el denominado efecto Compton, el cambio de longitud de onda de la radiación electromagnética de alta energía al ser dispersada por los electrones. Por su descubrimiento del citado efecto y por su investigación de los rayos cósmicos y de la reflexión, la polarización y los espectros de los rayos X, compartió el Premio Nobel de Física de 1927 con el físico británico Charles Wilson. Su actitud respecto a la presunción de Dios se manifiesta en la siguiente frase:

> «Mientras más vamos conociendo nuestro universo, la probabilidad de que todo se haya dado por procesos casuales se vuelve cada vez más remota» (*La libertad del hombre*, 1935).

Werner Heisenberg: al ateo, en el fondo de la copa, le espera Dios.

4. Werner Karl Heisenberg (Wurzburgo, Alemania, 5 de diciembre de 1901 - Múnich, 1 de febrero de 1976).

Estudió en la Universidad de Múnich, y desde 1923 fue ayudante del físico alemán Max Born en la Universidad de Gotinga, hasta que en 1927 obtuvo una beca de la Fundación Rockefeller para trabajar con el físico danés Niels Bohr en la Universidad de Copenhague.

En 1941 ocupó el cargo de director del Instituto Kaiser Wilhelm de Física, que en 1946 pasó a llamarse Instituto Max Planck. En 1932, poco antes de cumplir los 31 años, recibió el Premio Nobel de Física por su contribución a «la creación de la mecánica cuántica, cuyo uso ha conducido, entre otras cosas, al descubrimiento de las formas alotrópicas del hidrógeno»; siendo autor del principio de indeterminación.

Bajo su dirección y, durante la Segunda Guerra Mundial, la Alemania nazi intentó construir la bomba atómica por medio de una reacción en cadena que se llevaría a cabo con tanta rapidez que produciría una gran explosión. Pero no alcanzó éxito. No se sabe si por la propia decisión de Heisenberg de no promover tantas víctimas. Su actitud ante Dios fue gradual:

> «El primer trago de la copa de las ciencias naturales te volverá ateo, pero en el fondo de esa copa te espera Dios» (frase proveniente de su referencia a la relación entre la física mecánica y la mecánica cuántica).

5. Arthur Leonard Schawlow (Mount Vernon, Nueva York, 5 de mayo de 1921 - Palo Alto, California, 28 de abril de 1999).

Hijo de inmigrantes; letón, el padre y canadiense, la madre, estudió Física en la Universidad de Toronto. En 1981 fue galardonado con el Premio Nobel de Física por su contribución al desarrollo del láser espectroscópico, premio que compartió con Nicolaas Bloembergen y Kai Siegbahn. Su actitud ante Dios la expresó como sigue:

> «Las únicas respuestas posibles son de orden religioso... tanto en el universo como en mi propia vida tengo necesidad de Dios» (H. Margenau, *Cosmos, Bios, Theos*, 1992).

6. Arno Allan Penzias (Múnich, Alemania, 26 de abril de 1933 - ...).

Arno A. Penzias: todo parece sugerir una dimensión sobrenatural.

Mientras trabajaba en un nuevo tipo de antena en los Laboratorios Bell, en Holmdel, Nueva Jersey, encontró una fuente de ruido en la atmósfera que no cabía explicar. Después de afinar la recepción de la antena, fue identificada como la resonancia del *Big Bang*.

Penzias ganó en 1978 el Premio Nobel de Física, junto con Robert Woodrow Wilson, por su descubrimiento en 1964 de la referida radiación cósmica de fondo de microondas. Su actitud ante un posible ser superior cabe resumirla así:

> «En ausencia de un incidente absurdamente improbable las observaciones de la ciencia moderna parecen sugerir una dimensión sobrenatural» (*Cosmos, Bios, Theos*, La Salle, 1992).

7. Carlo Rubbia (Gorizia, Italia, 31 de marzo de 1934 - ...).

En 1960 ya era investigador en el CERN de Ginebra, donde se ocupó de investigaciones sobre la física de partículas elementares, con el descubrimiento del bosón W y, posteriormente, el bosón Z. En 1984 recibió, junto al holandés Simon van der Meer, el Premio Nobel de Física. Su actitud sobre religión y ciencia la resumimos seguidamente:

Carlo Rubbia: hay algo o alguien haciendo las cosas como son.

«Cuando observamos la naturaleza quedamos siempre impresionados por su belleza, su orden, su coherencia [...]. No puedo creer que todos estos fenómenos, que se unen como perfectos engranajes, puedan ser resultado de una fluctuación estadística o una combinación del azar. Hay, evidentemente, algo o alguien haciendo las cosas como son. Vemos los efectos de esa presencia, pero no la presencia misma. Es este el punto en que la ciencia se acerca más a lo que yo llamo religión» (*El País*, 20 de julio de 1985).

8. William Daniel Phillips (Wilkes-Barre, Pensilvania, 5 de noviembre de 1948 - ...).

En 1997 ganó el Premio Nobel de Física (junto con Claude Cohen-Tannoudji y Steven Chu) por sus contribuciones al campo de la refrigeración mediante láser, una técnica para mover átomos en estado gaseoso y estudiarlos mejor desarrollados.

William Phillips, cristiano protestante, miembro de la Iglesia Metodista, es uno de los fundadores de la Sociedad Internacional para la Ciencia y la Religión, que busca facilitar el diálogo entre ciencia y fe. Es también miembro de la Academia Pontificia de las Ciencias. Su actitud ante Dios se refleja en las siguientes palabras:

> «¿Por qué creo en Dios? Porque veo un universo que, si se hubiera construido algo diferente... nunca habría dado a luz a las estrellas ni a los planetas, y mucho menos a las bacterias y a las personas» (*La ciencia ¿hace que la creencia en Dios sea obsoleta?*, John Templeton Foundation, 2008).

Capítulo XII
Final

Al final del libro *Buscando a Dios en el universo*, y ante las tres preguntas formuladas, cabe contestar:

- *¿De dónde venimos?* De las estrellas, fábricas de los elementos que integran nuestros cuerpos, a través de la evolución, con un salto final a la inteligencia humana, que sabe interpretar el mundo y el universo. Y de por sí ese es un objetivo grandioso.
- *¿Qué somos?* Una especie única, final de todo un proceso evolutivo, pero al tiempo en una flecha de tiempo que nos llevará a ser seres más poderosos, sin que podamos pretender ser dioses, por mucha tentación que haya. Y es una especie dispuesta a persistir en contra de lo que es ley de creación y destrucción, gracias a la sabiduría acumulada: la ciencia y el interés compuesto, pero también con el peligro de enfrentamientos letales para la especie, por la lucha en pro de la hegemonía.
- *¿A dónde vamos?* En la mejor lógica, la evolución desde el *Big Bang* hasta ahora parece ser un camino de perfección por un territorio minado. Con todo, hemos encontrado la senda de la mejora continua, y así seguiremos: ¿hasta desentrañar todos los misterios del universo? ¿Será ese el reto para la especia humana, el momento en que tendremos la explicación final del sentido de la vida?

Responder a esas tres célebres preguntas resulta convergente con la búsqueda, por los científicos, de la *teoría del todo*, de estrecha relación entre las grandes fuerzas del universo: gravedad, electromagnética, nuclear débil y nuclear fuerte, en el empeño de encontrar un día un Santo Grial. Y a propósito de todo eso, y mucho más, surgió, un día, el diálogo que ahora transcribo:

–Esas tres conclusiones que acabamos de leer, o como usted quiera llamarlas, don Ramón, ¿son una síntesis del contenido de su libro?

–No se trata de una síntesis, sino de volver al título principal del libro: *Buscando a Dios en el universo*. Porque considero que, al final, lo que trato de averiguar es si hay algo o alguien que lo rige todo.

–¿Se refiere al Big Bang?

–Bueno, al *Big Bang*, pero aún más: a lo que podía haber antes del mismo, pues algo habría antes; por mucho que el espacio y el tiempo nacieran en aquel primer momento.

–Y entonces, al final de libro, ¿usted piensa que ha encontrado a Dios?

–Lo he buscado, sin cansancio, a través de lo mucho o poco que he podido percibir a través de la ciencia.

–Insisto, al final ¿ha encontrado o no a Dios? Díganoslo...

–No sé si he encontrado a Dios, pero sí que lo intuí. Y en ese sentido, no coincido con Norwood Russell Hanson, que en su libro *Por qué no creo* -me lo recordó Juan Arana-, viene a decir que se necesita la prueba final: «una especie de voz en *off* resonando en todo el universo: *Sí, existo, yo soy Dios*».

–Eso parece bastante razonable, porque si realmente existe Dios, ¿por qué va a ocultarlo? Llevamos más de medio millón de años, ciertos homínidos primero, y los sapiens *después, discutiendo sobre el tema y aún no tenemos una constancia definitiva, no hemos oído ninguna voz en* off.

–Es cierto, pero esa voz ya se ha tratado de escuchar. Así ocurrió con Moisés en el monte Sinaí, según el *Éxodo*, o lo mismo le ocurrió a Pablo llegando a Damasco, según *Los Hechos de los Apóstoles*. Teresa de Ávila se enteró de algo «entre los pucheros» de su residencia monacal...

–Ciertamente, hay esas revelaciones *a lo largo de la historia, que pueden o no creerse. Y el caso es que, con menos precisión, ahora nos viene usted con lo de la intuición: con eso no basta...*

–De momento, creo que sí. Muchas verdades primero las hemos intuido. Antes de muchos descubrimientos científicos hubo intuiciones de ellos...

–Sí, es cierto, y aceptando parte de su argumento, ¿puede decirme si su intuición va a confirmarse pronto?

–Para muchos ya está confirmado todo... En el caso de Francis Collins, el director del Proyecto Genoma, para quien las cuatro letras del ADN son el alfabeto de Dios, de toda la creación de la vida. Por su parte, Einstein dejó claro (primero a Niels Bohr, en 1927, en la Conferencia Solvay en Bruselas, y después a Max Born, vía carta) aquello de que «Dios no juega a los dados con el universo». Como podemos recordar, también, a Schröndinger cuando se refirió a la vida: «¿Cómo surgió? Eso solamente lo sabe Dios».

–¿Y cómo sucede que habiendo sido usted considerado, durante tanto tiempo, como un descreído de todo, ha dedicado seis o siete años para escribir este libro, estimando al final que debe existir *una inteligencia superior?*

–Primero, le diré que nunca fui tan descreído como de mí se piensa, indebidamente. En muchas ocasiones dije que tuve una educación cristiana, y lo cierto es que nadie podrá encontrar ningún texto mío expresivo del *descreimiento* que se me atribuyó a veces. En ese sentido, en 1979, la periodista y escritora Rosa Montero, en una entrevista que me hizo, tituló su artículo con un sonoro «Ramón Tamames, cristiano evangélico»...

–Ya, ya, usted sabe explicarse, pero...

–Puedo decirle también que un cierto sentido religioso siempre lo he llevado conmigo. Y le diré más, alguna vez he comentado que si Dios es una creación del hombre, invirtiendo los términos de que Dios creó al hombre, incluso en esa tesitura, yo diría que sería la mejor invención. Porque lo que todos buscan en Dios es un juez que sabe perdonar cuando hay que hacerlo, es el principio del amor, la consolación en tiempo de desesperaciones, etc. Sin esa referencia, la propia existencia humana estaría aún más llena de sinsabores y crueldad, de odio, del espíritu de la venganza y de tantas cosas malas. Y, en otro nivel, existen otras *invenciones*, como las de Don Quijote, Hamlet, Gulliver o Robinsón, que son arquetipos inventados, pero vivientes en el colectivo humano. Aparte de todo eso, Dios no está solo entre los valores humanos referidos, sino también en la potencial responsabilidad de toda la creación evolutiva, como la ciencia reconoce según los testimonios ya ofrecidos de Collins, Schrödinger y Einstein.

–*Entonces, díganos por qué tiene usted una visión del sentido de la vida y que lo ve todo con optimismo.*

–Sí, desde luego, creo que *hemos vivido* (yo la mayor parte de mi propia vida), e incluso hemos disfrutado (y también sufrido) y es una alegría ver que algunas cosas que nos contaron de niños pueden ser verdad al final, más por la ciencia que por las siempre discutibles revelaciones, tras un largo camino. Y eso nos hace ver que la vida tiene un sentido en un planeta que parece antrópico.

–*Finalmente, don Ramón, ¿cuál diría usted que es el lema de su vida?*

–No tendré que pensarlo mucho, son unos versos de William Blake que ya hemos citado antes en este libro:

> Todo lo que hoy vemos,
> fue un día imaginación.
> Todo lo que hoy imaginamos,
> podrá ser realidad mañana.

Índice onomástico